JOÃO CALVINO
E O CALVINISMO INGLÊS ATÉ 1649

JOÃO CALVINO
E O CALVINISMO INGLÊS ATÉ 1649

R. T. KENDALL

carisma
EDITORA

Direção Executiva: Luciana Avelino Cunha	*Revisão:* Frederico Andrade
Direção Editorial: Renato Cunha	*Preparação de texto:* Joelson Gomes
Tradução: João Costa	*Capa e diagramação:* Marina Avila
1ª edição	*Impresso no Brasil*

Dados Internacionais de Catalogação na Publicação (CIP)

Ficha Catalográfica elaborada pela bibliotecária Maria Jucilene Silva dos Santos CRB-15/722

K33j

Kendall, R. T.

João Calvino e o calvinismo inglês até 1649 : os puritanos ingleses e a modificação da teologia de Calvino / R. T. Kendall ; tradução de João Costa ; Preparador de texto: Joelson Gomes ; revisão de Frederico de Andrade. – Natal, RN : Carisma, 2019.

368p.

ISBN 978-85-92734-19-0

1. Soteriologia - Calvinismo. 2. Calvino, João, 1509-1564. 3. Calvinismo - Inglaterra - História. I. Costa, João, trad. II. Gomes, Joelson, prep. III. Andrade, Frederico de, rev. IV. Título.

CDU 234+284.2

Publicado no Brasil com todos os direitos reservados e a devida autorização de R.T Kendall Ministries. Originalmente publicado em inglês sob o título Calvin and English Calvinism to 1649. Copyright © 1979, 1997 por R. T. Kendall. Publicado por Oxford University Press, Great Claredon Street, Oxford OX2 6DP. Todos os direitos reservados e protegidos pela Lei 9.610/88. É expressa e terminantemente proibida a reprodução total ou parcial desta obra, por quaisquer meios (eletrônicos, mecânicos, fotográficos, gravação e outros), sem a prévia e expressa autorização, por escrito, de Editora Carisma.

Rua Ismael Pereira da Silva, 1664 | Capim Macio
Natal | Rio Grande do Norte CEP 59.082-000
editoracarisma.com.br | sac@editoracarisma.com.br

SUMÁRIO

Prefácio à edição brasileira | 11
Prefácio à segunda edição inglesa | 13
Prefácio à primeira edição inglesa | 19
Introdução | 24

PARTE I
OS REFORMADORES

1. João Calvino e sua doutrina da Fé | 37
2. Teodoro Beza e os teólogos de Heidelberg | 61
3. Alguns precursores ingleses de Perkins | 80

PARTE II
WILLIAM PERKINS E SUA DOUTRINA DA FÉ

4. A doutrina da fé de William Perkins | 91
5. A doutrina da fé temporária de William Perkins | 113

128 — PARTE III
A TRADIÇÃO PREDESTINARIANA EXPERIMENTAL

6. Alguns contemporâneos de William Perkins | 129
7. Paul Baynes e Richard Sibbes | 151
8. John Cotton (até 1632) e John Preston | 174
9. Thomas Hooker | 195

216 — PARTE IV
A CONTRIBUIÇÃO DA HOLANDA

10. Jacó Armínio | 217
11. William Ames | 231

252 PARTE V
A ASSEMBLEIA DE WESTMINSTER

12. John Cotton e a controvérsia antinomiana na América (1636-1638) | 253

13. Os teólogos de Westminster e sua Unidade Soteriológica | 278

14. A natureza da fé salvadora nos documentos da Assembleia de Westminster | 297

314 CONCLUSÃO

Apêndice 1: Comentários Bíblicos de João Calvino | 320

Apêndice 2: Extrato de Curt Daniel | 341

Bibliografia | 351

PREFÁCIO
À EDIÇÃO BRASILEIRA

Fiquei muito feliz ao saber que o meu livro *João Calvino e o Calvinismo Inglês até 1649* seria publicado no Brasil e em outros países de língua portuguesa. Para aqueles que não sabem, esta é minha tese que nos idos de 1976 foi originalmente submetida à Faculdade de Teologia da Universidade de Oxford. O título era "A Natureza da Fé Salvadora: de William Perkins (1559-1602) à Assembléia de Westminster (1643-1649)". Por isso, fui agraciado com o Doutorado em Filosofia (PhD). Quando a Oxford University Press demonstrou interesse em publicá-la, pediram ao falecido John MacQuarrie, professor da *Divinity of Christ Church*, em Oxford, que a lesse e desse uma opinião. Ele recomendou a publicação sem quaisquer ressalvas e que não se alterasse nada no texto. Eu realmente queria adicionar muito mais - especialmente diversas outras declarações de João Calvino que provam que ele não adotou o ensino da "expiação limitada". Mas o que segue é a minha tese original, textualmente sem alterações.

Além do meu orientador, o falecido Dr. Barrie White, tive o privilégio de ter o Dr. J. I. Packer como orientador secundário. Além de Jim Packer, mantive o falecido Dr. Martyn Lloyd-Jones atualizado sobre minhas pesquisas, enquanto continuava a escrever durante os anos de 1973-1976. Ele leu a tese na íntegra depois de eu ter recebido o doutorado e me telefonou certa manhã, dizendo: "Você me fez ler Calvino de uma forma que jamais fiz antes. Também encontrei outras declarações de Calvino que não estão em sua tese e que apoiam suas conclusões. Por que elas não estão no livro?" Eu respondi que havia um número máximo de palavras permitido na tese original e que em razão disso fui obrigado a excluir muitas declarações de Calvino, embora "haja o suficiente para suprir os que desejam seguir o que escrevi".

Quando eu chegar ao céu eu pretendo tomar pela mão alguns dos meus críticos e levá-los até Calvino, mas sobretudo gostaria de ver o olhar em seus rostos quando eles ouvirem os fatos pelo próprio. E como não quero ser parcial, gostaria de levá-los ao apóstolo Paulo também!

Espero que você leitor aprecie o resultado de meus esforços. Por fim, devo dizer que durante muito tempo permaneci determinado a escrever um segundo livro acadêmico acerca da doutrina de João Calvino sobre a expiação. Todavia, creio ter sido conduzido em uma direção diferente quando encontrei meu lugar como ministro da Capela de Westminster. Se Jesus tardar, não tenho dúvidas de que há estudiosos mundo afora - talvez no Brasil - que fariam um trabalho muito melhor, provando a tese que tenho defendido desde então.

Inglaterra, 19 de abril de 2019
R. T. KENDALL,
PhD (Oxon)

PREFÁCIO
À SEGUNDA EDIÇÃO INGLESA

Passaram-se mais de vinte anos desde que submeti minha tese à banca examinadora na Universidade de Oxford. Entre o tempo de sua conclusão e sua aceitação, dois eventos de algum significado ocorreram. O primeiro foi o meu chamado para ser ministro visitante da Capela de Westminster[1] (tarefa que deveria durar seis meses): o segundo foi a leitura de um artigo, *John Cotton - Primeiro Calvinista Inglês?* na Conferência de Westminster,

---

[1] A Capela de Westminster é uma igreja congregacional membro da Comunhão das Igrejas Evangélicas Independentes no Reino Unido (www.fiec.org.uk) e adere às suas bases doutrinárias, e é também membro da Aliança Evangélica e da Comunhão Evangélica de Igrejas Congregacionais, na Inglaterra [N.E.].

que foi presidida pelo falecido Dr. Martyn Lloyd-Jones. Neste artigo, apresentei algumas de minhas descobertas sobre o tratamento dado por João Calvino à extensão da expiação. Apenas o Dr. Lloyd-Jones e eu estávamos preparados para a reação surpresa dos presentes.

O motivo mais recente poderia ter sido esquecido, exceto por mais dois eventos. O primeiro foi o meu chamado para ser ministro da Capela de Westminster, o segundo foi a publicação do presente livro pela Oxford University Press. O resultado desses eventos foi que minha pesquisa recebeu muito mais atenção do que eu imaginava quando ainda estava em Oxford. A reação ao meu artigo na Conferência de Westminster, e a opinião do Dr. Lloyd-Jones sobre ele, se espalhou entre os ministros do mundo reformado. Quando minha tese foi publicada vendeu bem e uma reimpressão logo aconteceu.

Agora que o livro está sendo republicado (sem alterações), tive que decidir se respondia a alguns críticos. A tentação foi severa – eis a minha chance. Primeiro, eu pensei que estava sendo removido do debate acadêmico pela forma como o Espírito Santo começou a me conduzir logo após a publicação da tese. Houve uma época em que eu desejava ser teólogo, até mesmo escrever uma monografia sobre a doutrina de Calvino sobre a expiação, que poderia tender a encerrar a controvérsia. Mas isso não parece ser a vontade do Senhor para mim. Em segundo lugar, "um homem convencido contra sua vontade ainda tem a mesma opinião". Mesmo se respondesse aos meus críticos, linha por linha, a síndrome do "sim, mas...", não acabaria. Devo dizer que ainda não li uma refutação da minha pesquisa feita por alguém que não tenha tido aspirações *apriorísticas* ao longo das fileiras reformadas tradicionais.

No entanto, decidi incluir uma pequena parte da tese de PhD do Dr. Curt Daniel (ver Apêndice 2), com sua gentil permissão, que ajuda muito a responder alguns dos meus críticos. Sua monografia inteira merece uma circulação mais ampla, mas eu escolhi a parte que lida com a única passagem em todos os escritos de Calvino que parece refutar a premissa de que o reformador não acreditava em expiação limitada. De fato, essa é a única declaração de Calvino, mostrada pelo Dr. Daniel, que não foi propriamente uma declaração dele afinal de contas, que William Cunningham costumava usar para provar que Calvino cria em expiação limitada. Eu também devo indicar ao leitor *Atonement and Justification* (Expiação e Justificação) de Alan Clifford (Clarendon Press, Oxford, 1990), escrito assim que meu próprio livro foi publicado pela primeira vez.

Todos nós tendemos a ver o que queremos ver, seja na Bíblia ou em um reformador altamente estimado. Em parte, é por isso que *eu* demorei tanto tempo. Quando cheguei a Oxford em 1973, meus heróis eram Calvino e Owen. O primeiro ensaio que fiz sob a supervisão de meu orientador foi uma comparação entre ambos sobre a obra sacerdotal de Cristo. E o que você acha que eu descobri? Que eles eram iguais! A posição que muitos adotaram ao rejeitar minha tese - vendo somente o que queriam - é precisamente a minha posição quando cruzei o Atlântico vindo para a Grã-Bretanha. Foi só no terceiro ano que comecei a notar uma diferença significativa entre Calvino e William Perkins e seus seguidores (com exceção de John Cotton). O material estava sempre lá – mas eu não tinha a menor ideia de que Calvino e os calvinistas eram tão diferentes.

Se eu não tivesse vindo para Oxford, principalmente para lidar com John Owen sobre a obra sacerdotal de Cristo, duvido que tivesse sido sensível à pista que me encontrei procurando, a saber, que Calvino certamente mantinha uma expiação limitada quando se tratava da obra sacerdotal de Cristo. Levei um bom tempo e sofri uma considerável agonia para chegar a um consenso a respeito do que Calvino estava realmente dizendo a respeito de 1João 2.2. Essa também tinha sido minha defesa de que Calvino ensinou uma expiação limitada. Mas eu estava lendo em suas palavras o que eu queria acreditar, embora as lesse continuamente. Eu sabia que Calvino sempre dissera que Cristo morrera pelo mundo sem qualquer necessidade de se explicar, mas eu contava que, como ele não havia enfrentado as proposições arminianas, se tivesse, teria endossado as descobertas do Sínodo de Dort.

Cinco coisas ajudaram a mudar minha opinião. Em primeiro lugar, os escolásticos[2] geralmente acreditavam em uma expiação limitada e Calvino não estava entusiasmado por eles ou por suas fórmulas que tentavam apresentar esse ensino. Em segundo lugar, em sua resposta ao Concílio de Trento, Calvino refutou uma proposição após a outra – até chegar à declaração de que Cristo morreu por todos os homens. O comentário de Calvino foi que, sobre isso, ele não tinha comentários a fazer. Comecei então a levar seus comentários sobre uma redenção universal mais a sério. Em terceiro lugar, a visão de Calvino de que Cristo é o "menor" da nossa eleição só acrescenta se Cristo morreu por todos. Em quarto lugar, o fato de Calvino equacionar "muitos" com "todos" foi um afastamento consciente daqueles que, como Lutero, fizeram os "muitos" se referirem aos eleitos. Finalmente, sua interpretação de Hebreus 9.15 é que o "chamado" não se refere aos eleitos – em contraste com a maneira como os "calvinistas" clássicos interpretaram posteriormente.

Uma vez que me convenci de que os comentários de Calvino e os comentários descartados nas *Institutas* não eram observações acidentais sobre a redenção universal, afinal, eu tive meu trabalho reduzido. Eu sabia que Calvino também não era um universalista. Naquele ponto, perguntei a mim mesmo, a oferta universal de Cristo restringiu-se apenas aos eleitos? Isto não foi na cruz ou na ressurreição. Poderia ser na ascensão ou na intercessão? Sim, eu disse a mim mesmo – tinha que ser no ponto da obra da intercessão de Cristo. Mas onde Jesus diz isso? Certamente uma mente como a de Calvino não teria deixado essa questão em paz. Eu me senti como o personagem Tenente Columbo[3] – sabia que tinha a suspeita, mas eu precisava de provas.

A prova chegou tarde da noite, quando trabalhava no comentário de Calvino sobre Isaías 53. Quase fechei o livro pouco antes

---

[2] Escolásticos medievais, p. ex.: Pedro Lombardo.
[3] Columbo é uma premiada série policial dos anos 1970. Columbo ou Tenente Columbo é o detetive personagem principal [N.E.].

de chegar ao versículo 12; se eu tivesse feito isso, temo que não me lembraria de retomar no dia seguinte. Mas continuei lendo e lá estava. Como procurar uma agulha no palheiro, finalmente Calvino disse isso para mim. Seu comentário era em latim, e lembrei que seus sermões franceses foram traduzidos, o que também tocou em Isaías 53. Li seu sermão sobre Isaías 53.12. Lá estava novamente, o contraste entre os "todos" por quem Cristo morreu e sua ligação com João 17.9 à obra de intercessão de Cristo, a mesma visão que eu suspeitava ter sido mantida por Calvino. A morte de Cristo era o cumprimento do sacrifício inaugurado no altar; a intercessão era o cumprimento da aspersão do sangue do Sumo Sacerdote no propiciatório. É lá que a expiação é limitada, não no lugar do sacrifício.

Um respeitado erudito calvinista me avisou enquanto eu ainda estava em Oxford, que Calvino nem sempre é consistente, e isso é verdade. Eu poderia desejar que ele fosse tão explícito em seu comentário sobre Hebreus quanto estava sendo em Isaías 53.12. Se tivesse sido assim, os pontos de vista de Amyraut[4] teriam sido bem-sucedidos, ou, melhor ainda, Beza poderia não ter sido tão dogmático. A primeira pergunta que foi feita na defesa da minha tese foi: "Você acha que Beza sabia estar se afastando de Calvino?" Minha resposta foi que eu não sabia. Havia questões maiores na época que uniam Calvino e Beza e eu supunha que os pontos soteriológicos mais sutis não tenham aparecido até depois da morte daquele em 1564.

A questão de se Calvino está correto é outro assunto. Este livro não é necessariamente um mandato para rejeitar a visão tradicional da expiação limitada. No fim das contas, tudo o que importa é o que as Escrituras dizem. Eu penso que Calvino foi longe demais em sua doutrina da fé temporária dos impenitentes. Os teólogos de Westminster pareciam concordar, já que varreram esse ensino

---

[4] Moises Amyraut (1596-1664) foi um teólogo francês conhecido pela sua teologia da expiação. Sustentava a ideia de que Deus em Cristo proveu a salvação para todos, todavia só seriam salvos aqueles que se apropriarem da salvação pela fé, que é um dom de Deus [N.E.].

para debaixo do tapete uma vez que William Ames[5] percebeu as implicações pastorais. Então, é preciso lembrar que Calvino não era perfeito. Mas o fato de nos direcionar à morte de Cristo, e não à nossa santificação, para sabermos se somos salvos, acredito ser bíblica e pastoralmente sadio. Também me pergunto quantos cristãos chegariam à visão da expiação limitada lendo meramente a Bíblia. Posso garantir com segurança que a doutrina tradicional da expiação limitada é alcançada pela lógica e a necessidade de procurá-la em vez de por uma leitura direta das Escrituras. Quanto ao "calvinismo" de Calvino, eu lhe daria quatro pontos e meio dos cinco pontos tradicionais. Acho que isso é bastante próximo, e aqueles que têm essa convicção certamente deveriam ser incluídos na família reformada.

Mas você pode estar perguntando: "Qual a importância disso?". Respondo que, em primeiro lugar, posso dizer com certeza que "Cristo morreu por mim" – algo de que nunca posso ter certeza se ele não morreu por todos. Saber que ele está *intercedendo* por mim é assegurado por confiar em sua *morte*. Portanto, a doutrina da segurança está em jogo - se não tenho segurança que ele morreu por mim, não posso ter que ele intercede. Em segundo lugar, posso dizer a qualquer um: "Cristo morreu por você". Em nosso evangelismo, isso faz uma diferença real; certamente faz para o evangelista, se não também para a pessoa que estamos tentando alcançar para Cristo.

Meus sinceros agradecimentos ao Sr. Pieter Kwant, da Paternoster Press, por adicionar o volume atual à sua lista. Eu adicionei o Apêndice 1 no final para permitir que o leitor imparcial tenha uma visão mais ampla de algumas das declarações de Calvino a respeito da extensão da expiação.

R.T.K

---

[5] Teólogo congregacional inglês, após sua morte os seus livros formaram o núcleo da biblioteca da recém-formada universidade de Harvard, fundada pelos congregacionais em 1636 [**N.E.**].

PREFÁCIO
À PRIMEIRA EDIÇÃO INGLESA

Este livro é minha tese de PhD submetida ao Conselho da Faculdade de Teologia de Oxford, em 1976, sob o título *"The Nature of Saving Faith from William Perkins (d. 1602) to the Westminster Assembly (1643–1649)"* (A Natureza da Fé Salvadora de William Perkins (+ 1602) à Assembleia de Westminster (1643-1649)). Lamento que não tenha sido possível incluir os gráficos de Theodoro Beza e William Perkins no Apêndice. Embora não deem uma contribuição real para o argumento, demonstram visualmente a dependência de Perkins em relação ao sistema de Beza.

Existem questões dogmáticas suscitadas por este livro que eu não respondo, pois esta é uma peça de teologia histórica, não de teologia dogmática. Eu não argumentei se Calvino ou qualquer outra pessoa está ao lado das Escrituras. Meu método tem sido o de seguir o que cada homem realmente diz (e não diz) e levantar as questões que suas próprias suposições exigem. Já recebi *feedback* suficiente de um bom número de pessoas que leram ou ouviram falar sobre a tese para antecipar uma ou duas perguntas inflamadas que este livro levanta. Foi, portanto, uma tentação acrescentar um ou dois tópicos ao meu trabalho original, mas resisti a isso. Essas perguntas não se relacionam diretamente com o argumento geral, mas com algumas implicações sobre o ensino de Calvino acerca da expiação e também sobre certas declarações dele próprio, as quais, após alguma reflexão, apoiam uma visão diferente. Com respeito a este último ponto, eu de fato encarei tais questões, e estou satisfeito com o que mostrei sobre a posição de Calvino, como algo firme. Eu desejo tratar deste assunto de forma completa algum dia.

Há também questões não dogmáticas que deixei passar. Era necessário pôr um limite ao período geral, às pessoas tratadas e outros assuntos que estes homens levantaram (assuntos eclesiológicos, por exemplo). Este livro poderia muito bem ter começado com Agostinho, Tomás de Aquino ou, mais certamente, com Martinho Lutero. Além disso, pelo menos cem homens dignos deveriam ser incluídos entre William Tyndale e Samuel Rutherford. Eu escolhi os homens mais preeminentes e influentes de sua época e, a partir deles, apenas chegamos à ponta do *iceberg*. Além disso, a história não termina com a Confissão de Fé de Westminster e seus Catecismos. Eu ficaria muito satisfeito se este livro encorajasse os estudiosos a mostrar como os teólogos subsequentes se encaixam no quadro mais amplo que comecei a pintar, especialmente homens como John Bunyan, John Owen, Andrew Fuller e Jonathan Edwards.

Esta obra traça a doutrina da fé, de Calvino até Perkins e à Assembleia de Westminster, a fim de discutir em que sentido a teologia de Westminster pode ser considerada o legado teológico de Calvino e/ou Perkins. O argumento principal começará quando a doutrina da fé de Perkins é definida no contexto de seus precursores continentais e ingleses. Era necessário trazer Armínio tanto quanto a controvérsia antinomiana, pois sem essas correntes cruzadas provavelmente nunca haveria uma Confissão de Fé de Westminster. Mas eu não estava esperando a interessante descoberta subsidiária com a qual me deparei.

Minha grande surpresa, no entanto, foi minha principal conclusão, pois há muito tempo eu considerava (e publiquei) que a teologia de Westminster era a de João Calvino, ou pelo menos a extensão lógica de seu pensamento. Minha pesquisa me levou a uma visão diferente, mas que não afetou meu apreço pelo próprio Calvino, nem por aqueles que são comumente chamados de "calvinistas". Se Perkins e seus seguidores devem ser apropriadamente chamados de calvinistas, deixarei para o leitor finalmente julgar, mas suspeito que chamar a tradição de Perkins de Calvinismo *Inglês* será aceitável em qualquer caso.

Eu me volto agora para minhas dívidas. Suponho que é bom que um doutorando pense que seu orientador é o melhor, mas sempre acreditarei que o meu realmente era. Eu nunca deixarei de agradecer ao Dr. B. R. White, Diretor do *Regent's Park College*, que foi designado como meu orientador pelo conselho da faculdade. Quando cheguei a Oxford em 1973, meu olhar estava voltado para a visão de John Owen quanto à obra sacerdotal de Cristo, um assunto sugerido pelo Dr. J. I. Packer. Supondo que eu estivesse razoavelmente familiarizado com Owen, o Dr. White me levou à pré-história de Owen (começando com Tyndale) para que meu tratamento daquele puritano estivesse devidamente situado em um contexto histórico. O resultado (que nem ele e eu antecipamos) foi que nunca cheguei a John Owen.

Além do meu orientador, aqueles que contribuíram para este livro formariam uma lista extremamente longa. Tenho uma dívida incalculável com o Dr. J. I. Packer, que me via com a frequência que eu precisava quando era diretor associado do Trinity College, em Bristol. Também consultava frequentemente o Dr. D. Martyn Lloyd-Jones, sempre meu amado amigo, mas agora um dos meus predecessores na Capela de Westminster. Gostaria de agradecer aos meus examinadores, Dr. T. H. L. Parker e Dr. B. R. Worder, que fizeram da defesa da minha tese uma ocasião produtiva, visto que o

Dr. Parker me deu uma boa parte de seu tempo. Sou especialmente grato ao Dr. John S. Macquarrie, professor de Teologia em Oxford, e à Sra. Margaret, por seu encorajamento. Um bom número de outras pessoas leu minha tese, mas sou muito grato a Elizabeth Catherwood, de Londres, e ao Dr. N. B. Magruder, de Louisville, Kentucky. Todos que foram citados anteriormente forneceram o máximo de comentários úteis, mas este livro, apresentado ao leitor com quase nenhuma alteração, não deve ser considerado como tendo sido necessariamente endossado por qualquer um deles.

Quero agradecer aos três professores americanos que me incentivaram a vir a Oxford: o Dr. Eric Rust e o Dr. Dale Moody, do Seminário Teológico Batista do Sul, em Louisville, Kentucky, e o Dr. William J. Morison, da Universidade de Louisville. Tenho uma dívida com outros professores do meu antigo seminário, entre eles o Dr. W. Morgan Patterson (agora no *Golden Gate Baptist Theological Seminary*, Mill Valley, Califórnia), que me deu um novo apreço pela história da igreja, e o Dr. James Leo Garrett - agora na Baylor University - Waco, Texas), quem primeiro me ensinou a pensar teologicamente em termos de desenvolvimento histórico.

Tenho uma dívida muito profunda com o Dr. James H. Milby e sua esposa, que agora moram em Brentwood, Tennessee, e que estiveram ao meu lado fielmente durante meus três anos em Oxford, com suas orações e apoio financeiro.

Minha pesquisa me levou à Holanda (Dordrecht e Haia), Noyon, França e Genebra. Mas no final, tudo que eu precisava para este livro estava depositado na Biblioteca Bodleian, em Oxford, ou no Museu Britânico, em Londres. Eu agradeço a estas grandes bibliotecas, mas especialmente àquelas em Duke Humphrey no Bodleian.

Trabalhar com o pessoal da Oxford University Press tem sido uma experiência particularmente agradável.

Finalmente, minha maior dívida é com minha esposa e dois filhos. Eles me apoiaram desinteressadamente durante aqueles anos em que os cidadãos de Bodleian me viam mais do que eles. Mas isso me leva a mais uma surpresa que nos chegou desde que terminei aqui, e isso supera tudo. Nós escolhemos permanecer na Grã-Bretanha.

Nenhum de nós tinha o mais remoto pensamento de tornar nossa Terra Mãe um lar permanente, especialmente porque o tráfego fluiu em grande parte para o oeste desde 1620,[6] com velocidade cada vez maior. Mas no ano do aniversário de dois séculos do meu país, nosso gesto de Bicentenário foi permanecer naquela terra que, com a ajuda das figuras centrais deste livro, deu à América a sua alma.

Londres
1979

---

[6] O autor é americano mas escreve na Inglaterra. Aqui ele se refere à colonização americana iniciada pelos pais peregrinos em 1620. Estes eram colonos ingleses que junto a protestantes separatistas congregacionais (que estavam refugiados na Holanda) viajaram para a América na famosa saga do Mayflower. Por ser os EUA um país colonizado por ingleses ele chama a Inglaterra de Terra Mãe (N.E.).

INTRODUÇÃO

Em 1589, quando a controvérsia eclesiológica protestante na Inglaterra de Isabel I estava no auge, William Perkins publicou sua primeira grande obra: *Um tratado tendendo a declarar se um homem está na condição de condenação ou no estado de graça; se está no primeiro, como pode com o tempo sair dele: se no segundo, como pode discerni-lo, e perseverar no mesmo até o fim.*[7] Este tratado inaugurou uma nova era na teologia inglesa. Os escritos de Perkins geralmente enfatizam a soteriologia, não a eclesiologia, e *Whether a Man* (Se um Homem) assume particularmente uma doutrina de fé, por mais refinada ou modificada que seja por seus seguidores, que recebeu aprovação da Assembleia de Westminster (1643-49).

---

[7] Doravante chamado *Whether a Man*. Esse foi seu primeiro livro a alcançar ampla popularidade.

Embora sua *magnum opus*[8] seja mais sistemática, o Tratado de 1589 apresenta graficamente a questão central do meu livro.

Este livro está preocupado com a natureza da fé "salvífica"- que somente os eleitos de Deus possuem - em oposição à fé "temporária" - que os reprovados, ou não eleitos, podem ter. A preocupação fundamental na teologia de Perkins e seus seguidores se concentra na questão: como se pode saber certo homem é eleito e não reprovado? A doutrina da dupla predestinação[9] é uma suposição da tradição de Perkins. Portanto, sua doutrina de fé é desenvolvida no contexto em que todos os homens são eternamente predestinados para a eleição ou reprovação, salvação ou destruição, céu ou inferno.

Tem sido geralmente assumido que William Perkins e seus seguidores eram seguidores do reformador genebrino João Calvino e que a teologia adotada na Confissão de Fé de Westminster era o verdadeiro calvinismo, ou, pelo menos, a extensão lógica de seu pensamento.[10]

B. B. Warfield afirma que não há nada na Confissão de Westminster "que não seja encontrado expressamente nos escritos" de João Calvino.[11] Esta suposição foi aceita de maneira bastante acrítica pela maioria dos teólogos e historiadores em geral, em sua base os

---

[8] *Armilla Aurea* (1590), traduzido como *A Golden Chaine* (1591).

[9] Esta é a crença de que Deus predestinou certo número de homens para a salvação (os eleitos) e certo número de homens para a perdição (os réprobos); esse número não pode ser aumentado nem diminuído por nada que os homens possam fazer.

[10] O mesmo poderia ser dito para o Sínodo de Dordrecht (Dort), 1618-1919, que defendeu os famosos Cinco Pontos do Calvinismo, popularmente lembrado pelo acrônimo TULIP: Depravação total, eleição incondicional, expiação limitada, graça irresistível e perseverança dos santos. J. I. Packer diz que a fórmula da expiação limitada do Sínodo de Dort declara o que Calvino "teria dito se tivesse enfrentado a tese arminiana". "Calvin the Theologian", *John Calvin*, Abingdon, 1966, p. 151. A expiação limitada é a crença de que Cristo morreu apenas pelos eleitos.

[11] B. B. Warfield, *Studies in Theology* (1932), p. 148. Cf. A. A. Hodge, *The Atonement*, 1868, p. 357-67; e William Cunningham, *The Reformers and the Theology of the Reformation*, 1862, p. 397.

presbiterianos e batistas em particular.[12] Enquanto os presbiterianos traçam suas raízes teológicas na Confissão de Westminster, a maioria dos batistas traça suas raízes pelo menos até a Segunda Confissão de Londres (1677), que seguiu a Confissão de Westminster quase que literalmente, exceto por declarações relativas à eclesiologia.[13]

Igrejas reformadas geralmente olham para a Confissão Belga (1561) por meio do Sínodo de Dort para seus primórdios teológicos.[14] Em uma palavra: um bom número de corpos protestantes no mundo ocidental está de algum modo em dívida com a Confissão de Westminster ou com o Sínodo de Dort para grande parte de sua herança teológica.

Este livro tenta, em parte, reavaliar a hipótese de que a soteriologia de Calvino foi fielmente sustentada pelos veneráveis deputados que elaboraram a Confissão de Westminster e os catecismos Breve e Maior. O presente livro não é o primeiro a afirmar que Calvino defendia que Cristo morreu por todos os homens. Moise Amyraut (1596-1644) aparentemente pensava que somente seguia

---

[12] Frank S. Mead em *Handbook of Denominations in the United States*, Nashville, 1975, p. 217, quando se refere à influência de Calvino sobre o presbiterianismo, afirma que o "sistema" de Calvino pode ser "resumido em 5 pontos principais", o que significa aqueles descritos anteriormente na nota 4. Ele também se refere a "igrejas batistas particulares ou calvinistas". *Ibid.*, p. 37. Batistas Particulares foram assim chamados por sua crença na "redenção particular", um termo usado de forma intercambiável com a expiação limitada.

[13] A maioria dos batistas existentes atualmente, incluindo a Convenção Batista do Sul (aproximadamente 13 milhões de membros), é originária dos batistas particulares do século XVII. Uma pequena minoria de batistas, incluindo os batistas gerais na América (aproximadamente 70.000 membros), é rastreável até os "batistas arminianos". Veja minha obra *The Rise and Demise of Calvinism in the Southern Baptist Convention*, Dissertação de mestrado não publicada, University of Louisville, 1973.

[14] John A. Leith, *Creeds of the Churches*, Richmond, 1973, p. 127ss. A Declaração de Savoy (1658), a primeira grande confissão do Congregacionalismo, seguiu a Confissão de Westminster quase que literalmente, exceto nas questões eclesiológicas.

Calvino quando insistia que Cristo morreu por todos os homens.[15] O teólogo escocês William Cunningham (+ 1861) admitiu que uma incerteza a respeito da posição real de Calvino surgia por vezes, mas concluiu: "nenhuma evidência suficiente foi apresentada de que Calvino sustentou que Cristo morreu por todos os homens, ou pelo mundo inteiro".[16]

A doutrina da expiação em Calvino, no entanto, não é o assunto deste livro. Um estudo definitivo sobre isso ainda está para ser escrito. O que segue é um estudo da natureza da fé salvadora em William Perkins e seus seguidores contra o contexto do que Calvino cria acerca da fé. A doutrina da expiação em Calvino entra em cena pela conexão inseparável com sua compreensão da segurança. Eu espero oferecer uma contribuição lançando alguma luz sobre: (1) a relação entre a fé salvadora, a morte de Cristo e a intercessão na teologia de Calvino; (2) a relação da fé com a morte de Cristo na teologia de Theodoro Beza; (3) a aparente dependência de Perkins sobre Beza e certos teólogos de Heidelberg do século 16; (4) o modo pelo qual o voluntarismo - fé como um ato da vontade em contraste com uma persuasão passiva na mente - ganhou ascensão na tradição de Perkins; (5) o destino vacilante da doutrina da fé temporária entre aqueles cujo pensamento foi moldado pela tradição de Perkins.

As principais questões sobre as quais este estudo será centrado podem ser brevemente resumidas: (1) se o "assento" da fé está localizado no entendimento ou na vontade do homem; (2) se a fé precede o arrependimento na *ordo salutis* (ou vice-versa); (3) se a garantia da salvação pode ser desfrutada por um ato de fé "direta" ou se tal segurança deve ser adiada até que venha um ato "reflexo" de fé; (4) qual é o fundamento da segurança; e (5) que lugar tem uma doutrina de fé temporária em uma teologia que faz da santificação ou arrependimento a base da segurança.

---

[15] Brian G. Armstrong, *Calvinism and the Amyraut Heresy: Protestant Scholasticism and Humanism in Seventeenth-Century France*, Madison, 1969, p. 130-60.

[16] Cunningham, *op. cit.* p. 397.

Nosso método será traçar a doutrina da fé de William Perkins por meio de seus mais proeminentes seguidores até a Assembleia de Westminster e fazer uma avaliação sobre se a teologia de Westminster pode ser considerada o legado teológico da tradição de Perkins.[17] O argumento principal começará quando a doutrina da fé de Perkins for definida no contexto de seus precursores continentais e ingleses. Os principais seguidores de Perkins serão examinados até - e incluindo - as controvérsias antinomianas na América e na Inglaterra que precederam a Assembleia de Westminster. Uma característica subsidiária interessante emerge no estudo, na demonstração do surpreendente grau de reciprocidade existente entre a teologia de Westminster e a doutrina da fé em Jacó Armínio.

Parece não haver nenhum estudo comparável ao proposto há pouco.[18] Isso é realmente notável, considerando-se que os documentos da Assembleia de Westminster são reputados como os mais influentes na história do protestantismo. O estudo mais próximo do proposto neste livro é Norman Pettit, *The Heart Prepared* (*O Coração Preparado*, New Haven, 1966), que trata da doutrina da preparação para a graça no período geral abordado neste livro. Embora o estudo de Pettit não termine com a Assembleia de Westminster - nem ele trata disto - seu trabalho não pode passar despercebido, pois muitos dos teólogos a serem examinados aqui são tratados por ele. A doutrina da preparação, além disso, está essencialmente ligada à sua doutrina da fé. O livro de Pettit procede de um erro fundamental e, consequentemente, apresenta uma interpretação incorreta de muitos de seus escritores. Pettit parece não entender a conexão inseparável entre a preparação para a graça e a garantia da salvação na teologia daqueles que ele estuda. Será demonstrado adiante que

---

[17] A "teologia de Westminster" neste livro refere-se à natureza da fé salvadora nos três principais documentos emitidos pela Assembleia de Westminster, isto é, a Confissão de Fé, o Breve Catecismo e o Catecismo Maior.

[18] T. F. Torrance, *The School of Faith* (1959), lida com os catecismos da Assembleia de Westminster à luz de alguns anteriores, mas não tenta chegar às raízes históricas da teologia de Westminster, muito menos traçar o desenvolvimento histórico anterior a ela.

a preparação para a fé equivale à garantia da eleição. O equívoco de Pettit parece dever-se em grande parte à sua incapacidade de compreender a natureza da doutrina da reprovação nos teólogos que ele trata. Ele fala sobre se alguém está "completamente reprovado ou talvez em algum lugar entre a reprovação e a regeneração".[19] Nenhum dos teólogos ingleses em seu livro falaria assim desde que assumiram a reprovação como designada e fixada pelo decreto eterno de Deus; somente os eleitos, nunca os réprobos, poderiam ser regenerados.[20] Pettit não parece perceber que era a doutrina da predestinação, particularmente a doutrina da reprovação, que estava por trás da necessidade de uma doutrina de preparação em primeiro lugar. Esses clérigos eram pastores que enfrentavam pessoas com medos aterradores de que pudessem ser reprovadas, e não eleitas. A própria ideia de preparação surgiu como uma lógica pela qual as almas ansiosas podiam determinar, o mais rápido possível, que não eram eternamente condenadas. Por esta razão, então, estar preparado também significava ter certeza de que Deus estava operando a salvação nelas. Pettit não lida com a doutrina da segurança, um assunto que ele não poderia ter evitado se tivesse visto as implicações fundamentais da doutrina reformada da predestinação.

---

[19] Norman Pettit, *The Heart Prepared*, p. 61. Cf. p. 65, onde Pettit fala da "linha onde a reprovação parou e a regeneração começou" e progrediu "da reprovação à regeneração". Este erro é repetido na p. 218 em seu livro.

[20] Pettit parece confundir "danação" com "reprovação". Como será visto adiante, "danação" é o estado ao qual tanto os réprobos quanto os eleitos nasceram; os eleitos saem desse estado, mas o réprobo não pode. Enquanto todos os réprobos nascem em estado de condenação, nem todos os que nascem no estado de condenação são reprovados. A reprovação em qualquer caso não é um estado dinâmico, como se alguém pudesse sair dela. Pettit está tratando Henry Bullinger e não Beza (ou os teólogos de Heidelberg), pode ser por isso que ele erra nesse ponto. Pettit supõe que Bullinger fosse a principal influência continental nesses teólogos. Na verdade, a influência de Bullinger foi provavelmente sentida apenas superficialmente na Inglaterra após o surgimento dos escritos de Perkins. A obra *Decade* de Bullinger nunca foi reimpressa após a publicação de *Whether a Man* ser veiculada.

A preparação para a fé, posto que será uma questão neste livro, pode ser simplesmente entendida como o processo pelo qual um homem se dispõe a crer. Esse processo deve ser visto em grande parte como uma função da Lei de Deus e é o que pode ser incluído no processo de regeneração, mas antes da fé, ou antes, tanto para a regeneração quanto para a fé. A regeneração pode ser definida como o dom de salvar a vida que caracteriza os eleitos, nunca os reprovados. Em outras palavras, saber que alguém é regenerado é saber que ele é eleito para a salvação.

Agora é necessário recorrer à outras definições de termos. É comum referir-se às principais figuras deste livro como "puritanos". Embora todos provavelmente concordem que "é difícil encontrar um denominador comum"[21] do "puritanismo", os estudiosos, no entanto, mantêm o termo. Basil Hall, que não aceita o termo sem críticas, tenta resolver o problema limitando o "puritanismo" àquelas pessoas "sérias" na Igreja da Inglaterra antes de 1642 "que desejavam algumas modificações no governo da Igreja".[22] Essa conclusão é alcançada após sua alegação de que "é certamente razoável para os historiadores usarem uma palavra como foi usada por aqueles que a produziram".[23] Se assim for, é certamente razoável não usar o termo com respeito àqueles que o rejeitaram. Perkins o rejeitou e o chamou de um termo "vil".[24] Mas Hall relaciona Perkins com aqueles que ele afirma serem "puritanos de fato",[25] embora Perkins nunca tenha publicado uma palavra pedindo modificações no governo da Igreja, nem sugere qualquer tipo de governo eclesiástico.

Davies refere-se aos "puritanos" em geral para denotar aqueles que viam a Igreja como "incompleta".[26] Sasek segue a mesma linha, mas admite que sua definição "cria problemas mais graves do que

---

[21] G.K. Clark, *The English Inheritance*, 1950, p. 103.

[22] Basil Hall, 'Puritanism: the Problem of Definition', *Studies in Church History*, 1965, ii, p. 289

[23] *Ibid.*, p. 287.

[24] *Workes*, iii, p. 15.

[25] Hall, *op. cit.*, p. 293.

[26] Horton Davies, *The Worship of the English Puritans*, Glasgow, 1948, I.

resolve".²⁷ Parece então que se alguém aceita o termo "puritano", é preciso, se for coerente, reajustar a definição para se adequar a um homem de cada vez, ou, se estiver lidando com uma tradição, começar com uma definição e acabar com outra.²⁸ Trinterud tenta resolver a questão oferecendo três categorias de "Puritanismo",²⁹ enquanto Porter sugere quatro.³⁰

Estudos recentes no período desta tese foram dominados por interesses literários, históricos e sociológicos; os teólogos ficaram para trás. Dos vários estudos teológicos desde os trabalhos de Perry Miller, poucas surpresas surgiram. Portanto, é necessário um novo começo, e este livro começará deixando de lado o termo tradicional. Embora haja mérito em chamar alguns dos teólogos deste livro de "puritanos", o presente estudo considera o termo geralmente pouco útil.

Por isso, adotaremos um termo que representa objetivamente o impulso teológico de suas figuras centrais. A preocupação fundamental desses teólogos é o conhecimento da fé salvadora; essa preocupação é aumentada pelo fato de sua soteriologia ser completamente predestinacionista. Quem ouvisse seus sermões, naturalmente temia que ele fosse um daqueles que Deus predestinou para o Inferno, e "ele não conhecia qual era seu destino, então o suspense o torturava".³¹

---

[27] L. A. Sasek, *The Literary Temperament of the English Puritans*, Louisiana, 1961, p. 15s.

[28] É precisamente isso que J. F. H. New faz. *Anglicans and Puritans*, 1964, p. 3. Curiosamente ele também declara "nós conhecemos a quem nos referimos" por "puritanos" (*ibid.*, p. 3). Cf. William Hailer, *The Rise of Puritanism*, New York, 1957, p. 3ss; G. H. e K. George, *The Protestant Mind of the English Reformation*, Princeton, 1961, p. 406; Christopher Hill, *Society and Puritanism in Pre-Revolutionary England*, 1969, p. 15-30. Esses estudos ilustram ainda mais o dilema que se enfrenta com esse termo.

[29] L. J. Trinterud (ed.), *Elizabethan Puritanism*, New York, 1971, p. 10ss.; (1) o partido original contra as vestes litúrgicas; (2) o partido de resistência passiva (no qual ele coloca Perkins); e (3) os presbiterianos.

[30] H. C. Porter, *Puritanism in Tudor England*, 1970, p. 9ss; (1) os separatistas ingleses; (2) os "puritanos evangélicos" (nos quais ele coloca Perkins); (3) os dissidentes radicais; e (4) presbiterianos.

[31] R. G. Usher, *Reconstruction of the English Church*, 1900, i, p. 79.

É crucial compreender a doutrina de Perkins sobre a fé temporária dos réprobos. Enquanto um predestinarismo rígido não era novo para a teologia inglesa, o era a doutrina de Perkins e o uso da noção de fé temporária que é a ideia central em sua obra *Whether a Man*. Esta obra realmente começa com a presunção do inalterável decreto de reprovação. Seu título abrangente é dado como uma advertência para os cristãos professos examinarem a si mesmos, para que eles não possuam uma fé temporária – posição elevada à qual os réprobos, embora condenados desde o início, podem alcançar. Em seu prefácio, Perkins cita a parábola do semeador (Lc 8.4-15) e insta seus leitores a considerarem que um homem "pode conduzir a si mesmo, e à Igreja de Deus, para ser um verdadeiro professor do Evangelho, e ainda assim, não ser nada". Pode-se ter os "certos frutos" que um verdadeiro filho de Deus tem, ser "persuadido de uma maneira generalizada e confusa", e ainda assim não ser regenerado, porque um número definido de tais é predestinado desde a eternidade. *Whether a Man* abre com "certas proposições declarando quão longe um homem pode ir na profissão do Evangelho, e ainda assim ser um homem perverso e reprovado".[32]

Por trás de sua referência a "quão longe" um reprovado pode ir, está a visão de Perkins de que o não eleito pode se destacar – embora condenado o tempo todo – nos "certos frutos" dos eleitos; isso se dá pelo que ele chama de um chamado *ineficaz*, um termo que ele toma emprestado de Beza.[33] O chamado ineficaz do não eleito é, no entanto, tão poderoso que o sujeito manifesta todas as aparências – para si e aos outros – dos eleitos: tais como zelo, boas obras, até mesmo santificação. As implicações pastorais de tal ensinamento são enormes. Um cristão sincero poderia muito bem temer que fosse reprovado.[34]

---

[32] *Workes*, i, p. 356.

[33] Cf. *infra*, p. 36 n. I. Este é precisamente o ponto que Pettit, *op. cit.*, não consegue entender.

[34] Cf. *infra*, p. 126ss. Há pouca dúvida de que a ansiedade como a da Sra. Drake foi intensificada, senão causada, pela ideia de fé temporária.

A doutrina da fé temporária tornou-se o embaraço, se não o escândalo, do calvinismo inglês. Os seguidores de Perkins reivindicaram cada vez menos para que, eventualmente, não representassem qualquer ameaça para o crente; William Ames deu à sua morte virtual uma sanção sistemática. Este ensino parece ter começado com o próprio Calvino e ter sido perpetuado especialmente por Perkins. Nem Calvino e nem Perkins se desculpam por um ensinamento que pode parecer a alguns como insensível em termos pastorais. Esse ensino descreve Deus como dando aos réprobos, a quem ele nunca pretende chamar efetivamente, um "gosto" de sua graça. De fato, no prefácio de *Whether a Man,* Perkins afirma que essa fé temporária "procede do Espírito Santo, mas ainda assim não é suficiente para fazê-los soar professantes". Esses homens ensinam essa doutrina simplesmente porque a descobrem nas Escrituras; para eles, esta doutrina como exposta explica passagens como Mateus caps. 21-23; Hebreus 6.4-6 e a parábola do semeador.

A tese de *Whether a Man* é que um homem pode se achar regenerado mesmo quando ele não é, mas um homem verdadeiramente regenerado "pode discernir" quando é. A este respeito, Perkins emprega 2 Pedro 1.10 ("Por isso, irmãos, procurai, com diligência cada vez maior, confirmar a vossa vocação e eleição; porquanto, procedendo assim, não tropeçareis em tempo algum"), um versículo que ele vê como o principal mandato de pregar em geral, bem como a fórmula pela qual os cristãos particularmente podem provar a si mesmos que foram objeto de um chamado eficaz. O versículo de 2Pedro 1.10 pode ser seguramente chamado de bandeira bíblica para a tradição de Perkins; destaca-se em relevo na página de rosto de *Whether a Man* e encabeça a lista de passagens das Escrituras impressas nas páginas de rosto de seus outros trabalhos.

É a convicção de Perkins, então, que o homem regenerado pode discernir se tem o conhecimento da fé salvadora, ou garantia de eleição. Perkins chama tal conhecimento de "experimental".[35] O testemunho do Espírito é dado por "uma experiência" que não é

---

[35] *Workes*, i, p. 621.

conjectural, mas "uma certeza infalível do perdão dos pecados".[36] Perkins acredita que 2Pedro 1.10 deve ser relacionado à própria consciência.[37] A própria consciência, acredita ele, entra em vigor na mente de um homem por um processo de raciocínio silogístico. A consciência pronuncia o juízo "por meio de um raciocínio ou disputa, chamado de silogismo prático".[38] Pela prática do silogismo do Espírito Santo[39], não é apenas possível "experimentar toda a certeza da verdade da Bíblia"[40], mas saber que "está entre o número dos eleitos."[41]

Nós nos referiremos a Perkins e seus seguidores como "predestinários experimentais". Esses homens têm em comum a crença de que 2Pedro 1.10 é o mandamento de Deus e a fórmula do homem para provar a si mesmo sua própria predestinação para a salvação.[42] A prova é fundamentada no conhecimento experimental derivado do "silogismo prático".[43] O silogismo prático deve ser entendido neste livro como tirar uma conclusão refletindo sobre si mesmo. O silogismo prático, embora nem sempre seja convocado por cada um dos seguidores de Perkins, é consistentemente empregado como um instrumento preciso ou espelho pelo qual a pessoa se certifica de sua eleição. Beza parece não ter usado o termo, mas antecipa sua função quando afirma que devemos concluir que somos eleitos começando "na santificação que sentimos em nós mesmos".[44] O próprio Perkins usou o silogismo prático de duas maneiras: como refletindo sobre o

---

[36] *Ibid.*, p. 534.

[37] *Ibid.*, p. 510.

[38] *Ibid.*, p. 519.

[39] *Ibid.*, ii, p. 322.

[40] *Ibid.*, i, p. 476.

[41] *Ibid.*, p. 540.

[42] *Ibid.*, iii, p. 382.

[43] Este pode ser um termo cunhado por Ursino. Cf. *infra*, p. 40 n. 12. Assim, quando Niesel coloca a questão sobre se o silogismo prático está ou não em Calvino, ele aparentemente lê a ideia de Ursino de volta à teologia de Calvino. Cf. *infra*, p. 28 n. 7

[44] *Infra*, p. 33, n. 1.

fato de ter crido, ou refletindo sobre as aparências de santificação ou arrependimento em si mesmo.

O termo "experimental" será usado em vez de "experiencial" para descrever esses predestinários, por duas razões: Primeiro, é a palavra usada por eles. E segundo, a palavra "experimental" contém uma ambiguidade útil, uma vez que se refere tanto a experiência como também ao teste de uma hipótese por um experimento. Os predestinários experimentais colocam essa proposição em teste: "se um homem está em estado de condenação ou em estado de graça". Perkins afirma a seguinte hipótese: "Todo aquele que crê é filho de Deus". O teste é: "Mas eu creio." Segue-se a conclusão: "portanto, sou filho de Deus".[45] Isso será visto com frequência neste livro como garantia pelo ato reflexo - outro termo para o silogismo prático. Assim, o método para obter a segurança da salvação é examinar a reivindicação da fé em si mesmo; se for verdade, segue a conclusão que alguém tem a fé salvadora.

João Calvino afirma existirem "dois tipos de conhecimento"; o "conhecimento da fé e o que eles chamam de conhecimento experimental".[46] Esses dois tipos de conhecimento são a principal preocupação deste livro.

---

[45] *Workes*, i, p. 541.
[46] J. Calvin, *Comm. Zech.* 2:9. Cf. *infra*, p. 13. n. 1.

PARTE I
OS REFORMADORES

CAPÍTULO 1

JOÃO CALVINO E SUA DOUTRINA DA FÉ

É fundamental para a doutrina da fé em João Calvino (1509-1564), a sua crença de que Cristo morreu indiscriminadamente por todos os homens.[47] Igualmente crucial, porém, é

---

[47] Esta afirmação será desenvolvida adiante. Este estudo se baseará nas *Institutas da Religião Cristã* de Calvino (Library of Christian Classics, 1961). As referências de comentários do Antigo Testamento de Calvino são da *Calvin Translation Society* (Edimburgo, 1847-1853). Referências de comentários do Novo Testamento são daquelas editadas por D. W. e T. F. Torrance (Edimburgo, 1959-72). Citações latinas são das fontes correspondentes em *Ioannis Calvini Opera* (Brunswick e Berlim, 1863-1900) (edição *Corpus Reformatorum*).

sua convicção de que, até que a fé seja dada, "tudo o que Ele sofreu e fez pela salvação da raça humana permanece inútil e sem valor para nós".[48]

Calvino enfatiza a morte de Cristo em conexão com a segurança da salvação, mas coloca a origem da fé salvadora na obra intercessora de Cristo à mão direita do Pai. Enquanto Cristo morreu por todos,[49] "ele não ora por todos", afirma Calvino.[50] Se Cristo não

---

[48] *Inst.* III. i. I. Esta declaração significativa de Calvino no início do Livro III nas Institutas pressupõe que a questão do escopo da expiação está além de controvérsia. Seu tratamento da expiação é encontrado em grande parte no Livro II, *passim*. Tivesse Calvino abordado diretamente a questão: *Por quem Cristo morreu?*, obviamente o assunto teria sido esclarecido de uma vez por todas em seu próprio tempo. Para Calvino somente as Escrituras dizem tudo o que é necessário, portanto ele nem sempre comenta diretamente sobre uma passagem que, para ele é clara, como no caso de que Cristo morrer por "todos" ou pelo "mundo". Ele geralmente coloca versos como esses, mas nunca explica, por exemplo, que "todos" não significa *todos* ou "mundo" não significa *o mundo*, como os que o seguem tendem a fazer. Parece então que, quando ele se refere casualmente à "salvação da raça humana" no começo do Livro III, foi uma conclusão inevitável que desta maneira isto foi dado como certo no Livro II. Ele também parece assumir a mesma coisa em sua definição de fé (*infra*, p. 18, n. 8), quando diz que a fé é fundada sobre a "promessa livremente dada em Cristo".

[49] *Comm.* Isaías 53.12 e *Comm.* Hebreus 9.28. Ambos os versos usam a palavra "muitos". Calvino em ambas referências enfatiza que os "muitos" por quem Cristo morreu realmente significa "todos". Em ambos os lugares Calvino também se refere a Romanos 5.15, que menciona "muitos"; mas também significa "todos", diz ele. Essa visão de Calvino rompe com a de Lutero. Lutero afirma que "Cristo não morreu por absolutamente todos", mas por "muitos", ou seja, os eleitos. *Luther: Lectures on Roman* (Library of Christian Classics, 1961), p. 252. "A palavra muitos", Calvino diz, "não significa apenas uma parte do mundo, mas toda a raça humana". *Comm.* Marcos 14.24. É "incontestável que Cristo veio para a expiação dos pecados do mundo inteiro". *Concerning the Eternal Predestination of God* (1961) (doravante chamada *Predestination*), p. 148. "E quando ele diz o pecado do mundo, ele estende essa bondade indiscriminadamente a toda a raça humana." *Comm.* João 1. 29. "Cristo sofreu pelos pecados do mundo, e é oferecido pela bondade de Deus sem distinção a todos os homens". *Comm.* Romanos 5.18.

[50] *Sermons on Isaiah's Prophecy of the Death and Passion of Christ* (1956) (doravante denominados *Sermons on Isaiah's Prophecy*), p. 145. Cf. *Comm.* Isaías 53.12. Em ambas referências, Calvino se refere à oração de Cristo em João 17, uma oração

tivesse morrido por todos, não poderíamos ter certeza de que nossos pecados foram expiados aos olhos de Deus:

> Pois, uma vez que Ele necessariamente odeia o pecado, como estaremos convencidos de que Ele nos ama até que os pecados, pelos quais Ele está justamente irado conosco, tenham sido expiados? Assim, antes de termos qualquer sentimento de Sua bondade paterna, o sangue de Cristo deve interceder para reconciliar Deus conosco.[51]

Esta declaração revela a razão de Calvino reconhecer claramente uma expiação universal por meio da morte de Cristo; a morte de Cristo é aquilo para o qual olhamos porque é a "promessa" de que Deus nos ama. Calvino não nos direciona para o decreto secreto de Deus; é "somente Cristo" para quem "a fé deve olhar".[52] "Devemos aprender a fixar nossos olhos na morte de Cristo, sempre que nossa salvação estiver envolvida".[53]

Se Cristo tivesse morrido apenas por aqueles a quem Deus havia escolhido por seu decreto secreto, então, obviamente, deixaria de ser um compromisso para todos. Mas "nosso Senhor Jesus sofreu por todos e não há nem grande nem pequeno que não seja indesculpável hoje, pois podemos obter a salvação nEle".[54] É por isso

---

que ele pensa ser aplicada apenas aos eleitos. Cf. *Comm.* João 17.9. O que Calvino *não* faz é vincular o escopo da oração intercessora de Cristo à Sua morte, como os que depois dele tendem a fazer.

[51] *Comm.* João 3.16.

[52] *Comm.* João 3.16. Cf. *Comm.* João 15.9: "Aquele que procura ser amado por Deus sem o Mediador fica preso em um labirinto, no qual não encontrará nem o caminho certo, nem o caminho de saída. Devemos, portanto, direcionar nosso olhar para Cristo, em quem será encontrado o penhor do amor divino".

[53] *Comm.* Romanos 5.11.

[54] *Sermons on Isaiah's Prophecy*, p. 141. "Deus nos recomenda a salvação de todos os homens sem exceção, assim como Cristo sofreu pelos pecados do mundo inteiro". *Comm.* Gálatas 5.12.

que "nenhum dano pior pode ser feito a Ele do que não acreditar no Evangelho".[55] João 3.16 diz que Deus amou tanto o "mundo", que é "um termo geral, tanto para convidar indiscriminadamente todos a compartilharem a vida quanto para remover toda desculpa dos descrentes".[56] Quando Calvino tomou uma caneta na mão para refutar os decretos do Concílio de Trento, ponto por ponto, em *Acta synodi tridentinae: cum antidoto* (1547), ele afirmou que não tinha comentários sobre aquele decreto que afirmava que Cristo morreu por todos os homens.[57]

Por outro lado, enquanto Cristo morreu por todos e é oferecido a todos, "ainda assim nem todos o recebem", reconhece Calvino.[58] Mas há uma explicação para isso: a predestinação eterna de Deus. É "claro que acontece pela vontade de Deus" que a salvação chegue a alguns "enquanto outros estão impedidos de ter acesso a ela":

> Jamais seremos claramente persuadidos, como deveríamos ser, de que nossa salvação flui da fonte da livre misericórdia de Deus até que venhamos a conhecer sua eleição eterna, que ilumina a graça de Deus por esse contraste: de que Ele não adota indiscriminadamente a todos na esperança de salvação, mas dá a alguns o que nega a outros.[59]

O fato de que alguns não creem é para ser rastreado até a predestinação de Deus, que é o seu "decreto eterno, pelo qual ele

---

[55] *Comm.* João 3. 33.

[56] *Comm.* Jo 3.16. Quando Calvino comenta sobre João 12.46 ("Eu vim como luz para o mundo"), ele diz: "A partícula universal parece ter sido colocada deliberadamente, em parte para que todos os crentes sem exceção pudessem desfrutar deste benefício em comum e em parte para mostrar que os incrédulos perecem nas trevas porque fogem da luz por vontade própria". *Comm.* Jo 12.46.

[57] *Ioannis Calvini Opera, op. cit.* vii, p. 371ss.

[58] *Comm.* Romanos 5.18.

[59] *Inst.* III. xxi. I.

compactuou consigo o que quis fazer com cada homem". Assim, "a vida eterna é pré-ordenada para alguns, e a condenação eterna para outros".[60]

O decreto de eleição, no entanto, não se torna eficaz pela morte de Cristo. Pois se isso fosse verdade, segue-se que (1) Cristo obviamente não morreu pelo mundo inteiro afinal de contas, ou (2) desde que ele morreu por todos, todos são eleitos. Em outras palavras, se o decreto de eleição é tornado efetivo pela morte de Cristo, aqueles pelos quais Cristo morreu devem ser salvos.[61] Calvino, no entanto, acha que Cristo morreu por todos e, no entanto, nem todos são salvos.[62] Quanto à objeção que Beza poderia levantar,[63] que, se alguns por quem Cristo morreu perecerem, então Deus exigiria o pagamento duplo, Calvino tem esta resposta: eles são "duplamente culpados":

---

[60] *Ibid.* III xxi. 5. O arranjo metodológico das Institutas é digno de nota. A doutrina da predestinação está inserida em III. xxi, ou quase no final da longa discussão de Calvino sobre Deus, Cristo e a Fé. A predestinação "não determina de forma alguma" o sistema de Calvino; ele emprega a doutrina da predestinação depois que ele levanta a questão "como essa diferenciação [a saber: por que alguns acreditam e outros não] acontece". J. K. S. Reid, Introdução, *Predestination*, p. 9, II. É digno de nota também que Calvino diz que os homens são "tirados de uma massa corrupta" (*massa corrupta*). *Inst.* III xxii. 3. Ele não diz mais nada e, de qualquer modo, proíbe a especulação além do que é dado nas Escrituras. *Ibid.* III xxi. 1-2.

[61] Como será visto adiante, esta é precisamente a visão que está por trás da posição de Beza. François Wendel erra quando liga a doutrina da eleição de Calvino à morte de Cristo. Wendel diz que a morte de Cristo na teologia de Calvino torna "eficaz a eleição". *Calvin* (1969), p. 231ss.

[62] De fato, São Paulo "prova claramente a estupidez do argumento de certos intérpretes que sustentam que todos são eleitos sem distinção, porque a doutrina da salvação é universal, e porque Deus convida todos os homens a si sem distinção (lat. *promiscue*). A natureza geral das promessas não faz só e por si mesma a salvação comum a todos. Pelo contrário, a revelação peculiar que o profeta mencionou restringe-a aos eleitos". *Comm.* Romanos 10.16.

[63] Cf. *infra*, p. 31 n. 5.

Incrédulos que se afastam dele e que se privam dele por sua malícia são hoje duplamente culpados. Pois como eles vão desculpar sua ingratidão em não receber a bênção a qual eles poderiam compartilhar pela fé?[64]

Calvino insiste que a morte de Cristo não deve ser considerada "por seu ato externo, mas pelo poder do Espírito".[65] A questão, argumenta ele, não é "quão grande" é o poder da morte de Cristo, ou "que eficácia ela tem em si mesmo, mas a quem ele se dá para ser desfrutado".[66] "Externamente ele derramou seu sangue, mas internamente e espiritualmente ele trouxe purificação. Resumindo, ele morreu na terra, mas o poder e a eficácia de Sua morte vieram do

---

[64] *Sermons on Isaiah's Prophecy*, p. 141. Há uma fórmula que é frequentemente levantada pelos proponentes de uma doutrina da expiação limitada que pretende alinhar seu ensino com as passagens universais da Escritura: Cristo morreu suficientemente por todos, mas efetivamente, para os eleitos. Ursino (examinado abaixo) confirmou esta fórmula como foi mantida por Tomás de Aquino e Pedro Lombardo. *The Summe*, p. 300. Isto também foi seguido pelo professor de Lutero, John Staupitz (m. 1524). Veja J. Staupitz, "Predestinação Eterna e Sua Execução no Tempo", *Forerunners of the Reformation* (1967), p. 192. Calvino toma nota dessa maneira de lidar com o problema – "a solução comum" que "prevaleceu nas escolas" – levanta isto duas vezes e rejeita isto duas vezes. *Predestination*, p. 148. *Comm.* 1Jo 2. 2. Calvino poderia, no entanto, permitir a veracidade da fórmula, uma vez que somente os eleitos creem de maneira salvadora. Mas por que ele não aceita a fórmula é a razão porque ele podia dizer: "não é pouca coisa que as almas pereçam, mesmo tendo sido compradas pelo sangue de Cristo". *Sermons of M. John Calvin, on the Epistles of S. Paule to Timothie and Titus* (1579), p. 817. O tratamento de Calvino em relação a Hebreus 9.15 segue a mesma visão. Esta Escritura pode ser tomada para defender uma expiação limitada. Lutero entende "o chamado" como se referindo aos eleitos. *Luther's Works* ((1963), xxix, p. 214. Calvino observa: "Alguns tomam a expressão *chamados* no sentido de eleitos em meu julgamento erradamente. *Comm.* Hebreus 9.15.

[65] *Comm.* Hebreus 9.14. "Embora Cristo tenha oferecido um sacrifício visível, é espiritualmente [...] que devemos considerá-lo para nos apropriar de sua recompensa e frutos". *Comm.* Mateus 27.51.

[66] *Predestination*, p. 149.

céu."⁶⁷ Então, é por isso que Calvino diz que tudo o que Cristo fez na cruz "permanece inútil e sem valor" até que creiamos.⁶⁸

O decreto de eleição, então, não se torna efetivo na morte de Cristo, mas em sua ascensão e intercessão à mão direita do Pai. A ascensão foi o evento que "abriu o caminho para o Reino Celestial, que havia sido fechado por meio de Adão".⁶⁹

> Pois, tendo entrado em um santuário não feito por mãos, ele aparece diante da face do Pai como nosso constante advogado e intercessor. Assim, ele volta os olhos do Pai para sua própria justiça para desviar esse olhar dos nossos pecados.⁷⁰

Enquanto Cristo morreu por todos, "Ele mesmo declara que não ora por todo o mundo"; tal intercessão é apenas para os eleitos.⁷¹ Calvino faz a intercessão de Cristo análoga ao sumo sacerdote no Antigo Testamento que entrava além do véu no santo dos santos, mas não sem sangue. Isso Calvino chama de "a ratificação da expiação" – aquilo que faz a expiação "ter efeito".⁷²

> Pois, como na antiga lei, o sacerdote, que "nunca entrava sem sangue", intercedia pelo povo; então o que estava lá em sombras é cumprido em Cristo [...]. Primeiro, ele ofereceu o sacrifício de seu corpo e derramou seu sangue, para que pudesse suportar o castigo que nos era devido; e em segundo lugar, para que a expiação pudesse ter efeito, ele desempenhou o cargo de advogado e intercedeu por todos os que abraçaram esse sacrifício pela fé; como é

---

⁶⁷ *Comm.* Hebreus 8.4.
⁶⁸ *Inst.* III. i.I.
⁶⁹ *Ibid.*, II. xvi. 16.
⁷⁰ *Idem*
⁷¹ *Sermons on Isaiah's Prophecy*, p. 145 (itálicos meus)
⁷² *Comm.* Isaías 53.12.

evidente a partir dessa oração... "Eu não rogo apenas por estes, mas por todos que creem em mim através da sua palavra".[73]

Portanto, Cristo, o sumo sacerdote "entrou no céu através de seu corpo, porque agora está sentado à direita do Pai".[74] Esse ato, então, executa o decreto de eleição.[75]

A posição de Calvino, apesar de dizer que a morte de Cristo por todos torna todos indesculpáveis, ainda requer que para alguém ser salvo esteja entre o número dos eleitos. Sua visão não permite que o número dos eleitos possa ser aumentado ou diminuído. Portanto, levanta a questão de se Cristo está ou não intercedendo por nós em particular. Calvino, no entanto, antecipa a questão e parece acreditar que ninguém precisa ter a menor ansiedade acerca disso. "Se pertencermos então ao seu número", isto é, daqueles que são eleitos e por quem Cristo orou, "sejamos plenamente persuadidos de que Cristo sofreu por nós".[76] Portanto, é sua opinião que, visto

---

[73] *Idem*

[74] *Comm.* Hebreus 9.11.

[75] Sem o "poder e intercessão do Mediador", Calvino afirma que "você não tem esperança de salvação, todos vocês estão perdidos em seus pecados". *Sermons on Isaiah's Prophecy*, p. 144. Esse ponto significativo - e crucial - na teologia de Calvino parece ter sido negligenciado por vários estudiosos. Wilhelm Niesel, *The Theology of Calvin* (1956), lida extensamente com Cristo, o mediador no pensamento de Calvino, mas perde o significado da visão de Calvino sobre a intercessão de Cristo à direita do Pai. Essencialmente, o mesmo pode ser dito para J. F. Jansen, *Calvin's Doctrine of the Work of Christ* (1956); A. Dakin, *Calvinism* (1940); A. M. Hunter, *The Teaching of Calvin* (Glasgow, 1920); e M. P. Hoogland, *Calvin's Perspective on the Exaltation of Christ* (Kampden, 1966). Paul Van Buren, *Christ in our Place* (Edimburgo, 1957), p. 89-91, dá atenção à intercessão de Cristo, mas conclui - sem evidência - que a posição de Calvino é que Cristo ora por aqueles por quem ele morreu: "todos".

[76] *Comm.* Isaías 53.12. Tudo o que Calvino acredita em relação à universalidade da morte de Cristo é espelhado em seus ensinamentos sobre os sacramentos. O símbolo visível do batismo é "ratificado" pela fé (*Comm.* Rm 6.4), como banquetear-se com Cristo no pão e vinho é feito pela fé. *Inst.* IV. xvii. 5. Como Cristo é oferecido a todos indiscriminadamente, mas nem todos o recebem, assim os

que Cristo morreu por todos, não há problema algum exceto o da pura descrença na própria Palavra de Deus. Assim, de acordo com a sua visão de que a fé olha somente para Cristo, Calvino nos aponta para a morte de Cristo, não para aquilo que está escondido de nós.

O "plano secreto de Deus, que estava oculto, é trazido à luz" pela fé.[77] Para que o derramamento do sangue de Cristo "não seja anulado, nossas almas são purificadas pela irrigação secreta do Espírito".[78] O Cristo exaltado "está no alto" para nos "despertar para a vida espiritual".[79] Cristo dá o Espírito aos eleitos, "a cada homem em certa proporção, e não a todo homem igualmente, todavia como Ele acha adequado".[80]

O que os eleitos recebem, portanto, é uma "medida" de fé da generosidade infinita de Cristo.[81] Essa medida de fé, é, no entanto, assegurada plenamente em suas partes "fundamentais e principais". "Quando a primeira gota de fé é incutida em nossas mentes, começamos a contemplar a face de Deus, pacífica, calma e graciosa para conosco. Nós o vemos longe, mas tão claramente que sabemos que não somos de todo iludidos".[82] Calvino define a fé como "um firme e certo conhecimento da benevolência de Deus para conosco, fundada sobre a verdade da *promessa dada livremente em Cristo*, ambos

---

sacramentos "também são oferecidos aos ímpios, que, no entanto, não descobrem Deus mais favorável, mas incorrem em uma condenação mais pesada". De fato, "assim como Cristo é oferecido e apresentado pelo Pai a todos para a salvação, ainda assim nem todos o reconhecem e recebem" no sacramento. *Inst.* IV. xiv. 7. Assim como Cristo é a "promessa" ou "espelho" do amor Divino (*Comm.* Jo 15.9), assim também os sacramentos devem ser entendidos; "Podemos chamá-los de espelhos nos quais podemos contemplar as riquezas da graça de Deus, que Ele esbanja sobre nós". *Inst.* IV. xiv. 6. Portanto, como o crente não é dirigido à intercessão oculta de Cristo, mas apenas à sua morte aberta, também o crente é direcionado a contemplar a "promessa" de sua graça nos sacramentos.

[77] *Inst.* III. xxiv. 3.
[78] *Ibid.* III. i. 1.
[79] *Ibid.* II. xvi. 16.
[80] *Sermons on the Epistle to the Ephesians* (1975), p. 342.
[81] Cf. *Comm.* Efésios 4.7 e *Comm.* Romanos 12.3.
[82] *Inst.* III. ii.19.

revelados às nossas mentes e selados em nossos corações por meio do Espírito Santo".[83]

No entanto, Calvino afirma que toda a fé é "implícita" porque é dada em medida:

> Certamente admitimos que, enquanto permanecermos como estranhos no mundo, existe uma fé implícita; não apenas porque muitas coisas ainda estão ocultas de nós, mas porque cercados por muitas nuvens de erros não compreendemos tudo.[84]

Calvino também chama a fé implícita de "preparação da fé" (*fidei praeparatio*).[85] Isso não deve ser confundido com a preparação para a fé; ele quer dizer que o conhecimento da fé, embora verdadeiro e seguro, ainda é inarticulado.[86] Não obstante, "ser agraciado com o título de 'fé'; ainda assim é apenas o começo dela".[87]

Em qualquer caso, a fé é o produto do "testemunho secreto do Espírito Santo".[88] E é o "ofício de Cristo" dar vida, "mas apenas aos eleitos".[89] A "graça do Espírito", além disso, é um espelho "no qual vemos Cristo".[90] A fé em Calvino, portanto, não é apenas a consequência última da eleição, mas o resultado imediato da obra simultânea de Cristo à direita do Pai e do testemunho interno do Espírito.

---

[83] *Inst.* III. ii. 7 (*itálicos meus*).

[84] *Inst.* III. ii. 4.

[85] *Inst.* III. ii. 5.

[86] *Inst.* III. ii. 4.

[87] *Inst.* III. ii. 5. Calvino está atacando a visão católica romana de fé implícita – assentimento aos ensinamentos da Igreja – que ele acha que enfeita os homens com "maior ignorância". *Ibid.* III. ii. 2.

[88] *Ibid.* III. i. I. Cf. III. i. 4: "A fé é a obra principal do Espírito Santo".

[89] *Comm.* João 17.3

[90] *Comm.* João 16.16 Cf. *Comm.* João 15.26. "O testemunho interior e secreto do Espírito" funciona "para testificar de Cristo". Deve-se notar que o Espírito é "secreto" e, portanto, não é um sentimento emocional, por assim dizer; é aquilo que se concentra objetivamente em Cristo.

A posição que Calvino deseja eminentemente estabelecer - e fundamentalmente pressupõe - é que fé é conhecimento. Calvino nota alguns sinônimos bíblicos para a fé, todos substantivos simples, como "reconhecimento" (*agnitio*) e "conhecimento" (*scientia*).[91] Ele descreve fé como iluminação (*illuminatio*),[92] conhecimento em oposição à submissão de nossos sentimentos (*cognitio, non sensus nostri submissio*),[93] certeza (*certitudino*),[94] uma convicção firme (*solida persuasio*),[95] segurança (*securitas*),[96] firme segurança (*solida securitas*),[97] e plena segurança (*plena securitas*).[98]

O que se destaca nestas descrições é a natureza dada, intelectual, passiva e asseguradora da fé. O que está ausente é a necessidade de reunir voluntarismo à fé, esta como ato do homem e a que deve aguardar o conhecimento experimental para verificar sua presença. Fé é "algo meramente passivo, não trazendo nada nosso para a recuperação do favor de Deus, mas recebendo de Cristo aquilo que nos falta".[99] É apenas o "instrumento (*instrumentum*) para receber justiça",[100] um "tipo de vaso" (*quase vasi*),[101] que transmite o conhecimento de nossa justificação: "uma obra passiva, por assim dizer, à qual nenhuma recompensa pode ser paga".[102] Deus nos justifica pela "intercessão de Cristo",[103] e essa intercessão, por

---

[91] *Inst.* III. ii. 14.
[92] *Ibid.* III. i. 4.
[93] *Ibid.* III. ii. 2.
[94] *Ibid.* III. ii. 6.
[95] *Ibid.* III. ii. 16.
[96] *Idem.*
[97] *Idem*
[98] *Ibid.* III. ii. 22.
[99] *Ibid.* III. xiii. 5.
[100] *Ibid.* III. xi. 7.
[101] *Idem*
[102] *Comm.* João 6.29.
[103] *Inst.* III. xi. 3.

sua vez, nos leva à apreensão da misericórdia de Deus.[104] A fé em Calvino pode ser descrita como apenas testemunhar o que Deus já fez em Cristo.

O que é peculiar aos eleitos, então, é a conversão por um ato de Deus. A conversão é necessária porque a natureza do homem está caída; a imagem de Deus no homem não está "totalmente aniquilada e destruída", porém "tão corrompida que o que permanece é uma terrível deformidade".[105] Com a queda de Adão, a imagem de Deus no homem foi "destruída" e a descendência de Adão foi imersa nas "mais imundas pragas, cegueira, impotência, impureza, vaidade e injustiça".[106] O resultado são as "obras da carne" no homem;[107] termos como "carne", "natureza", "natural" e "pecado" são usados alternadamente no pensamento de Calvino para descrever a ordem natural em oposição àquela que é sobrenatural: a regenerada. Isso ele chama de "presente" de uma "iluminação especial, não uma dádiva comum da natureza".[108] Pois a "natureza" do homem é corrupta; seus "dons sobrenaturais" foram "despojados dele".[109] Não há nada "sobrenatural" no homem; existe apenas a *natureza*, pois "todas as qualidades pertencentes à vida abençoada da alma se extinguiram dele, até que ele as recupere pela graça da regeneração".[110]

Para conhecer a Deus, o homem deve receber uma "nova" vontade. A vontade na natureza do homem "não pereceu, mas estava fadada a desejos perversos que não pode lutar pelo bem".[111] A questão, Calvino pensa, não é se o homem, por sua natureza, buscará a Deus, mas se "ele discernirá bem pelo bom senso correto; de maneira que sabendo disso ele o escolha; e que, tendo escolhido,

---

[104] *Ibid.* III. xiv. 17. "Somos recebidos pela graça de Deus por pura misericórdia", que "vem da intercessão de Cristo e é apreendida pela fé".

[105] *Ibid.* I. xv. 4.

[106] *Ibid.* II. i. 5.

[107] *Ibid.* II. i. 8.

[108] *Ibid.* II. ii. 20.

[109] *Ibid.* II. ii. 12.

[110] *Ibid.*

[111] *Ibid.*

ele o siga ". Calvino conclui: "por mais que o homem deseje seguir o que é bom, entretanto ele não o segue". Nenhum homem "aspira" à bem-aventurança eterna, senão pela "impulsão" do Espírito Santo.[112] "A declaração de Paulo que 'é Deus quem está operando o querer em nós' não faria sentido", Calvino argumenta, "se algum desejo precedesse a graça do Espírito" (*siqua voluntas praecederet Spiritus gratiam*).[113] Calvino exclama: "Fora então com toda aquela 'preparação' da qual muitos balbuciam a respeito!"[114]

A conversão, portanto, é sobrenatural; está acima da natureza. Deus não coopera com a natureza; Ele suplanta a natureza com uma nova vontade e faz isso eclipsando a natureza. Deus não ajuda a vontade que está na natureza; Ele dá ao homem uma nova vontade fora dela. Não é a natureza, ou a carne, ou a vontade, que é meramente "fortalecida"; conversão significa uma nova vontade. Nossa vontade natural é anulada – "suprimida".

> Se, portanto, uma pedra é transformada em carne quando Deus nos converte para zelar pelo que é certo, o que quer que seja de nossa própria vontade é apagado. O que toma o seu lugar é totalmente de Deus. Eu digo que a vontade é eliminada (*voluntatem dico aboleri*).[115]

Fundamental para a doutrina da conversão em Calvino é que (1) a vontade natural se extingue e (2) Deus a substitui por uma boa da parte dele.[116] O próprio Calvino afirma ter experimentado uma "conversão súbita".[117]

---

[112] *Ibid.* II. ii. 26.

[113] *Ibid.* II. ii. 27.

[114] *Idem*

[115] *Ibid.* II. iii. 6.

[116] *Ibid.* II. iii. 7. Se Deus *ajuda* a nossa vontade fraca, "então algo seria deixado em nós". Mas como Deus "efetua" a vontade, o bem é nela colocado de "fora" de nós. *Ibid.* II. iii.

[117] Prefácio, *Comm.* Salmos T. H. Parker, João Calvino (1975), p. 163, interpreta *súbita conversão* como "conversão inesperada", ampliando ainda mais a natureza

FÉ TEMPORÁRIA

Enquanto o homem natural não pode aspirar à bem-aventurança antes da regeneração, o Espírito de Deus opera na ordem natural, distribuindo "os mais excelentes benefícios" para o bem da humanidade. Calvino argumenta que "não é de admirar" que "o conhecimento mais excelente na vida humana se diga para ser comunicado a nós através do Espírito de Deus".[118] No entanto, o Espírito operando na ordem natural é separado de sua efetiva criação de fé nos eleitos; esses benefícios operados pelo Espírito na ordem natural devem ser distintos do "Espírito de santificação" nos crentes.[119] É interessante que Calvino nunca usa os adjetivos "secretos" ou "internos" com referência à obra do Espírito na ordem natural. No entanto, a capacidade de fazer "física, dialética, matemática e outras disciplinas semelhantes", mesmo por uma pessoa não regenerada, vem do Espírito; é a "graça geral de Deus".[120] Tal graça "pode conceber e produzir uma *Summa Theologica*, uma *Missa em Si Menor*, uma Capela do King's College ou um Hamlet. Mas não pode romper o domínio do mistério de Deus".[121]

Calvino vai além disso, no entanto. Sem significar a obra secreta do Espírito Santo na regeneração ou meramente - por exemplo - a capacidade de fazer matemática, Calvino explicitamente propõe

---

dada e passiva da conversão em Calvino.

[118] *Inst.* II. ii. 16.

[119] *Idem*

[120] Isso às vezes é chamado de "graça comum". Cf. Herman Bacvinck, 'Calvino e a Graça Comum', *Calvin and the Reformation* (New York, 1909).

[121] T. H. L. Parker, *The Doctrine of the Knowledge of God* (1952), p. 112.

uma "graça especial" de Deus dentro da "natureza comum".[122] Esta é operante no réprobo, e é chamada de "fé transitória".[123] Esse conceito representa o principal problema pastoral na teologia de Calvino e na tradição predestinacionista experimental.

Calvino defende a possibilidade da fé temporária por duas razões: "é evidente a partir do ensino das Escrituras e da experiência diária".[124] Lamentavelmente, ele parece não ter antecipado o dilema que esse ensino poderia criar. Muito menos poderia ter sabido que surgiria uma tradição que incorporaria seu ensino e tentaria resolver o problema que levanta com uma doutrina voluntarista da fé. Seu próprio esforço para resolver o problema é menos do que satisfatório; se ele tivesse percebido plenamente as implicações pastorais que levantou, poderia ter mostrado como sua própria doutrina da fé poderia ser sustentada sem apelar para a vontade do homem como a base definitiva da segurança.[125] Calvino nunca apela ao desejo do homem de acreditar como a prova da fé salvadora, contudo, ele fica aquém de qualquer conselho concreto a um crente fraco, que pode perguntar se a sua fé é apenas temporária.

Deve-se salientar, além disso, que o tratamento da fé temporária nas Institutas surge no contexto da discussão de Calvino sobre o ensino escolástico da fé "formada" e "não formada", uma distinção que ele chama de "sem valor".[126] Calvino argumenta que a verdadeira fé "não pode de modo algum ser separada de uma disposição devota".[127] Segue-se para ele que a fé "não formada" "não merece

---

[122] *Inst.* II. ii. 17. Calvino descreve o rei Saul (1Sm 10) como alguém que tem uma graça especial, mas que não é regenerado. Cf. *Inst.* III. ii. 12.

[123] *Ibid.* III. ii. II. Calvino usa *temporalis fides* e *fide caduca ad tempus*.

[124] *Ibid.* III. 12.

[125] Como será visto adiante, a vontade ou desejo de acreditar é vista pelos predestinários experimentais como aquilo que é um sinal seguro de fé *salvadora*.

[126] *Inst.* III ii. 8. Esse ensino é que uma fé "não formada" – mero assentimento à Escritura – pode não ser "formada", ou seja, complementada pelo amor e pela piedade, mas ainda é uma fé válida.

[127] *Idem*

ser chamada de fé".[128] Ele chama isso de fé afinal, no entanto, já que alguns dizem "acreditar por um tempo" (Lc 8.13).[129] E a partir disso ele passa a atribuir fé aos réprobos.

No entanto, Calvino não é totalmente insensível ao problema.

> Sei que atribuir fé aos réprobos parece difícil para alguns, quando Paulo declara o resultado da eleição. No entanto, esta dificuldade é facilmente resolvida. Pois [...] a experiência mostra que os réprobos são às vezes afetados por quase o mesmo sentimento que os eleitos, de modo que, mesmo em seu próprio julgamento, eles não diferem de maneira alguma dos eleitos.[130]

Calvino não acha "nada absurdo" que os réprobos devam ter "um gosto dos dons celestes – e de Cristo (Hb 6.4-5), para que isso os faça "mais convictos e indesculpáveis".[131] O fato de estarem condenados pela predestinação de Deus, obviamente, não impede Calvino de considerá-los indesculpáveis.[132] Os réprobos, de qualquer forma, "nunca recebem nada além de uma percepção confusa da graça, de modo que compreendem uma sombra e não o corpo firme dela". Essa é a consequência de uma "obra inferior do Espírito" (*Spiritus operatio inferior*),[133] que parece ser o que mais tarde seria definido como chamado "ineficaz".[134]

---

[128] *Ibid*. III. ii. 10.

[129] *Idem*

[130] *Ibid*. III. ii. II.

[131] *Ibid*. Cf. *Comm*. Hebreus 6.4.

[132] "Eu sei que muitos não gostam desta doutrina – de que alguns são rejeitados, e que ainda assim nenhuma causa pode ser encontrada neles pela qual continuam sendo desaprovados por Deus. Mas há aqui necessidade de docilidade e de espírito manso, ao qual Paulo também nos exorta, quando diz: "Quem és tu, ó homem, para discutires com Deus"?" *Comm*. Malaquias 1.2-6.

[133] *Inst*. III. ii. II.

[134] *Infra*, p. 36 n. I; p. 68 n. 2.

Calvino disse duas coisas aqui que levarão a um exame mais aprofundado: primeiro, o réprobo pode ter "quase o mesmo sentimento que os eleitos"; segundo, isso é "apenas uma consciência confusa da graça". Ele prossegue dizendo que os réprobos "acreditam que Deus é misericordioso com eles, pois eles recebem o dom da reconciliação, embora confusa e não distinta o suficiente". Além disso, eles parecem "ter um começo de fé em comum" com os eleitos.[135]

Calvino reconhece a óbvia objeção de que um verdadeiro crente poderia suspeitar que sua própria fé fosse a dos réprobos:

> Eu respondo: embora haja uma grande semelhança e afinidade entre os eleitos de Deus e aqueles que recebem uma fé transitória, ainda assim somente nos eleitos é que a confiança que Paulo exalta floresce, aquela que eles proclamam em alta voz: Abba, Pai. [136]

Essa resposta pode satisfazer aquele que desfruta de tal confiança. Mas para a pobre alma que não a possui, tal resposta poderia aumentar sua frustração. Pois Calvino deve saber que um verdadeiro crente pode ficar desanimado e imaginar sua fé "implícita" como sendo apenas uma "percepção confusa" que um reprovado pode ter. E se o réprobo pode experimentar "quase o mesmo sentimento que os eleitos", não há como saber, finalmente, o que o reprovado experimenta. Além disso, se os réprobos acreditarem que Deus é misericordioso com eles, como podemos ter certeza de que acreditar na mesma coisa faz alguém diferente deles? Como podemos ter tanta certeza de que nosso "começo de fé" é salvífico e não é o "começo de fé" que os réprobos parecem ter?

---

[135] *Inst.* III. ii. II. Cf. *Comm.* Mateus 13.20 "Eles mesmos pensam que têm uma fé verdadeira." Embora "não tenham nascido de novo", eles têm "alguns elementos de piedade". *Comm.* Lucas 17.13.

[136] *Idem*

Se Calvino tivesse abordado especificamente essas questões vitais, ele poderia ter mostrado por que uma abordagem voluntarista não é a correta ao confrontar tal dilema; seu fracasso em abordar essas questões pode, em parte, estar por trás do surgimento de um sistema que levaria seu nome, mas seria substancialmente diferente do seu. De qualquer forma, uma coisa nessa conexão que Calvino deixa claro é que o florescimento temporário do réprobo chega ao fim mais cedo ou mais tarde.[137]

No entanto, Calvino possivelmente acha que sua teologia como um todo responde a essas perguntas. Pois mesmo que os reprovados vivenciem "quase os mesmos sentimentos que os eleitos", Calvino adverte contra olhar para os sentimentos de qualquer forma. De fato, a única coisa acima de tudo que Calvino enfatiza é que nunca devemos olhar para nós como garantia.

Há dois pontos na doutrina da fé de Calvino que são relevantes. Primeiro, a fé salvadora nos eleitos é indestrutível.[138] A apostasia em Hebreus 6.4-6 refere-se aos réprobos que têm fé temporária e, em qualquer caso, o verdadeiro crente "que viola a segunda tábua da Lei, ou que em sua ignorância transgride a primeira não é culpado dessa rebelião".[139] O segundo ponto é que, quando Calvino usa a palavra fé, significa segurança da fé salvadora, salvação, vida eterna

---

[137] Aqueles com "fé temporária" têm "uma promessa de fidelidade no início", e "abraçam o Evangelho avidamente, mas logo depois caem". *Comm.* Mateus 13.20. Eles eventualmente "apressam a morte para a qual foram designados". *Comm.* Mateus 15.13. Tal queda é quando alguém "abandona a Palavra de Deus, extingue a sua luz, nega a si mesmo o gosto do dom celestial e desiste de participar do Espírito. Esta é a completa renúncia a Deus". *Comm.* Hebreus 6.4.

[138] *Inst.* III. ii, *passim.* Cf. *Ibid.* III. xxii. 7: "Cristo não permite que qualquer um daqueles que ele tenha uma vez por todas enxertado em seu corpo pereça [...] a causa intrínseca disto está nele mesmo". "Não há dúvida, quando Cristo ora por todos os eleitos, que ele implora para eles a mesma coisa que fez por Pedro, para que sua fé nunca falhe". *Ibid.* III. xxiv. 6.

[139] *Comm.* Hebreus 6. 4 Cf. *Inst.* III. iii. 23: "os Novacionistas interpretam 'caducando' como significando o ato de um homem que, ensinado pela lei do Senhor a não roubar ou fornicar, não se abstém do roubo ou fornicação. Pelo contrário, eu afirmo [...] não é uma falha particular que está aqui expressa".

ou eleição.[140] A distinção posterior entre fé e segurança parece nunca ter entrado na mente de Calvino. A garantia para Calvino vem pelo que mais tarde seria chamado o ato direto da fé.

A doutrina da segurança em Calvino pode ser disposta em uma frase. Apelando para Efésios 1.4, ele diz:

> Mas se tivermos sido escolhidos nele, não encontraremos segurança de nossa eleição em nós; e nem mesmo em Deus o Pai, se nós o concebemos como separado de seu Filho. Cristo, então, é o espelho em que devemos, e sem o autoengano, contemplar nossa própria eleição.[141]

Aquilo que Calvino não faz, então, é instar os homens a fazerem o seu chamado e eleição seguros em si. Ele acredita que a morte de Cristo é um penhor suficiente e apenas em considerá-lo está a garantia. Nunca emprega 2Pedro 1.10 em conexão com a busca da segurança da salvação. Ele considera geralmente como um encorajamento "para fazer prova" do próprio chamado "para viver piedosamente"[142] e particularmente como argumento de que nossa eleição deve ser "confirmada" por "uma boa consciência e uma vida justa".[143] Deve-se notar, além disso, que Calvino não vincula este versículo à consciência em termos de deduzir a segurança da salvação.

> Essa certeza da qual Pedro fala não deve, em minha opinião, ser encaminhada à consciência, como se os fiéis se reconhecessem diante de Deus para serem eleitos e chamados. Eu entendo simplesmente do fato em

---

[140] Sua própria definição de fé engloba isso. Cf. *Ibid.* III. ii. 16, 19, 28, 40. Aqueles que caem nunca tiveram "a sincera fé a qual a certeza da eleição tem". *Ibid.* III. xxiv. 7.

[141] *Ibid.* III. xxiv. 5.

[142] *Comm.* 2Pedro, prefácio.

[143] *Comm.* 2Pedro 1.10. Cf. *Inst.* III. vi. I e III. xv. 8.

si, que o chamado se mostra para ser confirmado por uma vida santa.[144]

Duas razões pelas quais Calvino interpreta 2Pedro 1.10 desta maneira podem ser sugeridas. Primeiro, uma vez que os crentes já têm certeza, qualquer exortação adicional a eles para buscar segurança seria redundante. Segundo, uma vez que pode haver uma "grande semelhança e afinidade" entre os eleitos de Deus e os réprobos com fé temporária, apelar para as boas obras, consciência ou sentimento como fundamento de segurança não traria conforto quando se sabe que os réprobos também podem ter "quase o mesmo sentimento". Calvino constantemente encoraja os homens a não olharem para si.

De fato, "se você se contemplar, isso é condenação certa".[145] Se os homens começarem a julgar se são regenerados "por boas obras, nada será mais incerto ou mais fraco". Pois, se as obras forem "julgadas por si mesmas, pela sua imperfeição elas não menos declaram a ira de Deus do que pela sua pureza incompleta, testemunham a sua benevolência".[146] Além disso, "quando o cristão olha para si, ele só pode ter motivos de ansiedade, e desespero de fato".[147] Não devemos buscar segurança por "conjectura", pois a fé corresponde "a uma promessa simples e livre "; portanto, "não há espaço para duvidar".[148]

É vital para a doutrina da fé em Calvino que os homens não se confortem com os "frutos" da regeneração "a menos que primeiro apreendam a bondade de Deus, selados por nada mais do que a certeza da promessa".[149] Por trás dessa afirmação, está a convicção de Calvino de que a fé deve preceder o arrependimento na *ordo salutis*.

---

[144] *Idem*

[145] *Inst.* III. ii. 24.

[146] *Ibid.* III. xiv. 19.

[147] *Comm.* 1Coríntios 1.9.

[148] *Inst.* III. ii. 38.

[149] *Ibid.* III. xiv. 19 (*itálicos meus*).

Agora, deve ser um fato além da controvérsia que o arrependimento não somente segue constantemente a fé, mas também nasce da fé [...]. Há alguns, entretanto, que supõem que o arrependimento precede a fé, ao invés de fluir dela, ou de ser produzido por ela como fruto de uma árvore. Essas pessoas nunca conheceram o poder do arrependimento e são movidas a se sentir assim por um argumento demasiadamente fraco.[150]

A razão pela qual Calvino reconhece isso tão fortemente é porque ele pensa que "um homem não pode se aplicar seriamente ao arrependimento sem se conhecer como pertencendo a Deus". Além disso, "ninguém está verdadeiramente convencido de que pertence a Deus, a menos que tenha reconhecido a graça de Deus pela primeira vez".[151]

A posição de Calvino a respeito disso exclui qualquer preparação para a fé por parte do homem. Pois não podemos nos voltar para Deus ou fazer qualquer coisa que se refira à obediência até que primeiro tenhamos recebido fé. Mas não só isso; não há nada na doutrina de Calvino que sugira, mesmo no processo de regeneração, que o homem deve estar preparado completamente – inclusive pela operação da Lei anterior à fé. Ele permite que a Lei possa ter o efeito de preparar os homens "para buscar o que antes eles não percebiam que faltavam", mas essa afirmação vem no contexto de uma discussão que sugere que tal é apenas um efeito acidental da Lei.[152]

Calvino sustenta que a Lei tem três usos: (1) mostra a justiça que é aceitável a Deus;[153] (2) restringe por medo de castigo àqueles

---

[150] *Ibid*. III. iii. I.
[151] *Ibid*. III. iii. 2. O arrependimento é "a verdadeira reviravolta de nossa vida para Deus, uma reviravolta que surge de um puro e sincero temor dele; e consiste na mortificação da nossa carne e do velho homem, e na vivificação do Espírito". *Ibid*. III. iii. 5.
[152] *Ibid*. III. vii. II.
[153] *Ibid*. II. vii. 6.

que não guardam a justiça;[154] (3) aplica-se aos crentes – seu "uso principal".[155] É no segundo uso que Calvino menciona que a Lei, que serve de "freio", pode ter o efeito de mostrar ao homem sua necessidade. Mas ele nunca insinua que esse efeito é necessário antes da fé.

O ensino de Calvino sobre fé e arrependimento na *ordo salutis* reflete sua teologia da aliança da graça como um todo. Como a fé precede o arrependimento na *ordo salutis*, a graça precede a Lei na história da redenção. Como a fé corresponde à promessa livremente dada e o arrependimento refere-se à nossa obediência, Calvino afirma igualmente que o Antigo Testamento foi fundado na graça e que a Lei foi dada depois com o propósito de obediência. Tivesse Calvino sustentado que o arrependimento precede a fé na *ordo salutis*, não seria surpreendente encontrar um pacto de obras precedendo o pacto da graça refletido em sua teologia do pacto. Mas não há nenhum traço da ideia em Calvino de que Deus inicialmente fez um pacto de obras com o homem e mais tarde instituiu o pacto da graça, uma visão que se tornou ortodoxa na tradição predestinacionista experimental.

Calvino reconhece que existem diferenças entre os dois Testamentos,[156] mas sua ênfase está na semelhança entre os dois.[157] Aqueles no Antigo Testamento "participaram da mesma herança e esperaram por uma salvação comum conosco pela graça do mesmo Mediador".[158] De fato, "a aliança feita com todos os patriarcas é tão parecida com a nossa em substância e realidade que as duas são na

---

[154] *Ibid*. II. vii. 10.

[155] *Ibid*. II. vii. 12.

[156] *Ibid*. II. xi, *passim*. Elas são: (1) o Antigo enfatiza os benefícios "terrenos", o Novo o "celeste"; (2) o Antigo mostra a "imagem" da verdade, o Novo a "substância"; (3) o Antigo é "literal", o Novo "espiritual"; (4) o Antigo era um dos "escravos", o Novo da "liberdade"; (5) o Antigo se refere a uma nação, o Novo a todas as nações.

[157] *Ibid*. II. x, *passim*. Veja o comentário do editor, II. x. i, n. I.

[158] *Ibid*. II. x. I. "Calvino aplica o princípio 'somente por Cristo' não apenas a seu próprio tempo e à exclusão da salvação pelas obras, mas a todas as eras". Parker, *Knowledge of God*, p. 67.

verdade uma e a mesma".¹⁵⁹ Pois "o Antigo Testamento foi estabelecido sobre a livre misericórdia de Deus, e foi confirmado pela intercessão de Cristo".¹⁶⁰ A Lei, então "não era desprovida de referência a Cristo"; foi "adicionada" quatrocentos anos após a morte de Abraão para manter Israel em prontidão até a sua vinda.¹⁶¹ É por isso que o "principal uso" da Lei é para os crentes - em ambos os Testamentos; ela é o "melhor instrumento para que aprendam mais a fundo a natureza da vontade do Senhor".¹⁶² Assim, o arrependimento, que segue a fé, aumenta à medida que reflete "o estandarte da lei de Deus".¹⁶³ O objetivo da regeneração, então, é "manifestar na vida dos crentes uma harmonia e um acordo entre a justiça de Deus e sua obediência, e assim confirmar" a adoção deles.¹⁶⁴

Na medida em que nossa obediência confirma nossa adoção, o "conhecimento experimental" pode dar "ajuda subsidiária à sua confirmação".¹⁶⁵ Mas tais "frutos" só podem dar conforto "a posteriori".¹⁶⁶ O "amor", então, pode servir como ajuda "inferior", um "suporte para nossa fé".¹⁶⁷ Mas mesmo no contexto dessa concessão, Calvino apressa-se a acrescentar que ninguém deve concluir com isso que "devemos olhar para nossas obras a fim de que nossa segurança seja firme".¹⁶⁸

Por trás de tudo o que foi dito anteriormente está a convicção de Calvino de que a "sede" da fé está no "coração".¹⁶⁹ Enquanto a

---

¹⁵⁹ *Inst.* II. x. 2. Cf. *Comm.* Atos 15.9.

¹⁶⁰ *Inst.* II. x . 4.

¹⁶¹ *Ibid.* II. vii. I.

¹⁶² *Inst.* II. vii. I2.

¹⁶³ *Ibid.* III. iii. 16. O arrependimento, porém, nunca é perfeito nesta vida. *Ibid.* III. iii. 10–14.

¹⁶⁴ *Ibid.* III. vi. I.

¹⁶⁵ *Comm.* Josué 3.10.

¹⁶⁶ *Inst.* III. xiv. 19.

¹⁶⁷ *Comm.* 1João 3.19.

¹⁶⁸ *Ibid.* Niesel, *op. cit.*, afirma que é "impossível afirmar" se Calvino ensina o silogismo prático (p. 176); antes, ele adverte contra isso (p. 181).

¹⁶⁹ *Comm.* Romanos 10.10.

vontade natural é "apagada" na conversão, o que pertence ao homem "permanece íntegro".[170] Por "coração" Calvino que dizer a mente. Quando ele diz que a fé "não está na cabeça", deseja dizer que ela não é apenas uma "ideia vazia";[171] pela fé, a pessoa está "convencida de uma convicção firme".[172] Por coração, então, ele refere-se a uma mente totalmente persuadida.[173]

Portanto, se queremos saber se estamos no número dos eleitos, devemos ser persuadidos de que Cristo morreu por nós. Nós sabemos disso por um ato direto de fé. É por isso que Calvino pode afirmar: "Se Pighius pergunta como sei que sou eleito, respondo que Cristo é para mim mais do que mil testemunhos".[174]

---

[170] *Inst.* II. iii. 6.

[171] *Comm.* Romanos 10.10.

[172] *Inst.* III. ii. 16.

[173] O "coração" é frequentemente usado "para a própria mente, que é a faculdade intelectual da alma". *Comm.* Deuteronômiot 29. 4 Cf. *Comm.* João 12.40 É por isso que Calvino diz que "o começo da fé é conhecimento; sua conclusão é uma firme e sólida convicção ". *Comm.* Efésios 1.13. Cf. *Inst.* III ii. 36

[174] *Predestination*, p. 130.

CAPÍTULO 2

TEODORO BEZA E OS TEÓLOGOS DE HEIDELBERG

É fundamental para a doutrina da fé em Teodoro Beza (1519-1605), sucessor de Calvino em Genebra, a crença de que Cristo morreu somente pelos eleitos.¹⁷⁵ A dou-

---

¹⁷⁵ Isto será desenvolvido adiante. O estudo irá se delinear a partir de vários escritos de Beza. *A briefe and piihthie summe of the christian faith* (1565? (Bodl. Tanner, 126); todas as outras páginas numeradas consecutivamente; a página 1a segue a página 1 nas referências abaixo). Doravante denominado *Briefe and Pithie*, alcançou seis edições (1563 a 1589). *A Little Catechisme* (1578). *A Booke of Christian Questions and answeares* (1578; todas as outras páginas numeradas consecutivamente). A seguir denominado *Questions and Answers*; cinco edições (1572 a 1586). *A Briefe Declaration of the chiefe points of Christian*

trina de Beza de uma expiação limitada faz da morte de Cristo aquilo para o qual o decreto da eleição tem uma referência particular, e o que torna eficaz a salvação dos eleitos.[176] É preciso, portanto, argumentar que, como resultado dessa posição soteriológica, a doutrina de Beza (1) inibe o crente de olhar diretamente para a morte de Cristo para ter segurança; (2) precipita uma distinção implícita entre fé e segurança; (3) tende a colocar o arrependimento antes da fé na *ordo salutis*; e (4) planta a semente do voluntarismo na doutrina da fé. Em uma palavra: a doutrina de Beza requer o uso do silogismo prático para que alguém seja persuadido de que é um daqueles por quem Cristo morreu.

Enquanto uma forte doutrina da predestinação tende a caracterizar a soteriologia dos principais contemporâneos de Calvino na tradição Reformada do Continente,[177] parece que Beza foi o primeiro

---

religion set forth in a Table (1613). A seguir denominada *Briefe Declaration*, este foi publicado em 1575, mas sob o título *The Treasvre of Trueth* em 1576 e 1581. *A Discourse, of the true and visible Markes of the Catholique Churche* (1582). A seguir denominado *Visible Markes. Sermon vpon the Three First Chapters of the Canticle of Canticles* (1587). A seguir denominado *Canticles*. As outras obras de Beza são em grande parte irrelevantes para este estudo. As referências em latim são de *Confessio Christianae Fidei* (1575) (traduzido como *Briefe and Pithie*) e *Qvaestionum et Responsionem Libellus* (1577) (traduzido como *Questions and Answers*).

[176] Isso não seria verdade apenas para o ensino de Beza, mas para o de alguém que se apega à doutrina clássica da expiação limitada. Em uma palavra: aqueles por quem Cristo morreu devem necessariamente ser salvos; aqueles por quem Ele não morreu devem necessariamente ser condenados.

[177] Por exemplo, Martin Bucer (1491-1551) e Pedro Mártir (1500-1562) mantêm visões que tornam o número dos eleitos fixo e predeterminado. Bucer diz "presciência, predestinação sugere uma diferença semântica; "Predestinação" refere-se aos "santos somente" enquanto "os réprobos não são predestinados", já que o pecado é a única causa de reprovação. *The Common Places of the most famous and renowned Divine Doctor Peter Martyr* (1583), Parte 3, 8-11. Uma visão mais dinâmica da predestinação, no entanto, é a de Henry Bullinger (1504-75). Em *Decades*, ele diz que a predestinação é o decreto de Deus "para salvar ou destruir os homens", mas não afirma claramente a base sobre a qual o decreto é feito. Deus decretou "salvar a todos quantos têm comunhão e associação com Cristo" e "destruir ou condenar a todos quantos ainda não têm parte" em Cristo. Bullinger além disso lamenta que "muitos, na verdade, curiosa e

deles a tornar esta doutrina central em seu sistema. Considerando sua interpretação de Romanos 9 em geral e da discussão de São Paulo sobre a "massa" (21) em particular,[178] Beza cria um sistema que mais tarde ficou conhecido como supralapsarianismo.[179] Ele levanta a questão se o termo "massa" significa "a humanidade criada e corrompida, onde Deus ordena alguns para honrar e outros para desonrar?" e conclui:

> Não há dúvida que Deus toma ambos os tipos da mesma massa, destinando-os à fins contrários. Contudo, digo e claramente afirmo, que Paulo semelhantemente se eleva àquele soberano decreto ao qual até mesmo a própria criação da humanidade está subordinada na ordem das causas, e o Apóstolo nem mesmo faz a presciência divina da corrupção do homem anterior à ele. Pois em primeiro lugar, pelo termo massa (*massae*), claramente o significado é um material ainda sem forma (*materia adhuc rudis*) e somente preparado para uso futuro. Novamente, comparando Deus a um oleiro, e a humanidade a uma massa de barro da qual vasos serão posteriormente feitos, sem dúvida a referência do Apóstolo é à criação dos homens no início de tudo. Além do mais, não é apropriado dizer que os vasos de ira são feitos dessa massa. Pois eles já são vasos de desonra, considerando homens corruptos, e não se deve dizer que o oleiro os fez, mas antes que eles mesmos se fizeram."[180]

---

contenciosamente" disputam os "pontos" da predestinação, o que põe em perigo a glória de Deus e a "salvação das almas". *The Decades of Henry Bullinger*, Parker Society (1848 a 1851), iv, p. 18ss.

[178] Romanos 9.21: "Ou não tem o oleiro direito sobre a massa, para do mesmo barro fazer um vaso para honra e outro, para desonra?".

[179] Este termo aparentemente surgiu perto da época do Sínodo de Dort (1618-19). Cf. Carl Bangs, Arminius (Nashville, 1973), p. 67.

[180] *Questions and Answers*, p. 84s.

Assim, enquanto Calvino diz que os homens são escolhidos de uma "massa corrupta", Beza argumenta que os eleitos – e reprovados – são predestinados a partir de uma massa "ainda não moldada".

O supralapsarianismo, então, é a posição de que os decretos de eleição e reprovação têm prioridade lógica sobre o decreto da Criação e da Queda; a predestinação, portanto, refere-se aos destinos dos homens ainda não criados, e muito menos caídos. Enquanto Beza pode alegar que os réprobos foram predestinados por causa da "corrupção, falta de fé e iniquidade", ele afirma que Deus executou uma "condenação" em relação aos réprobos, embora predestinados antes da Queda.[181] O homem foi criado em um "estado reto" mas "cambiável"; a Queda do homem foi emitida neste "ódio justo" com respeito aos réprobos.[182]

Beza desenvolve seu sistema de lógica formal para que Jesus Cristo seja o Redentor dos eleitos; os réprobos não têm um Redentor de acordo com esse esquema – nem para começar nem para terminar. Os eleitos têm o Redentor, antes da Criação ou da Queda. Jesus Cristo é o único mediador entre Deus e seus eleitos eternamente ordenados. Deus enviou Cristo "para salvar seus eleitos e escolhido por ele".[183] "Toda a ira de Deus", no entanto, era "completamente inflamada contra todos os pecados de todos os escolhidos; até ser plenamente satisfeita', sendo consumada por Cristo.[184]

A única esperança de salvação, então, não é apenas aquela que é escolhida desde a eternidade - pois a teologia de Calvino também postula isso - mas a que está entre os que foram oferecidos ao Redentor. Se o conhecimento de que Cristo morreu por nós pode

---

[181] *Briefe Declaration*, p. 13s. Este ensino é suposto nos capítulos I-IV de *Briefe Declaration*.

[182] *Ibid.*, p. 15–22.

[183] *Briefe and Pithie*, p. 3-4. "Com uma única oferta e sacrifício de si mesmo deve santificar todos os eleitos [...]. E para que o remédio não fosse fundado e ordenado em vão, o Senhor Deus determinou dar seu Filho com todas as coisas necessárias a salvação, para aqueles que ele havia determinado em si mesmo a escolher: e por outro lado, dar para seu filho." *Briefe Declaration*, p. 30ss.

[184] *Questions and Answers*, p. 7.

ser obtido, podemos estar certos de que não pereceremos; porque Deus não exigirá pagamento duplo pelo pecado. Essa inferência para Beza é o remédio pelo qual os ataques de Satanás aos eleitos são respondidos:

> Tu disseste, Satanás, que Deus é perfeitamente justo e vingador de toda iniquidade. Eu confesso, mas acrescentarei outra propriedade da Justiça a qual tu deixaste fora, isto é, tanto quanto Deus é justo ele também se contenta com um único pagamento.[185]

De fato, Deus é justo e "não será pago em dobro, e Jesus Cristo, Deus e homem, por meio de uma só obediência satisfez à infinita majestade de Deus". Assim,

> segue-se que minhas iniquidades não podem mais me desgastar nem perturbar, minhas dívidas são seguramente levadas e lavadas pelo precioso sangue de Jesus Cristo, que foi feito maldito por mim, o justo morrendo pelos injustos.[186]

Deve ser lembrado que Calvino sustenta que a questão com relação à morte de Cristo não é a eficaz em si mesma, mas para quem Cristo se entrega para ser desfrutado.[187] Contudo Beza, ao colocar o Redentor somente para os eleitos, torna sua morte eficaz em si mesma. Já que Deus não exigirá o dobro do pagamento, aqueles por quem Cristo morreu devem ser salvos. Se Cristo tivesse morrido por todos, de acordo com o valor que Beza atribui à morte de Cristo, todos seriam salvos.

Além disso, enquanto Calvino diz que Cristo é o espelho em quem contemplamos nossa eleição, Beza entende Efésios 1.4 não

---

[185] *Briefe and Pithie*, p. 21.
[186] *Briefe and Pithie*, p. 21a.
[187] *Supra*, p. 16, n.14.

apenas em termos dos eleitos terem recebido o Redentor na eternidade, mas sugere que sua salvação era um fato consumado antes de serem enxertados em Cristo no tempo.

> O princípio de nossa salvação vem de Deus, que primeiro nos escolheu em Cristo antes de nascermos, e antes que os fundamentos do mundo fossem colocados e também primeiramente nos amou no tempo do nosso nascimento, quando ainda não havíamos sido dados a Cristo e enxertados nele de fato.[188]

O que Beza não faz é tornar Cristo o espelho de nossa eleição. Embora ele defenda que Deus não exigirá pagamento duplo – para que a salvação dos eleitos fosse assegurada –, a conclusão inevitável é que não podemos participar diretamente dessa garantia. Nós não temos nenhuma garantia, por assim dizer, de que *somos* eleitos; pois não temos como saber se estamos entre aqueles por quem Cristo morreu. Se Cristo tivesse morrido por todos, poderíamos saber livremente que somos eleitos. Mas Beza nos diz que Cristo morreu pelos eleitos. Isso torna a confiança na morte de Cristo presunçosa, senão perigosa: poderíamos confiar em alguém que não morreu por nós e, portanto, estar condenados. Assim, não podemos confiar na morte de Cristo por um ato direto de fé mais do que podemos projetar infalivelmente que estamos entre o número escolhido desde a eternidade: pois o número dos eleitos e o número daqueles por quem Cristo morreu são um e o mesmo. O fundamento da segurança, então, não deve ser buscado em outro lugar, que não em Cristo.

Beza o sabe. Ele desenvolve sua teologia com isso em mente e aparece com a solução: olhamos para dentro de nós mesmos. Não podemos ir até o conselho eterno de Deus, mas podemos ver se ele está operando em nós:

---

[188] *Questions and Answers*, p. 34 (*paginação irregular*).

> Ora, quando Satã nos coloca em dúvida de nossa eleição, não podemos procurar primeiro a resolução no conselho eterno de Deus, cuja majestade não podemos compreender, mas, pelo contrário, devemos começar com a santificação que sentimos em nós mesmos... porque a nossa santificação, de onde procedem as boas obras, é um certo efeito (*effectum*) da fé, ou melhor, de Jesus Cristo, que habita em nós pela fé.[189]

Beza não nos dirige a Cristo, mas a nós mesmos; não começamos com Cristo, mas com os efeitos que nos remetem, por assim dizer, ao decreto de eleição. Assim, enquanto Calvino pensa que olhar para nós mesmos leva à ansiedade, ou à condenação certa, Beza pensa o contrário. A santificação, ou as boas obras, é a prova infalível da fé salvadora. "Veja agora ambos os efeitos, que, se sentirmos operando em nós, a conclusão infalível é que temos fé e, consequentemente, Jesus Cristo está em nós para a vida eterna, como foi dito anteriormente".[190]

Assim, Beza recorre ao silogismo prático. Portanto, ele precipita uma distinção entre fé e segurança e abre o caminho para o que os escritores desta tradição chamarão de ato reflexo. Pois o *conhecimento* da fé é a "conclusão" deduzida pelos efeitos. É como se Beza dissesse: todos os que têm efeitos têm fé; tenho os efeitos, portanto - a conclusão infalível é - tenho fé. De fato, Beza afirma que se deve "concluir com ele mesmo que estou em Jesus Cristo pela fé e, portanto, não posso perecer, mas tenho certeza da minha salvação".[191] Parece então que não é a fé que assegura, mas a conclusão que prova que a fé está lá.

Essa distinção implícita entre fé e segurança é vista mais adiante pela insistência de Beza de que devemos "aplicar" Cristo a nós

---

[189] *Briefe and Pithie*, p. 36a, p. 37.
[190] *Ibid.* p. 26 (*paginação irregular*).
[191] *Ibid.* p. 24. Beza pergunta: "Mas por meio do que um homem pode saber se ele tem fé ou não?", E responde: "Por boas obras." *A Little Catechisme*, seção 5, p. 1.

mesmos. Consistente com sua doutrina da expiação limitada, Beza afirma que dificilmente é suficiente acreditar que "Jesus Cristo veio para salvar os pecadores"; em vez disso, é preciso "aplicar particularmente" Cristo "a si mesmo", a promessa de sua salvação.[192] Quando Beza chama a fé de "um certo conhecimento"[193], ele se parece muito com Calvino. Mas há uma diferença real, e Beza não pode deixar essa definição terminar aí; esse conhecimento é "firmado" no coração, apropriando-se da "promessa" da salvação.[194] Calvino chama a fé de persuasão; Beza diz que é preciso "persuadir-se com certeza".[195]

Por trás da afirmação de Beza de que a fé deve ser averiguada pela aplicação da promessa, está uma doutrina voluntarista da fé. A semente do voluntarismo é encontrada nestas linhas:

> *Pergunta*: E eles que têm esta fé, são salvos?
>
> *Resposta*: Sim, porque Deus deu seu Filho a fim de que todo aquele que nele crê tenha a vida eterna: e ele não é um mentiroso.[196]

Esta afirmação parece assumir a fé como algo que é recompensado. Pois o que Beza não faz é apontar os homens para Cristo; ele aponta os homens para a fé. Se eles concluem que têm fé, então eles podem concluir que eles têm Cristo. Para Calvino, fé é o mesmo que olhar para Cristo; Calvino podia apontar os homens diretamente

---

[192] *Briefe e Pithie*, p. 24.

[193] *Ibid.*, p. 15a.

[194] *Briefe and Pithie*, p. 15a. Cf. *Questions and Answers*, p. 23f.: a fé verdadeira é "um firme assentimento da mente", segundo o qual "o homem aplica particularmente a si, a promessa da vida eterna em Cristo".

[195] *Briefe and Pithie*, p. 189s. Beza também define a fé como "uma persuasão e certeza que todo verdadeiro homem cristão *deve ter*, que Deus, o Pai, o ama, através de Jesus Cristo, seu filho amado". *Little Catechisme*, 4ª seção, questão 3 (itálico meu). Mas essa fé precisando de verificação "por boas obras" tende a fazer Beza afirmar que a fé é garantia duvidosa. Talvez seja por isso que ele diz que "é preciso ter" isto.

[196] *Ibid.*, questão 6.

a Cristo desde que Cristo morreu por todos. Beza não começa com Cristo, mas com a fé; a fé, se encontrada, é recompensada com a salvação em Cristo, mas essa salvação vem para o crente indiretamente. Essa maneira de saber se alguém tem Cristo é mais tarde chamada de ato indireto de fé ou ato reflexo. De qualquer forma, é a essência do silogismo prático.

É isso que também implica que a fé é um ato da vontade, embora Beza não consiga colocá-lo dessa maneira. Se ele tivesse declarado claramente que a fé é um ato da vontade, sem dúvida que Perkins depois dele teria seguido esse ponto, como tendia a fazer com tudo o que Beza ensina. Todavia tudo o que William Ames mais tarde corrigiu está embutido nos ensinamentos de Teodoro Beza. Beza simplesmente não deixa claro o que Ames mais tarde deixou.

Isso não é sugerir que Beza pensasse que o homem toma a iniciativa em sua salvação. Beza acreditava exatamente o oposto. Que um homem creia completamente – de fato, que sua vontade seja movida para buscar a Deus – deve ser explicado apenas em termos da graça habilitadora de Deus.[197] Beza simplesmente quer colocar o conhecimento da fé ao alcance de qualquer inquiridor ansioso. Assim, a vontade é pressuposta na fé no esquema de Beza. Isto está claramente implícito na inferência de que Deus se obriga a agir quando nos apresentamos com fé. Esse pensamento deve ser contrastado com o ponto de Calvino de que fé é algo para o qual nenhuma recompensa pode ser paga.[198] A declaração de Calvino significa que o conhecimento de que Cristo é nosso é dado passivamente; a declaração de Beza significa que a fé é aquilo que une, aquilo que "não é uma mentira". O pensamento de Beza também é coerente com a doutrina da fé que está por trás da teologia da aliança dos teólogos de Heidelberg. O ponto crucial é que não é o próprio Cristo que é oferecido; antes, é a condição que é oferecida, para quem quer que o encontre, provando a si mesmo que tem fé.

---

[197] *Ibid.*, questão 5.
[198] *Supra*, p. 20 n. 3.

Tal apropriação não é uma questão simples no ensino de Beza. Ele descreve a conversão como um composto de duas obras de graça: uma "primeira graça" (fé) e uma "segunda graça" (santificação). A primeira graça é anulada, no entanto, se não for ratificada pela segunda. É a segunda graça que assegura, pois a primeira graça pode não perseverar.

> Que a primeira graça é eficaz, isso deve ser imputado à segunda graça de Deus, pois nós cairíamos prontamente daquela, caso a outra não viesse imediatamente após, para torná-la eficaz, e assim vocês devem continuar a prosseguir de graça em graça.[199]

Que "usemos" bem a primeira graça, "podemos agradecer a segunda graça por isso".[200] O que Beza quer dizer é que "as causas de uma ação não podem estar funcionando de fato, sem que os efeitos dela venham juntos".[201] Os efeitos – santificação – unidos à causa constituem a fé salvadora. O voluntarismo implícito de Beza emerge: através da primeira graça "podemos desejar"; através da segunda "desejamos de fato".[202]

Beza descreve a santificação e o arrependimento da mesma maneira.[203] Pode-se ver, portanto, como ele inverte a ordem de fé e arrependimento de Calvino. Beza, no entanto, não diz especificamente que a fé segue o arrependimento. Mas ao tornar o conhecimento da fé salvadora sujeito à segunda graça (santificação), ele inverte a ordem que Calvino pretende. Calvino insiste que não podemos verdadeiramente nos arrepender até que tenhamos a certeza da graça

---

[199] *Questions and Answers*, p. 31.
[200] *Ibid.*, p. 31a.
[201] *Ibid.*, p. 34s.
[202] *Ibid.*, p. 30a.
[203] *Briefe and Pithie*, p. 25s., p. 190; *A Little Catechisme*, seção 6, questão 3 e seção 10, questão 6; *Canticles*, p. 23s; *Questions and Answers*, p. 45ss.

de Deus. Beza adia a segurança até que os "efeitos" estejam lá; assim, uma mudança de vida precede a certeza de que realmente temos fé.[204]

Quando Beza faz da santificação o fundamento da segurança, coloca o conhecimento da fé ao alcance de qualquer um que queira ser piedoso – exceto por uma coisa: ele mantém a doutrina da fé temporária. Esta doutrina traz sérios problemas para uma teologia que postula que se deve verificar a fé por meio de boas obras. Beza, no entanto, sustenta que os réprobos são às vezes afetados com um "chamado ineficaz", que é apenas uma fé temporária ou geral.[205] Aqueles que têm tais coisas são "os mais miseráveis de todos", pois subiram um grau mais alto de modo que a queda deles pode ser mais grave. Pois foram elevados por algum dom da graça, e estão um pouco tocados com algum gosto do dom celestial, de modo que, por algum tempo, parecem receber a semente e serem plantados na Igreja de Deus, e também mostrem o caminho da salvação para os outros.[206]

O não regenerado pode ter "as aparências de virtudes, ordinariamente chamadas virtudes morais". Mas tais são diferentes das "obras dos filhos de Deus governadas pelo espírito de regeneração".[207] Beza, no entanto, não declara quais são as diferenças. Além disso, o conhecimento da divindade, que deve ser produzido pelo Espírito de Deus, é "também comum a muitos réprobos".[208] O motivo natural "que se encontra em qualquer homem não regenerado, muitas vezes, luta contra suas luxúrias",[209] e porque os iníquos podem sentir a "tristeza do pecado".[210]

---

[204] "Uma fé mais segura" vem "por esse arrependimento do qual eu falo, eu quero dizer uma verdadeira garantia de consciência". *Canticles*, p. 23s.

[205] *Briefe and Pithie*, p. 39.

[206] *Ibid.*, p. 40.

[207] *Canticles*, p. 269.

[208] *Visible Marks* (não paginado).

[209] *Questions and Answers*, p. 47.

[210] *Canticles*, p. 309. "É preciso colocar uma grande diferença entre esse tipo de despertar que é próprio dos eleitos de Deus, e que procede de sua mais simples graça [...] e aquele despertar e acordar de pecado que os ímpios têm, que leva os

Essas representações das possibilidades da fé temporária são brandas quando comparadas com as vistas abaixo em Perkins. Mas a proposta de Beza de um chamado ineficaz do réprobo mantém um conceito vivo que dificilmente parece apropriado para um ensino que também faz das boas obras o fundamento da segurança. Pelas descrições de Beza, podemos temer que nossas boas obras sejam apenas as virtudes morais dos não regenerados. Nossa santificação pode dar pouco conforto quando sabemos que o réprobo também pode ser "elevado tão alto por algum dom da graça" que parece ser um regenerado. Mas Beza afirma que da santificação "colhemos fé"; ele conclui: o homem santificado "é necessariamente escolhido".[211] Se "os efeitos" estão presentes, "consequentemente, nossa eleição" está provada, "como a vida do corpo é percebida pela sensibilidade e pela mobilidade".[212]

A solução final de Beza é que perseveremos na santidade.

> *Pergunta*: Mas o galardão é apenas para aqueles que permanecem firmes?
>
> *Resposta.* Eu concordo. E, portanto, quem é eleito deseja a perseverança e a obtém.[213]

Não é de surpreender, portanto, que Beza apele a 2Pedro 1.10 em conexão com a garantia de eleição baseada em uma boa consciência.

> Por esta razão São Pedro nos adverte para tornar segura a nossa vocação e eleição pelas boas obras. Não que elas sejam a causa da nossa vocação e eleição [...]. Mas, visto que boas obras trazem à nossa consciência testemunho

---

que são reprovados ao desprezo [...] como é mostrado naquele horrível exemplo de Judas, o traidor. "*Ibid.*

[211] *Questions and Answers*, p. 87a.

[212] *Ibid.*, p. 87.

[213] *Ibid.*, p. 88a.

de que Jesus Cristo habita em nós, e consequentemente não podemos perecer, sendo eleitos para a salvação.[214]

"Boas obras" são aquelas que "Deus ordenou" na Lei.[215]
Beza acredita, além disso, que o papel da Lei na conversão é de vital importância. Embora Calvino observe as diferenças entre o Antigo e o Novo Testamentos, ele enfatiza a continuidade entre os dois. Beza não nega a continuidade, mas enfatiza a diferença. De fato, "a ignorância dessa distinção entre a lei e o evangelho é uma das principais causas e raízes de todos os abusos" que corromperam o cristianismo.[216] A divergência significativa em relação a Calvino sobre esse assunto é que Beza enfatiza o papel da Lei na preparação para a fé. O uso "passado" da Lei é mostrar nossos pecados, "para nos fazer lamentar, nos humilhar e nos prostrar ao máximo, e também para acender em nós o primeiro passo do arrependimento'".[217] "Assim como a cor preta nunca é mais bem vista do que quando contrastada com o branco, assim o Espírito de Deus começa pela *pregação* da Lei".[218]

A questão de saber se a fé precede o arrependimento ou vice-versa na *ordo salutis* emerge da discussão de Beza sobre o papel da Lei na conversão. Se a Lei deve ser pregada *primeiro* com o propósito de produzir uma mudança em nós, o arrependimento é inevitavelmente implicado; daí o arrependimento precede a fé. Beza afirma que o Espírito opera por meio da Lei, mas ele não diz em que ponto a regeneração começa. Ele diz que ter "verdadeiro arrependimento" é "uma boa maneira de se preparar para receber o perdão".[219] É a lei que produz "o primeiro ponto de arrependimento". Assim, Beza não

---

[214] *Briefe e Pithie*, p. 37s. Beza descreve "três tentações" pelas quais Satanás ataca os santos. O máximo de conforto (se não for remédio) que Beza fornece é que sabemos que temos fé por "seus efeitos e obras". *Ibid.*, p. 24s.
[215] *A Little Catechisme*, seção 5, questão 2.
[216] *Briefe e Pithie*, p. 50 (paginação irregular).
[217] *Ibid.*, p. 54a.
[218] *Ibid.*, p. 53 (itálicos meus).
[219] *Canticles*, p. 422.

apenas inverte a ordem que Calvino pretende ao retardar a segurança até que uma mudança esteja presente, mas chega muito perto de colocar o arrependimento antes da fé na *ordo salutis*, enfatizando o papel da Lei na conversão.

Parece então que a doutrina da fé de Beza diverge substancialmente da de Calvino; a diferença não é quantitativa, mas qualitativa.[220] A origem desse afastamento está ligada à doutrina da expiação limitada de Beza; quando Cristo não é apresentado a todos os homens como a base imediata da segurança, o resultado não é apenas introspecção de nossa parte, mas uma necessidade de nos assegurarmos sobre os próprios fundamentos contra os quais Calvino adverte.

OS TEÓLOGOS DE HEIDELBERG

Quando a Reforma do Palatinado precisou definir sua fé, Frederico III voltou-se para a faculdade de teologia em Heidelberg. Nesta faculdade estavam Zacarias Ursino (1534-83), Gaspar Oleviano (1536-87) e Girolamo Zanchi (1516-90). Em 1563, o Catecismo de Heidelberg foi redigido por Ursino e Oleviano.[221] Foi traduzido e publicado na Inglaterra em 1572 e teve pelo menos oito edições até 1619. Ursino também escreveu um comentário sobre o catecismo (*The summe of*

---

[220] Cf. J. S. Bray, *Theodore Beza's Doctrine of Predestination* (Niewkoop, 1975). Bray vê Beza como "uma figura de transição que preencheu a lacuna" entre Calvino e a "ortodoxia reformada" (p. 142). Bray não trata a ortodoxia reformada (exceto algumas fontes secundárias) e sua compreensão de Calvino nunca vai além de Wendel, *Calvin* (trinta e cinco referências) ou E. A. Dowey, *The Knowledge of God in Calvin's Theology* (Nova York, 1965) - vinte e oito referências. Ele afirma que a diferença entre Calvino e Beza é "sutil" (p. 85), "quantitativa, não qualitativa" (p. 111). Bray acha que Beza foi forçado a defender o sistema de Calvino (p. 129) e sugere que a maneira de Beza fazer isso era a única pela qual poderia ser feita. Ele nunca se apega ao próprio Calvino, nem tenta entender os que estão do outro lado da "ponte". Se tivesse feito isso, teria visto que Beza não é apenas uma ponte, mas o arquiteto de um sistema fundamentalmente diferente do de Calvino.

[221] Emile G. Léonard, *A History of Protestantism* (1967), ii. p. 13.

christian religion) que foi amplamente lido na Inglaterra[222] junto a alguns escritos de Oleviano[223] e Zanchi.[224]

A contribuição significativa dos teólogos de Heidelberg é sua teologia federal:[225] o tema conhecido como o pacto das obras e o pacto da graça. Este surge como "pacto de obras" e "pacto de fé" em *The summe*.[226] Ursino apresenta isso como uma suposição e não como uma inovação. Sua referência quase casual a isso está em sua defesa da perseverança dos santos:

> Quando, por exemplo, ele julga segundo o evangelho, isso não é segundo o pacto das obras, conforme nossa obediência que deve satisfazer a lei, mas segundo o pacto da fé, ou a justiça que nos é aplicada pela fé [...].[227]

Ursino define o pacto de Deus:

> Uma promessa e acordo mútuos entre Deus e os homens, por meio do qual Deus dá aos homens a certeza

---

[222] *The summe of christian religion* (oito edições entre 1587 e 1633). A seguir denominado *The Summe* (1633).

[223] *An Exposition of the Symbole of the Apostles* (1581). O tratado original em latim foi escrito em 1576; daqui em diante chamado *Symbole*.

[224] *H. Zanchius, His Confession of Christian Religion* (Cambridge, 1599). O tratado original em latim foi escrito em 1585; doravante denominada *Confession*. Em 1595, Perkins publicou *A Case of Conscience* e anexou-lhe a tradução de um tratado de Zanchius sob o título "*A Briefe Discourse taken ovt of the writings of H. Zanchiuss*". Perkins, *Workes*, i. p. 429-38. A seguir denominado "*Discourse*".

[225] Cf. Latin *foedus* : "covenant".

[226] *The Summe*, p. 94. Wolfgang Musculus (1497-1563) sugere um tema semelhante quando fala de um pacto "geral" (para todos os homens) e de um pacto "especial e eterno" (para os eleitos). Este último é baseado na "condição" da fé. *Common places of Christian Religion, gathered by Wolfgangus Musculus* (1563), p. 121s. A ideia também é sugerida em Bullinger: Deus "por uma certa aliança, se uniu à humanidade, e de tal modo ele se ligou mais estreitamente aos fiéis e aos fiéis a si mesmo". *Decades* (PS), iii. p. 330.

[227] *The Summe*, p. 94.

> de que ele será gracioso e favorável com eles, remindo seus pecados, concedendo nova justiça, seu Espírito Santo e vida eterna por e pelo seu Filho nosso Mediador; por outro lado, os homens se entregam à fé e ao arrependimento; isto é receber este tão grande benfeitor com a verdadeira Fé e obter a verdadeira obediência a Deus.[228]

Oleviano desenvolve sua teologia dentro do contexto da aliança: tal não se baseia em nosso mérito, mas "somente na fé".[229] Deus lida com Seus eleitos por um pacto "porque não existe um apelo a mim ou a qualquer maneira de fazê-lo".[230] Por isso Deus promete "aliar-se a nós que nos arrependemos e nele cremos".[231]

Ursino diz que há uma aliança na "substância e matéria, mas duas nas circunstâncias".[232] Na Antiga Aliança, os homens estavam sujeitos à obediência de "toda a Lei Mosaica, Moral, Cerimonial e Civil". A Nova "nos liga apenas à Lei Moral ou Espiritual, e ao uso dos Sacramentos".[233] Participamos da Nova Aliança pela fé, que é engendrada pelo Evangelho. Mas "esta ordem" deve ser observada:

> Primeiro, a Lei deve ser proposta, de modo que, em última análise, possamos conhecer nossa miséria. Então, para que não possamos nos desesperar depois que a nossa miséria é conhecida, o Evangelho deve ser ensinado [...] [que] nos mostra a maneira como devemos nos arrepender. Terceiro, para que depois de chegarmos ao nosso destino, não sermos descuidados e devassos, a Lei deve ser ensinada novamente, para

---

[228] *Ibid.*, p. 124.
[229] *Symbole*, p. 55.
[230] *Ibid.*, p. 52.
[231] *Ibid.*, p. 52s.
[232] *The Summe*, p. 125.
[233] *Ibid.*, p. 127.

que possa ser o prumo, o escudeiro e o governo de nossa vida e ações.[234]

Zanchi também enfatiza o papel da Lei, os "meios" pelos quais nós "poderíamos ser preparados mais e mais para o recebimento de Cristo".[235] A Lei mostra aos homens seu dever e pecaminosidade e produz "um desejo maior e mais sincero pelo prometido Salvador"; por meio dela, os homens tornam-se "dispostos e preparados para se apossar de Cristo pela fé".[236] O Evangelho exige que (1) desejemos ter "todas as nossas afeições transformadas"; (2) abraçar a Cristo pela fé "sem vacilar" para que acreditemos que nossos pecados são perdoados; e (3) nós "trabalhamos por todos os meios, para observar tudo o que Cristo ordenou".[237] A Lei requer obediência perfeita; o Evangelho exige fé, mas isto "não pode acontecer sem o verdadeiro arrependimento".[238]

Ursino define a fé como "um conhecimento certo, por meio do qual eu certamente concordo" com a Palavra de Deus e "com uma verdadeira confiança" de remissão dos pecados.[239] A fé justificadora está "assentada" na "vontade e coração do homem".[240] Ursino não diz o que ele quer dizer com "coração", mas o impulso de sua teologia sugere que significa afeições. Quanto ao que é fé, "ninguém verdadeiramente entende, só aquele que a tem", pois aquele que crê "sabe que crê".[241] A "segurança" de que somos salvos consiste no testemunho do Espírito e "os efeitos da verdadeira fé, que

---

[234] *The Summe*, p. 128.

[235] *Confession*, p. 47.

[236] *Ibid.*, p. 51.

[237] *Ibid.*, p. 94.

[238] *Ibid.*, p. 96.

[239] *The Summe*, p. 133.

[240] *Ibid.*, p. 136. Zanchi diz que há dois tipos de "ações" de fé: uma no entendimento, outra na vontade. *Confession*, p. 327.

[241] *The Summe*, p. 137. Zanchius diz: "deixe que cada um de nós faça uma suposição por si mesmo em sua mente: mas eu sou dos fiéis, pois eu acho isso em mim! Realmente creio". *Discourse*, p. 430.

percebemos estar em nós", a saber, "arrependimento verdadeiro e um propósito constante de crer e obedecer a Deus de acordo com todos os seus preceitos".[242] Pois do "sincero desejo de obedecer 'surge' nossa garantia de verdadeira fé".[243]

Embora Ursino defina a fé como "um conhecimento certo", deve-se notar também sua afirmação de que "uma boa consciência é um conhecimento certo, que tem fé".[244] A consciência é "nada mais" que "um silogismo prático" na mente.[245] Parece que uma boa consciência, então, é o fundamento de segurança para Ursino.

Ursino diz que há quatro tipos de fé: histórica, temporária, fé de milagres e fé justificadora.[246] A fé histórica é apenas "o conhecimento do que Deus fez – o qual os demônios têm".[247] A fé temporária é "concordar com a doutrina da Igreja, juntamente com a profissão e alegria nelas, embora não seja verdadeira e não fingida". Esta vem de alguma outra causa que não "um sentido vivo" da graça de Deus e sem a "aplicação da promessa" a si mesma.[248] A fé dos milagres é um dom de revelação pelo qual alguém pode prever um certo evento, ser capaz de expulsar demônios e realizar milagres.[249] A fé justificadora é o "conhecimento certo" mencionado anteriormente.

Perkins repetirá esse tipo de fé, combinando os três primeiros com o conceito de Beza de um chamado ineficaz do réprobo. Será visto adiante que Perkins parece obter seu ensino amplamente de Beza mas também destes teólogos de Heidelberg; estes fundem-se bem porque têm em comum uma doutrina da fé que faz da santificação o fundamento da segurança. Ursino defende uma expiação

---

[242] *The Summe*, p. 32-3.
[243] *Ibid.*, p. 33.
[244] *Ibid.*, p. 95.
[245] *Ibid.*, p. 39.
[246] *Ibid.*, p. 134.
[247] *Idem*
[248] *Ibid.*, p. 134-35.
[249] *Ibid.*, p. 135-36.

limitada;[250] todos enfatizam o silogismo prático. Zanchi afirma que se alguém conclui que crê, "até mesmo Deus" conclui "por ti, que tu és predestinado para a eternidade".[251]

Os teólogos de Heidelberg também têm em comum com Beza que a Lei chega antes do Evangelho, para preparar os homens para a fé. De modo que isso tende a reverter a ordem da fé e do arrependimento de Calvino. Ursino enfatiza 2Pedro 1.10 como a fórmula pela qual devemos conhecer nossa eleição.[252] Zanchius interpreta 2Pedro 1.10 da mesma maneira.[253] Oleviano afirma que "nova obediência" é "um testemunho indubitável" da fé salvadora.[254]

Os teólogos de Heidelberg, então, têm em comum com Beza uma doutrina de fé qualitativamente diferente da de João Calvino.

---

[250] Cristo morreu "somente pelos eleitos" e "não pelo mundo". Os "muitos" (por exemplo, Hebreus 9.28) significam os eleitos, não todos. João 1.9 refere-se ao número em favor de quem Cristo morreu. *Ibid.*, p. 298s.

[251] *Discourse*, p. 430.

[252] *The Summe*, p. 513.

[253] *Discourse*, p. 437.

[254] *Symbole*, p. 244s.

CAPÍTULO 3

ALGUNS PRECURSORES INGLESES DE PERKINS

Embora a forma da teologia de Perkins seja mais semelhante à de Beza e dos teólogos de Heidelberg,[255] a tradição predestinacionista experimental também tem raízes teológicas na Inglaterra. Em *Whether a Man* Perkins insere "Um Diálogo do Estado de um homem Cristão, reunido aqui e ali, a partir dos escritos agridoces do Mestre Tidall e do Mestre Bradford".[256] Enquanto este tratado não deixa claro exatamente o que Perkins acha atraente nesses reformadores,

---

[255] Isso será desenvolvido adiante.
[256] *Workes*, i, p. 381ss.

seus escritos indicam uma doutrina da fé que antecipa muito do que é encontrado em Perkins.

WILLIAM TYNDALE (+ 1536)

William Tyndale defende uma distinta teologia da aliança, não fala de um pacto de obras e um pacto de graça, mas se assemelha ao que os teólogos de Heidelberg apresentam em sua teologia federal. O tema central da teologia de Tyndale é a "promessa e aliança condicional".[257] Ele parece ter desenvolvido os detalhes disso depois de seu debate com Thomas More (+ 1535), e isto foi aparentemente empregado como uma "defesa contra a acusação de antinomianismo".[258]

"Onde você acha uma promessa", diz Tyndale, "deve entender a aliança".[259]

> Todas as boas promessas feitas em toda a Escritura [...] são feitas nesta condição e aliança com respeito a nossa parte, para que nós, a partir de então, amemos a lei de Deus, andemos nela, e façamos isso, e consequentemente, moldemos nossas vidas [...] não há promessas feitas a ele, porém para eles apenas esta promessa de guardar a lei.[260]

Visto que "nenhum de nós pode ser recebido na graça, exceto sob a condição de guardar a Lei".[261]

A doutrina de garantia de Tyndale baseia-se em guardar a Lei. A graça não continuará mais, afirma ele, do que o "propósito" de manter a Lei "durar". Se a quebrarmos, devemos demandar judicialmente por um novo perdão; e ter uma nova luta contra o

---

[257] L. J. Trinterud, 'A Reappraisal of William Tyndale's Debt to Martin Luther', *CH*, 1962, p. 39.
[258] William Clebsch, *England Earliest Protestants 1520-1535*, 1964, p. 115.
[259] *Doctrinal Treatises* (PS), p. 470.
[260] *Expositions* (PS), p. 6.
[261] *Doctrinal Treatises*, p. 7.

pecado, o inferno e a desesperança, antes que possamos voltar a uma fé tranquila".²⁶²

Tyndale diferencia entre fé verdadeira e "fé fingida" aquilo que não importa em amor pela lei de Deus.²⁶³ Esta última ele também denomina como uma "fé da história"²⁶⁴ e "fé histórica".²⁶⁵

A segurança da fé salvadora vem da obediência à lei. Ele considera 2Pedro 1.10 como sendo um mandato para a vida piedosa, que, por sua vez, nos assegura sermos escolhidos.²⁶⁶

JOHN BRADFORD (+ 1555)

John Bradford ostentava uma forte doutrina da predestinação que foi colocada por escrito devido ao seu encontro com alguns separatistas anti-predestinaristas na prisão de King's Bench. "Os efeitos da salvação misturam-se com a causa", ele lamenta.²⁶⁷ Bradford também afirma que "a morte de Cristo é suficiente para todos, mas eficaz para ninguém, exceto apenas os eleitos". Como Cristo "não orou" por todos (Jo 17.9), segue-se a Bradford que "por quem Ele" não orou", por eles não morreu".²⁶⁸

Bradford tem uma preocupação pastoral que transcende a defesa de sua teologia predestinarista. Ele se deleita em garantir aos outros, sua eleição. Nenhum dos escolhidos de Deus perecerá, ele escreve para uma alma angustiada, "de qual número eu sei que você é".²⁶⁹ Se Deus "não tivesse escolhido você - como certamente escolheu - ele não teria chamado a ti". Pois "sua gratidão e dignidade

---

²⁶² *Idem*
²⁶³ *Answer to More* (PS), p. 70, 106, 199.
²⁶⁴ *Ibid.*, p. 197.
²⁶⁵ *Expositions*, p. 146.
²⁶⁶ *Ibid.*, p. 193.
²⁶⁷ *The Writings of John Bradford* (PS), ii, p. 170s.
²⁶⁸ *Ibid.*, i, p. 320.
²⁶⁹ *Ibid.*, ii, p. 109.

são frutos e efeitos de sua eleição". No entanto, tais efeitos serão "muito mais frutíferos e eficazes, porquanto você não vacila".[270]

Ele também coloca o arrependimento antes da predestinação por ordem de preocupações:

> Mas, se você não sente essa fé, então saiba que a predestinação é um assunto muito alto para você ser um contestador dela, até que você tenha sido melhor estudioso na escola do arrependimento e justificação, que é a escola da gramática, na qual devemos estar familiarizados e instruídos, antes de irmos para a universidade da mais sagrada predestinação de Deus [...].[271]

Bradford descreve o arrependimento como um pesar pelo pecado, uma confiança no perdão e "um propósito de corrigir ou converter-se a uma nova vida".[272] A visão de Bradford sobre o pacto, no entanto, dificilmente concorda com Tyndale. O pacto de Deus "depende e se sustenta na própria bondade de Deus" e "não depende de nossa obediência ou dignidade em nenhum ponto", afirma Bradford, "pois, se assim fosse, nunca deveríamos estar seguros".[273]

LAURENCE CHADERTON (1537-1640)

Laurence Chaderton era o tutor de Perkins no Christ's College, em Cambridge.[274] Ele está entre os primeiros a confrontar Peter Baro (falecido em 1599), "um arminiano *avant la lettre*".[275] E foi também quem introduziu em Cambridge o pensamento de Peter Ramus

---

[270] *Ibid.*, p. 113-14.

[271] *The Writings of John Bradford* (PS), ii, p. 134.

[272] *Ibid.*, i, p. 45.

[273] *Ibid.*, ii, p. 153.

[274] Ian Breward (ed.), *William Perkins*. Abingdon, 1970, p. 3.

[275] H. C. Porter, *Reformation and Reaction in Tudor Cambridge* (Cambridge, 1958), p. 281, 378.

(falecido em 1572).²⁷⁶ Chaderton publicou pouco e o que sobrevive sob seu nome dá apenas uma sugestão de sua teologia.²⁷⁷

Um sermão de Chaderton em Paul's Cross²⁷⁸ é baseado em Mateus 7. 21-23, um texto que às vezes é usado para representar a fé temporária. Ele rotula as figuras do texto de "mestres falsos e hipócritas" conhecidos por sua "confissão externa de Cristo". Eles têm uma "aparência exterior", mas não têm "sinceridade interior e verdade genuína". Os cristãos verdadeiros são contrastados com aqueles que operam sua salvação "de forma segura, fria e descuidada, e não com temor e tremor". Chaderton nos incita a examinar a nós mesmos "para que possamos ver se verdadeiramente estamos na graça de Deus ou não". Ser descuidado significa que nossas obras "não são, nem podem ser para nós as promessas e escalas de nossa salvação". Chaderton conclui seu sermão observando "quão longe" é que "pecadores e homens ímpios possam se assemelhar aos filhos de Deus, e ainda assim estarem sem as graças da regeneração"²⁷⁹.

---

[276] W. S. Howell, *Logic and Rhetoric in England, 1500-1700*, Princeton, 1956, p. 150ss.

[277] Dois sermões sobrevivem: *An Excellent and godly sermon preached at Paules Crosse* (1578,1580). Doravante denominado *Godly Sermon* (1580). E *A Fruitful sermon*, quatro edições, 1584 a 1618.

[278] *Godly Sermon*, não paginado. Paul's Cross era uma cruz de pregação e um púlpito ao ar livre no terreno da antiga catedral de St. Paul, na cidade de Londres. Foi o púlpito público mais importante na época dos Tudor e no início da Inglaterra dos Stuarts. Muitas das declarações mais importantes sobre as mudanças políticas e religiosas trazidas pela Reforma foram divulgadas a partir dele [N.E.].

[279] O outro sermão de Chaderton tira seu texto de Romanos 12. 3-8. Ele enfatiza os deveres pastorais e pede que um pastor "alimente, alimente, alimente". A pregação deve basear-se "em parte pelo temor dos julgamentos de Deus, e em parte pelo amor de suas misericórdias". Os ímpios devem ser exortados ao arrependimento por terem colocado diante deles "os eternos e severos juízos e maldições de Deus". *A Fruitful sermon* (1589), p. 57-8.

RICHARD GREENHAM (+ 1594)

Richard Greenham foi o primeiro teólogo inglês a lidar extensamente com "consciências aflitas". Fuller diz que a "obra-prima de Greenham foi consolar consciências feridas", e que ele era "um instrumento do bem para muitos que vinham a ele com olhos chorosos, e saíam com almas alegres".[280]

Greenham se matriculou no Pembroke College, em Cambridge, em 1559, e foi membro ali de 1566 a 1570. Ele foi reitor em Dry Drayton, a 8 km de Cambridge, de 1571 a 1591. Também foi o primeiro pastor de destaque e influência do modelo predestinariano experimental, e era uma figura patriarcal na própria tradição. Não há provas conclusivas de que ele influenciou Perkins, mas Perkins não poderia ter ignorado o ministério de Greenham. Greenham frequentemente entrava em Cambridge para pregar, exercendo influência entre os estudantes.[281]

"A primeira coisa necessária em um cristão", acredita Greenham, "é que ele seja capaz de apresentar a si mesmo e seus próprios bens perante Deus, esteja ele na fé ou não".[282] Dito de outra forma: a primeira coisa que se deve fazer aprender da palavra de Deus é "fazer uma entrada correta e sadia para nossa salvação". Este processo é iniciado pela obtenção da "verdadeira compreensão da Lei", para que possamos ser "persuadidos do tamanho de nossos pecados e da miséria devida ao mesmo". Isso ele chama de 'visão correta' de nossos pecados.[283] Greenham está preocupado com o fato de alguém

---

[280] Thomas Fuller, *The Church History of Britain*. Oxford, 1845, v, p. 192.

[281] M. M. Knappen, *Tudor Puritanism*. Chicago, 1970, p. 382. Os escritos de Greenham foram publicados postumamente. Suas *Workes*, quase 900 páginas de fólio, publicado pela primeira vez em 1599, chegou à sua sexta edição em 1612.

[282] *Workes*, 1612, p. 229s.

[283] *Ibid.*, p. 72.

buscar a justificação passando sobre a função essencial da Lei para "orientar a ferida da consciência". Portanto, ele insiste: "vamos primeiro trabalhar para conhecer o pecado, depois o sofrimento pelo pecado", sem o qual não podemos "sentir nossos pecados perdoados em Cristo".[284]

Toda a soteriologia de Greenham é resumida nisto: "a Lei é para preparar, o Evangelho deve seguir depois".[285] Embora a Lei seja aquilo que "comunica todo o bem e proíbe todo o mal", o Evangelho "contém as livres promessas de Deus feitas a nós em Jesus Cristo, sem qualquer consideração aos nossos merecimentos".[286] Embora a Lei não forneça habilidade para realizar o Evangelho, o Evangelho, por meio do poder do Espírito, nos capacita a fazer o bem.[287]

Contudo, antes de os eleitos serem regenerados, às vezes é necessário que o Senhor envie "cruzes, às vezes necessidades, em algum momento doenças, às vezes reprovações, em algum momento uma preocupação, às vezes miséria privada e às vezes uma calamidade pública... antes de serem humilhados".[288] Greenham lamenta sobre os pregadores que dizem com tristeza aos aflitos: "por que você está pesaroso, meu irmão? Por que você está tão abatida, minha irmã? Tenham bom ânimo: não veja isto como tão grave. O que você deve temer? Deus é misericordioso, Cristo é um Salvador". Esses são "discursos de amor", responde Greenham, mas fazem o mesmo "que derramar água fria em seu peito". A necessidade destas pessoas, ele afirma, deve ser ainda mais minimizada. Estes discursos de amor meramente "sobrecarregam a consciência e diminuem alguns pesares presentes", mas momentaneamente. Este consolo prematuro faz com que a enfermidade seja ainda mais "dolorosa".[289]

Greenham diz que existem dois tipos de fé: uma fé geral e uma fé particular. A primeira é "através da qual creio que Deus é

---

[284] *Ibid.*, p. 105.
[285] *Ibid.*, p. 59.
[286] *Ibid.*, p. 72.
[287] *Ibid.*, p. 88.
[288] *Workes*, 1612, p. 232.
[289] *Ibid.*, p. 106.

verdadeiro em todas as suas obras",[290] ou simplesmente estar seguro de que Deus é "tal como a sua Palavra prescreve.[291] É preciso ter uma fé geral antes que se possa ter uma fé particular,[292] sendo a última "aplicar as coisas a nós mesmos".[293] Esta fé em particular é (1) "por meio da qual eu creio que Deus é justo em suas ameaças, e assim sou feito penitente" ou (2) quando "eu creio que ele é misericordioso em suas promessas, e assim chego ao arrependimento".[294] A verdadeira fé Greenham define como "uma verdadeira persuasão das misericórdias de Deus merecidas por nosso Senhor Jesus Cristo".[295]

A definição de fé de Greenham sugere a de Calvino, como também quando Greenham diz que essa fé deve ser contrastada com "uma atividade mais leve e menos intensa do Espírito, que pode ser extinguida" – uma obra "inferior" que pode ser "retirada". Mas a declaração de Greenham de que devemos aplicar a promessa sugere que ele está combinando tanto Calvino quanto Beza. Em qualquer caso, a obra "inferior" do Espírito, se relaciona com Hebreus 6.4-6 e com a Parábola do Semeador. Esta obra do Espírito é como um relâmpago que não dá luz certa e "não continua em todo tempo". A própria possibilidade de tal obra significa que "aceitar que nunca apagaremos qualquer graça ou dom que Deus nos conceda".[296]

Greenham afirma que há uma diferença entre ter o Espírito e saber que alguém o tem. Pode-se "saber" que ele tem o Espírito Santo (1) se, quando cair, ele retiver seu antigo ódio ao pecado; (2) se a tristeza aumenta com os pecados; (3) "se tu cresces no cuidado divino" em prevenir mais pecados; e (4) se, depois de cair, ele é cuidadoso em resgatar aquilo que foi perdido pela queda.[297]

---

[290] *Ibid.*, p. 88.
[291] *Ibid.*, p. 51.
[292] *Ibid.*, p. 176.
[293] *Ibid.*, p. 51.
[294] *Ibid.*, p. 88.
[295] *Ibid.*, p. 81.
[296] *Ibid.*, p. 246.
[297] *Ibid.*, p. 245.

A ênfase na necessidade de santidade de vida é uma tendência proeminente nos escritos de Greenham. Nós apreendemos Cristo "morrendo pelos nossos pecados quando sentimos que o pecado morre em nós", diz ele.[298] Embora as boas obras não justifiquem, "aqueles que não fazem boas obras, declaram que não são justificados nem santificados [...] portanto, não podem ser salvos".[299] Ele lista quinze "sinais doces e seguros da eleição, para aqueles que estão abatidos". Greenham valoriza o fato de estar "abatido"; os sinais descrevem principalmente alguém que tem ódio ao pecado, mansidão de espírito, desejo de glorificar a Deus, propósito de deixar suas ofensas e deleite no florescimento da Igreja.[300]

A maneira de Greenham confortar a consciência aflita é assegurar que alguém seja "humilhado" e afligido de fato, e então assegurar os homens de sua eleição se o objetivo supremo deles é a vida piedosa.

---

[298] *Ibid.*, p. 68.
[299] *Ibid.*, p. 87.
[300] *Ibid.*, p. 208s.

PARTE II

WILLIAM PERKINS E SUA DOUTRINA DA FÉ

CAPÍTULO 4

A DOUTRINA DA FÉ DE WILLIAM PERKINS

WILLIAM PERKINS (1558-1602) deve ser visto como a fonte da tradição experimental predestinacionista. Não porque ele era um pensador original, mas porque foi a primeira figura poderosa em seus dias a sintetizar várias correntes de pensamento em um sistema predestinacionista popular – um que gira em torno de 2Pedro 1.10 como a forma de provarmos nossa eleição para nós mesmos. Além disso, será argumentado que o esquema de Perkins é preponderantemente o de Teodoro Beza, e que a incorporação da teologia federal dos teólogos de Heidelberg ao sistema de Beza constitui uma boa combinação; mas que a injeção da doutrina de fé de Calvino nela não existe.

William Perkins nasceu em Marston Jabbet, Warwickshire, em 1558. Ele se matriculou como estudante residente em junho de 1577 no Christ's College, em Cambridge. Seu tutor foi Laurence Chaderton. Recebeu o título de bacharel em 1581, o de mestre em 1584, e foi eleito naquele ano para uma fraternidade no Christ's. No final de 1584, ele foi nomeado professor na Great St. Andrews. Seus sermões "não eram tão claros, mas os piedosamente instruídos os admiravam; nem tão compreensíveis, mas os simples os entendiam". Ele "costumava pronunciar a palavra *maldição* com tanta ênfase, que deixava um eco doloroso nos ouvidos de seus ouvintes um bom tempo depois".[301]

Perkins parece não ter usado o púlpito em St. Andrews para qualquer outro propósito além de pregar o Evangelho. Mas ele supostamente foi convocado perante o vice-chanceler da Universidade de Cambridge em janeiro de 1587 para responder a acusações sobre um sermão que pregou na capela da faculdade. Ele supostamente disse que se ajoelhar para receber a comunhão era supersticioso, assim como a administração dos elementos a ele pelo ministro presidente. Parece que ele se livrou dessas acusações, mas afirmou que nas coisas indiferentes é preciso ir tão longe quanto possível da idolatria, apoiando essa posição sobre a autoridade de Bucer, e John Jewell.[302]

De qualquer forma, Perkins não enfrentou novamente a disciplina das autoridades universitárias. Esse encontro sobre as complexidades eclesiológicas pode tê-lo ajudado a refinar seu chamado. Sua carreira depois disso, sem mencionar seus escritos, mostra

---

[301] Samuel Clarke, *The Marrow of Ecclesiastical History* (1675), p. 415. "O erudito não poderia aprender, os sermões mais simples da cidade". Thomas Fuller, *Abel Redivivus* (1651), p. 434.

[302] Ian Breward (ed.), *The Work of William Perkins* (Abingdon, 1970), p. 4-5. Este é o tratamento acadêmico mais recente sobre Perkins. Ele trata a teologia de Perkins de uma maneira muito geral, lidando minimamente com sua doutrina da fé. Sua força está na biografia de Perkins.

claramente que ele acreditava haver "questões mais fundamentais do que contendas sobre os detalhes de liturgia".[303] Quando pressionado por alguns sobre a legalidade da subscrição[304], "se recusou a manifestar sua opinião sobre isso". Ele estava "feliz por desfrutar do seu próprio silêncio e deixar os outros à liberdade de suas próprias consciências".[305] De fato, o "primeiro amor" de Perkins "foi continuar com suas dores na Igreja de Saint Andrews";[306] pois "todos tinham Perkins como um profeta – significa que eu sou um doloroso dispensador da vontade de Deus em sua Palavra".[307] Em *Whether a Man*, Perkins lamenta por aqueles que estavam preocupados com assuntos não soteriológicos. Tais "clamam por disciplina, toda a sua fala é sobre isto", mas "quanto à Lei de Deus, e às promessas do Evangelho, eles pouco consideram".[308]

Perkins casou-se em 2 de julho de 1595 e, portanto, teve que renunciar à sua fraternidade. Samuel Ward (+ 1643) escreveu em seu diário em 5 de julho: "Meu bom Deus, que depois da partida do Sr. Perkins não venha a ruína para a Universidade".[309] O casamento produziu sete filhos, três dos quais morreram na infância e um dos quais nasceu postumamente.[310] Após várias semanas de intenso sofrimento com cálculo renal, Perkins morreu em 22 de outubro de 1602.

No final do século XVI, Perkins havia substituído os nomes combinados de Calvino e Beza[311] como um dos autores mais populares

---

[303] *Ibid.*, p. 6.

[304] O autor se refere a subscrição ao LOC (Livro de Oração Comum) pelos ministros ingleses. [N.E]

[305] Fuller, *Church History*, v., p. 170.

[306] Fuller, *Redivivus*, p. 435.

[307] Fuller, *Church History*, v, p. 171.

[308] *Workes*, i, p. 409.

[309] M. M. Knappen (ed.), *Two Elizabethan Diaries* (1933), p. 109.

[310] Breward, *op. cit.*, p. 13.

[311] Por volta de 1600, havia noventa edições das obras de Calvino publicadas na Inglaterra (incluindo repetidas edições de sermões, comentários e as Institutas): vinte e sete de 1570 a 1580; trinta e duas de 1580 a 1590; seis de 1590 a 1600. Havia quinze edições das Institutas (doze delas de 1574 a 1587). As várias obras

de obras religiosas na Inglaterra.³¹² Algumas delas já estavam sendo traduzidas para outras línguas. Após sua morte, suas obras foram impressas na Suíça, Alemanha, Holanda, França, Boêmia, Irlanda e Hungria, além de traduções para o espanhol e galês publicadas em Londres.³¹³ Entre 1600 e 1608, três edições de um volume das obras coletadas de Perkins foram distribuídos. Depois de 1608, as obras coletadas constituíram três volumes de enciclopédia (totalizando mais de 2.500 páginas) que alcançaram oito impressões até 1635, ao lado de edições repetidas de outros tratados mais simples.³¹⁴

---

de Beza chegaram a cinquenta e seis edições (incluindo edições repetidas) até 1600: trinta e oito de 1570 a 1580; sete entre 1590 e 1600.

[312] Perkins testemunhou setenta e seis edições (incluindo edições repetidas) durante sua vida, setenta e uma das quais vieram depois de 1590.

[313] Breward, *op. cit.* XI. Veja *ibid.*, p. 613-32 para uma lista completa dos trabalhos da Perkins.

[314] Este estudo se baseará em *The Workes of that Famous and Worthy minister of Christ in the Universitie of Cambridge, Mr. William Perkins* (aqui referido como *Workes*): volume i (1608), volumes ii e iii (1609). Nota: algumas edições das *Workes* variam em paginação. Não parece útil listar todos os tratados individuais de Perkins (totalizando quarenta e sete); quase todos são relevantes, mas muitos se sobrepõem em material pertinente. Os mais úteis para o presente estudo são, do volume i: 'Foundation of Christian Religion' (Perkins's catechism; dezenove edições de 1590 a 1647); 'A Golden Chaine' (nove edições de 1590 a 1614 (além de *Armilla Aurea*: oito edições de 1590 a 1614); 'An Exposition of the Symbole or Creed' (sete edições de 1595 a 1631); 'Whether a Man' (oito edições de 1589 a 1619); A Case of Conscience (cinco edições de 1592 a 1603); 'Two Treatises' (sobre o arrependimento e a guerra entre carne e espírito; sete edições de 1593 a 1632); 'A Discourse of Conscience' (1596, 1597); 'A Reformed Catholike' (seis edições de 1597 a 1634); 'A Graine of Musterd-seede' (oito edições de 1597 a 1630). Do volume ii: 'The Whole Treatise of the Cases of Conscience' (doze edições de 1606 a 1651); 'A Commentarie on the Five First Chapters of the Epistle to the Galatians' (1604, 1617); 'A Christian and Plaine Treatise of Predestination' (1606; traduzido de *Praedestinationis Modo et Ordine*, que Armínio leu (e respondeu), cinco edições de 1598 a 1613); 'The Arte of Prophecying' (1607). Do volume iii: 'A Godly and Learned Exposition of Christs Sermon on the Mount' (1608, 1611); 'A Clovd of Faithfvll Witnesses' (três edições, de 1607 a 1622). Nota: a paginação do volume iii começa de novo depois de Sermon on the Mount; o segundo conjunto de paginação está marcado com *

No geral, os tratados de Perkins são essencialmente de natureza soteriológica. Nenhuma vez ele se refere a presbíteros, diáconos e tribunais da igreja que eram enfatizados no movimento clássico. Perkins esteve envolvido no julgamento de alguns ministros ligados ao movimento clássico, mas apenas como testemunha da acusação.[315] Embora não seja incomum Perkins ser chamado de "o maior dos teólogos puritanos do século XVI",[316] ou "o príncipe dos teólogos puritanos",[317] de modo a estereotipá-lo dessa maneira, existe tendência de ignorar o fato de que ele se via como estando na corrente principal da igreja da Inglaterra, que defendia com frequência.[318] Ele diz:

> Nossas Igrejas na Inglaterra sustentam, acreditam, mantêm, e pregam a verdadeira fé, isto é, a antiga doutrina da salvação por Cristo, ensinada e publicada pelos Profetas e Apóstolos, como o livro dos Artigos de Fé, acordado sobre o Parlamento aberto e amplamente exposto.[319]

Diferentemente de John Jewell (+ 1571), que apelou aos Pais da Igreja contra Roma,[320] Perkins atacou os papistas de um lado e os Separatistas[321] do outro.[322] Agostinho encabeça a lista em ordem de

---

[315] Breward, *op. cit.*, p. 10. Cf. Collinson, *The Elizabethan Puritan Movement*, p. 403ss.
[316] Horton Davies, *Worship and Theology in England* (1970), p. 424.
[317] Collinson, *op. cit.*, p. 125.
[318] Workes, iii. p. 6, 264, *286, *389, *425, *574. Perkins, no entanto, não defende o episcopado como tal. Collinson, *op. cit.*, não coloca Perkins no movimento clássico.
[319] *Workes*, i, p. 313.
[320] *The Works of John Jewell* (PS), *passim*, especialmente em sua resposta a Thomas Harding (+ 1572). Cf. S. L. Greenslade, *The English Reformers and the Fathers of the Church* (Oxford, 1960), 18.
[321] Separatista, também chamado de Independente, era qualquer um dos protestantes ingleses nos séculos XVI e XVII que desejavam separar-se da corrupção percebida da Igreja da Inglaterra e formar igrejas locais congregacionais independentes de todas as outras" (**N.E.**).
[322] Workes, iii, p. 65, 264, *574.

frequência de citação - nada menos que 588 referências, por nome ou trabalho citados, seguido por Crisóstomo (129), Jerônimo (120), Ambrósio (105), Tertuliano (81), Cipriano (64) e Basílio (49).[323] Perkins foi "o primeiro dos autores *best-sellers* de Cambridge", fazendo de suas publicações póstumas "quase uma indústria local" para alguns.[324]

Por outro lado, a teologia de Perkins indica uma ênfase diferente quando comparada a um teólogo como Jewell. Perkins dedicou-se principalmente a mostrar aos homens que eles devem, e como eles podem fazer com que sua vocação e eleição sejam seguras para si mesmos. Essa preocupação evoluiu para uma série de "casos" de consciência. Em 1592, com 2Pedro 1.10 impresso na página de rosto, veio A *Case of Conscience, the Greatest that ever was: how a man may know whether he be the childe of Gopd, or no.* Essa era a preocupação final de Perkins.

O tratamento sistemático da teologia de Perkins como um todo, no entanto, é *A Golden Chaine*. A página de rosto da obra revela seu objetivo, sem mencionar sua concordância com outro teólogo:

A GOLDEN CHAINE (UMA CORRENTE DOURADA):
OU,
A DESCRIÇÃO DA TEOLOGIA:

Contendo a ordem das causas da Salvação e
Danação, de acordo com a Palavra de Deus.
Uma visão do que deve ser visto
na tabela em anexo
Aqui é adicionada a ordem que M. Teodoro Beza
usou no conforto de consciências aflitas.

---

[323] Ele cita Robert Bellarmine (+ 1621) principalmente como autoridade papista ao atacar Roma (setenta e sete vezes), e cita Aquino trinta e seis vezes, embora às vezes apoie sua própria posição.

[324] Porter, *Reformation*, p. 267. Em contraste, Richard Hooker (+ 1600), *Of the lawes of ecclesiasticall politie* (1593), não vendeu bem a princípio, e nunca rivalizou com as obras de Perkins em popularidade antes de 1640.

A "tabela anexada" é de fato "a ordem que M. Teodoro Beza usou" e é vividamente reproduzida por Perkins, cujo gráfico anexo – "um Catecismo visual para aqueles que não sabem ler" – é um embelezamento, mas não uma alteração, do gráfico de Beza.

A característica mais óbvia de *A Golden Chaine* é a centralidade da doutrina da dupla predestinação. Perkins argumenta sobre a ordem dos decretos; o seu é um sistema supralapsariano. *A Golden Chaine* leva a *ordo salutis* dos decretos eternos para a consumação final de todas as coisas, com o desdobramento da execução daqueles decretos referentes aos eleitos e réprobos colocados entre eles. No tratado que Armínio lerá[325], Perkins afirma defender "(como eles chamam) a doutrina dos calvinistas".[326] Que Perkins pudesse fazer essa afirmação é prova suficiente de que a verdadeira posição de Calvino já estava começando a ser mal entendida em seus dias. Ele parece pensar que a visão de Beza é essencialmente a de Calvino.

O decreto de Deus, seja em termos do próprio decreto ou de sua execução real, é "a manifestação da glória de Deus".[327] Esse decreto é "aquele pelo qual Deus, em si mesmo, tem necessariamente, e ainda livremente, desde toda a eternidade determinado todas as coisas". Este decreto, "na medida em que diz respeito ao homem, é chamado de predestinação".[328] A predestinação é "aquilo pelo qual ele ordenou todos os homens a um estado certo e eterno: isto é, seja para salvação ou condenação, para sua própria glória".[329]

Deus realiza a predestinação pela "criação e a queda".[330] O homem foi criado "em um excelente estado de inocência", que incluía o livre-arbítrio.[331] Seguindo Beza, Perkins diz que nossos primeiros pais foram criados "perfeitos, mas mutáveis". Aprouve a Deus

---

[325] O Tratado que Armínio leu e respondeu foi *De Praedestinationis Modo et Ordine*
[326] *Workes*, ii, p. 689.
[327] *Ibid.* i, p. 15.
[328] *Ibid.*, p. 16.
[329] Idem
[330] Idem
[331] *Ibid.*, p. 16-17.

preparar um caminho para a execução de seu decreto.[332] A tabela de Perkins ilustra isso graficamente, mas aqui, como em Beza, é sua base lógica para esta visão:

> Pois a vontade de Deus é a causa das causas: portanto, devemos nos firmar nela, e fora ou além dela, nenhuma razão deve ser buscada: sim, de fato, não há nada além dela. Além disso, todo homem (como Paulo declara) está em Deus, como um vaso de barro na mão do oleiro: e, portanto, Deus, segundo a sua suprema autoridade, produz vasos de ira, não os acha feitos.[333]

Assim, o decreto diz respeito aos homens ainda não criados, muito menos caídos.

Por meio da queda, o homem perdeu a plenitude da imagem de Deus; o que resta é a consciência. A consciência, na qual reside a imagem de Deus, é "parte do entendimento em todas as criaturas racionais, determinantes de suas ações particulares, seja a favor ou contra elas".[334] A alma é concebida de modo a ter duas faculdades, entendimento e vontade. Entendimento é a faculdade pela qual usamos a razão; é "a parte mais primordial que serve para governar e ordenar o homem inteiro". É o maquinista dentro do vagão. A vontade é aquela pela qual nós escolhemos ou recusamos algo, e somos unidos pelas afeições. O peso do argumento de Perkins é que "a consciência não é colocada nas afeições nem na vontade, mas no entendimento: porque as suas ações se sustentam no uso da razão". O entendimento, no entanto, tem duas partes: "teórica" e "prática". A primeira "está na visão e contemplação da verdade e falsidade: e não vai além". Mas a compreensão prática, a essência da consciência, procura saber se uma determinada ação é boa ou

---

[332] *Ibid.*, p. 18. Cf. supra, p. 62 n. 177.
[333] *Workes*, ii, p. 6.
[334] *Workes*, i, p. 510.

ruim.[335] Como a consciência está no entendimento e a segurança vem por meio de uma boa consciência, Perkins também colocará o lugar da fé no entendimento. Será visto abaixo, no entanto, que isso é mal colocado por ele.

A consciência, além disso, é uma faculdade "natural", ou uma "qualidade criada, de onde o conhecimento e o julgamento procedem como efeitos" – como acusadores ou perdoadores. É um poder na alma, "cuja propriedade é tomar os princípios e conclusões da mente e aplicá-los, e aplicando-os para acusar ou perdoar".[336] A consciência é "de natureza divina e é algo estabelecido por Deus, entre o homem e Ele, como um árbitro para dar sentença e se pronunciar com o homem ou contra o homem para com Deus."[337] É aqui que Perkins parece seguir Ursino: este julgamento vem dentro ou por um tipo de raciocínio ou disputa, chamado de *silogismo prático*".[338] Na elaboração dessa consciência de raciocínio, há dois assistentes: mente e memória. A mente é o armazém e guardião de "todo tipo de regras e princípios", comparável a um livro de leis. A mente, portanto, apresenta à consciência a regra da lei divina "segundo a qual é para dar o julgamento". A memória traz à mente "as ações particulares que um homem fez ou não fez, que a consciência pode determinar delas". É aqui que o silogismo funciona.

> *Todo assassino é amaldiçoado,* diz a mente:
> *Tu és um assassino,* diz a consciência assistida por memórias:
> Portanto, *Tu és amaldiçoado,* diz a consciência, e dá sua sentença.[339]

Perkins também afirma que é função da consciência não conceber uma coisa em si, mas refletir sobre o que foi concebido,

---

[335] *Idem*
[336] *Idem*
[337] *Ibid.*, p. 511.
[338] *Ibid.*, p. 529.
[339] *Workes*, i, p. 529.

portanto "saber o que eu sei".[340] Essa é a lógica por trás do que será chamado de ato reflexo na tradição predestinacionista experimental.

Na medida em que a Palavra de Deus prende a consciência,[341] "todo homem a quem o Evangelho é revelado, está fadado a crer em sua eleição, justificação, santificação em e por Cristo".[342] Aqui o tratamento que Perkins faz da consciência confronta-se com sua doutrina racional da predestinação. Uma vez que todos os homens não são predestinados da mesma forma, obviamente alguns são obrigados a acreditar no que não é verdade.[343]

De fato, a predestinação tem duas partes: "Eleição e Reprovação".[344] A eleição é o decreto de Deus, por meio do qual, por livre e espontânea vontade, ordenou a salvação aos homens, para louvor da glória de sua graça.[345] A reprovação é " aquela parte da predestinação, pela qual Deus, de acordo com o mais livre e justo propósito de sua vontade, determinou rejeitar certos homens para a destruição eterna, e miséria, e isso para o louvor de sua justiça.[346] Para os eleitos, um Salvador é dado; para o réprobo nenhum Salvador é dado. Os escolhidos são providos pelo ofício de um mediador, Jesus Cristo.[347]

Como nosso sacerdote Cristo realizou "todas essas coisas para Deus, por meio das quais é obtida a vida eterna"[348], o sacerdócio de Cristo consiste em duas partes: satisfação e intercessão. A primeira é "por meio da qual Cristo é uma propiciação plena ao seu Pai pelos eleitos".[349] A satisfação consiste em sua paixão e cumprimento da Lei. Em sua morte, Cristo foi um "resgate pelos pecados dos eleitos". Além disso, o Pai considerou Cristo um transgressor, uma vez que o

---

[340] *Ibid.*, p. 511.
[341] *Ibid.*, p. 512-13.
[342] *Ibid.*, p. 517.
[343] Sua maneira de lidar com isso será tratada adiante.
[344] *Workes*, i, p. 24.
[345] *Idem*
[346] *Ibid.*, p. 106.
[347] *Ibid.*, p. 24.
[348] *Ibid.*, p. 27.
[349] *Idem*

pecado do homem foi imputado a Cristo.³⁵⁰ Cristo cumpriu a Lei pela "santidade de sua natureza humana" e pela obediência às obras da Lei. O desempenho de Cristo, em todo caso, foi em nome dos eleitos apenas: "limitado apenas aos eleitos" pelo decreto do Pai.³⁵¹ Além disso, a intercessão de Cristo à destra do Pai é a aplicação do "mérito de sua morte" e a "solicitação por seu Espírito Santo, nos corações dos eleitos, com gemidos inexprimíveis.³⁵² O objetivo da intercessão é a perseverança dos eleitos.³⁵³ O "meio externo" de executar o decreto de eleição é pelo pacto de Deus com os seus eleitos.³⁵⁴ É aqui que Perkins incorpora a contribuição dos teólogos de Heidelberg na *ordo salutis* de Beza.

> A aliança de Deus é o seu contrato com o homem, concernente à obtenção da vida eterna, mediante uma condição correta. Essa aliança consiste em duas partes: a promessa de Deus ao homem, e a promessa do homem a Deus. A promessa de Deus ao homem, é aquela, por meio da qual ele se liga ao homem para ser seu Deus, se ele cumprir a condição. A promessa do homem a Deus, é aquela, pela qual ele promete sua lealdade ao seu Senhor, e para cumprir a condição entre eles.³⁵⁵

Existem "dois tipos" desse pacto: "o pacto das obras e o pacto da graça". O primeiro é feito com a condição "de perfeita obediência, e é expresso na lei moral". Esta lei exige obediência perfeita que se realizada, resulta na vida eterna. Mas a transgressão desta Lei resulta em "morte eterna". Os Dez Mandamentos são "um resumo

---

³⁵⁰ *Ibid.*, p. 28.
³⁵¹ *Workes*, ii, p. 693. Esta pode ser a primeira vez na teologia inglesa que a palavra "limitada" é usada em relação à morte de Cristo para os eleitos.
³⁵² *Ibid.*, i, p. 29.
³⁵³ *Idem*
³⁵⁴ *Ibid.*, p. 31s.
³⁵⁵ *Ibid.*, p. 32.

de toda a lei e do pacto das obras".[356] Nesse ponto, Perkins discute os Dez Mandamentos, um por um.[357] A Lei tem três usos para os não regenerados: tornar o pecado conhecido; suscitar o pecado e aumentá-lo; e pronunciar condenação eterna pela desobediência.[358]

O pacto da graça é "aquele pelo qual Deus livremente prometendo a Cristo, e seus benefícios, exige novamente do homem, que ele pela fé receba a Cristo, e se arrependa de seus pecados".[359] O Evangelho promete que para todos os que se arrependem e creem em Cristo Jesus, prepara-se uma remissão completa de todos os seus pecados, para que haja salvação e vida eterna.[360]

Perkins descreve a *ordo salutis* do decreto de eleição para a consumação final em termos de quatro "graus" do amor de Deus: chamado eficaz, justificação, santificação e glorificação. O chamado eficaz, "o primeiro grau da declaração" do amor de Deus aos eleitos, é o afastamento do pecador do mundo para a família de Deus.[361] Essa é uma união espiritual e é feita "pelo espírito de Deus aplicando a Cristo em nós: e de nossa parte pela fé que recebe a Cristo Jesus, oferecido a nós". Como Cristo é o Cabeça dos fiéis, estes últimos também são crucificados, sepultados e ressuscitados com ele.[362] No entanto, os membros do corpo de Cristo devem ser distinguidos pela forma como aparecem diante dos homens e como aparecem diante de Deus. Diante dos homens eles são membros da Igreja; diante de Deus, eles *podem* ser reprovados.[363]

---

[356] *Ibid.* Perkins, no entanto, não parece ser o primeiro teólogo inglês a empregar esse motivo. Cf. Dudley Fenner, *Sacra Theologia* (1586?), "Foedus duplex est. Operum foedus. Gratuitae promissionis foedus".

[357] *Workes*, i, p 32-70.

[358] *Ibid.*, p. 70.

[359] *Ibid.*, p. 71.

[360] *Ibid.* Nós "não oferecemos nem prometemos qualquer grande assunto a Deus, de certa maneira apenas recebemos".

[361] *Ibid.*, p. 78.

[362] *Idem*

[363] *Ibid.* p. 79, 310ss

Embora a igreja católica[364] seja "a corporação do predestinado",[365] a igreja deve ser entendida como tendo duas partes: a Igreja Triunfante (no céu) e a Igreja Militante (na terra). A primeira é composta dos santos que partiram.[366] A Igreja Militante, também chamada de Igreja visível, é "uma corporação mista de homens que professam a fé reunidos pela pregação da palavra". Assim, a Igreja visível inclui "crentes verdadeiros e hipócritas, eleitos e reprovados, bons e maus".[367] É por isso que os homens devem distinguir-se entre si como aparecem diante dos homens e como aparecem diante de Deus. Por outro lado, eles podem parecer indignos diante dos homens, mas verdadeiros crentes diante de Deus – "membros moribundos" de Cristo, que caem em pecado e devem ser excomungados. Estes não são membros em termos de "comunhão externa com a igreja" até que se arrependam.[368] Aqueles que parecem dignos diante dos homens, mas não são diante de Deus, formam a base para a doutrina de fé temporária de Perkins.

Enquanto a fé temporária é o resultado de um chamado ineficaz, como será visto a seguir, a fé salvadora deve sua origem à graça irresistível. Mas isso é realizado "por certos significados". O primeiro é "a audição salvadora da palavra de Deus" por meio da pregação. Uma vez que os eleitos nascem no estado de incredulidade, eles não "sonham" quanto à sua salvação. A tarefa de pregar, então, é para começar com a Lei, "mostrando ao homem o seu pecado e a sua punição".[369] Pois quando Deus traz homens a Cristo, "primeiro, ele prepara seus corações, para que sejam capazes de ter fé".[370] Essa preparação os está "ferindo" ou "humilhando", e essa humilhação é

---

[364] O autor usa aqui "igreja católica" no sentido de igreja cristã universal, não está se referindo a Igreja de Roma" (**N.E**).

[365] *Ibid.*, p. 79, 310ss.

[366] *Ibid.* i, p. 308.

[367] *Ibid.*, p. 310.

[368] *Ibid.*, p. 79.

[369] *Idem*

[370] *Ibid.*, p. 5.

realizada dando-lhes uma "visão" e "tristeza" por seus pecados."[371] É a função da Lei produzir tal tristeza. Pode-se ver que Perkins segue Beza e os teólogos de Heidelberg e não Calvino, propondo a necessidade da Lei preceder o Evangelho em trazer os homens a Cristo.

Contudo, a Lei de si mesma não pode produzir fé ou arrependimento; tal é o trabalho apropriado do Evangelho.[372] A Lei "nos mostra nossos pecados, e isso sem remédio".[373] Isso nos torna "desesperados por salvação em relação a nosso respeito". A lei, então, é nosso "professor da escola, não por ensinamentos simples, mas por nos despir e corrigir". É a lei que prepara; o Evangelho "desperta a fé".[374] Em qualquer caso, "a preparação é uma obra de Deus", pela qual o coração é humilhado.[375]

Parece ter sido muito bem conhecido que o próprio Perkins praticava esse método de colocar a Lei antes do Evangelho. Clarke relata um caso em que, depois de ser devidamente tocado pelo horror da justiça de Deus, começou a chorar, quando

> Mestre Perkins, descobrindo que o trouxera suficientemente abaixo, até mesmo aos portões do Inferno, prosseguiu... para mostrar-lhe o Senhor Jesus... estendendo sua mão abençoada de misericórdia... que o fez sair para novas demonstrações de lágrimas de alegria.[376]

Perkins parece colocar a preparação no processo de regeneração. Ele não diz precisamente quando a regeneração se estabelece, apenas que o trabalho da conversão deve distinguir-se entre "começos de preparação" e "princípios de composição".[377] Os primeiros "vão antes" da conversão e não são "graças de Deus", mas frutos da

---

[371] *Idem*

[372] *Workes*, i, p. 454.

[373] *Ibid.* ii, p. 290.

[374] *Idem*

[375] *Ibid.*, p. 204.

[376] Clarke, *Marrow*, p. 416.

[377] *Workes*, i, p. 628.

Lei e de uma consciência acusadora. Os primórdios da preparação podem não fazer absolutamente nenhum sentido.[378] Tal é o "amolecimento do coração" que, pelo uso de "martelos fundamentais" - o conhecimento da Lei, do pecado, um sentimento da ira de Deus e "um santo desespero" - leva um homem ao lugar em que ele está adequadamente preparado para receber a fé.[379]

Após a audição da palavra e do apaziguamento do coração, vem a própria fé: "uma faculdade milagrosa e sobrenatural do coração, apreendendo Cristo Jesus, aplicado pela operação do Espírito Santo, e recebendo-o em si mesmo".[380] O que Perkins nunca deixa claro, no entanto, é se a um coração "preparado" é sempre dado a fé salvadora. Mas parece que não é. Pois o réprobo pode avançar para um estado virtualmente idêntico ao processo de preparação descrito anteriormente. Perkins, portanto, não garante que os quatro "martelos" serão eficazes sempre. Ele parece sugerir que, se alguém *é* abençoado com a fé salvadora, aconteceu desta maneira descrita outrora; não que uma "tristeza" pelo pecado inevitavelmente redunde na conversão verdadeira.

Teoricamente, ele sustenta que, quando Deus quer regenerar um homem, "sua obra não pode ser resistida".[381] O que a teologia de Perkins não fornece é a percepção imediata e consciente do pecador de que a graça irresistível de Deus está de fato em ação. Perkins levanta a seguinte questão: quando é que a fé começa pela primeira vez "a se reproduzir no coração?"[382] Sua resposta é: "no sedento há uma medida de fé".[383] Ele chega a ponto de dizer que "a vontade de

---

[378] *Idem*

[379] *Ibid.*, p. 79. Perkins incorpora o quíntuplo uso de graça de Agostinho: prevenção, preparação, trabalho, cooperação e o dom da perseverança. Ele parece acreditar que, embora os primórdios da preparação não sejam "graças", a graça preveniente de Deus, todavia, está subjacente a todo o processo de regeneração, que inclui "a graça preparadora". *Ibid.* ii, p. 725s.

[380] *Ibid.* i, p. 79.

[381] *Ibid.*, p. 716.

[382] *Ibid.* ii, p. 295.

[383] *Ibid.*, p. 296.

crer é a fé".[384] Na verdade, "o desejo de crer é a fé em ação: e o desejo de arrepender-se, o arrependimento em si".[385] Por outro lado, ele diz que esse desejo "não é fé em natureza, mas apenas na aceitação de Deus, este aceitando a vontade para a ação". Esse desejo é o "tempo de primavera da palavra enxertada" que se seguirá em "folhas, brotos e frutos".[386] De fato, regeneração "é como a seiva da árvore que se esconde dentro da casca; o arrependimento é como o broto que se mostra rapidamente, antes de florescer, folhear ou frutificar".[387]

Uma questão, portanto, deve ser colocada sobre Perkins: o que é a fé "em natureza"? Se não é o desejo ou a vontade; e se o que "se manifesta" é mais arrependimento do que regeneração, qual é a "natureza" da fé salvadora? Sua resposta a essa pergunta é que a "propriedade essencial dela" é "apreender Cristo com seus benefícios e assegurar a própria consciência disso".[388] À primeira vista, essa resposta parece-se muito com Calvino. Perkins até mesmo diz que "não pode haver justificação" sem "alguma apreensão e segurança".[389] Mas essa afirmação contradiz sua afirmação de que a vontade de crer é aceita por Deus. Se a fé deve dar segurança antes de justificar, Perkins não pode oferecer esperança para quem meramente tem o "desejo" ou "vontade" de crer.

Esse dilema deriva da vacilação de Perkins entre Calvino e Beza, da qual ele não parece estar ciente: seus esforços para definir a fé mostram que é angustiante manter o conceito de Calvino - fé como persuasão, segurança ou apreensão - e de Beza - aplicação ou apropriação. O problema de Perkins parece ser que ele não vê que há uma diferença qualitativa substancial entre os dois reformadores de Genebra. Ele quer simultaneamente definir a fé nos dois sentidos, e está dividido entre manter a esperança do fraco, que tem apenas o desejo de crer, e manter a opinião indubitável de Calvino que fé a

---

[384] *Ibid.*, p. 756.
[385] *Ibid.* i, p. 629.
[386] *Idem*
[387] *Ibid.*, p. 453.
[388] *Ibid.*, p. 631.
[389] *Idem*

assegura. Ele expõe essa afirmação ambivalente: "Quem quer que sinta em seu coração um desejo fervoroso e uma luta contra suas dúvidas naturais, ambos podem e devem assegurar-se de ser induzidos à fé verdadeira".[390] Essa afirmação diz que alguém "pode" ter segurança, como ele está seguro; mas que "necessariamente" estar seguro implica não estar seguro afinal.

Por trás desse dilema, encontra-se o notável esforço de Perkins, não apenas para manter tanto Calvino quanto Beza ao mesmo tempo, mas para tornar a fé uma persuasão simultaneamente dentro do contexto de uma doutrina de expiação limitada. Mas ele não consegue. Perkins parece ter medo de chamar uma pá de pá; ele insiste que o "ponto da fé" está na "mente do homem, não na vontade". Ele acha que isso é assim porque a fé "está em um conhecimento particular ou persuasão, e isto não está na persuasão, mas na mente".[391] Perkins deveria ter dito que a *segurança* está assentada na mente, não na fé. Mas ele nem vai admitir que a fé está "parcialmente na mente, e em parte na vontade", já que uma "graça única" não pode ser "assentada em várias partes ou faculdades da alma". Por isso, a natureza da fé para Perkins deve ser "um dom sobrenatural de Deus na mente, apreendendo a promessa salvadora".[392] A "natureza" da fé está em um "certo alcance ou apreensão" de Cristo.[393] É "uma indubitável e firme confiança".[394] Essas definições concordam com as de Calvino, mas ameaçam o crente fraco, que teme acima de tudo, não ser eleito.

Perkins sabe disso e tem uma solução pronta. Existem "certos graus e medidas da verdadeira fé".[395] Ele acredita que pode "reduzir ao mínimo as condições em que pode receber essa garantia de salvação",[396] e manter a fé como uma espécie de persuasão ao mesmo

---

[390] *Workes*, i, p. 630. Esta é uma citação de Ursino.
[391] *Ibid.*, p.126.
[392] *Idem*
[393] *Ibid.*, p. 362.
[394] *Ibid.*, p. 393.
[395] *Ibid.*, p. 631.
[396] Christopher Hill, *Puritanism and Revolution* (1969), p. 214.

tempo. E sua afirmação de que a fé não está "em parte na mente e em parte na vontade" pode ser exata – mas não porque ele coloca o assento da fé na mente; Perkins deveria dizer que está na *vontade*. Ele deveria dizer que a fé está assentada na *vontade*, a segurança está na mente. Por trás dessas definições intelectualistas de fé está a suposição de Perkins de que a vontade é sempre movida. É por isso que ele define a fé em seu catecismo como "uma maravilhosa graça de Deus, pela qual o homem apreende e aplica Cristo, e todos os seus benefícios para si".[397] Novamente, a fé é "apreender e aplicar Cristo".[398] Devemos "aplicar ele e seus benefícios a nós mesmos".[399]

Eis como ele justifica esse ensinamento sobre fé: "Esta aplicação é feita por um ato sobrenatural do entendimento, quando acreditamos que Cristo, com seus benefícios, é realmente nosso".[400] A frase de Perkins "quando acreditamos" que Cristo é "realmente nosso" é a chave para este dilema: pressupõe claramente que a vontade agiu e que a segurança vem pelo ato reflexo. Perkins não diz isso, mas ele deveria ter dito. A razão pela qual ele pode dizer que a fé é asseguradora é porque ele tem a ferramenta silogística em mãos, que entregará imediatamente a garantia depois de tudo. Os seguidores de Perkins deixarão claro o que ele não faz: a fé está no ato direto, a segurança está no ato reflexo.

Perkins se recusa a dizer que o próprio ato de fé deve ser uma persuasão; mas ele não pode conduzir-se a deixar descansar a doutrina da fé que o venerável Calvino defende. Ele não parece perceber que a doutrina de Beza é vinho novo e não preserva bem o odre de Calvino. Perkins é forçado a empregar o silogismo prático; ele realmente adota uma distinção entre fé e segurança, mas nunca admite que é isso que faz.

No entanto, toda a sua teologia revela onde estão as raízes de sua doutrina. No essencial, ele olha para Beza e os teólogos de Heidelberg que conectam 2Pedro 1.10 para provar a fé salvadora para

---

[397] *Workes*, i, p. 5.
[398] *Ibid.*, p. 362.
[399] *Ibid.* ii, p. 240.
[400] *Idem*

nós mesmos por meio de uma boa consciência. A fé justificadora é aquela em que "o homem persevera em sua consciência".[401] A vontade de crer em si mesma não pode fornecer a segurança imediata, mas a consciência pode, refletindo sobre si mesma. A seiva atrás da casca não garante; mas os brotos e flores fazem. A "vontade de ser regenerado" é o "testemunho de regeneração iniciada",[402] mas é a consciência que assegura que a regeneração de fato ocorreu; pois a consciência trabalha pelo silogismo prático.

Perkins diz que há cinco graus de fé.[403] Eles se sobrepõem ao estágio de preparação. Os "princípios da preparação", na verdade, são tão parecidos com os "inícios da composição" que é impossível dizer em que ponto cronológico o primeiro termina e o segundo começa. Esse é o dilema básico que assombra a tradição experimental predestinacionista no que diz respeito à questão da preparação. De qualquer forma, Perkins diz que os princípios da composição são "todos aqueles movimentos e inclinações interiores do Espírito de Deus, que se seguem depois do trabalho da Lei".[404] O "grau mais baixo" da fé é πίστις (*pistis*) que é como "um grão de mostarda, ou lenho fumegante".[405] Perkins emprega Isaías 42.3 e infere uma doutrina do texto sobre o qual Richard Sibbes baseará seus sermões mais populares: "Cristo não extinguirá o lenho fumegante, nem romperá a cana".[406] O "grau mais elevado" de fé é πληροφορία (*Plerophoria*) "uma completa certeza, que não é apenas certa e verdadeira, mas também uma completa persuasão do coração".[407] Os cinco graus de fé são: (1) o conhecimento do Evangelho, que também pode ser a "fé geral" da qual se pode apostatar; (2) a esperança do perdão, acreditando que os pecados são "perdoáveis"; (3) a fome da graça de Cristo; (4) sair do terror da Lei para o trono da graça; e (5) "uma persuasão

---

[401] *Ibid.* iii, p. 29.
[402] *Ibid.* i, p. 715.
[403] *Ibid.* i, p. 80.
[404] *Workes*, i, p. 628.
[405] *Ibid.*, p. 81.
[406] *Ibid.*, p. 628.
[407] *Ibid.*, p. 81.

especial" pelo Espírito Santo, "pela qual todo homem fiel aplica-se particularmente às suas promessas feitas no Evangelho".[408] A plena garantia, portanto, é a consequência da aplicação da promessa; mas isso pressupõe a primazia da vontade.

Enquanto Perkins sustenta que a "minúscula centelha de fé" é o "sério desejo de acreditar",[409] como Beza ele propõe duas obras de graça, a segunda das quais valida a primeira. É este mesmo conceito que Armínio vai aproveitar. Perkins diz que a fé é fraca quando a "aplicação" da promessa é "muito fraca".[410] A segunda graça é aquela que garante tal aplicação. Seu voluntarismo emerge mais claramente no desdobramento desse ensinamento. Embora a vontade de acreditar se deva à graça proveniente de Deus, esse papel da vontade não está ausente no processo de conversão como "foi nossa criação".[411] Nossa vontade, então, está muito envolvida de fato, mesmo que "querer acreditar, querer se arrepender e obedecer, é a menor graça e sinal do favor de Deus". Por esta razão, a vontade renovada é incapaz de produzir boas obras "se Deus ainda não der uma dupla graça". Tal é "graça assistencial" e "graça excitante".[412] Assim, a conversão compreende "uma primeira graça" e "uma segunda graça". Mas a primeira graça, apesar da afirmação de Perkins de que a vontade de ser regenerada é a regeneração iniciada, "não é eficaz sem a segunda".[413] Contudo, a segunda graça "nada mais é do que a continuação da primeira graça concedida".[414] Essas graças podem ser descritas em termos de "graça preveniente" ou a "graça da regeneração" (a primeira graça) e "a inspiração de bons desejos e movimentos" (a segunda graça).[415] Perkins cometeu seu erro quando chamou a primeira graça de regeneração, como Armínio mostrará.

---

[408] *Ibid.*, p. 80.
[409] *Ibid.*, p. 81.
[410] *Idem*
[411] *Ibid.*, p. 718.
[412] *Idem*
[413] *Ibid.* iii, p. 148.
[414] *Ibid.* ii, p. 15.
[415] *Ibid.*, p. 204s.

Mas nesse ponto, Perkins ainda luta com o lugar da vontade do homem. Ele afirma que na "primeira conversão" a vontade é passiva; é a obra de Deus. Mas na "segunda conversão", a vontade está ativa. Portanto, a segunda graça é *ativa*, pela qual o homem sendo convertido por Deus, torna-se ainda mais convertido a Deus, em todos os seus pensamentos, palavras e ações. Esta conversão não é só da graça, nem da vontade; mas em parte da graça, e em parte da vontade: todavia, assim como a graça é o agente principal, e a vontade será apenas o instrumento da graça. Assim, há uma cooperação da vontade do homem, com a graça de Deus.[416]

Pelo fato de que só Deus pode dar o desejo de acreditar é que Perkins pode inferir que a vontade de crer é a própria fé. Nesse ponto, ele não está sugerindo a vontade do homem, muito menos a iniciativa do homem; é antes a prova de que Deus está operando. Contudo, agora que o desejo existe, o homem deve provar ativamente a si mesmo que essa vontade é de fato obra eficaz de Deus; ele deve cooperar com graça e continuar em fé e arrependimento. Assim, a primeira graça "não é eficaz, a menos que seja confirmada pela segunda graça que a segue".[417] Se alguém tem apenas a primeira graça, então, mostra que é apenas um reprovado, que "este pode estar longe"; se não continuar até a segunda, então primeiro "indubitavelmente relaxará" e, depois de tudo, "finalmente cairá fora".[418] Assim, Perkins adverte: "os princípios da graça ditos anteriormente são falsificados se não aumentarem."[419]

A teologia da conversão de Perkins revela, finalmente, que é a vontade do homem, afinal, que deve ser movida antes que se possa dizer que a fé salvadora emergiu. Desde que o homem é passivo na primeira graça, mas ativo na segunda; e o segundo deve avançar ou o primeiro é anulado, obviamente, afinal é a vontade no final do processo o que torna a conversão efetiva. Enquanto Perkins insiste que somente os eleitos podem conseguir isso, Armínio mostrará que tal

---

[416] *Ibid.*, p. 205.
[417] *Ibid.*, p. 725.
[418] *Ibid.*, p. 15.
[419] *Ibid.* i, p. 632.

posição não é essencialmente diferente da sua. Além disso, William Ames se beneficiará das críticas de Armínio à posição de Perkins.

Perkins afirma ter o apoio de Calvino para este ensino. Essa fraca medida de fé – o desejo de crer – seria a mesma coisa que Calvino ensina sobre a fé implícita, pensa Perkins.[420] Sem dúvida existem semelhanças entre a doutrina da fé implícita de Calvino e a doutrina da fé fraca de Perkins. Mas será lembrado que Calvino diz que a fé implícita, que até mesmo o cristão mais maduro tem, é, no entanto, uma persuasão completa. A diferença essencial entre Perkins e Calvino aqui é que Perkins faz uma fé fraca a *vontade* de acreditar; Calvino torna isto um conhecimento limitado. Perkins acredita que a doutrina da fé implícita proposta por Calvino deve ser entendida por duas razões: (1) serve para "retificar as consciências dos que" acreditam que a fé deve ser sempre uma "persuasão total"; e (2) retifica "Catecismos diversos" que propõem uma fé "em um patamar tão alto, quanto poucos podem alcançá-lo".[421]

A avaliação de Perkins da doutrina da fé implícita de Calvino ilustra ainda mais que ele não entende Calvino. Perkins não entende que a fé implícita para Calvino é baseada na promessa de Cristo livremente dada a todos; a fé implícita ainda é uma persuasão completa, porque o crente vê que Cristo morreu por ele, embora ele não possa ver diferente. Perkins não entende que não é a ideia de persuasão completa em si que está fora de alcance, mas fazer da persuasão completa a essência da fé dentro do contexto de um sistema de expiação limitada. Isso Perkins não parece ver, e parece ser o motivo pelo qual ele interpreta Calvino.

A plena certeza não vem "no primeiro chamado", declara Perkins, e se alguém acha que está plenamente seguro "no primeiro, engana-se".[422] O que devemos fazer, então, é "conceder toda a diligência" para fazer a nossa "eleição certa e juntar muitas manifestações disso".[423]

---

[420] *Ibid.*, p. 598-9.
[421] *Workes*, i, p. 599.
[422] *Ibid.*, p. 129.
[423] *Ibid.*, p. 633.

CAPÍTULO 5

A DOUTRINA DA FÉ TEMPORÁRIA DE WILLIAM PERKINS

O fato de anteriormente Perkins exortar os homens a estarem seguros de seu chamado e eleição, não é apenas sua crença de que a plena certeza vem por meio da segunda obra da graça, mas também sua visão de que o réprobo predestinado pode se sobressair em certas graças de modo que também dê a aparência de ser o verdadeiro eleito de Deus.[424] Assim, voltamos onde começamos, perplexos com outro

---

[424] É curioso que essa questão de fé temporária tenha sido negligenciada pelos estudiosos. Este autor não conhece nenhum teólogo ou historiador

dilema: como sabemos que não somos reprovados com uma fé temporária? Perkins claramente tem seu trabalho minado devido a isso. Mas ele acha que a consciência que Deus deu ao homem é suficiente para produzir a conclusão de que alguém é eleito.

Deve ser lembrado que *Whether a Man* começa com a doutrina da reprovação: "Certas proposições declarando quão longe um homem pode ir na profissão do Evangelho, e ainda ser um homem perverso e reprovado".[425] Em *A Golden Chaine* Perkins tem esse ensinamento cristalizado de forma sistemática sob a suposição do ineficaz chamado de Deus ao réprobo, um conceito que ele aparentemente toma emprestado de Beza. Tal chamado é em face ao chamado eficaz dos eleitos.[426] O réprobo nunca pode ser efetivamente chamado, justificado ou glorificado, porque nunca foi eleito. Ele nasce no mundo já condenado, não importa o que faça em sua vida. Não faz bem a ele fazer seu chamado e eleição seguros; a sua sorte é inalteravelmente fixada e decretada por Deus, cujo direito é tomar o pedaço de barro do qual o homem foi criado e torná-lo um vaso de desonra.

Perkins começa em *Whether a Man* com essa suposição e compartilha uma posição de igual notoriedade com esta doutrina da eleição em *A Golden Chaine*. O horror dos horrores para um discípulo de Perkins é o pensamento de que poderia ser um réprobo. Essa incrível projeção é trazida para casa e intensificada pelo conhecimento de que o reprovado pode receber um "gosto" da bondade de Deus, que resulta em uma mudança de comportamento. Se sim, como sabemos que o "gosto" e a mudança que experimentamos não são o que os reprovados podem experimentar?

Existem "dois tipos" de réprobos de "idade mais madura";[427] ou seja, os que são chamados, "por um chamado ineficaz", e os que nunca são chamados. O chamado ineficaz tem três graus em sua execução: o próprio chamado, a inevitável apostasia e a condenação

---

desse período, incluindo os intérpretes de Perkins, que se deparou com essa questão saliente.

[425] *Workes*, i, p. 356.

[426] *Ibid.*, p. 107ss

[427] *Workes*, i, p. 107. Réprobos "são bebês, ou homens de idade mais madura".

final.[428] Aqueles que são reprovados e nunca são escolhidos para um florescimento temporário vivem suas vidas em "ignorância" e "dureza de coração", mas não são menos condenados no final do que os réprobos que respondem ao sinal de Deus.[429] Esse chamado é por meio do qual os réprobos "por um tempo se sujeitam ao chamado de Deus, chamado esse que é feito pela pregação da palavra"[430]. O resultado da pregação pode ser tão poderoso que causa profundo impacto sobre os réprobos; de fato, ele é "estimado" e "tomado por um cristão".[431] Os reprovados podem ser "frequentemente tão parecidos com" cristãos que "ninguém, a não ser Cristo, pode discernir o rebanho dos bodes, discernir verdadeiros cristãos de cristãos aparentes".[432] É por isso que Perkins incita seu ouvinte diligentemente a "provar e examinar a si mesmo, quer esteja em estado de condenação ou em estado de graça: quer ele ainda esteja sob o jugo de Satanás, ou seja o filho adotivo de Deus"[433].

Como Perkins propõe cinco graus de fé salvadora, ele apresenta cinco graus do chamado ineficaz dos réprobos.[434] O primeiro é o esclarecimento da mente "por meio do qual eles são instruídos pelo Espírito Santo para o entendimento e conhecimento das palavras".[435] O segundo grau é "uma certa penitência", segundo a qual

> o reprovado, I. reconhece esse pecado. II. É picado pelo sentimento da ira de Deus pelo pecado. III. Está triste pela punição do pecado. IV. Confessa seu pecado. V. Reconhece que Deus está justamente punindo o pecado.

---

[428] *Idem*
[429] *Ibid.*, p. 109.
[430] *Ibid.*, p. 107.
[431] *Ibid.*, p. 361.
[432] *Ibid.*, p. 362.
[433] *Ibid.*, p. 361.
[434] *Ibid.*, p. 107. Em *Whether a Man* Perkins coloca trinta e seis proposições para mostrar "quão longe" o réprobo pode avançar. *Ibid.*, p. 356ss.
[435] *Ibid.* i, p. 107.

VI. Deseja ser salvo. VII. Promete arrependimento em sua miséria ou aflição...[436]

É nesse ponto que o voluntarismo de Perkins o coloca em problemas, sem mencionar que seu ouvinte ou leitor está mais confuso. Enquanto mantém a esperança para o crente fraco, cujo "desejo" de crer é a mesma coisa que fé, Perkins diz, como vimos, que os réprobos podem realmente desejar ser salvos. Se nos confortarmos com suas palavras "a vontade de ser regenerado" é o "testemunho da regeneração iniciada", somos levados a nada quando aprendemos que o réprobo também pode ter o desejo de ser salvo. De fato, se a obra de preparação é para fornecer "visão" e "tristeza" por nosso pecado, não estamos em melhor situação do que o réprobo que "tem muitas vezes medo e terror de consciência" quando "ele considera a ira e a vingança de Deus" o que é mais terrível".[437] Além disso, os réprobos "podem se humilhar por alguns pecados que cometeram, e podem demonstrar isto por meio de jejum e lágrimas". O réprobo pode confessar seus pecados, "até mesmo seus pecados particulares", porque ele é atormentado por eles.[438] Se queremos ser salvos, o que mais podemos fazer quando somos atormentados pela visão deles? Há mais ainda; os ímpios em perigo podem orar e "Deus pode ouvir suas orações e conceder-lhes seu pedido".[439]

O terceiro grau do chamado ineficaz é "uma fé temporária".[440] Aqui Perkins parece seguir Calvino, afirmando que o réprobo "crê de forma confusa nas promessas de Deus". É nesse ponto que Perkins

---

[436] *Idem.*

[437] *Ibid.*, p. 357.

[438] *Idem.*

[439] *Ibid.*, p. 358.

[440] *Ibid.* Enquanto neste lugar Perkins atribui a fé temporária ao "terceiro" grau do chamado ineficaz, ele usa a mesma ideia de fé temporária de forma intercambiável com o florescimento transitório do réprobo como um todo. Perkins também chama isso de fé "comum" em oposição à "fé dos eleitos de Deus". Do precedente há (como diz Ursino), "a fé histórica", uma fé temporária e a "fé dos milagres". *Ibid.*, p. 125. Cf. *Ibid.* iii, p. 271*.

afirma a diferença decisiva entre a fé dos eleitos e dos reprovados. Ele diz que o réprobo acredita que "alguns serão salvos", mas não que "ele mesmo será salvo em particular". O réprobo está contente com uma fé geral e "nunca aplica as promessas de Deus a si mesmo", nem mesmo "deseja, ou se esforça para aplicar a mesma"[441]. Perkins é altamente confuso sobre esse ponto crucial. Se o desejo de ser salvo não é um desejo de aplicar a promessa, deve-se perguntar a Perkins o que é.

A doutrina de segurança de Perkins é na verdade muito ambígua justamente no lugar em que ele pretende trazer maior conforto. Ele levou sua doutrina da fé temporária longe demais; se o réprobo puder fazer qualquer coisa que os eleitos possam fazer, exceto uma – aplicar a promessa –, Perkins não deveria ter dito que o réprobo pode desejar ser salvo. Ou será que Perkins simplesmente quer dizer que só os eleitos têm o poder racional de pensar silogisticamente? Certamente não, pois todos os homens têm consciência, cuja função essencial é o silogismo prático. Deve, portanto, ser o silogismo em ação, se o réprobo também "pode ser persuadido das misericórdias e benefícios de Deus para com ele, no tempo presente, no qual ele sente isso".[442] Parece que o que é a base da persuasão dos réprobos é a conclusão de algum evento – como conhecimento ou experiência.

Mas Perkins é inflexível em sua insistência de que a capacidade de aplicar a promessa está exclusivamente ao alcance dos eleitos. O réprobo pode se encontrar por um tempo plantado na igreja, pois ele acredita nas promessas de Deus feitas em Cristo Jesus, mesmo assim ele não pode aplicá-las a si mesmo. O réprobo, geralmente de *maneira confusa*, crê que Cristo é o Salvador de alguns homens: todavia ele não pode, nem deseja, chegar à aplicação particular de Cristo. Já os eleitos acreditam que Cristo é o Salvador deles particularmente.[443]

A diferença, no entanto, entre a "maneira confusa" da persuasão dos réprobos e quais podem ser nossas dúvidas e hesitações

---

[441] *Ibid.* i, p. 107.
[442] *Workes*, i, p. 358.
[443] *Ibid.* Fé temporária resulta em regozijar-se no Evangelho, "ainda assim, não aplicam completamente a Cristo com seus benefícios". *Ibid.*, p. 126

é a questão crucial que Perkins nunca resolve. Lamentavelmente, Calvino também não é muito mais útil nesse ponto.

Em seu Catecismo, tendo declarado que a fé é para apreender e aplicar Cristo, Perkins afirma que "esta aplicação é feita pela *segurança*, quando um homem é persuadido pelo Espírito Santo, do favor de Deus em *particular*, e do perdão de seus *próprios* pecados".[444] Além disso, a essência de sua doutrina de segurança está em sua dependência do silogismo prático.

> Embora essa expressão particular, *eu sou eleito*, não esteja expressamente estabelecida nas Escrituras, ainda assim é inclusivamente compreendida nelas, como as *Espécies* em seu *Gênero*, como os Lógicos falam: de modo que pode ser consequentemente extraída da Palavra de Deus, se raciocinarmos assim: aqueles que verdadeiramente creem são eleitos (Jo 6.35). Eu realmente creio; porque aquele que crê também reconhece em si mesmo a fé, por isso sou eleito. A primeira proposição é tirada das Escrituras: a segunda, da consciência dos crentes, e destas duas, a conclusão é facilmente derivada.[445]

Assim, "a conclusão" para Perkins é a garantia. Além disso, desde que Cristo disse aos seus discípulos para se alegrarem de que seus nomes estão escritos no céu, "significa que os homens podem alcançar certo conhecimento de sua própria eleição". De fato, 2Pedro 1.10 nos é dado "em vão" se a diligência ali ordenada não resultar no conhecimento de nossa eleição "sem uma revelação extraordinária".[446] Segue-se que a "aplicação das promessas do Evangelho" é feita "na forma de um silogismo prático, desta maneira":

---

[444] *Ibid.*, p. 5.
[445] *Ibid.*, p. 106.
[446] *Ibid.*, p. 290.

> *Todo aquele que crê em Cristo é escolhido para a vida eterna.* Essa proposição é colocada na palavra de Deus... [então] vem o Espírito de Deus e ilumina os olhos, abre o coração, e dá a eles poder tanto para quererem crer, quanto para crerem de fato: deste modo, visto que um homem com liberdade de espírito, faz uma suposição e diz, *mas eu creio em Cristo*, renuncio a mim mesmo, toda a minha alegria e conforto estão nele: carne e sangue não podem dizer isso, é a operação do Espírito Santo. E daí surge a abençoada conclusão que é o testemunho do Espírito; *portanto eu sou filho de Deus.*[447]

Essa certeza "pouco a pouco" é concebida "em uma forma de raciocínio ou de silogismo prático":

> Todo aquele que crê é filho de Deus;
> Mas eu creio;
> Portanto eu sou o filho de Deus.[448]

A ideia fundamental que Perkins acredita é que o conhecimento de nossa eleição não é por "revelação", mas pelo silogismo prático.[449] Parece que só os eleitos têm a capacidade de raciocinar dessa maneira.

No entanto, Perkins usa o silogismo prático de duas maneiras: (1) para provar o testemunho do Espírito e (2) pela inferência da santificação. Aparentemente seguindo Beza, Perkins postula que não podemos ascender às "primeiras causas" da eleição, portanto devemos reunir o conhecimento de nossa eleição dos "últimos efeitos dela: e eles são especialmente dois: o testemunho do Espírito de Deus, e as obras da Santificação".[450] O testemunho do Espírito, no

---

[447] Idem
[448] Ibid., p. 541; 510-48, *passim*.
[449] Cf. *ibid*. ii, p. 21.
[450] Ibid., i, p. 114.

entanto, é apenas "uma forma divina de raciocínio enquadrado na mente daqueles que acreditam e se arrependem, desta maneira" que Perkins chama de "a prática de todo silogismo do Espírito Santo" e "o fervor do Espírito":

> Aquele que crê e se arrepende, é filho de Deus.
> Assim diz o Evangelho:
> Mas eu creio em Cristo e me arrependo: pelo menos sujeito a minha vontade ao mandamento que me pede arrependimento e creio: eu detesto a minha incredulidade, e todos os meus pecados: e desejo ao Senhor para aumentar a minha fé.
> Portanto eu sou filho de Deus.[451]

Tal raciocínio, então, *é* a total persuasão; é o que Perkins quer dizer por "aplicando" as promessas "para segurança".

Entretanto, "se o testemunho do Espírito de Deus não for tão poderoso nos eleitos" – por isso Perkins parece querer dizer a incapacidade de raciocinar bem – "então eles julgam sua eleição, por aquele outro efeito do Espírito Santo: a saber, santificação: assim como nós usamos para julgar pelo calor que existe fogo, quando não podemos ver a chama".[452]

Perkins lista esses "efeitos" da santificação: (1) sentir amargura de coração quando ofendemos a Deus pelo pecado; (2) lutar contra a carne; (3) desejar ardentemente a graça de Deus; (4) considerar que a graça de Deus é uma joia muito preciosa; (5) amar os ministros da palavra de Deus; (6) clamar a Deus fervorosamente e com lágrimas; (7) desejar a segunda vinda de Cristo; (8) evitar todas as ocasiões de pecado; e (9) perseverar nestes efeitos "até o último suspiro da vida". Além disso, se esses efeitos são apenas "muito fracos", não devemos ficar desanimados; isso significa que Deus está nos testando. Pois a ausência desses efeitos não significa que somos reprovados. Deus

---

[451] *Ibid.* ii, p. 322.
[452] *Workes*, i, p. 115.

"muitas vezes prefere aqueles que parecem estar mais distantes de seu favor".[453]

O quarto grau do chamado ineficaz é "um experimentar dos dons celestiais: como a justificação e a santificação, e as virtudes do mundo vindouro".[454] Essa degustação é "uma verdadeira sensação nos corações dos reprovados, onde eles percebem e sentem a excelência dos benefícios de Deus". Mas eles não digerem o que experimentaram: uma coisa é "saborear guloseimas", outra coisa "se alimentar e ser nutrido".[455] Esse "experimentar", diz Perkins, emite no coração uma "doçura das misericórdias de Deus e um prazer em considerar a eleição, a adoção, a justificação e a santificação dos filhos de Deus". Esse experimentar não é o mesmo que digerir, apesar disso aqueles que apenas provaram "realmente se assemelham aos réprobos". De fato, essa experimentação por si só produz "muitos frutos", até mesmo fazendo "externamente todas as coisas que os verdadeiros cristãos fazem".[456]

Quanto à santificação que decorre da fé salvadora, ela tem duas partes: mortificação - diminuir o poder do pecado - e vivificação - santidade inerente iniciada.[457] Emana da santificação o arrependimento: a vontade e o esforço de abandonar pecados antigos e "tornar-se um novo homem".[458] Do arrependimento emerge a "nova obediência", uma "marca infalível do filho de Deus".[459] Essa recusa é, por sua vez, a guerra cristã e a paciente conduta da cruz.[460] Sob a guerra cristã devemos portar a armadura de Deus contra as ciladas de Satanás, que ataca com três "assaltos": contra nosso chamado eficaz, nossa fé e nossa santificação.[461] O paciente pacto da cruz

---

[453] *Workes*, i, p. 115.
[454] *Ibid.*, p. 108.
[455] *Ibid.*, p. 358.
[456] *Idem*
[457] *Ibid.*, p. 84.
[458] *Ibid.*, p. 86.
[459] *Ibid.*, p. 292.
[460] *Ibid.*, p. 86. Cf. *Inst.* III. vii, viii.
[461] *Workes*, i, p. 87ss. Cf. ensino de Beza.

persevera pelas aflições designadas por Deus.[462] A profissão de fé é "invocar a Deus" em oração.[463]

Resumindo, esta é a doutrina da santificação de Perkins. Com a exceção de desejar a segunda vinda de Cristo, não há nenhuma virtude descrita aqui que Perkins não impute, em algum momento, aos réprobos em virtude do chamado ineficaz. No entanto, são os efeitos da santificação que Perkins postula como fundamento de segurança, se o testemunho do Espírito "não for tão poderoso".

O quinto grau do chamado ineficaz mostra que os réprobos podem se assemelhar aos verdadeiros cristãos em todas essas coisas.[464] O "experimentar" dos dons celestiais de Deus pode resultar em um zelo no professar da religião. O réprobo pode amar os ministros de Deus, até mesmo amar a Deus e, como o cristão que às vezes sucumbe às tentações de Satanás,[465] pode, depois de pecar, "emendar e reformar sua vida", tendo "grande santidade exterior".[466] Perkins diz que o verdadeiro cristão tem santidade interior enquanto a santidade do réprobo é apenas exterior. Mas se os réprobos puderem ser totalmente sinceros, assim como os gálatas caídos que "teriam arrancado seus olhos" pelo Apóstolo Paulo,[467] como podemos acreditar que nossa sinceridade é realmente santidade interior? Mas Perkins diz que a santidade exterior do réprobo é apenas por um tempo, embora, enquanto durar, haja "emenda de vida em muitas coisas".[468] Pelo dom da profecia, o réprobo pode ser capaz de "interpretar e expor as Escrituras"[469] e pode, portanto, ser "pregador da palavra".[470] Seja como for, um réprobo pode estar na igreja visível, "obedecer a

---

[462] *Workes*, i, p. 90s.
[463] *Ibid.*, p. 91s.
[464] *Ibid.*, p. 108.
[465] *Ibid.*, p. 89s.
[466] *Ibid.*, p. 359.
[467] *Idem*
[468] *Ibid.*, p. 108.
[469] *Ibid.*, p. 274.
[470] *Ibid.*, p. 359.

ela em palavra e disciplina, e assim ser tomado por um verdadeiro membro de Cristo".[471]

Finalmente, o chamado ineficaz do reprovado falha no final. Como a glorificação dos eleitos é predestinada, também o florescente réprobo é garantido para uma apostasia, às vezes executada por blasfêmia contra o Espírito Santo, que é o pecado imperdoável.[472] O destino de todos os réprobos, chamados ou não, é a condenação eterna. Há, no entanto, um consolo para os réprobos que tinham alguma santidade exterior: "suas dores no inferno serão menores".[473]

A doutrina de segurança de Perkins, então, é administrada pelo silogismo prático, seja pelo testemunho do Espírito ou pelos efeitos da santificação. Ele afirma que o testemunho do Espírito é "tênue à maioria dos homens".[474] A plena certeza vem "não primeiramente, mas com alguma continuação de tempo" depois que alguém é "bem experimentado no arrependimento".[475] De fato, tal medida de fé "não é pertencente a todos os crentes, mas aos profetas, apóstolos, mártires; e que há muito tempo se exercitaram na escola de Cristo".[476]

O único conselho de Perkins para o cristão que duvida é corporificado em 2Pedro 1.10, "o encargo do Espírito Santo sobre cada filho de Deus" para "obter a garantia selada" pelas "graças salvadoras do Espírito de Deus".[477] Ele afirma que 2Pedro 1.10 significa "nada mais senão praticar as verdades da Lei moral".[478]

Sobre a questão da fé e arrependimento na *ordo salutis*, Perkins afirma que o arrependimento segue a fé "como um fruto dela".[479] Esta é a ordem de Calvino, mas quando Perkins transforma a mudança de vida em fundamento da segurança, ele inverte esta ordem prática

---

[471] *Ibid.*, p. 360.
[472] *Ibid.*, p. 108s.
[473] *Ibid.*, p. 358.
[474] *Workes*, i, p. 369.
[475] *Ibid.*, p. 6. Cf. *Ibid.*, p. 129, 367ss.
[476] *Ibid.* ii, p. 241.
[477] *Ibid.* iii , p. 382*
[478] *Ibid.* ii, p. 24s.
[479] *Ibid.* i, p. 454.

que Calvino pretende. Pois Perkins diz que a garantia do perdão do pecado é decorrente da "condição" do arrependimento do homem: "pois o perdão do pecado é simples e totalmente desprovido de condição, aplicado e revelado à consciência".[480]

Perkins aparentemente não percebe que essa incorporação da teologia de Beza e dos teólogos de Heidelberg em seu esquema requer uma parte significativa de Calvino, "aquele instrumento digno do Evangelho".[481] Ele menciona Calvino onze vezes, Lutero doze e Beza nove. Ursino, Oleviano e Zanchi são mencionados uma vez cada. É claramente Beza, combinado com o pensamento desses teólogos de Heidelberg, que fornece a base para a doutrina da fé de Perkins.[482]

A questão central à qual Perkins se dedica é a que ele nunca responde satisfatoriamente: como um homem "sabe discernir" que está em estado de graça. A doutrina da expiação limitada de Beza e a doutrina de fé temporária de Calvino são os dois principais ingredientes que influenciam seu pensamento nessa conexão; mas esses ingredientes não se misturam bem e dificilmente podem ser digeridos em um sistema que gira em torno da premissa de que a santificação é o fundamento da segurança. O tipo de segurança de Perkins não é uma melhoria em relação à persuasão dos reprovados "pelo tempo presente no qual ele sente isso".[483]

O sistema de Perkins, em última instância, exige uma "descida aos nossos próprios corações",[484] a introspecção contra a qual Calvino nos alerta. O ensinamento da expiação limitada é

---

[480] *Ibid.* ii, p. 214.

[481] *Ibid.* iii, p. 210.

[482] Cf. L. J. Trinterud, " The Origins of Puritanism", CH (1951), p. 37-57. Trinterud argumenta que "o puritanismo era nativo, não estranho, na Inglaterra". Por "puritanismo", ele quer dizer principalmente uma teologia da aliança. Seu argumento deriva em grande parte do fato de que havia uma teologia da aliança em Tyndale. Não há dúvida disso, mas parece que Trinterud afirma demais com esta declaração, pois são claramente os teólogos continentais que dão forma à teologia de Perkins e é em grande parte para Perkins que a maioria dos teólogos da aliança ingleses olha depois.

[483] *Workes*, i, p. 358.

[484] *Ibid.* 290.

preponderantemente a doutrina que perde a fé como garantia no pensamento de Perkins. Como é inviável, além da revelação extraordinária, podermos saber quem foi um daqueles por quem Cristo morreu, é preciso *fazer* certas coisas e inferir sua segurança. Como Beza mostra o que são realmente boas obras, Perkins também o faz.[485] Quanto ao problema óbvio que se segue à afirmação de Perkins de que todo homem acredita em sua própria eleição, Perkins admite uma dificuldade. Ele resolve dizendo que todo homem não é obrigado a acreditar "absolutamente" em sua eleição. Em vez disso, os homens são obrigados condicionalmente, "de acordo com o princípio do pacto da graça", a saber, a "acreditar em Cristo".[486] Acreditar em Cristo, para Perkins, significa, mais cedo ou mais tarde, adentrar em nós mesmos; o resultado final não é meramente introspecção, mas uma doutrina da fé que poderia facilmente reproduzir o legalismo. A realização de boas obras, embora não seja a base da fé, é o fundamento da segurança. A admoestação do apóstolo em 2Pedro 1.10 é a ordem do Espírito de que, "mantendo um curso contínuo de boas obras", podemos ter "os sinais mais evidentes da eleição".[487]

Thomas Fuller diz que Perkins supostamente morreu "no conflito de uma consciência conturbada". Isso "não é de admirar", pois Deus "aparentemente deixa seus santos quando eles deixam o mundo, mergulhando-os em seus leitos de morte em profundas tentações, e lançando suas almas ao inferno, para elevar o que é superior ao céu".[488]

Samuel Ward, que visitou o moribundo Perkins, escreveu em seu diário: "Deus sabe que sua morte provavelmente será uma perda irrecuperável e um grande julgamento para a universidade, visto que não há ninguém para suprir seu lugar".[489] Em 25 de outubro de

---

[485] *Ibid*. iii. 30ss. Cf. *supra*, p. 37 n. 3.
[486] *Workes*, iii, p. 32.
[487] *Idem*
[488] Fuller. *Holy State*, p. 82.
[489] Knappen, *Two Elizabethan Diaries*, p. 109.

1602, James Montagu (+ 1618) pregou o sermão fúnebre, usando Josué 1.2: "Moisés, meu servo, está morto".[490]

Quando os sinos tocaram a morte de Perkins, Thomas Goodwin, que se tornou um proeminente teólogo de Westminster, tinha dois anos de idade. Goodwin chegou a Cambridge em 1613, e mais tarde escreveu que a cidade estava cheia "com o discurso do poder do ministério de Perkins".[491] John Cotton, no entanto, secretamente se regozijou com a morte de Perkins. Os sermões de Perkins perturbaram profundamente o Cotton de dezoito anos, que ficou aliviado por ter Perkins fora do caminho.[492] Cotton foi convertido mais tarde por Richard Sibbes, que havia sido convertido por Paul Baynes, o sucessor de Perkins em St. Andrews. Cotton converteu a John Preston.

O legado de Perkins é a tradição predestinacionista experimental. Ele não pretendia criar tal fenômeno, mas chegou a hora de um ministério como o dele. "Calvino, Beza e Perkins" eram "muitas vezes citados como a trindade dos ortodoxos".[493] No entanto, foi Beza, e não Calvino, cujo pensamento foi predominante em Perkins e cuja teologia Perkins perpetuou. O legado de Perkins chegou à Assembleia dos Teólogos de Westminster, por meio da qual sua teologia recebeu sanção credal. O estudo agora se volta para esse legado.

---

[490] Breward, *op. cit.*, p. 13.
[491] *The Works of Thomas Goodwin* (1861), II. lviii.
[492] Larzer Ziff, *The Career of John Cotton* (Princeton, 1962), p. 22.
[493] Christopher Hill, *Puritanism and Revolution*, p. 213.

PARTE III
A TRADIÇÃO PREDESTINARIANA EXPERIMENTAL

CAPÍTULO 6

ALGUNS CONTEMPORÂNEOS DE WILLIAM PERKINS

Por volta de 1609, o popular tratado *A Garden of Spirituall Flowers* havia chegado à sua quinta edição.[494] Esta obra é um manual para mostrar o caminho da piedade, que, por sua vez, é retratada como o meio pelo qual a certeza da eleição é obtida. A folha de rosto afirma que essas flores foram "Plantadas por Ri. Ro. Will. Per. Ri. Green. MM. e

---

[494] O mais antigo volume existente declara "impresso pela quinta vez". Publicado por T. Pavier, 1609. Este atingiu catorze edições por volta de 1643

Geo. Web'.[495] Escritos selecionados destes homens foram compactados neste volume para (1) ajudar os homens a ver sua miséria, (2) mostrar como eles são libertos dessa miséria, e (3) instruí-los a andar com Deus diariamente.[496] Este tratado é uma introdução ao tipo de divindade que caracteriza a tradição predestinacionista experimental em geral.[497]

A Igreja da Inglaterra durante o período coberto por este estudo era predominantemente predestinacionista na soteriologia,[498] uma perspectiva que pode ser usualmente denominada predestinarismo *credal*.[499] Embora John Reynolds (+ 1607) não tenha sido bem-sucedido em sua contribuição na Conferência de Hampton Court (1604) em ter os Artigos de Lambeth oficialmente anexados aos Trinta e Nove Artigos,[500]

---

[495] M. M. Knappen, *Tudor Puritanism*, p. 392, identifica-os como Richard Rogers, William Perkins, Richard Greenham, Miles Mosse e George Webbe.

[496] *A Garden of Spiritual Flovvers* (1638), prefácio. Esses escritos foram reunidos por Richard Rogers. *Ibid.*, p. 20.

[497] Veja especialmente *ibid.*, p. 191-244, para a ênfase na segurança da salvação por meio da santidade.

[498] N. R. N. Tyacke, "Arminianism in England, in Religion and Politics, 1604-1640" (Tese de D. Phillis, Oxford, 1968), *passim*.

[499] Este termo é usado para designar a posição da maioria dos bispos durante o período deste estudo que, apesar de não serem geralmente conhecidos por sua ênfase na divindade experimental, eram no entanto predestinários em sua teologia como um todo. Tyacke, *op. cit.*, convincentemente demonstra que o predestinarismo, que ele infelizmente chama de calvinismo, era preponderantemente a posição da maioria dos clérigos na Igreja da Inglaterra de 1604 a 1640. O Décimo Sétimo dos Trinta e Nove Artigos afirma que "predestinação para a vida" é o "eterno propósito de Deus" por meio do qual ele decretou libertar da condenação "aqueles a quem ele escolheu em Cristo". Esta afirmação é ambígua; não diz em que base o decreto é feito (seja pela escolha predeterminada de Deus de certos homens ou pela fé prevista). No entanto, os Artigos de Lambeth (1595) afirmam inequivocamente que alguns homens são predestinados à vida, outros reprovados para a morte, a causa não é a fé prevista", mas apenas a absoluta e simples vontade de Deus". O número dos predestinados "não pode ser aumentado ou diminuído". Philip Schaff, *The Creeds of the Evangelical Protestant Churches* (1877), p. 497, 523-24.

[500] Tyacke, *op. cit.*, p. 31-35. "O ensino predestinista calvinista era... uma suposição comum crucial, compartilhada pela maioria da hierarquia e praticamente todos os seus oponentes não conformistas, durante os períodos elisabetano e jacobino". Nicholas Tyacke, "Puritanism, Arminianism, and Counter-Revolution",

a teologia da predestinação, no entanto, gozou de maior favor real sob Tiago I do que sob Elizabete. Todavia a tradição predestinarista experimental deve ser distinguida do predestinarismo credal por um lado, e a abordagem cautelosa de pregadores populares como Henry Smith (+ 1591)[501] e o bispo Lancelot Andrewes (+ 1626)[502] por outro. Os predestinaristas experimentais eram principalmente pastores que não apenas criam, mas enfatizavam vigorosamente que a eleição de

---

The Origins of the English Civil War (1973), p. 128. Em 1615, James Ussher elaborou os artigos irlandeses. Eles incorporam um predestinarismo rígido que concorda com os Artigos de Lambeth. O número dos eleitos não pode ser "aumentado" nem "diminuído". Ussher é dito ter sido influenciado por Perkins (Breward, *op. cit.*, p. 102). Os três primeiros artigos de Ussher, além disso, seguem a ordem estabelecida na Confissão de Zanchius: (1) das Escrituras, (2) de Deus e da Trindade, e (3) da predestinação. *The Whole Works of the Most Rev. James Ussher*, D.D. (1847), p. 1. xl.

[501] "Smith língua de prata" é geralmente chamado de "puritano" em razão de seus escrúpulos relacionados à subscrição ao LOC (Livro de Oração Comum). Artigo do DNB (*Dictionary of National Biography*). Ele é o único teólogo inglês do século XVI a rivalizar com Perkins em número de sermões publicados. O *STC* fornece 127 listagens (incluindo edições repetidas de sermões). O impulso da pregação de Smith é devocional, enquanto sua soteriologia dificilmente pode ser chamada de predestinarista experimental. Ele afirma que, enquanto a nossa eleição é certa para com Deus, "em relação a nós mesmos é incerta". Portanto, "devemos nos esforçar para garantir a mesma com boas obras". Ele nunca diz que a eleição se torna certa em nós mesmos. *The Sermons of Mr. Henry Smith* (1866), ii, p. 96. Veja "Questions gathered out of his own confession, by Henry Smith, which are yet unanswered". Entre um grande número de perguntas "ainda não respondidas" estão estas: "Se a predestinação, eleição, etc., deve ser pregada a leigos?... que livre-arbítrio permanece para nós?" Ibidem., p. 419. A sigla *STC* significa: *A Short-Title Catalogue of Books...*, p. 1475-1640, ed. A. W. Pollard e G. R. Redgrave (1926).

[502] Andrewes tem trinta e quatro listagens no *STC*. Sua posição sobre a predestinação é altamente modificada. Em seu "Judgment of the Lambeth Articles", Andrewes insiste que a predestinação é um mistério grandioso demais para ser discutido, e que a graça salvadora seria conferida a todos os homens, se não fossem obstinados. Paul A. Welsby, *Lancelot Andrewes 1555-1626* (1958), p. 43s. Cf. *Two Answers to Cardinal Perron and other Miscellaneous Works of Lancelot Andrewes* (Oxford, 1854), p. 30 "Achamos que não é seguro, para qualquer homem, peremptoriamente presumir-se predestinado."

alguém *pode* ser conhecida pelo entendimento experimental; na verdade, *deve* ser conhecida para que ninguém se iluda e, no final, seja condenado. Este capítulo irá lidar com os principais contemporâneos de Perkins que assumem essa posição.

RICHARD ROGERS (1550? - 1618)

Richard Rogers nasceu em Chelmsford, em Essex. Ele se matriculou como sizar[503] do Christ's College, Cambridge, em 1566. Formou-se em 1570 e foi ordenado diácono e sacerdote naquele ano. Ele fez seu mestrado em 1574, depois de ter migrado para o Caius College. Um ano ou dois depois, ele se estabeleceu em Wethersfield, Essex, onde foi professor até sua morte.

Além da produção de *A Garden of Spirituall Flovvers*, apenas um dos escritos de Rogers alcançou repetidas edições: *Seven Treatises leading and guiding to true happiness*.[504] No prefácio de *Seven Treatises*, Stephen Egerton (+ 1621?) descreve Rogers como "outro Greenham". Rogers diz que os *Seven Treatises* se destinam basicamente a "ajudar e direcionar o cristão ao longo de sua primeira entrada no conhecimento de Cristo Jesus".[505] Ele observa que alguns "alcançaram a certeza de sua salvação", enquanto outros tomaram sua segurança como certa e se "enganaram". Rogers também recomenda "ler outros tratados sobre o assunto" e cita "as obras de Mestre Perkins, nomeadamente, seu livro intitulado o grão de mostarda".[506]

---

[503] No Trinity College, em Dublin, e na Universidade de Cambridge, um sizar é um estudante de graduação que recebe algum tipo de assistência, como refeições, taxas mais baixas ou hospedagem durante o período de estudo, em alguns casos em troca de prestar um trabalho definido (**N.E.**)"

[504] *Seven Treatises leading and guiding to true happiness* (seis edições de 1603 a 1627). Doravante denominado *Seven Treatises*, este foi publicado em uma forma abreviada como *The practice of Christianity* (quatro edições entre 1618 e 1638). Outros escritos de Rogers são: *A Commentary upon the whole booke of Iudges* (1615) (doravante denominados *Judges*); e *Certaine Sermons* (1612).

[505] *Seven Treatises*, p. 113.

[506] *Ibid.*, prefácio.

Os escritos de Rogers não refletem uma mente sistemática e teológica; sua preocupação é principalmente pastoral, com ênfase especial na vida piedosa. O mesmo pode ser dito para todas as figuras deste capítulo. Rogers diz que o chamado de Deus e a concessão de segurança são "um duplo vestígio dessa corrente de ouro" de Romanos 8.30, e que não há outra maneira "para buscar a certeza de nossa eleição, senão pelos meios que servem ao nosso chamado". O meio para a certeza desse chamado é viver piedosamente: "sim, olhe para que afeições ele opera naquilo como ele a trará à certeza e segurança da salvação".[507]

O uso que Rogers faz de 2Pedro 1.10 é como o de Perkins,[508] mas a passagem que ele cita mais frequentemente é Hebreus 3.12, com a ênfase sendo colocada sobre o coração.[509] Visto que Rogers pressupõe, desde o princípio, que a piedade é meio o que fazemos com que nossa vocação e eleição sejam seguras, ele trabalha para listar "ajudas para aumentar a piedade".[510] Quando nossos corações estiverem purificados, "devemos mantê-los assim com toda a diligência", isto é, "vigiar, erradicar e purificá-los de todas as impurezas, por meio das quais eles costumam ser manchados e desorientados".[511] Pois há "muitas vezes, sim, horas no dia, em que o coração pode se afastar de Deus, isto é, de fazer sua vontade".[512]

Rogers afirma que existe um "duplo benefício" na morte de Cristo; "não apenas para nos salvar" da morte eterna, mas "também trabalhar a morte do pecado, nosso inimigo mais mortífero, e para mortificá-lo".[513] Sua ênfase, então, está neste segundo benefício; o primeiro, aparentemente, não precisa de uma exposição detalhada. Mas o segundo é enfatizado, pois, por meio dele, temos a garantia do primeiro benefício. A página de título de *Certaine Sermons* resume a

---

[507] *Judges*, p. 656.
[508] *Ibid.*, p. 140. Cf. *Certaine Sermons*, p. 140; *Seven Treatises*, p. 50, 137, 209, 270, 424.
[509] *Judges*, p. 97, 121. Cf. *Seven Treatises*, p. 102, 109, 136, 243, 298, 308, 322, 401.
[510] *Seven Treatises*, p. 211ss.
[511] *Seven Treatises*, p. 140.
[512] *Ibid.*, p. 308.
[513] *Ibid.*, p. 208.

preocupação fundamental de Rogers; também mantém viva a noção de fé temporária:

> Em primeiro lugar, trazer qualquer pessoa má (que não tenha cometido o pecado que é imperdoável) para a verdadeira conversão. Em segundo, para fundamentar e estabelecer todos os que são convertidos, na fé e no arrependimento. Em terceiro, levá-los adiante (aqueles que estão estabelecidos) na vida cristã, para trazer à tona o fruto de ambos.

Rogers diz que os réprobos não podem ser convertidos, mas podem blasfemar contra o Espírito (Mt 12.31).[514] De fato, eles podem experimentar afeições como as dos eleitos de Deus. Rogers lista quatro marcas naqueles que não são eleitos, mas que parecem, no entanto, ser efetivamente chamados: (1) "tristeza por sua miséria"; (2) confissão de seus pecados a Deus; (3) "medo do descontentamento de Deus pelo mesmo"; e (4) "desejar algum tipo de reparo de vida". "Mesmo assim, um homem pode caminhar na profissão da religião cristã" (linguagem de Perkins), embora "não selado para a salvação", conclui Rogers. Ele insiste que faz essas declarações não "para desencorajar qualquer um: mas em parte para levá-los para longe de se enganarem" e também "para tornar os verdadeiros testemunhos da vida eterna mais pretensamente estimados daqueles que os têm".[515]

A tensão de Rogers, de qualquer forma, está no coração. Ele acredita que a "diligência" a ser seguida em fazer com que nosso chamado e eleição sejam seguros é a manutenção de um coração puro. Alguém será assegurado se perseverar nesse empreendimento; é "conhecimento experimental", que "juntamos por prova", que nos assegura a nossa eleição.[516]

---

[514] *Certaine Sermons*, p. 140.
[515] *Seven Treatises*, p. 45.
[516] *Ibid.*, p. 278s.

MILES MOSSE (1558–1615)

Miles Mosse foi admitido como estudante residente no Caius College, em Cambridge, em 1575. Obteve o bacharelado em Artes em 1578-79; o mestrado em Artes em 1582; o bacharelado e mestrado em teologia em 1589 e 1595, respectivamente. Foi ordenado ministro em Lincoln em 1583 e nomeado pastor de St. Stephen, Norwich, em 1585. Foi reitor de Combes, Suffolk, de 1597 até sua morte em 1615.[517]

O tema de Mosse é que o réprobo pode ter um conhecimento considerável, mas este deve ser distinto do conhecimento da fé salvadora. Os réprobos, como os demônios, podem ver, ouvir e observar muito a respeito de Deus.[518] Mosse cita Calvino; os ímpios podem ter "algumas graças especiais de Deus" e ainda não terem fé salvadora.[519] Embora o homem iníquo possa ter "alguma graça extraordinária" e ser "ajustado a trabalhos particulares, ou chamados especiais", ele não pode ser "enxertado em Cristo" pela fé" ou "possuir o Espírito de santificação".[520]

A fé salvífica é crer no Evangelho "com diligência e, assim, aplicar e apropriar-se dos benefícios contidos nele".[521] Isso ele chama de "um sentimento vivaz ou experimental".[522] De fato, "ter esse sentimento de conhecimento de Cristo é um argumento invencível de que Cristo habita em nós pelo seu Espírito, e assim é uma certeza para nós da vida eterna".[523]

GEORGE WEBBE (+ 1637)

George Webbe matriculou-se como bolsista no Trinity College, em Cambridge, em 1582-3. Ele obteve o título de bacharel em 1586-87; e

---

[517] Em 1614, Mosse publicou *Justifying and Saving Faith. Distingvished from the faith of the devils.*

[518] *Ibid.*, p. 7-11, 81.

[519] *Ibid.*, p. 15.

[520] *Ibid.*, p. 17.

[521] *Ibid.*, p. 44.

[522] *Ibid.*, p. 81.

[523] *Ibid.*, p. 82.

de mestre em 1591. Foi ordenado diácono e sacerdote em Lincoln em 29 de junho de 1587. Pastor de Leighton Bromswold, Huntingdonshire, de 1594 a 1607, foi reitor da Preston Capes, Northamptonshire, de 1605 até sua morte.[524]

Webbe chama *A Posie od Spirituall Flowers* "um manual para torná-lo mais e mais apaixonado pela piedade".[525] Esse tratado é mais devocional do que doutrinário, e pretende falar mais sobre piedade do que sobre Deus. Webbe salienta em qualquer caso que a garantia da salvação não é "é algo fácil e trivial".[526]

Briefe Exposition de Webbe é virtualmente o Catecismo de Perkins, embora ele se refira curiosamente às "minhas próprias dores ao escrevê-lo".[527] Sua definição de fé é típica de como ele repete Perkins textualmente: "A fé é uma maravilhosa graça de Deus, pela qual o homem apreende e aplica a Cristo e todos os seus benefícios a si mesmo".[528] Ele prossegue repetindo o ensinamento de Perkins de que há uma fé fraca e uma fé forte, e que esta última veio "não primeiramente, mas em alguma continuação de tempo, quando ele foi bem experimentado em arrependimento".[529]

A contribuição mais criativa de Webbe é sua piedade baseando-se na "prática da quietude". Por quietude, ele quer dizer uma consciência tranquila.[530] Usando o raciocínio circular, ele diz que aqueles que teriam certeza "devem ficar quietos",[531] mas essa quietude não separa da piedade.[532]

---

[524] Webbe publicou *A Posie of Spirituall Flowers* (1610); *The Practice of Quietnes* (sete edições de 1615 a 1638); e *Briefe Exposition of the Principles of the Christian Religion* (1612, 1617). De agora em diante chamado *Briefe Exposition*.

[525] *A Posie of Spirituall Flowers*, prefácio.

[526] *Ibid.*, p. 120.

[527] *Briefe Exposition*, prefácio.

[528] *Briefe Exposition*, não paginado. (sect. V). Cf. *supra*, p. 63 n. 2.

[529] *Briefe Exposition* (sect. V). Cf. *supra*, p. 74 n. 2.

[530] *The Practice of Quietnes* (1615), p. 84.

[531] *Ibid.*, p. 16.

[532] *Ibid.*, p. 8.

JOHN DOD (C. 1555-1645) E ROBERT CLEAVER (+ 1614)

John 'Decalogue' Dod e Robert Cleaver estão frequentemente ligados devido às suas publicações conjuntas. Muitos tratados indicam uma autoria conjunta, tornando difícil determinar qual Dod escreveu[533] e quais foram escritos por Cleaver.[534]

---

[533] Nenhum historiador até o momento tentou determinar a autoria exata. Aqueles que parecem ser de Dod são: (1) *A Plaine e Exposição Familiar dos Tenne Commandements* (não menos de vinte edições entre 1603 e 1662), doravante denominadas *Tenne Commandements* (1617). Enquanto muitas das edições indicam uma autoria conjunta, a edição de 1617 diz que o autor é Dod. É possível que Cleaver tenha se juntado a Dod para refinar o trabalho; na edição de 1603, R. C., diz que o tratado representa "os trabalhos de um pastoreio fiel". (2) Os primeiros seis de *Ten Sermons tending chiefly to the fitting of men for the worthy receiving of the Lords Supper* (1611, 1621). A página de rosto diz: "Os seis primeiros, por I. Dod. O último é, por R. Cleaver". (3) *A Remedy against Privat contentions* (três edições: 1610, 1614, 1618), doravante denominado *Remedy* (1610). (4) *A Plaine and Familiar Exposition on the Lords Prayer* (1635), doravante chamada de *Lords Prayer*. (5) O segundo de *Two Sermons on the Third of the Lamentations... The one by 1. D. the other by R. C.* (1610), daqui em diante chamado *Lamentations*. Este último é de Dod de acordo com uma nota marginal em *Three Sermons vpon Marke por Cleaver* (1611), p. 27. (6) Os dois últimos de *Foure Godlie and Fruitful Sermons: two preached at Draiton in Oxfordshire... two other sermons on the twelfth Psalme* (1610, 1611), daqui em diante chamado *Foure Godlie* (1611). Desde que Cleaver foi instalado em Drayton, Dod provavelmente pregou os dois últimos. (7) Os dois primeiros dos *Three Godlie and Fruitfull Sermons, The two first preached by Maister Iohn Dod; the last by Maister Robert Cleaver* (1610). No entanto, em (8) *Seven Godlie and frvitfvll sermons. The six first preached by Master Iohn Dod: the last by Robert Cleaver* (1614) (doravante denominado *Seven Godlie*) o terceiro sermão (no Salmo 14) é o mesmo que o terceiro em *Three Godlie*, atribuído a Cleaver. Por fim, o estudo se baseará em *Old Mr Dod's Sayings* (1678).

[534] Aqueles que parecem ser de Cleaver são: (1) *A Sermon Preached by Master Cleaver: on Psalme 51, verse 1* (1610). (2) *Foure Sermons, The two first, of Godly Feare: On Hebrewes 4. Verse 1.* (1613). (3) *A Declaration of the Christian Sabbath* (1625, 1630), doravante denominada *Christian Sabbath* (1630). (4) *Three Sermons upon Marke, the nineth chapter, 22.23 verses* (1611). (5) *The first of Two Sermons on the Third of the Lamentations*. (8) Os últimos quatro em *Ten Sermons*. A autoria do terceiro em *Three Godlie* e o mesmo em *Seven Godlie* permanece sem solução. Existe um considerável *corpus* de escritos referentes ao livro de Provérbios que provavelmente

Robert Cleaver nasceu em Oxfordshire. Ele se matriculou em St. Edmund Hall, Oxford, e recebeu o título de bacharel em 1580-1. Foi feito reitor de Drayton, Oxfordshire, em 1598. Morreu em 1614.

Cleaver enfatiza a lei moral. Sua convicção é que os homens são "tornados capazes pela graça de fazer isso que é chamado: obedecer a lei".[535] Ele acredita que os cristãos devem manter uma "vigilância constante" e um "santo temor de cair" já que o repouso celestial que eles aspiram "é prometido a todos os que trabalham fielmente para alcançá-lo".[536] Ele pergunta: "se você rejeitar descuidadamente suas santas leis, pode o seu Espírito não abandonar a nossa alma?"[537]

Cleaver afirma que "o ouvir as promessas não é suficiente para a busca de nossa felicidade eterna", mas também deve haver uma "apreensão e aplicação da mesma",[538] que é a frase de Perkins. Devemos,

> [...] trabalhar por uma fé operante, e um amor diligente, para que não apenas nós mesmos, mas também outros

---

é de Cleaver. Ele é declarado como o autor de (9) *A Briefe Explanation of the Whole Booke of the Prouerbs of Salomon* (1615). Mas Dod aparentemente escreveu a dedicação, embora ambos os nomes sejam atribuídos a isto. Cleaver estava morto em 1614; a dedicação afirma "um de nós empreendeu as explicações dos Provérbios de Salomão, e o outro promoveu o mesmo através de inspeção, e assistência" e de tal modo o Senhor interrompeu coisas "visitando um de nós, até mesmo aquele que estava para fazer o trabalho e sustentar o fardo do negócio". Cleaver é declarado como o autor de (10) *A Plaine and Familiar Exposition of the First and Second Chapters of the Prouerbs of Salomon* (1614). Uma série de exposições sobre Provérbios (com o mesmo título) sobrevivem, as quais são provavelmente as de Cleaver: (11) no nono e décimo capítulos (1606, 1612); (12) o décimo primeiro e décimo segundo capítulos (três edições: 1607, 1608, 1612); (13) os décimo terceiro e décimo quarto capítulos (quatro edições de 1608 a 1631); os capítulos décimo quinto, décimo sexto e décimo sétimo (1609, 1611); (14) o décimo oitavo, décimo nono e vigésimo capítulos (1610, 1611); e (15) *Bathsebaes Instructions to her Sonne Lemvuel* (1614), uma exposição do trigésimo primeiro capítulo de Provérbios. Os escritos de Provérbios serão referidos como (por exemplo) *Proverbs 1-2*.

[535] *Christian Sabbath*, p. 40.
[536] *Foure Sermons* (Hb 4. 1,18).
[537] *Ibid.*, p. 17.
[538] *Ibid.*, p. 23.

que tenham o espírito de discernimento, possam saber que somos os eleitos de Deus, por meio dos frutos da piedade aparecendo em nós e procedendo de nós.[539]

Por trás da convicção de Cleaver sobre um "santo temor de cair", está uma interpretação de Hebreus 6.4-6, que ele entende como descrevendo aqueles que não eram "sinceros nas afeições".[540] Cleaver coloca uma grande ênfase na sinceridade. Hebreus 6 deve, portanto, induzir-nos a "prosseguir nos caminhos da piedade, elaborando nossa salvação com temor e tremor".[541] Devemos "esforçar-nos para cumprir esses deveres, pelos quais podemos ter a certeza do perdão".[542]

Como Richard Rogers, Cleaver enfatiza o coração. No lugar que Cristo "ajuda alguém em misericórdia, ele primeiro ajuda seu coração".[543] De fato, "quem quer que tenha felicidade sadia, deve ter um coração sadio".[544] Um "homem de bom coração é conhecido" (1) por suas ações, desde que ele tenha "mãos inocentes"; (2) por sua afeição, porque ele "não coloca seu coração em qualquer coisa terrena"; e (3) por seus discursos, pois ele não fala "enganosamente".[545] Mas há mais; um coração reto é conhecido por sua (4) "obediência universal", tendo "respeito a todo mandamento de Deus, tanto a primeira tábua quanto à segunda e tanto à segunda bem como à primeira"; (5) "um aumento contínuo em piedade"; e (6) um uso cuidadoso de "todos os bons meios de alcançar a bondade, e evitar todos os incentivos que podem atrair para o mal".[546] As

---

[539] *Ibid.*, p. 35.
[540] *Ibid.*, p. 37.
[541] *Fovre Sermons* (Hb 4.1), p. 37.
[542] *A Sermon* (Sl 51), p. 19.
[543] *Three Sermons vpon Marke*, p. 17.
[544] *Ten Sermons*, p. 183.
[545] *Ibid.*, p. 184.
[546] *Ibid.*, p. 187-89.

convicções de Cleaver são resumidas assim: "a obediência estrita deve ser trabalhada".[547]

Cleaver acredita que o primeiro passo para o arrependimento é que "corações devem ser esmagados e quebrados".[548] Pois "até o coração ser quebrado pelo pecado, não pode haver confissão dele e, portanto, nenhum arrependimento".[549] Esse pré-requisito é uma "piedosa tristeza".[550] O segundo passo para o arrependimento é "uma confissão verdadeira, plena, especial e sincera" dos pecados.[551] O terceiro passo é pedir a Deus o perdão dos nossos pecados.[552] Precisamos, além disso, "esforçar-nos para ser persuadidos de que nosso pecado é "perdoável sim e que será perdoado em nós", um ponto que foi parte integrante da morfologia da conversão de Perkins.[553] Essa persuasão é ajudada por um "julgamento rápido de nós mesmos", pois "quanto mais rapidamente julgamos a nós mesmos, mais misericordiosamente o Senhor nos falará".[554]

Cleaver não afirma aqui que sabemos se nossos pecados foram perdoados; sua *ordo salutis* parece estar aquém disso. O mais próximo que ele parece chegar é que há "conforto para os que procedem nos caminhos do Senhor com uma boa consciência, cujas obras testificam por eles que são retos e sinceros".[555] A promessa de todas as misericórdias de Deus é feita para os que vivem uma vida piedosa.[556] Além disso "aqueles que são crentes e obedientes, têm Jesus Cristo como seu mediador e redentor, então qual outra alternativa resta senão serem salvos?"[557]

---

[547] *Ibid.*, p. 197.
[548] *Foure Godlie*, p. 2s.
[549] *Ibid.*, p. 3.
[550] *Ibid.* A tristeza divina é "um remédio soberano". *Lamentations*, 7.
[551] *Foure Godlie*, p. 12.
[552] *Ibid.*, p. 13.
[553] *Ibid.*, p. 15.
[554] *Foure Godlie*, p. 31.
[555] *Ibid.*, p. 44.
[556] Provérbios 15-17, 80.
[557] Provérbios 18-20, 69.

John Dod nasceu em Shotlidge, Cheshire. Ele se matriculou como um bolsista do *Jesus College*, em Cambridge, em 1572. Obteve o bacharelado em 1575-6; o mestrado em 1579, e foi um "companheiro"[558] de 1578 a 1585. Foi ordenado diácono em Londres em 1579 e ministro em Ely em 1580. Tornou-se reitor de Hanwell, Oxfordshire, em 1585, mas foi suspenso por não conformismo[559] em 1604. Nos anos seguintes, ele e Cleaver produziram a maior parte de suas publicações. Eles escrevem em 1606: "agora estamos dispostos a publicar algumas obras porque não temos espaço no púlpito".[560] Por volta de 1624, ele foi laureado com a reitoria de Fawsley, Northamptonshire, onde permaneceu até sua morte em 1645.

Dod era o genro de Richard Greenham.[561] Como Greenham, Dod era frequentemente procurado para aconselhar almas confusas, e Clarke afirma que centenas foram convertidas sob seu ministério.[562] Fuller o chama de "não conformista passivo" e "um bom decalogista".[563]

Dod e Cleaver têm em comum a suposição de que a Lei de Deus pode ser guardada pelos regenerados. Ele explica que existe uma diferença entre guardar os mandamentos de Deus e cumpri-los.[564] Somente Cristo cumpriu a Lei; mas "todo homem cristão pode até agora guardar a Lei de Deus, de modo que ele seja aceito e também *recompensado*".[565] No entanto, ele insiste que isso "não é pelo mérito

---

[558] Um fellow, em sentido amplo, é alguém que é um igual ou um camarada. O termo é usado frequentemente em contexto acadêmico: um fellow é parte de um grupo de elite, de pessoas esclarecidas, que trabalham em conjunto como pares na busca do conhecimento" (N.E.).

[559] "Os dissidentes da Igreja Inglesa também eram chamados de não-conformistas, foram reformadores na Inglaterra que se opuseram à intervenção do Estado e fundaram as suas próprias comunidades (N.E)."

[560] Provérbios 18-20, 69.

[561] Knappen, *Tudor Puritanism*, p. 387.

[562] Samuel Clarke, *General Martyrologie* (1677), p. 176.

[563] Fuller, *Church History*, vi. p. 306.

[564] Ibid. p. 83.

[565] Idem.

da obra", mas por causa da "misericórdia daquele que aceita a obra".[566] Dod alega que a segurança da salvação vem "se a nossa conversa for realmente religiosa e a nossa profissão for embelezada com as obras da piedade, misericórdia, retidão e tratamento cristão em todo o curso de nossas vidas".[567]

Dod tem uma razão para essa abordagem da segurança, a qual ele acredita ser coerente com seu predestinarismo como um todo. Visto que ele quer sustentar que "Deus estima cada homem e mulher, segundo sua vontade e afeição",[568] ele explica que "todos os bons e santos desejos vêm de Deus" (Fp 2.13).[569] A razão, então, para que Deus "considere a ação" é "porque é seu próprio trabalho: e não é a vontade também Sua obra assim como a ação?" - ele novamente cita Filipenses.[570] Assim, Dod diz que "enquanto não encontrarmos este afeto em alguma medida em nossos corações, carecemos de um excelente argumento da certeza de nossa salvação".[571] Parece então que, se este afeto está presente, deve-se concluir que a obra eficaz de Deus está por trás de tudo; portanto, a garantia pode ser inferida.

O homem cristão, portanto, é recompensado com a segurança, se ele "guarda" a Lei. Dod lista três instâncias que, por sua vez, indicam que a Lei está sendo obedecida: (1) "devemos buscar o todo" dos mandamentos, que é o que Cleaver quer dizer com obediência universal. Para que "se alguém mentir em algum pecado, e quebrar qualquer mandamento voluntariamente", seja "culpado de tudo".[572] (2) "Esta obediência deve ser feita de bom grado, com um coração livre e alegre", diz ele. E (3) o fim de nossas ações "deve ser bom, para mostrar nossa lealdade a Deus, para confirmar nossos corações

---

[566] *Ibid.*, p. 31.
[567] *Lords Prayer*, p. 56.
[568] *A Remedy*, p. 30.
[569] *Ibid.*, p. 31.
[570] *Ten Sermons*, p. 98.
[571] *Lords Prayer*, p. 101.
[572] *Tenne Commandements*, p. 83.

a ele, em obediência aos seus mandamentos". Assim, Dod conclui: aquele que tem todas estas coisas, guarda a Lei de Deus."[573]

Dod faz uma distinção entre "fé" e "sentimento". Ele adverte que não quer dizer que: "porque você não tem sentimento, portanto você não tem fé". Pode-se ter "o verdadeiro consolador em sua alma e, ainda assim, por algum tempo, ficar sem conforto".[574] Dod, descreve uma "segurança dupla", que parece ser uma elaboração dessa distinção entre "fé" e "sentimento"; tal ele chama: 1) Um brilho do sol. 2) A segurança do brilho da lua.[575] A primeira é a "segurança total"; a segunda é a da Palavra – chamada "a fé da adesão, quando queremos" plena segurança. A segurança do "brilho do sol", no entanto, "é dada, mas para poucos, e isso, muito raramente".[576]

Essa distinção entre a segurança do "brilho do sol" e do "brilho da lua" é realmente a mesma que a distinção entre o ato direto e o ato reflexo da fé. Dod não teria sabido – nem os que afirmam que a segurança é um ato de reflexão – que a luz da lua é apenas o reflexo do sol. Em todo caso, esta analogia astronômico-teológica feita por John Dod fornece um quadro de referência interessante para a doutrina da fé dos predestinaristas experimentais em geral.

Finalmente, Dod e Cleaver têm em comum a crença de que a integridade do coração é um fundamento da segurança. Enquanto Cleaver não defende uma doutrina de fé temporária, Dod trata de forma mínima. Ele diz que "os hipócritas podem ir tão longe quanto os cristãos em muitas coisas".[577] Enquanto o verdadeiro cristão "cava profundo e retira a terra solta, para que seu alicerce possa ser firme e seguro", o hipócrita "faz uma obra rápida e todo o seu edifício está acima do solo".[578] Somente os verdadeiros cristãos "procuram seus corações e lamentam suas corrupções". Além disso, os hipócritas

---

[573] *Idem*

[574] *Ibid.*, p. 262.

[575] *Ibid.*, p. 262.

[576] *Idem*

[577] *Seven Godlie*, p. 57.

[578] *Ibid.*, p. 58.

"nunca são incomodados" sobre "a certeza de sua eleição"⁵⁷⁹. Assim, o tratamento que Dod dá à fé temporária é feito de maneira que a alma profundamente preocupada não precise se angustiar com sua não eleição. Pois, se os hipócritas nunca estão preocupados com a certeza da eleição, parece que aquele que é muito perturbado é eleito.

WILLIAM BRADSHAW (1571-1618)

William Bradshaw nasceu em Market Bosworth, Leicestershire. Ele foi admitido como bolsista no Emmanuel College, em Cambridge, em 1588. Recebeu o título de bacharel em 1592-3 e o de mestre em 1596. Foi professor do Sydney Sussex College em 1599. Por meio da influência de Chaderton se tornou professor em Chatham, Kent, em 1601, mas foi posteriormente suspenso. Nos anos seguintes, lecionou em Burtonon-Trent, Staffordshire, e em Repton, Derbyshire.⁵⁸⁰

Bradshaw geralmente segue Perkins quando diz que há "certos graus de amor especial de Deus" para os eleitos: (1) a livre escolha de Deus do "número daqueles que deveriam ser salvos"; (2) a "execução" do decreto para os eleitos "enquanto eles estavam no lombos de Adão, antes que eles tivessem qualquer existência pessoal "; e (3) Deus ordenou "meios" para alcançar a salvação.⁵⁸¹ Em relação ao "terceiro grau", os meios são "internos" e "externos". O meio interno é a santificação. Aqueles que Deus "decretou para salvar, ele também decretou para santificar".

---

⁵⁷⁹ *Ibid.*, p. 58-60.

⁵⁸⁰ Bradshaw escreveu *A Treatise of Ivstfication* (1615) e *A Plaine and Pithy exposition of the second epistle to the Thessalonians* (1620), doravante denominada *Thessalonians*. A maioria dos escritos de Bradshaw é dedicada a questões eclesiológicas. Seu mais conhecido é o *English Puritanisme: containeing the maine opinions of the rigidest sort of those that are called Puritanes* (1608). Isto foi traduzido para o latim por William Ames em 1610. Ele contém os rudimentos da política Congregacional. Cf. G. F. Nuttall, *Saints Visible* (1957), p. 9ss.

⁵⁸¹ *Thessalonians*, p. 135–8.

Bradshaw postula a santificação como um meio para alcançar a salvação. Ele parece ser a única figura na tradição predestinarista experimental explicitamente a dizer o que encontramos por implicação em muitos. Bradshaw não denomina essa preparação antes da conversão; todavia, tal conselho a alguém que busca a salvação pode bem sugerir que sua tarefa é primariamente buscar a santificação. Pois Bradshaw afirma que "esta santificação é o primeiro ato e a entrada em nossa salvação". E "uma vez que começamos a ser santificados, então estamos dentro da porta do céu, temos um pé, por assim dizer, acima do limiar".[582] Consequentemente, "quem quer que sofra esses movimentos em si (pois eles não são movimentos mortos e sem sentido) pode, assim, assegurar-se de que é um dos eleitos de Deus".[583] O "segundo significado interno é: fé na verdade".[584] Quanto a ser "este o primeiro ou o segundo na natureza, não estarei aqui para discutir".[585]

O "exterior" significa "nada além do ministério do Evangelho".[586] Bradshaw também segue Perkins em sua descrição da fé; fé salvadora "apreende e aplica" a justiça de Cristo.[587]

ARTHUR HILDERSAM (1563 A 1632)

Arthur Hildersam nasceu em Stetchworth, Cambridgeshire. Entrou no Christ's College, em Cambridge; se formou como mestre e foi feito um "companheiro" em 1583. Em 1587 ele se tornou professor em Ashby de la Zouch, Leicestershire. Ele estava dentro e fora de Ashby pelos próximos quarenta e cinco anos; seu não conformismo o levou perante o Alto Comissariado não poucas vezes. Em um período ele

---

[582] *Thessalonians*, p. 138.
[583] *Ibid.*, p. 139.
[584] *Ibid.*, p. 140.
[585] *Ibid.* Ele discute isso brevemente, no entanto, indica que a ordem não é importante.
[586] *Ibid.*, p. 141.
[587] *A Treatise of Justification*, p. 8.

lecionou em Burtonon-Trent, Staffordshire, e Repton, Derbyshire, em conjunto com William Bradshaw. Retornou a Ashby em 3 de agosto de 1625, foi suspenso em 25 de março de 1630 por não usar a sobrepeliz[588], mas foi restaurado em 2 de agosto de 1631. Seu último sermão foi pregado em Ashby em 27 de dezembro de 1631.

Os escritos de Hildersam indicam uma inquietação em seus primeiros anos, parecendo evoluir para uma teologia mais consistente à medida que envelhece. Isto é evidente comparando os escritos compostos antes de 1625,[589] e aqueles que vieram durante ou depois daquele ano, quando Hildersam retornou a Ashby.[590] O significado é que os escritos anteriores mostram que ele às vezes descreve a fé como segurança, enquanto seus escritos depois de 1625 o encontram repudiando tal posição.

O "primeiro" ponto de Hildersam: "A fé dos eleitos de Deus não é fantasia vã nem esperança incerta", declara Hildersam, "mas uma segurança certa". Essa certeza é "operada no coração pelo Espírito de Deus".[591] A fé justificadora inclui estar "certa e indubitavelmente persuadido de que Cristo e todos os seus méritos pertencem a ele: ele pode ser nesta vida seguro da certeza que será salvo."[592] Hildersam afirma que o pacto das obras e o pacto de graça foram dados expressamente com o propósito de promover a nossa garantia.

> Agora Deus nos deu a sua palavra para nos assegurar disso, e nos colocar fora de dúvida neste assunto. O apóstolo faz disso a razão pela qual Deus fez uma nova

---

[588] Vestimenta litúrgica obrigatória para ministros anglicanos na época (**N. E.**)

[589] Estas são: (1) *The Doctrine of Communicating Worthily in the Lords Supper* (oito edições de 1609 a 1630), doravante denominada *Communicating Worthily* (1630); (2) *Lectures upon the fourth of John* (quatro edições de 1629 a 1656), doravante denominado *Fourth of John* (1629). John Cotton escreveu o prefácio deste trabalho, que inclui 108 sermões de 1608 a 1611.

[590] CLII *Lectures upon Psalme LI* (três edições de 1635 a 1662), doravante denominado *Psalme LI* (1635). Esses sermões foram entregues de 1625 a 1631.

[591] *Communicating Worthily*, p. 88.

[592] *Fourth of John*, p. 300.

Aliança conosco, aboliu a Aliança das obras, nos deu a Aliança da graça e prometeu a vida eterna sob condição de fé, não de obras.[593]

Hildersam diz, no entanto, que se deve "provar pela Palavra que Cristo morreu por ele".[594] Com isso, ele não quer dizer que Cristo morreu por todos, mas que a morte de Cristo foi apenas pelos eleitos.

Parece estar em conexão com uma doutrina da expiação limitada que Hildersam revela, o que ele quer dizer quando afirma que alguém pode ter segurança. Em 20 de novembro de 1610, ele declara que "há grande certeza e segurança na fé verdadeira. É mais do que uma opinião, do que uma conjetura, do que esperar bem: é uma persuasão certa e inquestionável do coração".[595] Mas duas semanas depois - 4 de dezembro de 1610 - ele afirma que alguém pode estar "totalmente seguro" se puder provar que Cristo morreu por ele. Isso ele pensa que deve ser feito procurando por certos frutos da fé; "um homem que tem fé, pode - pelos frutos dela - certamente sabe que ele a tem de fato".[596] A certeza da fé consiste em "a retidão de seus corações".[597] Por trás destas afirmações está um pensamento que concorda com Perkins; o que o reprovado não pode fazer é "aplicar Cristo a si mesmo e confiar nele, confiar e depositar nele seu afeto, para sua própria salvação"[598].

O "segundo" ponto de Hildersam. Depois de 1625, a doutrina da fé de Hildersam é mais consistente. Ele agora afirma que a fé considerada como "uma completa persuasão e certeza" da salvação deve ser evitada. "Eu respondo, é um erro perigoso definir fé assim. Essa certeza é de fato um fruto doce e um efeito da fé, mas não é fé;

---

[593] *Ibid.*, p. 305.
[594] *Idem*
[595] *Ibid.*, p. 299.
[596] *Ibid.*, p. 308.
[597] *Ibid.*, p. 306.
[598] *Ibid.*, p. 653.

a essência e o ser da fé, não consistem nisso.'"⁵⁹⁹ A "essência" da fé consiste em "uma obediência comprometida e confiança em Cristo".⁶⁰⁰

> Quando um pecador humilhado sente sua própria miséria pelo pecado, pode acreditar que em Cristo há ajuda e conforto suficientea para ser encontrado, descansar,e confiar nele somente por misericórdia com uma mente disposta a obedecê-lo em todas as coisas, este homem certamente tem verdadeira fé, embora não tenha segurança. ⁶⁰¹

Aqueles então que fazem da fé "uma completa persuasão e firme segurança" são "muito enganados em definir fé assim; e que isso é um erro perigoso, e que gerou muito medo e problemas mentais em muitas boas almas".⁶⁰²

A fé consiste em "quatro atos da alma": dois no "entendimento" e dois "na vontade". Estes são: (1) o conhecimento do Evangelho; (2) "a concordância e crédito que a mente dá" ao Evangelho; (3) "o consentimento que a vontade dá" ao Evangelho; e (4) "descansar e confiar em Cristo". O quarto ato ele chama o principal ato da alma na fé verdadeira, e aquele em que o ser e a essência dela consistem principalmente.⁶⁰³

Hildersam adverte seus ouvintes a não imaginarem que "Cristo morreu pelo mundo" e que "pagou a dívida de todo homem, satisfez a justiça de Deus pelo pecado de todo homem".⁶⁰⁴ Pois "há muito poucos" com os quais Cristo "se comprometeu especialmente". Ele insiste: "deixe que você e eu trabalhemos para saber que somos alguns daqueles poucos, desse pequeno número". Consequentemente,

---

⁵⁹⁹ *Psalme LI*, p. 652s.
⁶⁰⁰ *Ibid.*, p. 653.
⁶⁰¹ *Idem*
⁶⁰² *Ibid.*, p. 410.
⁶⁰³ *Ibid.*, p. 411–13.
⁶⁰⁴ *Ibid.*, p. 610.

ele descreve quatro "sinais e notas pelos quais podemos saber" que Cristo morreu por nós e, portanto, "não ser enganado".[605] Esses sinais descrevem aqueles que têm o Espírito Santo: (1) alguém não obedece a seus desejos; (2) há uma mudança em suas afeições; (3) há disposição para obedecer a Deus "em todos os seus mandamentos"; e (4) uma recusa em deixar o conhecimento da morte de Cristo impedir que alguém se sinta incomodado por seus pecados.[606]

O *"quarto" ponto de Hildersam* é bastante revelador. Hildersam não nos permitirá olhar diretamente para a morte de Cristo; somente indiretamente, depois de termos chorado o suficiente por nossos pecados:

> Se o *conhecimento* de que Cristo morreu por ti, não te incomode de modo algum em tua mente por nenhum dos teus pecados; sim, se tu não sentes mais afeições e amargura na tua alma pelos teus pecados, e podes mais sinceramente acionar a Deus pelo perdão deles *desde* que creste em Cristo, então já o fizeste antes, certamente nunca foi o Espírito da graça, mas a tua tola fantasia te persuadiu de que Cristo foi traspassado por teus pecados, ou que tens alguma coisa a fazer com os méritos de sua paixão.[607]

O que Hildersam aparentemente quer é que primeiro lamentemos suficientemente pelo pecado, depois aproveitemos o conhecimento de que Cristo morreu por nós. Isso ilustra o resultado prático de colocar o arrependimento antes da segurança na *ordo salutis*; certeza, ou alegria dos pecados perdoados, não deve ser buscada diretamente na morte de Cristo. Hildersam insiste em que devemos "trabalhar para nos assegurarmos em bons fundamentos".[608] Os "bons

---

[605] Idem
[606] Ibid., p. 611.
[607] Idem
[608] Idem

fundamentos" parecem ser nossa própria piedade, ou, pelo menos, luto suficiente pelo pecado. Seu aparente medo do antinomianismo proíbe até mesmo a alegria de confiar apenas na morte de Cristo.

CONCLUSÃO

As ilustrações deste capítulo têm em comum a crença de que a segurança da fé salvadora está fundamentada em nossa piedade. Seja em termos de manter o coração puro (Rogers), ter um "sentimento exagerado" (Mosse), estar "mais apaixonado pela piedade" (Webbe), ser sincero (Cleaver), seguir a Lei (Dod), começar com a santificação (Bradshaw), ou trabalhar para ter certeza sobre os "bons fundamentos" do nosso luto pelo pecado (Hildersam), esses teólogos acham que a plena segurança não é obtida facilmente. É por isso que John Dod sugere que a maioria dos cristãos deve se contentar com a garantia do "brilho da lua".

CAPÍTULO 7

PAUL BAYNES E RICHARD SIBBES

PAUL BAYNES (+ 1617)

Após a morte de William Perkins, Paul Baynes foi escolhido como professor na Great St. Andrews. Baynes, como alguns dos contemporâneos de Perkins, era bem conhecido por sua própria geração, mas relativamente desconhecido da posteridade. Ele continuou a tradição de Perkins, não apenas por sua teologia, mas perpetuando uma espécie de dinastia na tradição experimental predestinarista. Baynes converteu Richard Sibbes; Sibbes converteu John Cotton; Cotton converteu John Preston; Preston converteu Thomas Shepard. William Ames comparou Perkins e Baynes a

Elias e Eliseu (2Rs 2. 9): "este M. Bains, sobre quem também o espírito daquele Elias, foi constituído por experiência para ser duplicado".[609] Richard Sibbes, o mais famoso convertido de Baynes[610], ao elogiar o comentário de Baynes sobre a carta de Paulo aos Efésios, carinhosamente falava dele como "nosso Paulo".[611] Embora nada tenha sido publicado pelo próprio Baynes, nada menos que dez escritos surgiram da imprensa sob seu nome dentro de um ano após sua morte.

Baynes deve ser visto como uma figura central na tradição experimental predestinarista. Ele não só sucedeu Perkins em St. Andrews, mas construiu sobre a soteriologia dele, preenchendo sua doutrina de fé, reavaliando com cautela a doutrina da fé temporária. Nas palavras de Sibbes, Baynes "sucede na opinião aquele de quem ele sucedeu o lugar"[612]. Ao receber o manto de Perkins, Baynes pode ter herdado problemas pastorais agudos que o incrível ensinamento de Perkins sobre a fé temporária poderia ter precipitado. Esta é pelo menos uma explicação para o tratamento cuidadosamente elaborado de Baynes sobre esse problema assombroso.

Baynes nasceu em Londres. Matriculou-se como pensionista no Christ's College, em Cambridge, em 1590-91. Recebeu o bacharelado em 1593-94, o mestrado em 1597. Ele foi um "companheiro" de 1600 a 1604. Suas leituras em St. Andrews continuaram de 1602 a 1607, quando ele foi silenciado pelo arcebispo Bancroft, aparentemente por recusar a subscrição. Baynes viveu seus dias em extrema pobreza e com saúde precária, não tendo "um lugar para descansar a cabeça".[613] Clarke o chama de "excelente Casuísta, e por isso muitos cristãos que duvidam são consolados por ele em casos de Consciência", mas acrescenta que ele, um pouco como Perkins, "saiu deste mundo, com muito mais conforto do que muitos cristãos mais fracos desfrutam".[614]

---

[609] Prefácio a Paul Baynes, *The Diocesans Tryall* (1621).
[610] Samuel Clarke, *The Lives of two and twenty English Divines* (1660), p. 166.
[611] Prefácio a Paul Baynes, *A Commentarie upon the first Chapter of the Epistle of Saint Paul, written to the Ephesians* (1618).
[612] *Idem*
[613] *Diocesans Tryall*, prefácio.
[614] Clarke, *Lives*, p. 30-1.

Baynes foi um dos primeiros ingleses a responder Armínio, cuja modificação radical da doutrina reformada da predestinação estava se tornando bem conhecida neste país de 1610 a 1620.[615] Em 1618, Sibbes publicou o comentário de Baynes sobre Efésios 1; a página de rosto diz: "Além do texto frutiferamente explicado: algumas principais controvérsias sobre a predestinação são tratadas, e vários argumentos são examinados".[616] Os escritos mais populares de Baynes foram suas cartas publicadas,[617] seguidos por dois comentários,[618] vários sermões,[619] um catecismo,[620] e um tratado eclesiológico publicado por William Ames.[621]

---

[615] William Ames foi provavelmente o primeiro inglês a combater o arminianismo.

[616] Baynes menciona Armínio e "arminianos" várias vezes.

[617] São elas: *Christian Letters of Mr. Paul Bayne* (quatro edições de 1620 a 1637); *Holy Soliloquies* (três edições até 1620); *Comfort and Instruction in Affliction* (1620); *Briefe Directions unto a godly Life* (1618, 1637), a seguir designada *Briefe Directions* (1618); e *Letter Written by Mr. Paule Bayne, Minister of Gods word, lately deceased* (1617), doravante denominado *A Letter*.

[618] Estes lidam com Efésios e Colossenses. Além da publicação de Sibbes do comentário de Baynes sobre Efésios 1, o tratamento de Baynes de Efésios 1.11 apareceu em 1635 e 1645 sob o título *The Judgement of Mr P. Bayn how farre God did will, or hath a hand in mans sinne*. Comentário de Baynes sobre Efésios 6.10 apareceu como *The Spirituall Armor* (1620). Este estudo, no entanto, vai recorrer a *An Entire Commentary upon the Whole Epistle of the Apostle Paul to the Ephesians* (três edições de 1643 a 1658), doravante denominados *Ephesians* (1657). *A Commentarie upon the first and second chapters of Saint Paul to the Colossians* apareceu em 1634 e 1635, doravante denominado *Colossians* (1635).

[619] A maioria deles não foi reeditada: *A Caveat for Cold Christians* (1618), *A Caveat*; *A Counterbane against Earthly Carefulnes* (1618); *The Trial of a Christians Estate* (1618, 1637), daqui em diante chamado *The Trial* (1618); *Uma Epitomie of Mans Misery e Deliverie* (1619); *Two Godly and Fruitfull Treatises* (1619), daqui em diante chamados *Two Godly*; e *The Mirrour or Miracle of Gods Love unto the world of his Elect* (1619), daqui em diante chamado *The Mirrour*.

[620] *A Helpe to true Happinesse* (três edições de 1618 a 1635), doravante denominada *A Helpe* (1618).

[621] *The Diocesans Tryall* (três edições de 1621 a 1644).

Enquanto a defesa da predestinação de Baynes é uma ampliação do supralapsarianismo de Perkins,[622] seu tratamento da fé temporária indica uma mudança significativa. Baynes coloca um problema que sintetiza a preocupação experimental predestinarista:

> Muitos dos fiéis são levados ao passo, que sendo persuadidos serem réprobos, estão ao ponto do desespero; têm um senso de Deus e sua ira e estão em grande angústia de consciência: como ficarão nesse estado?[623]

Baynes responde que "eles podem ter certeza" de que "não pecaram contra o Espírito Santo" por causa de tal "desejo de serem participantes" da verdade. Essa ansiedade de ser reprovado é uma "ilusão [que] vem mesmo de Satanás".[624] Pois se alguém tem a "vontade e desejo" de odiar o pecado e deleitar-se na bondade, "é uma marca infalível da eleição e amor de Deus para com ele".[625]

Sob sua convicção de que a "vontade" de ser piedoso é uma prova infalível da eleição está a solução de Baynes para o problema colocado pela doutrina da fé temporária. Ele compara a fé temporária a um estado de sonho, em oposição a estar conscientemente acordado. Ele revela essa ideia ao encontrar uma objeção que muitos apenas "pensam" que têm "verdadeira fé e santidade", mas não o têm de fato e, portanto, são enganados:

> Eu respondo; Primeiro, embora um homem sonhe que ele come, ou esteja nesta ou naquela condição, e seja enganado; todavia, um homem que é este ou aquele que está despertando, o conhece e não está iludido: Portanto,

---

[622] Baynes levanta e rejeita duas opiniões relativas à predestinação: que somos considerados "caídos" e que a eleição é baseada na "visão da fé". O que Baynes não faz é refutar a doutrina da fé de Armínio. Além disso, ele trata a doutrina da reprovação marginalmente.

[623] *Briefe Directions*, p. 24.

[624] *Ibid.*, p. 24-5.

[625] *Ibid.*, p. 58.

aqui, embora o homem que sonha, que está adormecido no pecado, possa zombar de si mesmo; o homem que está acordado e anda com Deus não está enganado.[626]

Enquanto "muitos que têm graças temporárias, caem delas", esses não são aqueles que têm um coração "honesto"; pois o que tem "sabe" que a sua graça permanece.[627] Segue-se então: "se descobrimos que nossos corações têm essa fé em Cristo, pela qual são purificados, aquele que sabe que tem essa fé, que é a fé dos eleitos, ele pode saber que é eleito também; portanto, vamos nos esforçar para tornar a nossa eleição segura".[628] Como será visto adiante, esta solução coincide com Baynes usando a ideia do ato reflexo.

Enquanto Perkins escreve longamente sobre "até que ponto um reprovado pode ir", Baynes fala de "até onde pode ir um descrente".[629] O cristão deve ir "além" do que pode caracterizar um incrédulo, e o incrédulo pode (1) ficar aterrorizado pelo espírito de escravidão; (2) ser penitente depois de cometer um pecado; (3) desfrutar dos exercícios da religião; (4) ter um gostinho da vida porvir; e (5) ter uma reverência pelos ministros de Deus.[630] Ir "além" consiste nisso: "devemos ser reformados voluntariamente nas partes de nossa vida, para que possamos ser justamente desafiados: e não prejudicar nossa profissão em qualquer coisa".[631] A substituição de Baynes de "descrente" por "reprovado" tende a tirar o horror de estar eternamente perdido. Mas se alguém descobre que o progresso exposto é característico de si mesmo, ele não precisa tomar isso como um sinal de que é reprovado com fé temporária, mas sim que ele pode ir "além" e se tornar um crente. Enquanto a teologia de Perkins procura postular a mesma esperança para a alma ansiosa, o termo

---

[626] *Ephesians*, p. 35-6.
[627] *Ibid.* p. 36.
[628] *Idem*
[629] *Briefe Directions*, p. 30.
[630] *Ibid.*, p. 30-1.
[631] *Ibid.* p. 33.

"reprovado" em relação a um chamado ineficaz dá a impressão de se estar em um beco sem saída. A mudança de Baynes – mesmo que seja um truque semântico – mostrando até que ponto um "infiel" pode ir, sugere uma condição dinâmica em vez de estática. Baynes mostra mais sensibilidade pastoral com essa facilidade de linguagem.

Se Perkins reduz ao mínimo as condições em que alguém pode ter segurança, Baynes reduz a capacidade de espiritualidade do incrédulo. Baynes reserva a vontade de ser piedoso, que ele chama de "conhecimento afetuoso",[632] apenas para os regenerados. Enquanto Perkins reduz ao mínimo as condições em que alguém pode ter segurança, mas eleva ao máximo as capacidades do reprovado com fé temporária, Baynes conserva o voluntarismo de Perkins enquanto reduz cuidadosamente as potencialidades espirituais do "incrédula".[633] Perkins falha em nos mostrar claramente como podemos saber que não somos reprovados; Baynes consegue reservar "conhecimento afetuoso" apenas para o crente. Baynes não consegue isso quebrando completamente o modelo de Perkins; ele simplesmente leva o voluntarismo de Perkins mais próximo do lugar que deveria ter no sistema dele (Perkins). A contribuição de Baynes, portanto, é dupla: (1) ele eleva o papel da vontade regenerada, imputando a ela uma afeição que não pode ser rivalizada por uma vontade não regenerada; e (2) ele restringe a vontade do descrente a afeições aquém do desejo de piedade. Por trás deste duplo segredo está o ponto de que o piedoso está plenamente consciente de suas afeições e não está em um estado de sonho.

A obra *The Trial of a Christian Estate* é dedicada quase inteiramente a este assunto da fé temporária".[634] O "dom espiritual daquele que possui fé temporária meramente iluminado para ver a Cristo, mas não move sua vontade para ir até Cristo".[635] Ele iguala isso com a "Fé

---

[632] *Ephesians*, p. 792.

[633] O mais próximo que Baynes chega a atribuir uma fé temporária a um "réprobo" é Ephesians, p. 153: "se não houvesse uma confiança particular na fé cristã, o réprobo poderia ter tudo isso em sua vida".

[634] *The Trial*, p. 5.

[635] *Ibid.* Cf. *Two Godly*, p. 226s.

dos Papistas" – uma mera iluminação – sem qualquer confiança dentro de sua esfera". O "cristão temporário" nunca foi verdadeiramente humilhado, mas é superficial, insincero: em uma palavra apenas, sua fé não o santifica verdadeiramente; e por causa desse defeito, ela não é permanente.[636] O entendimento do "cristão temporário" é apenas uma forma externa de conhecimento, a qual produz uma demonstração por meio das obras inferiores do espírito.[637] Ele apelida esses de "cristãos bissextos"[638], em contraste com o verdadeiro crente que é o único de quem se diz ter "um coração honesto"[639].

Os "cristãos bissextos" inevitavelmente apostatam deste estado transitório. Porque "a graça temporal não purga a raiz de nenhum pecado",[640] a queda se segue. Baynes lista seis "sintomas" ou "sinais de uma alma em declínio", mas o faz pedindo aos "mais fracos" que não imaginem que deveriam ficar desanimados ou necessariamente se identificar com esses sinais; pois a apostasia do cristão temporal é sempre "voluntariamente realizada sem remorso".[641] Esses sinais são: (1) o "desempenho de deveres como um negligente"; (2) "um apetite absurdo de comida insalubre"; (3) uma "indigestão do que ouvimos", como quando "a carne é consumida e passa despercebida não alterada pelo estômago"; (4) um "apetite desordenado" por "preocupações mundanas e prazeres"; (5) "o desafeiçoamento por nossos irmãos"; e (6) "quando não se sente relutância em relação às nossas fraquezas diárias e pecados menores, mas eles são assimilados por nós".[642] Baynes também reconhece que há um "retrocesso" nos escolhidos por Deus,[643] mas isso não significa que eles perecerão;

---

[636] *The Trial*, p. 6.
[637] *Ibid.* p. 8.
[638] O termo utilizado é "leap-christians", de difícil tradução para o português. Resumindo a ideia, para o autor, cristãos bissextos são aqueles cristãos que saem na frente dos demais em zelo, mas o efeito não é permanente. [N. E.]
[639] *Ibid.* p. 9.
[640] *Idem*
[641] *Ibid.* p. 10.
[642] *Ibid.* p. 11ss.
[643] *Ibid.*, p. 16.

"uma vez amados, sempre amados".⁶⁴⁴ Baynes não declara a diferença entre a queda do que retrocede e a do reprovado; ele apenas diz que Deus pode trazer o primeiro a "julgamentos inoportunos", que depois o completa "com sua eficácia".⁶⁴⁵ Isso, no entanto, não deve nos deixar imaginar que nossa condição de apóstatas é a dos eleitos; devemos "permanecer constantemente em nossos cursos" para andar com Deus "resistindo à preguiça".⁶⁴⁶

Baynes não está apenas convencido de que a fé temporária é visivelmente distinta da "fé justificadora e salvadora", mas torna o abismo tão amplo que alguém que possua a segunda não precise ficar ansioso com isso.⁶⁴⁷ De fato, "uma fé verdadeira" pode ser discernida "pelos frutos, e a saber, pelo arrependimento".⁶⁴⁸ Pelo arrependimento, "não quero dizer mais nada, mas a tristeza piedosa pelo pecado, em que a alma se humilha perante Deus, e volta para ele".⁶⁴⁹ Baynes acredita que um homem sabe se ele se arrependeu ou não; simples assim.

Quanto à natureza da fé, Baynes quer fazer da fé salvadora "uma persuasão segura". Mas isso não é uma persuasão por um ato direto; a persuasão em si é adiada, uma vez que é "em relação ao sentido e compreensão daquele que acredita".⁶⁵⁰ A persuasão então não é imediata ou direta; é mais uma "operação reflexa da mente".⁶⁵¹ Baynes enfatiza que tem havido "muitas almas genuínas, que por muito tempo acreditam, antes que olhem para si mesmas e sejam capazes de dizer, por meio de uma operação reflexa da mente: eu

---

⁶⁴⁴ *Ibid.*, p. 17.
⁶⁴⁵ *Ibid.*
⁶⁴⁶ *Ibid.*, p. 17-18.
⁶⁴⁷ *Ephesians*, 248s. Neste lugar Baynes mostra o contraste entre o crente temporário e o cristão em termos da ausência de afeições piedosas no primeiro. Tal contraste, diz ele, é "um rico conforto para todo crente".
⁶⁴⁸ *A Helpe*, p. 223.
⁶⁴⁹ *A Letter*, p. 4s.
⁶⁵⁰ *A Helpe*, p. 189.
⁶⁵¹ *Ibid.*, p. 191-92.

sei em quem tenho crido".[652] A própria fé, então, por um tempo, pode ser sem garantia; pode purificar corações de homens "ainda não seguros".[653]

A convicção primordial de Baynes é que onde a piedade está, a fé está. Pois "não há piedade sem fé verdadeira".[654] Baynes acredita que os Dez Mandamentos fornecem um esboço "dos deveres da santidade".[655] Ele conclui não apenas que os Dez Mandamentos mostram os critérios para viver piedosamente, mas que o fruto dos tais "nada mais é do que a pessoa que tem a certeza da Salvação".[656] Vida piedosa e fé, portanto, são inseparáveis. Mas a primeira confirma que a última está lá, já que a fé em si e por si mesma não é facilmente "sentida".

> Embora o amor de Deus e de Cristo, a obra do Espírito aplicando-os, e a fé que os apreende seja a verdadeira causa de nossa conversão, ainda assim, porque não são tão facilmente percebidos por nós, como são certos e infalíveis em si mesmos por causa da Salvação; portanto, é necessário *adicionar* alguns outros efeitos ou propriedades da verdadeira fé, que acompanham o amor de Deus e de Cristo Jesus em nós, e são as obras ou frutos do Espírito Santo pelo Evangelho, que podem ser mais claramente testificáveis, que onde estes estiverem, lá aquilo será encontrado também.[657]

Além disso, há "graus" de fé.[658] Esses graus correspondem à representação de Baynes do crescimento de um cristão, que ele

---

[652] Ibid.
[653] *Briefe Directions*, p. 61.
[654] Ibid., p. 47.
[655] Ibid., p. 130.
[656] Ibid., p. 181.
[657] *Briefe Directions*, p. 34s. (itálicos meus).
[658] Ibid., p. 44.

considera ter três estágios. O primeiro é "infância ou meninice", um estágio durante o qual a pessoa pode não ser capaz de obter plena segurança.[659] A fé nesta fase está em sua "medida mais fraca e mínima, quando ainda não há segurança no crente, e ainda frutos inseparáveis, e seus sinais infalíveis".[660] O segundo estágio – "a meia idade" – é quando estamos "sempre crescendo, embora lentamente".[661] Às vezes há certa segurança na meia-idade, mas é "muito fraca". O terceiro estágio é a "velhice, ou o estado experimentado".[662] Aqueles nesta etapa são "através de longa experiência" muito "familiarizados com a prática de uma vida piedosa".[663] Essa piedade "tem a segurança que usualmente a acompanha na maioria das vezes, a menos que o crente extinga o Espírito em si mesmo".[664] Portanto, pode haver tempo de inverno na alma. Como Perkins, que compara a regeneração à seiva dentro da casca, Baynes diz que uma árvore no inverno "parece estar morta, mas é a seiva escondida na raiz, que no devido tempo mostrará que a árvore nunca esteve morta".[665]

Baynes fala de "meios eficazes" pelos quais os homens chegam à salvação: "Deus não escolheu apenas alguns, mas determinou os meios eficazes, que infalivelmente os levarão ao fim para o qual foram escolhidos".[666] Embora Cristo não tenha morrido por todos,[667] a pessoa não precisa se desesperar se fizer uso diligente dos meios "apontados por Deus para o nosso aumento em fé e arrependimento".[668]

Baynes não tem nenhuma doutrina de preparação para a graça, exceto no contexto da obra inteira de Deus. Embora esses meios

---

[659] *Ibid.*, p. 93s.
[660] *Ibid.*, p. 44s.
[661] *Ibid.* p. 92s.
[662] *Ibid.*, p. 92.
[663] *Ibid.*, p. 94.
[664] *Ibid.*, p. 46.
[665] *Christian Letters*, não paginado.
[666] *Ephesians*, p. 58.
[667] *Ibid.*, p. 647. "Cristo não fez intercessão, nem morreu para todos." *The Mirrour*, p. 3.
[668] *A Helpe*, p. 292s.

efetivos possam ser "antecedentes de nossa conversão",[669] Baynes nunca diz que esses meios são conscientemente usados antes da fé. É sua crença que aquele que emprega ativamente os meios o faz porque já tem fé. O preparo é de Deus, que "por seu poder frequentemente opera alguma mudança preparativa" nos pecadores "antes que ele, por seu poder e palavra, trabalhe com o Espírito de fé neles, e os faça vir".[670] Deus trabalha "com a convicção do pecado" nos homens para fazê-los clamar: "o que faremos para sermos salvos?"[671] A "visão da nossa miséria" é devido à Lei.[672] No entanto, "estas preparações não são absolutamente necessárias, pois vemos que Deus dá aos filhos a graça santificadora, na qual nenhuma dessas operações preparativas pode acontecer."[673] Mas quando os preparativos acontecem, pode ser chamado de "espírito de escravidão", que é aquele "efeito que o Espírito opera através da Lei."[674]

O espírito de escravidão deve ser substituído pelo "Espírito da promessa", que nos sela e assegura nossa adoção à família de Deus.[675] Baynes mostra o que é um selo: (1) faz "às vezes coisas seladas em segredo", assim as graças do Espírito "tornam os crentes desconhecidos para o mundo, que não receberam o mesmo Espírito com eles"; (2) isto distingue, assim os crentes são "peculiares a Deus, são separados"; (3) torna as coisas "autênticas", assim os crentes recebem plena segurança de sua salvação.[676] Apesar dessa analogia, este selo não se torna necessariamente conhecido. Baynes afirma, assim, que "os verdadeiros crentes não têm certeza da salvação em seu sentido e julgamento".[677] Por isso, ele insiste: "vamos todos nos esforçar para nos selar para a redenção". No

---

[669] *Ephesians*, p. 59.
[670] *Ibid.*, p. 174.
[671] *Idem*
[672] *The Mirrour*, p. 39.
[673] *Ephesians*, p. 175.
[674] *Ibid.*, p. 86.
[675] *Ibid.*, p. 142.
[676] *Idem*
[677] *Ibid.*, p. 143.

entanto, é "o Espírito Santo e as graças do Espírito" que "são o mar que assegura nossa redenção"[678].

Baynes acredita que o "selo" ou "penhor" do Espírito pode ser conhecido "no curso normal"; daí o destinatário de tal poder ser "infalivelmente assegurado".[679] O conhecimento deste selo do Espírito é certo, mas somente pela posse de uma boa consciência:

> Esta certeza não é outra coisa que o testemunho de uma consciência renovada, que testemunha através do Espírito estarmos em estado de graça... Eu chamo isso de testemunho da consciência... porque a consciência fala apenas como uma reverberação; de modo que isto testifica para nós igualmente o nosso atual estado de Graça...[680]

Este ponto é coerente com o que foi visto anteriormente. Baynes acredita que um homem pode ter certeza porque sabe que se arrependeu. Tal homem não será enganado; ele não está sonhando como o temporário: "aqueles que têm o testemunho de uma boa consciência, podem saber que obedecem a Deus sinceramente".[681] Isso ele também chama de "conhecimento experimental".[682]

Baynes coloca fé na vontade e segurança no entendimento. A persuasão está no entendimento que reflete sobre o ato da vontade. "Por segurança aqui se entende uma garantia ou persuasão confiante, que não é só quando o entendimento determina que a verdade é falada, mas quando a vontade repousa confiantemente sobre o bem que é prometido."[683] Ao ver que a palavra é verdadeira, "tenho confiança na minha vontade, que me faz descansar" do que

---

[678] *Idem* (itálicos meus).
[679] *Idem*
[680] *Ibid.*, p. 146.
[681] *Ibid.*, p. 148.
[682] *Briefe Directions*, p. 277s.
[683] *A Helpe*, p. 187.

é dito.⁶⁸⁴ O ato de fé consiste em (1) o assentimento do entendimento e (2) a afeição da vontade.⁶⁸⁵ Baynes, assim, baseia-se na soteriologia de Perkins, mas não segue a esta afirmando que a fé deve estar assentada apenas no entendimento; ele está muito mais consciente do papel da vontade nesse tipo de teologia.

A maior contribuição de Baynes, entretanto, é reavaliar a doutrina da fé temporária. Ele tem certeza de que qualquer investigador sério não precisa ficar alarmado por ser reprovado. O piedoso sabe que não está sonhando; pode-se, por uma operação reflexa da mente, saber que se arrependeu e pode assim aplicar a promessa de salvação a si mesmo. Deve ser lembrado que Perkins acredita que a única coisa que o réprobo não pode fazer é aplicar a promessa a si mesmo. Baynes concorda, levando essa ideia um passo adiante: a capacidade de refletir sobre si mesmo e, assim, conhecer a humilhação pelo pecado ilude o temporário, que "não reflete sobre si mesmo, para ser humilhado".⁶⁸⁶ Baynes assim ampliou o abismo entre o temporário e o regenerado, uma distinção que é praticamente imperceptível em Perkins.

RICHARD SIBBES (1572-1635)

Deste homem mais abençoado, que este simples elogio seja dado,
*O céu estava nele, antes que ele estivesse no céu.*⁶⁸⁷

"O teólogo Doutor Sibbes" nasceu em Tostock, Suffolk. Ele foi admitido em St. John, Cambridge, em 1591. Recebeu o bacharelado em 1599; foi feito docente em 1601, e recebeu o mestrado em 1602. Sua

---

⁶⁸⁴ *Ibid.*, p. 188.
⁶⁸⁵ *Ephesians*, p. 244. Cf. *Colossians*, p. 288.
⁶⁸⁶ *The Trial*, p. 7.
⁶⁸⁷ De acordo com A. B. Grosart, "Memoir of Richard Sibbes, D.D.", *The Complete Works of Richard Sibbes, D.D.* (Edimburgo, 1862), p. 1. xx, Izaak Walton escreveu estas palavras com referência a Richard Sibbes em uma cópia de *The Returning Backslider*, de Sibbes, agora preservada na biblioteca da Catedral de Salisbury.

conversão sob o ministério de Paul Baynes, a quem ele chamou seu "pai no evangelho",[688] veio em 1602-03.[689] Ele foi ordenado diácono e clérigo em Norwich em 1607-08, e foi escolhido um dos pregadores da faculdade em 1609. Recebeu o bacharelado em teologia em 1610. Em 1611 ele se tornou palestrante na Holy Trinity Church, Cambridge, permanecendo nessa posição até 1615. Durante esse período na Holy Trinity ele converteu John Cotton.[690]

Em 1617, Sibbes tornou-se pregador no Gray's Inn, em Londres, e mais tarde complementou esta função aceitando a posição de Mestre na cátedra da Catherine Hall, Cambridge, em 1626. Logo após essa nomeação, recebeu o grau de doutor em teologia. Em 1627, recusou uma oferta do arcebispo James Ussher para ser reitor no Trinity College, em Dublin. Em 1633, Carlos I outorgou a Sibbes a regência da Holy Trinity, em Cambridge, onde fora professor uma vez antes. Sibbes parece ter mantido três posições (duas em Cambridge e uma em Londres) até sua morte em 5 de julho de 1635.

O padrão de conformismo de Sibbes é bem parecido com o de Perkins. Sibbes era um homem da igreja modelo. Deve-se notar, além disso, que seus primeiros anos de pregação foram realizados "com os olhos de Laud sobre ele".[691] Seus sermões não se aprofundam na eclesiologia. Por causa do poder de Laud, os homens foram proibidos de discutir questões como o livre-arbítrio e a predestinação já em 1628,[692] e isso pode explicar a pequena atenção de Sibbes à doutrina da predestinação. No entanto, a preocupação pastoral leva-o a suspeitar que ele quase preferiria que os homens se esquecessem dos decretos da predestinação. Em qualquer caso, Sibbes parece ter se curvado cada vez mais aos desejos de Laud. Quando, em 1634, ocorreu

---

[688] Prefácio a Paul Baynes, *Ephesians*.

[689] Frank E. Farrell, "Richard Sibbes: a Study in Early Seventeenth Century English Puritanism" (tese de doutorado, Edinburgh, 1955), p. 25. Esta tese trata da biografia e teologia de Sibbes. Esta última é tratada superficialmente, enquanto a doutrina da fé é tratada marginalmente.

[690] Larzer Ziff, *The Career of John Cotton*, p. 31.

[691] David Masson, *The Life of John Milton* (1881), i, p. 516.

[692] G. M. Trevelyan, *England under the Stuarts* (1965), p. 162.

uma comunhão vaga em Catharine Hall, Laud recomendou que um certo Edmund Calamy (um teólogo de Westminster) chamasse o "tocador de sinos em Lambeth" de Laud para o posto. Calamy relata: "o doutor, que não estava para provocar pessoas no poder, disse aos companheiros, que a Casa de Lambeth seria obedecida; que a pessoa era jovem e poderia demonstrar esperança, etc." [693]

Sibbes parece ter se interessado mais em publicar sermões de outros do que os seus próprios. Assim como o comentário de Baynes sobre Efésios 1, Sibbes publicou sermões de John Preston,[694] Henry Scudder (+ 1659),[695] Ezekiel Culverwell (+ 1631),[696] John Smith (+ 1616),[697] John Ball (+ 1640),[698] e Richard Capel (+ 1656).[699] À parte uma coletânea de sermões de Sibbes que apareciam anonimamente sob o título *The saints cordials* (1629),[700] apenas três volumes foram

---

[693] Edmund Calamy, *An Account of the Ministers, Lecturers, Masters...* (1713), ii, p. 605-06.

[694] Ele foi acompanhado nesse esforço por John Davenport (+ 1670);

[695] *Key of Heaven, the Lords Prayer Opened* (1620).

[696] *Time Well Spent* (1634); e *A Treatise of Faith* (c. 1622). Este último trabalho teve oito edições até 1648. Culverwell fala de uma garantia "dupla": "fé somente" (confiando na Palavra) e "a certeza do sentido", que vem do "esforço consensual de manter os mandamentos de Deus". *A Treatise of Faith* (1630), p. 156-57.

[697] *An Exposition of the Creed* (1632). Smith diz que há dois tipos de segurança: "certeza absoluta de que tudo o que o homem fez, ou seja o que for que um homem viveu, será salvo"; e "segurança condicional", aquela "que o Evangelho ensina, que se nos arrependermos... então poderemos assegurar a nós mesmos que seremos salvos" (p. 33).

[698] *A Treatise of Faith* (1631). Este teve seis edições em 1640. Ball pode ter influenciado os teólogos de Westminster. Cf. *infra*, p. 191 n. 4. Ball afirma que a "sede da fé" está no "coração". Por coração ele quer dizer a "vontade". *A Treatise of Faith* (1631), p. 142.

[699] *Tentations: their Nature, Danger, Cure* (cinco edições, 1632 a 1637). Capel diz que muita atenção dada à doutrina do pecado imperdoável é a "política de Satanás" (1633 ed., p. 279).

[700] Este foi reeditado em 1637 e 1658, identificando o pregador dos sermões como Sibbes. No entanto, um sermão ("The Poor Doubting Christian") é de Thomas Hooker. Cf. *infra*, p. 127 n. 11.

publicados "sob sua própria sanção".[701] Mas cinco anos depois de sua morte, nada menos do que noventa e nove sermões apareceram impressos,[702] sem contar os três volumes acima ou *The saint cordials*. Entre os que escreveram os prefácios de seus trabalhos estavam os futuros arminianos John Goodwin, John Dod, Ezequiel Culverwell, Thomas Manton e mais três futuros teólogos de Westminster: Simeon Ashe, Philip Nye e Thomas Goodwin.

Os sermões de Sibbes, que Haller julga serem "os mais brilhantes e populares de todos os pronunciamentos da militância da igreja puritana",[703] refletem o pensamento de Perkins e Baynes.[704] Sibbes concede apenas uma atenção superficial à doutrina da fé temporária – nunca usa a expressão em si – e enfatiza, em vez disso, a obra positiva do Espírito Santo na alma que está cansada do pecado – "a cana quebrada".[705] Ele era um pregador "principalmente devocional, não polêmico";[706] A pregação de Sibbes visa levantar o cristão mais fraco e levá-lo à persuasão de sua eleição em Cristo.

Uma posição que sugere uma visão infralapsariana[707] da predestinação pode, em parte, estar por trás da enorme responsabilidade que Sibbes imputa aos homens que ouvem o Evangelho.[708] Embora

---

[701] Grosart, *op. cit.* xxiii. São eles: *The Reed Bruised* e *Smoking Lax* (sete edições de 1630 a 1658); *The Souls Conflict With Itself* (cinco edições de 1633 a 1658); e *The Saints Safety in Evil Times* (três edições de 1633 a 1658).

[702] Estes tiveram pelo menos sessenta e três edições separadas.

[703] Haller, *Rise of Puritanism*, p. 152.

[704] Não há menos de 129 sermões. Este estudo se baseará nas The *Complete Works of Richard Sibbes, D. D.* (sete volumes, Edimburgo, 1862-4), doravante denominadas *Works*.

[705] *Works*, i, p. 48ss.

[706] G. F. Nuttall, *The Holy Spirit in Puritan Faith and Experience* (Oxford, 1947), p. 14.

[707] Posição na qual se afirma que os decretos de Deus da eleição e da reprovação sucederam o decreto da queda [N.E.]

[708] O propósito secreto de Deus é a eleição de alguns, "e deixar os outros". *Works*, v, p. 390. Isto sugere que os "outros" já estavam caídos. Aqueles a quem Deus designou para a desobediência (1Pe 2. 8) já eram cegos e hostis a ele. *Ibid.*, ii, p. 431. O que será "inferno no inferno" é ter que dizer: "Eu coloquei a mim mesmo descuidada e seguramente nesta propriedade amaldiçoada". *Ibid.*, iv, p. 92

Deus não pretenda salvar a todos – "devemos deixar Deus fazer o que quiser"[709] – Sibbes prega aos homens como se eles mantivessem seus destinos em suas próprias mãos. Essa abordagem tem um efeito significativo sobre sua doutrina da fé. Enquanto ele acredita que os homens, por natureza, estão espiritualmente mortos,[710] e que somente o Espírito pode mudar essa condição,[711] exorta os homens a "laborarem para entrar em Cristo" e, com isto, "se tornarem cada vez mais familiarizados com a vontade secreta do Pai para nossa salvação".[712] Ele não tem dúvida de que a vontade secreta de Deus pode logo se tornar conhecida. Para Sibbes, a questão é extraordinariamente simples; somos ordenados a crer em Cristo, já que isso "é suficiente"

> Não argumente com isto, se Deus elegeu ou Cristo morreu por ti. Esta é a vontade secreta de Deus. Mas o mandamento é acreditar em Cristo. Isso é suficiente. Portanto, renda-te a Cristo quando fores chamado e convidado para se lançar sobre ele; então encontrarás, para o conforto da tua alma, o fruto da sua morte.[713]

Sibbes, como Baynes, considera uma ilusão do diabo que os homens objetem: "eu não sou aquele que Cristo resgatou e Deus elegeu".[714] A resposta de Sibbes é: "coloque isto fora de questão, acreditando e obedecendo". De fato, "cumpra seu dever" e "seja governado por ele" e saiba então que "você é um dos eleitos de Deus".[715]

Enquanto Sibbes acredita que somente o Espírito Santo pode gerar vida, e que "não podemos nos preparar",[716] ele trata os homens

---

[709] *Ibid.*, v, p. 511.
[710] *Ibid.*, vii, p. 401ss.
[711] *Ibid.*, p. 408.
[712] *Ibid.*, iv, p. 329.
[713] *Ibid.* v, p. 391.
[714] *Ibid.*, p. 403.
[715] *Idem*
[716] *Ibid.* vi, p. 522.

como se o ato de fé fosse de si mesmos. Enquanto a graça da fé vem do Espírito, "o ato é nosso e vem imediatamente de nós".[717] De fato, a obra da conversão é "como se nós a fizéssemos".[718]

> É verdade que a graça é do Espírito, mas quando a graça é recebida, o ato procede de nós mesmos, não apenas procede de nós, mas imediatamente de nós. Não podemos deixar de confessar isso... nós não cremos realmente, apenas por um ato do Espírito; todavia o ato de acreditar é o nosso.[719]

Além disso, "todas as preparações são de Deus". Não podemos nos preparar ou mesmo "merecer coisas futuras por nossos preparativos; porque os preparativos são de Deus". Ao mesmo tempo, ele pensa que Deus "geralmente prepara aqueles que quer converter".[720] Essa preparação Sibbes chama de "contusão". A razão pela qual existem lapsos e apostasias é "porque os homens nunca são despertados para com o pecado fundamental; não foram longe o suficiente sob o açoite da Lei."[721] Essa preparação, ou contusão, é descrita como "a primeira obra do Espírito 'ou' o espírito de escravidão".[722] A ferramenta usada pelo Espírito é a Lei – "para levá-los a um santo desespero em si mesmos".[723] A pregação de Cristo "deve mesmo começar com a lei para descobrir às pessoas o seu estado por natureza".[724] "Cristo não é doce até que o pecado seja amargo", declara Sibbes.[725]

---

[717] *Ibid.* iv, p. 449.
[718] *Ibid.* ii, p. 63.
[719] *Ibid.* iv, p. 449.
[720] *Works*, vi, p. 522.
[721] *Ibid.* i, p. 44.
[722] *Ibid.* vii, p. 374s.
[723] *Ibid.* iv, p. 340.
[724] *Ibid.* v, p. 506.
[725] *Ibid.* vi, p. 171s.

Enquanto Sibbes é sensível ao assunto que alguns podem demorar em um estado de contusão desnecessariamente longo, ele conclui que é "melhor ir contundido para o céu do que sadio para o inferno"[726]. Se um homem tem estado "preso profunda e longamente em pecado, deve procurar uma medida maior e um tempo mais seguro de seu chamado eficaz". Antes que alguém encontre a paz no monte Sião, Deus irá falar com ele do Sinai com trovões e relâmpagos: isto é um "erguer e puxar de tal homem para fora do fogo com violência".[727] Pode ser visto, no entanto, que enquanto os preparativos são de Deus, Sibbes se dirige ao homem sob o espírito da servidão, como se ele pudesse sair do fogo. Sibbes faz uma distinção entre "humilhação" e "humildade", sendo a primeira consequência do espírito de servidão, e a última "a própria graça".[728] Do espírito de servidão brota "a principal obra, santificadora e salvadora do Espírito" – mas em proporção à "nossa humilhação e tristeza". O que devemos fazer, então, é "pegar as varas e bater em nós mesmos".[729]

Sibbes não deixa claro em que ponto conscientemente se passa do espírito de servidão ao Espírito de adoção. Essa fraqueza em sua teologia é o que o impede de defender com lucidez uma doutrina de plena segurança. Por outro lado, sua solução para o problema da fé temporária pode ser considerada como o preenchimento da solução atraente de Baynes. Sibbes resolve o problema evitando-o. Ele não diz se a "obra inferior do Espírito" – que ele pensa ser "necessária antes da conversão" – *necessariamente* gera conversões.[730] Ele quer manter simultaneamente que as contusões são antes da conversão, mas também que as feridas "são secretamente mantidas por um espírito de fé".[731] De fato, "estás ferido? Estejas confortável, Ele te chama".[732]

---

[726] *Ibid.* i, p. 47.

[727] *Ibid.* v, p. 376.

[728] *Ibid.*, p. 375.

[729] *Idem*

[730] *Ibid.* i, p. 44.

[731] *Ibid.* i, p. 38.

[732] *Ibid.*, p. 46.

A causa de "recaídas e apostasias", então, são feridas insuficientes. A fé temporária está implícita aqui. Mas Sibbes aparentemente não quer injetar nada em sua pregação que traga almas machucadas para mais tristeza. Ele, portanto, enfatiza o positivo – que "Cristo não 'esmagará' a cana quebrada".[733] Portanto, em vez de expor a possibilidade de recaída depois que alguém avançou para o espírito de servidão, Sibbes afirma simultaneamente que a ferida é um estado de pré-conversão e ainda um "espírito de fé, mostrando-se em suspiros e gemidos ocultos a Deus".[734]

Sibbes, em todo caso, nunca fala de "fé temporária" – em qualquer sermão ou comentário. Se Baynes se baseia nas estruturas gerais de Perkins, mas amplia o abismo entre o regenerado e o "temporário", Sibbes dificilmente deixa pensar que existe um abismo. Pois o réprobo é "não subjugado à obediência, não à obediência constante".[735] Enquanto os náufragos podem ter dons, "o cristianismo é mais uma questão de graça do que de dons, de obediência do que de partes".[736]

Como uma consequência dessa negligência da doutrina da fé temporária, "o celestial Doutor Sibbes" removeu todos os obstáculos que inibem a alma ansiosa que está disposta a fazer tudo o que puder para assegurar sua eleição. Sibbes leva o cuidado compassivo de Baynes pelas almas um passo adiante, mas sempre construindo sobre os mesmos fundamentos: que a "graça" afeta a "vontade".

> O principal na religião é a vontade e as afeições, e quando elas foram moldadas, o trabalho é feito por causa da graça. E não há outra maneira de discernir se a obra anterior de iluminação e persuasão foi eficaz e objetiva ou não, senão assim: discernindo se a vontade escolhe e

---

[733] *Ibid.*, p. 45.

[734] Sibbes afirma, no entanto, que uma obra inferior do Espírito opera nos homens que nunca se regeneram. Isso torna os homens "civis". *Ibid.* iv, p. 338. O Espírito pode ser dado em certo grau a réprobos, mas o Espírito não "governa neles". *Ibid.* i, p. 25. Cf. *ibid.* i, p. 163; vii, p. 8-9, 275, 497.

[735] *Ibid.* i, p. 25.

[736] *Ibid.*, p. 242.

se apega à boas coisas, e se nossas afeições se alegram e se deleitam nelas.[737]

Não surpreende, portanto, que a teologia da segurança de Sibbes se baseie em um "um ato inato refletido na alma".[738] De fato, "pode haver adesão sem evidência; e deve haver um ato de reflexão para causar a fé da evidência".[739] O ato de refletir é a consciência das afeições santas. Pois a obra inferior do Espírito deve progredir; de fato, para o "espírito de fogo" (Is 4.4), "consumir tudo o que se opõe à corrupção como a ferrugem corrói na alma".[740] Isso significa que Cristo governa a "mente, vontade e afeições".[741] Pois "se a vontade não for inclinada e forjada a seguir o melhor caminho, não há obra da graça."[742]

> Bem, você vê, portanto, que a graça produzida no evangelho não é mera persuasão..., mas uma poderosa obra do Espírito entretendo a alma e mudando-a, alterando transformadoramente a tendência e inclinação da vontade, para o céu...[743]

Devemos, portanto, "laborar" para tornar segura nossa vocação e eleição, "isto é, em nós mesmos e em nossa própria apreensão".[744] Essa certeza é aumentada evitando "quaisquer atos pecaminosos". Este cuidado de manter "nossas evidências claras" permitirá que "nossas consciências possam testemunhar" nosso chamado e eleição.[745]

---

[737] *Ibid.* vii, p. 446.
[738] *Ibid.* ii, p. 47.
[739] *Ibid.* vii, p. 352.
[740] *Works*, i, p. 78.
[741] *Idem*
[742] *Ibid.* iv, p. 258.
[743] *Ibid.*, p. 259.
[744] *Ibid.* vii, p. 352.
[745] *Ibid.*, p. 353.

O ato de refletir é, na verdade, o segundo de um "duplo ato de fé", ideia que Sibbes desenvolve à luz de sua observação de que muitos filhos de Deus esperam "sobremodo" antes de terem certeza.[746] No entanto, esse é essencialmente o ensinamento de Perkins, as duas obras de graça são apresentadas de uma maneira um pouco diferente. O primeiro ato de fé é "pelo qual a alma confia" em Deus, em Cristo e na promessa. O segundo é "o ato de refletir, pelo qual, sabendo que fazemos isso, temos a segurança". Sibbes pensa que "o homem pode realizar o único ato [o primeiro] e não o outro".[747] O segundo apenas prova que o primeiro de fato ocorreu. É o primeiro ato que "nos leva ao estado de graça", mas esse estado é caracterizado pela falta de segurança.[748] O primeiro, Sibbes também descreve como "o ato direto" que é seguido por "um ato de reflexão, pelo qual eu sei que estou em estado de graça pelo fruto do Espírito". Mas Sibbes é cuidadoso em sustentar que é "pelo primeiro ato que somos salvos".[749]

Sibbes, portanto, articula a distinção entre fé e segurança mais claramente do que qualquer teólogo examinado até agora. Essa distinção está implícita em Perkins, embora ele fale principalmente da falta de segurança "completa". John Dod fala da segurança do "brilho da lua", o estado mais comum dos cristãos. O conceito desenvolvido por Sibbes sobre o duplo ato de fé simplesmente resulta em "segurança", e isso apenas por reflexão. Além disso, "Deus dá o ato de refletir, que é a esperança garantida, como uma recompensa do andar correto".[750] Enquanto somos salvos pelo ato direto, a segurança parece ser baseada no mérito. Somos salvos pela graça; somos assegurados por obras. Outros escritores citados implicaram isto; Sibbes diz isso. A garantia é "uma recompensa do andar correto". É essa convicção que está por trás de sua afirmação, "a fé é uma coisa, a certeza outra".[751]

---

[746] *Ibid*. iii, p. 467.

[747] *Idem*

[748] *Ibid*. v, p. 393.

[749] *Ibid*. vii, p. 213.

[750] *Idem*

[751] *Ibid*. v, p. 448.

Sibbes se baseia nas estruturas de Perkins. Além de uma tendência ao infralapsarianismo, Sibbes está diretamente dentro do modelo de Perkins, apesar das diferenças entre eles na fé temporária. Percebeu-se que a teologia de Perkins exige maior atenção em relação à vontade do homem; sua ênfase em "aplicar" a Cristo é essencialmente voluntarista.

Sibbes diz que "a fé verdadeira é uma fé aplicada", e que a "natureza da fé" é para particularizar, isto é, "apropriar-se" de Cristo para si mesmo.[752] A descrição de Sibbes do "selo" do Espírito, além disso, é semelhante à de Baynes.[753] Embora Baynes não lide com o "pacto da graça" e o "pacto das obras", Sibbes faz isso com frequência, enfatizando a diferença entre os dois.[754] Sua posição é uma repetição de Perkins. Embora Perkins possa não estar feliz com a declaração de Sibbes, "o trabalhar é como Deus pode nos amar",[755] um comentário estranho para qualquer predestinarista, tal observação revela até que ponto se pode ir em direção a uma doutrina antropocêntrica da fé quando a segurança é considerada como uma recompensa por "andar correto".

---

[752] *Ibid.*, p. 391.
[753] *Ibid.* iii, p. 465ss. Cf. *supra*, p. 101 n. 6.
[754] e.g. ver *Works*, i, p. 58s.; iv, p. 122; v, p. 342; vi, p. 4; vii, p. 352, 482, 198.
[755] *Ibid.* vi, p. 393.

CAPÍTULO 8

JOHN COTTON (ATÉ 1632) E JOHN PRESTON

JOHN COTTON (1584-1652)

Este capítulo argumentará que John Cotton sofreu uma mudança significativa de espírito em algum estágio de sua carreira antes da controvérsia antinomiana na América (1636-7). Essa mudança de pensamento é transparente quando seus sermões pregados na Inglaterra são comparados àqueles proferidos na América.[756] É apropriado, além disso, que o "primeiro" Cotton e John Preston estejam ligados, não apenas porque Cotton transformou

---

[756] Ver Capítulo 12.

Preston, mas porque "cresceu quase um provérbio: "que o Sr. Cotton era o tempero do Dr. Preston".[757]

Com uma exceção,[758] os sermões pregados por Cotton na Inglaterra foram publicados depois que ele foi para a América, sem sua edição e provavelmente sem sua permissão.[759] Estudiosos não tiveram dificuldade em determinar em que país os sermões foram entregues,[760] no entanto, o claro contraste que emerge da comparação entre os dois conjuntos de escritos parece ter sido geralmente negligenciado.[761] Esse capítulo argumentará que os sermões de Cotton na Inglaterra apresentam um ponto de vista consistente sobre a natureza da fé salvadora, mas que ele o repudia na América. Incidentalmente, portanto, dará suporte à afirmação de Cotton Mather de que os sermões de John Cotton na Primeira Epístola de João,[762] "pregados em sua juventude, e não publicados por ele mesmo", contêm "algumas coisas que ele não teria inserido",[763] uma observação que Mather provavelmente fez porque conhecia a teologia pela qual seu avô se tornou controverso na América. Em

---

[757] Cotton Mather, *Magnalia Christi Americana*, i. 260.

[758] *Gods Promise to His Plantation* (1630), sermão de Cotton em Southampton, entregue antes dos que partiram para a Massachusetts Bay.

[759] Por exemplo, no prefácio de *The way of life* (1641), William Morton escreve: "Eu poderia ter desejado (se pudesse ter sido) que isto tivesse passado sob sua própria censura". Mather, *op. cit*. i, p. 280, diz que os sermões sobre João não foram publicados por Cotton.

[760] Larzer Ziff, *The Career of John Cotton* (Princeton, 1962), p. 261-68, e Everett H. Emerson, John Cotton (Nova York, 1965), p. 163-36, concordam essencialmente com as datas dos sermões de Cotton. Cf. Julius H. Tuttle, "Writings of John Cotton", *Biographical Essays: a Tribute to Wilberforce Eames* (Cambridge, Massachusetts, 1924), p. 363-80.

[761] Emerson, *op. cit*., p. 50, percebe uma diferença na doutrina da preparação entre *Christ the Fountaine of Life* e *Treatise of the Covenant of Grace*, mas diz: "Só se pode recorrer ao conceito reformado do sermão como uma explicação para essa inconsistência".

[762] *Christ the Fountaine of Life* e *A Practicall Commentary... upon The First Epistle Generall of John*.

[763] Mather, *op. cit*. i, p. 280.

todo caso, este trabalho mostrará o "primeiro" Cotton como um predestinarista experimental, mas o Cotton "mais tardio" adotou uma posição notavelmente semelhante à de João Calvino.

John Cotton nasceu em Derby em dezembro de 1584. Entrou no Trinity College, em Cambridge, em 1597, quando a influência de Perkins estava no auge. Ele ouviu Perkins pregar, "mas os movimentos de seu coração que então surgiam, ele suprimiu".[764] Quando ele ouviu "o soar do sino para Perkins que então estava morrendo, estava secretamente feliz em seu coração, pois ele deveria agora livrar-se daquele que - como ele mesmo disse - sitiara e cercara seu coração."[765] Porém, mais tarde, sob a pregação de Richard Sibbes, que "mostrou o que a regeneração não era", Cotton viu sua condição completamente descoberta e foi convertido. Essa experiência "gerou nele um amor singular e constante pelo doutor Sibbes",[766] e Cotton manteve uma foto de Sibbes "naquela parte de sua casa onde poderia olhar com mais frequência"[767].

Cotton obteve o bacharelado em 1602 e, mais tarde, ele refletiu: "Deus me manteve na universidade".[768] Em 1603, ele se tornou um membro do Emmanuel College, onde ficou sob a influência de Laurence Chaderton. Obteve o mestrado em 1606, foi ordenado em Lincoln em 1610 e tornou-se vigário de St. Botolph, Boston, Lincolnshire, em 1612. Ele recebeu o Bacharelado em Teologia em 1613. Paul Baynes o apresentou a "uma piedosa mulher gentil" com quem Cotton se casou.[769] Sua popularidade aumentou durante o tempo no St. Botolph's. Seus sermões eram "muito bem atendidos por cidadãos de todo o país", sendo Anne Hutchinson uma frequente

---

[764] John Norton, *Abel being Dead yet speaketh; or, the Life & Death of... Mr. John Cotton* (1658), p. 12. Norton foi amigo íntimo de Cotton e sucessor na igreja de Boston, New England.

[765] *Idem*

[766] *Ibid.*, p. 13.

[767] Mather, *op. cit.* i, p. 255.

[768] Norton, *op. cit.*, p. 11.

[769] Mather, *op. cit.* i, p. 258.

participante.⁷⁷⁰ John Preston, a quem Cotton converteu em Cambridge, frequentemente o ouvia e frequentemente também enviava estudantes para isso.⁷⁷¹

Cotton parece geralmente ter se conformado satisfatoriamente à ordem das coisas na Inglaterra, embora se recusasse a se ajoelhar para receber a eucaristia. Em 1632 soube que seria convocado pelo arcebispo Laud para o Tribunal da Alta Comissão. Ele visitou John Dod, que o aconselhou a deixar o país. Cotton escolheu ir para a América. Partiu em uma manhã de junho de 1633, navegando com sua segunda esposa (sua primeira morreu de malária) e sua filha no navio *Griffin*. Com ele estava Thomas Hooker, que retornara da Holanda. O filho de Cotton, Seaborn, nasceu durante a travessia, mas seu batismo foi adiado, aguardando tal sacramento em uma igreja verdadeira. O *Griffin* atracou no porto de New Boston em 4 de setembro de 1633.

A doutrina da fé de Cotton na Inglaterra⁷⁷² espelha claramente a tradição experimental predestinarista, exceto por sua aberração em relação à doutrina da predestinação.⁷⁷³ Em relação a esta última,

---

⁷⁷⁰ Ziff, *op. cit.*, p. 43.

⁷⁷¹ *Ibid.*, p. 32-33.

⁷⁷² Isto é baseado no seguinte: *A Practical Commentary... vpon The First Epistle Generall of John* (1656, 1658), doravante chamado *1John* (1656); *Gods Mercie mixed with his Ivstice* (1641), doravante chamado *Gods Mercie* (este foi publicado em 1658 como *The Saints Support & Life*); *Christ the Fountaine of Life* (dezesseis sermões de 1 João 5.12-16) (1656), daqui em diante chamado *Christ the Fountaine*; *The way of life* (1655); e *Treatise of Mr. Cottons, Clearing certaine Doubts concerning Predestination. Together with an Examination Thereof: written by William Twisse* (1646), daqui em diante chamado *Predestination*.

⁷⁷³ William Twisse (+ 1646), que se tornou moderador da Assembleia de Westminster, encontrou o manuscrito de Cotton, que parece ter sido amplamente divulgado, e preparou uma refutação que Cotton mesmo leu antes da sua saída da Inglaterra. Twisse relata no prefácio que Cotton estava "satisfeito" com a resposta, o que implica que Cotton mudou de ideia. Norton, *op. cit.* p. 31, afirma que Cotton mudou, e, de fato, o predestinarismo de Cotton depois de 1636 não sugere a visão modificada que o tratado sobre predestinação leva. Twisse diz que ele publicou o tratado em 1646 porque temia que a posição de Cotton na década de 1620 se tornasse mais conhecida do que sua mudança de

Cotton elaborou um esquema pelo qual a eleição é totalmente por decreto de Deus, mas a reprovação está totalmente nas mãos do homem. A posição de Cotton se harmoniza com a teologia altamente ativista que ele defende durante esse período. Ele quer mostrar que quando os homens rejeitam o Espírito Santo é uma rejeição real,[774] e que os réprobos teoricamente poderiam ser salvos se mantivessem o pacto das obras.[775] Embora Cotton nunca insinue que os réprobos poderiam manter tal pacto, ele acredita que o fracasso em fazer isso justifica Deus em condená-los.[776] A inquietação de Twisse é que a posição de Cotton é uma aquiescência implícita no "fermento semeador do arminianismo".[777]

Enquanto Twisse se concentra nos decretos de eleição e reprovação, a verdadeira doutrina da fé de Cotton também é parecida com a de Armínio. O que os predestinaristas experimentais não parecem se preocupar é que sua doutrina da fé tem muito em comum com a de Armínio. É possível que seu interesse excessivo na questão dos decretos da predestinação os tenha afastado de perceber o paralelo que existe entre a doutrina da fé de Armínio e a sua própria.[778]

De fato, Cotton afirma que a conversão é composta de "um duplo ato de Deus" - Ele levanta e bate - e "um duplo ato nosso" - ouvindo sua voz e abrindo a porta – Apocalipse 3.20).[779] Além disso,

---

opinião. A refutação de Twisse é uma defesa da visão supralapsariana. A data da composição de *Predestination* foi algum tempo depois do Sínodo de Dort, ao qual Cotton se refere (p. 39).

[774] *Predestination*, p. 93.

[775] *Ibid.*, p. 62.

[776] *Ibid.*, p. 172s.

[777] *Ibid.*, p. 234.

[778] Que os predestinaristas experimentais teriam reavaliado sua doutrina de fé, se tivessem percebido que a semelhança entre Armínio e eles mesmos não está implícita. Em qualquer caso, este é um ponto fundamental que os intérpretes do calvinismo e do arminianismo parecem ter negligenciado: a modificação radical de Armínio da doutrina reformada da predestinação é acompanhada por seu desvio de Calvino sobre a natureza da fé; mas na última questão, Armínio e os predestinaristas experimentais têm muito em comum. Ver Capítulo 10.

[779] *Gods Mercie*, p. 2.

enquanto Cotton afirma que a causa da vida espiritual é "Deus possuir boa vontade" e "o Espírito de Deus",[780] porque ele é sensível sobre ser acusado de "pelagianismo sem graça",[781] afirma que todos os homens recebem "tais meios e ajuda para buscar o Senhor, e encontrar misericórdia dele, que são suficientemente capacitados para fazer muito mais do que fazem."[782] Além disso, esses meios são suficientes para levar os homens ao arrependimento e à salvação,[783] tais meios, ou "ajuda", vêm "do conhecimento de Deus na Natureza, ou da graça em Cristo".[784]

Assim, Cotton imputa aos inconversos uma notável medida de capacidade de se preparar para a fé; não que homens naturais possam se converter, mas eles são habilitados a "fazer muito mais do que fazem", com o que ele parece significar que poderiam fazer mais do que pensam que podem, ou pelo menos, geralmente agir. O que "ajuda" que não pode vir da "graça em Cristo", então, vem do conhecimento de Deus na "Natureza". De qualquer forma, Cotton é o mais próximo de qualquer figura examinada até agora em postular a preparação da parte do homem *antes* da regeneração. De fato, precisamos "preparar um caminho para que Cristo nos ache".[785] Além de uma analogia entre João Batista e Cristo, Cotton se apoia fortemente em sua interpretação de Isaías 40.3-4 para apoiar sua doutrina da preparação.[786] Como toda montanha deve ser abatida, e lugares tortuosos devem ser planos, assim é que "se abrimos caminho, então ele entrará em nossos corações".[787]

A frase favorita de Cotton em relação à preparação é "adequado a Cristo".[788] Quando "estamos dispostos a ser o que ele quer que

---

[780] *1John*, p. 396-97.
[781] *Predestination*, p. 207.
[782] *Idem*
[783] *Ibid.*, p. 207-8.
[784] *Ibid.*, p. 207.
[785] *Christ the Fountaine*, p. 40.
[786] *Ibid.* 40s. Cf. *1John*, p. 387s.
[787] *Christ the Fountaine*, p. 41.
[788] *Christ the Fountaine*, p. 41. Cf. *1John*, p. 388.

sejamos", somos "preparados para que Cristo entre em nós". O fato de não estarmos tão adequados é evidenciado pela nossa relutância em "participar de tais e tais desejos".[789]

> Coisas tortas devem ser retas; existem em nossos corações muitos desvios para dentro e para fora que devem ser endireitados. Apenas quando olhamos com um único olho, estando dispostos a ser guiados pela regra da retidão, e mirarmos apenas para o alvo de Deus, tal coração está apto para Cristo, quando é purificado de toda hipocrisia.[790]

Cotton atribui um enorme poder à Lei para realizar essa aptidão. A Lei "mata o pecado em nós, e com isso nos mata, mata todas as nossas diversões e confortos anteriores neste mundo".[791] Quando um homem é ferido uma vez pelo ministério da Lei, tendo um espírito de servidão respirando nele, escurece e morre todos os seus confortos, como se o homem estivesse morto para pecar e morto para o mundo."[792] Um "poder adicional na Lei", embora não regenere, é como "um professor para nos dirigir a Cristo" isso "nos descobre nossos pecados". Às vezes – "ocasionalmente" – esse poder da Lei, ou espírito de servidão, é acompanhado pelo Espírito de adoção "combatendo com ele". Este Espírito de adoção "nos faz gritar: o que faremos para sermos salvos?"[793]

Cotton não esclarece a última afirmação. Mas sua declaração de que "ocasionalmente" o Espírito de adoção pode combater com a obra do espírito de servidão revela sua sensibilidade sobre quando a regeneração realmente se estabelece, um ponto que Sibbes também não deixa claro. Parece, no entanto, que a falta de elaboração

---

[789] *Christ the Fountaine*, p. 41.

[790] *1 John*, p. 388.

[791] *The way of life*, p. 232.

[792] *Ibid.*, p. 233.

[793] *Idem*

de Cotton sobre este ponto é, de certa forma, compensada por sua ênfase frequente no que ele entende por ser "adequado" a Cristo. Quando "não permitirmos a nós mesmos em nenhum caminho do pecador, mas nos entregarmos, almas, corpos, espíritos e tudo para sermos guiados por ele", então Cristo "virá e habitará conosco".[794] É aqui que Cotton, intencionalmente ou não, equivale a estar preparado com arrependimento – e, portanto, preparação com segurança. Ele parece dizer que, se estamos preparados, isto é, "adequados", estamos simultaneamente seguros de que o Espírito de adoção veio habitar conosco. O cerne da doutrina da preparação de Cotton, em todo caso, é o abandono do pecado conhecido. Enquanto está sendo preparado inclui uma diligência para ouvir a palavra de Deus, Cotton rapidamente chega ao ponto: "como sempre conheceu os pecados que você tem vivido antes, abandone-os, e então Deus derramará as riquezas de sua misericórdia sobre você... quando vomitar um pecado reprovado, aparte-se dele, e então ele derramará seu Espírito sobre você".[795] Essa afirmação, além disso, dificilmente pode ser considerada como algo que não seja colocar o arrependimento antes da fé na *ordo salutis*.

O que Cotton faz, então, é exigir arrependimento em um homem antes que ele possa se adequar; e ele deve estar "adequado" antes de Cristo vir morar com ele.

> Se não há nada no coração de um homem, mas este está disposto a ser guiado por aquele pela regra direta da palavra de Deus, e o alvo dele é a glória de Deus, a vinda de seu Reino, e o fazer de sua vontade, então, é todo um caminho torto do homem deixado de lado, e o coração está tão nivelado que, *de repente, Cristo entrará em seu templo*.[796]

---

[794] *Gods Mercie*, p. 22.
[795] *The way of life*, p. 103.
[796] *Christ the Fountaine*, p. 43.

De fato, uma vez que a santificação "se sustenta principalmente em duas coisas: na mortificação da corrupção, e no despertar de nossos espíritos para deveres santos, a fé faz ambos",[797] a descrição do coração "adequado" para Cristo não é essencialmente diferente do que Cotton chama a santificação. Embora ele afirme que a fé mortifica e acelera, ele conclui simultaneamente que a santificação é um pré-requisito para a fé.

A posição essencial de Cotton é que quando fazemos a nossa parte, Deus fará a sua parte. Ele chega muito perto de dizer que a preparação para a fé é inteiramente trabalho do homem – a menos que o conhecimento de Deus na "natureza" possa significar que tal é o trabalho de Deus. Em qualquer caso, o espírito de servidão prepara-se para o Espírito de adoção, e o primeiro parece ser a cooperação do homem com o trabalho da Lei que o torna, por sua vez, "adequado a Cristo". Cotton escreve ao Arcebispo Ussher que não há promessa de graça para perdoar o pecado "antes que o coração seja mudado de pungente para quebrantado". De fato, "fé nas promessas" *antes* que essa mudança tenha ocorrido "não é melhor que a fé temporária, que se encontra no solo pedregoso" (Lc 8.13).[798] Cotton está convencido de que "o Espírito não habitará um coração impuro".[799] Ele fala em círculos: "a fé prepara meu coração para receber esse Espírito de selagem" e ela "purifica nossos corações"; mas esta purificação ocorre na aplicação de "todos os mandamentos de Deus em nossas almas, de modo que não ousemos cometer iniquidade, e assim somos puros e admiravelmente inocentes, envergonhados e não ousamos nos envolver com qualquer pecado".[800]

A partir desse argumento circular, pode-se inferir que o homem determina, se não controla, a entrada do Espírito por sua disposição ou falta de disposição para abandonar o pecado; a disposição deve vir antes do Espírito. Parece que não é o Espírito que faz

---

[797] *The way of life*, p. 351.
[798] *The Whole Works of the Most Rev. James Ussher, D.D.* (Dublin, 1864), XV., p. 331.
[799] *The way of life*, p. 326.
[800] Idem

alguém disposto, mas a vontade que permite que o Espírito entre. De fato, a fé "abre espaço para o Espírito".[801]

O que Cotton não esclarece, além disso, é se a operação do espírito de servidão pode ou não ser abortada ao longo do caminho. Isto pavimentaria o caminho para uma doutrina de fé temporária. Sua referência à "fé temporária" para o Arcebispo Ussher não é encontrada em outros lugares em seus sermões pregados antes de 1632.[802] Portanto, Cotton deve ser visto alinhado com a tradição experimental predestinarista de proteger o papel da vontade de obedecer a Deus de ser contestada com outra coisa senão o sinal certo de que Cristo *veio* habitar em nós.

O conhecimento de que temos essa vontade de guardar os mandamentos de Deus é "actio reflexa".[803] Pois "como eu sei que o fogo queima conforme a luz e o calor, então eu sei disso pela experiência", os "efeitos"; e tais efeitos "não podem nos iludir". Tendo sido oprimido pela consciência do pecado, a pessoa "sabe que conhece a Cristo" pela "purificação de sua consciência... purificando-a das concupiscências do pecado". Assim, "sabemos que o conhecemos, se obedecemos seus mandamentos".[804]

Mas tal conhecimento dificilmente é diferente do conhecimento de estar preparado por um coração "adequado"; portanto, a garantia de estar preparado é simultaneamente garantia de ser eleito. Cotton pergunta, falando desse conhecimento que guardamos os mandamentos de Deus, "como faremos isso [nosso chamado e eleição] seguros, se não sabemos que o conhecemos?"[805] A "actio reflexa" está refletindo essencialmente sobre nossa obediência – seja

---

[801] *The way of life*, p. 326.
[802] Como Sibbes, Cotton refere-se à obra comum do Espírito. *1John*, p. 26. Ele faz uma observação passageira de que pode haver zelo (como em Herodes – Mc 6.20), humilhação (como em Acabe – 1Rs 21.29) e medo (como em Félix – At 24.25). Mas estes "só descansam no exterior de um homem" e não alcançam "o coração e a vontade, que são o castelo onde Cristo habita". *1John*, p. 279.
[803] *Ibid.* p. 54.
[804] *Ibid.* p. 59.
[805] *Idem*

nossa aptidão (adequação) ou nossa observância dos mandamentos (regeneração). Seu conselho a respeito da adequação a Cristo não é realmente diferente de seu conselho sobre como sabemos que temos Cristo. A única diferença além entre a garantia de preparação e a garantia de regeneração é que Cotton não diz explicitamente que a santificação precede a fé; só que, se a santificação existir, "então a tua fé é uma fé regeneradora".[806] É óbvio, porém, que a preparação para a fé requer arrependimento ou santificação – seja qual for o nome que Cotton queira dar a "adequado".

Cotton depois toma uma linha radicalmente diferente. Mas sua mudança de opinião parece ter ocorrido após o tempo em que ele era "a vasilha de tempero do Dr. Preston".

JOHN PRESTON (1587-1628)

John Preston nasceu em Upper Heyford, Northamptonshire, em 1587. Em 1604, ele se matriculou como bolsista no King's College, em Cambridge, mas migrou para o Queens em 1606. Em algum momento, ficou fascinado por Aristóteles, seu "santo tutelar".[807] Recebeu o bacharelado em 1607 e foi escolhido como docente em 1609. Em 1610 foi empossado como obreiro remunerado da Lincoln Cathedral.

Em 1611, Preston ouviu um sermão de John Cotton, que desafiou a "opinião desfavorável do ministério e da pregação" por parte de Preston e que resultou em sua conversão.[808] Em 1620, assumiu o cargo e se tornou reitor e catequista de Queens. Preston

---

[806] *Ibid.*, p. 345. Cf. *Christ the Fountaine*, p. 109ss., onde Cotton elabora que os "efeitos" da santificação provam nossa vida em Cristo (1Jo 5.12). Estes efeitos provam que existe vida: "Pois bem podemos argumentar que, tendo a vida, temos o Filho, como tendo o Filho é que temos vida; estas coisas são recíprocas."*1John*, p. 396.

[807] Thomas Ball, The *Life of the Renowned Doctor Preston* (1885), p. 9. Preston "con9 tinuou por mais tempo em Aquino, cuja Suma Teológica às vezes lia enquanto o barbeiro cortava seu cabelo e, quando algo caía sobre o que ele lia, não virava o livro para baixo, mas soprava" (p. 19). O trabalho de Ball apareceu em parte pela primeira vez em Samuel Clarke, *Martyrologie*.

[808] Ball, *Life*, p. 16.

é o primeiro na tradição experimental predestinarista a ganhar favor real; sua relação íntima com o duque de Buckingham parece ter sido responsável por ele se tornar capelão do príncipe Charles.[809] Em 1624, ele foi premiado com o Doutorado em Teologia por ordem real. Em 1622, Preston foi designado para dois cargos. Em 21 de maio, ele se tornou o pregador da Lincoln's Inn, em Londres, uma congregação com forte representação do parlamento.[810] Em 2 de outubro, tornou-se o sucessor de Laurence Chaderton como mestre do Emmanuel College.[811] Em 1624, foi professor na Trinity Church, Cambridge, o púlpito havia se tornado popular alguns anos antes por Richard Sibbes. Assim, "voando de púlpito em púlpito em Londres e Cambridge, e dando as devidas voltas pregando na corte, Preston dedicou os últimos dois ou três anos de sua vida".[812] Ele foi enterrado em Fawley, Northamptonshire; "o velho Sr. Dod, o ministro daquele lugar, pregou e uma multidão de pessoas piedosas se reuniu, em 20 de julho de 1628".[813]

Por acordo prévio com Preston,[814] Richard Sibbes e John Davenport começaram a publicar seus sermões em Londres,[815] enquanto

---

[809] Irvonwy Morgan, *Prince Charles's Puritan Chaplain* (1957), p. 74ss. Esta é a única biografia recente de Preston. Ele dificilmente toca em sua teologia, nem lista a bibliografia de Preston.

[810] *Ibid.*, p. 111s.

[811] *Ibid.*, p. 115.

[812] Hailer, *Rise of Puritanism*, p. 74.

[813] Ball, *Life*, p. 175.

[814] Sibbes e Davenport, prefácio, *The Saints Qvalification*, afirmam que publicariam os sermões londrinos e que "os amigos do autor que residiam em Cambridge" foram designados por Preston para publicar os sermões que ele pregava lá.

[815] São eles: (1) *The New Covenant, or The Saints Portion* (nove edições de 1630 a 1639), doravante denominada *New Covenant* (1630). (2) *The Saints Daily Exercise* (doze edições de 1629 a 1636). (3) *The Breast-Plate of Faith and Love* (nove edições de 1630 a 1651; em três partes, cada uma com nova paginação), doravante denominada *Breast-Plate* (1630). (4) *The Saints Qualification* (quatro edições entre 1633 e 1637), doravante denominada *Qualification* (1633). (5) *The New Creatvre: or a Treatise of Sanctification* (1633), daqui em diante chamado *New Creature*. (6) *The Cuppe of Blessing* (1633).

Thomas Ball e Thomas Goodwin produziram aqueles que Preston pregou em Cambridge.[816] Não poucos volumes, no entanto, surgiram sob o nome de Preston sem um endosso desses homens,[817] para seu desalento,[818] e uma edição das obras resumidas de Preston apareceu mais tarde.[819] Nos dez anos de sua morte, pelo menos vinte e cinco volumes separados - mais de cem sermões - foram publicados com seu nome.

Se Cotton influenciou Preston, o comentário de Grosart deve ser adicionado, que Preston e Sibbes amavam um ao outro "com um amor que era algo maravilhoso".[820] Quando Sibbes e Davenport chamaram *Breast-Plate* (a couraça) de "a suma" das obras de Preston,[821] eles revelam talvez tanto sobre suas próprias afinidades teológicas quanto as de Preston; mas não há dúvida de que as obras de Preston como um todo mostram claramente que ele abraçou o pensamento daquilo que já foi visto na tradição experimental predestinarista mais completamente desenvolvida.[822]

---

[816] Estes são: (1) *Sermons preached before his Maiestie* (cinco edições de 1630 a 1637). (2) *The Golden Scepter held forth to the Humble* (duas edições, ambas em 1638), doravante denominado *Golden Scepter*. (3) *The Churches Marriage* (1638). (4) *The Churches Carriage* (1638?). (5) *The Doctrine of the Saints Infirmities* (quatro edições de c.1630 a 1638), doravante denominadas *Infirmities* (1638). (6) *Life Eternall, or A Treatise of the knowledge of the Divine Essence and Attributes* (cinco edições até 1634)

[817] Não parece útil listar todos esses (totalizando não menos do que treze conjuntos separados, embora menores do que os citados acima), com as seguintes exceções: *Remaines of that Reverend and Learned Divine, John Preston* (1637), doravante denominados *Remaines; The Law ovt Lavved* (1633); e *The Deformed Forme of a Formall Profession* (1632).

[818] Prefácio, *Qualification*. No entanto, nenhuma variação teológica aparece nessas edições não autorizadas.

[819] *An Abridgement of Dr. Preston's Works* (1648).

[820] Grosart, 'Memoir of Richard Sibbes', 1.

[821] Prefácio, *Breast-Plate*.

[822] Preston tem um sermão intitulado "Exact Walking". Sibbes diz que a segurança é a recompensa por "caminhar correto" (*supra*, p. 109 n. 1). Preston assume a mesma linha neste sermão. *Sermons preached before his Maiestie* (1630), p. 73ss. Cf. Sermão de Preston, "The New Life", ibid., p. 27ss., Com base em 1 João 5.12, como visto em Cotton. *Supra*, p. 116 n. 6.

Além disso, o uso de Preston da aliança das obras e da aliança da graça é mais proeminente do que em qualquer teólogo examinado outrora. Além do mais, sua interpretação revela um embelezamento sutil quando comparado ao tratamento que Perkins faz dele. Preston diz:

> Você deve saber que há um duplo pacto, há um pacto das obras e um pacto da graça: o pacto das obras corre nestes termos, faça isto, e viverás e serei teu Deus. Este é o Pacto que foi feito com Adão e o Pacto que é expresso por Moisés na Lei Moral... o Pacto da Graça... corre nestes termos, você deve crer... e da mesma forma receberás o dom da justiça... e tu crescerás em amor e obediência em relação a mim, então eu serei o teu Deus e serás o meu povo.[823]

Enquanto Perkins diz que no pacto da graça "nós não oferecemos tanto, nem prometemos qualquer grande coisa a Deus, embora de uma maneira apenas recebemos",[824] Preston torna a condição da fé consideravelmente mais do que meramente receber. Ele assume (1) que o pacto da graça é projetado principalmente para invocar nosso amor e obediência e (2) que Deus será nosso *quando* essa obediência for manifestada.

No pensamento de Preston, a teologia federal fez um círculo completo, tornando-se, com efeito, um pacto das obras, afinal. De fato, embora ele diga que o pacto da graça nos mostra que a justiça de Cristo satisfez a Lei, o ponto principal de Preston é que o pacto da graça provoca uma mudança e alteração na "disposição" do homem. O coração é abrandado, e o homem virá e servirá ao Senhor com jovialidade e alegria.[825] Essa alegria é em particular referência à Lei de Deus, pois o homem agora "olha para toda a Lei de Deus,

---

[823] *New Covenant*, p. 317–18.
[824] *Supra*, p. 8 n. 10.
[825] *Ibid.*, p. 321.

como um todo abundante e proveitoso".[826] A aliança da graça, no entanto, não é "da letra, mas do Espírito" e é "feita pela virtude do Espírito".[827] Mas, enquanto é o Espírito que muda nossa disposição, Preston, no entanto, faz do pacto da graça, com efeito, um pacto de obras, porque ele exige que tal mudança ocorra conscientemente antes que alguém possa ter o benefício que assegure isso.

O resultado é que devemos nos concentrar em nossa atitude para com a Lei, em vez de recebermos a justiça de Cristo. Preston insiste que devemos "trabalhar" para "nos desenvolver até a garantia do perdão de nossos pecados".[828] Essa certeza é, no final, derivada inteiramente do conhecimento reflexivo de nossa "sinceridade" para guardar a Lei; Deus está "disposto a aceitar a sinceridade de sua obediência, embora não haja uma perfeição de obediência".[829] De fato, a promessa a Abraão, afirma Preston, não estava fundamentada no "ato particular" da fé, "mas no hábito, na graça da fé, nessa disposição de crer".[830]

Preston parece perceber, no entanto, que sua teologia poderia encorajar os homens a olhar diretamente para a Lei. Ele insiste que "o caminho não é considerar agora o Mandamento, para um homem pensar consigo mesmo, isso eu devo fazer".[831] Em vez disso, devemos "trabalhar para crescer em fé, na crença daquelas promessas do Evangelho".[832] Mas esta corajosa tentativa de fazer com que os homens se concentrem diretamente no Evangelho é logo transcendida por sua afirmação de que a condição da aliança da graça é arrependimento: "a condição que é exigida de nós, como parte da Aliança, é o fazer disso, a ação, a realização dessas coisas, é se arrepender, servir ao Senhor em novidade de vida".[833] Enquanto Preston se apressa em

---

[826] *Ibid.*, p. 322.
[827] *Ibid.*, p. 325.
[828] *Ibid.*, p. 333.
[829] *Ibid.*, p. 345.
[830] *Ibid.*, p. 358.
[831] *Ibid.*, p. 333.
[832] *Ibid.*, p. 350.
[833] *Ibid.*, p. 389.

mencionar que a capacidade de manifestar essa novidade de vida está dentro do contexto da iniciativa de Deus,[834] ele diz, no entanto: "mas o fazer disto, a produção do fruto destas habilidades internas, destes hábitos e graças interiores, que são plantados em nós pelo poder de Cristo, aquilo é requerido em nós."[835]

Esse raciocínio circular é visto novamente quando Preston chega à questão da certeza de estar no pacto da graça. A resposta à sua pergunta elevada, "como um homem deve saber se ele está dentro do pacto, ou não?", é simplesmente "tomar Jesus Cristo" como "Senhor e Salvador".[836] Mas Preston não o deixa assim; ele pergunta: "mas como um homem saberá se esta fé é certa ou não?" Ele responde revelando como a fé verdadeira passa no teste pragmático: "se for uma fé correta, ela funcionará, haverá vida e movimento nela".[837] "Tu sabes" que "tu estás dentro da Aliança" como Abraão "porque tua fé funciona".[838]

Mas ainda há "outra maneira de saber" que alguém está no pacto da graça: "se você recebeu o Espírito". Novamente, o raciocínio circular emerge; Preston conta como "saber se você tem o Espírito".[839] É nesse ponto que ele desenvolve o familiar Espírito de sujeição defronte o Espírito de adoção. O primeiro ele chama de "antecedente", que "necessariamente deve ir antes" do Espírito de adoção. Pois "ninguém pode vir a Cristo, a não ser que a Lei seja um mestre para trazê-lo a Cristo".[840] Assim, ele não apenas enfatiza o papel da Lei na preparação, mas afirma que, quando o espírito de servidão é unido, com a Lei, "isso faz com que seja efetivo"[841]. Preston preenche, assim, Cotton, insinuando que o espírito de servidão não pode ser abortado, um ponto que Cotton não deixa claro. Preston diz que o

---

[834] *Idem*.
[835] *Ibid*., p. 390.
[836] *Idem*
[837] *Idem*
[838] *Ibid*., p. 392.
[839] *Ibid*., p. 393.
[840] *Ibid*., p. 394.
[841] *Ibid*., p. 395.

espírito de servidão torna a Lei eficaz derretendo o coração.[842] Mas em outros lugares ele afirma que não é a Lei, mas "o Evangelho que suaviza o coração primeiro".[843] Entretanto, em último lugar, Preston não é menos inflexível de que para "uma perfeita obra do Evangelho, o conhecimento da Lei deve vir antes".[844]

O fato é que a doutrina da fé de Preston está tão entrelaçada com a Lei que é impossível dizer se ele acha que o espírito de servidão é, na verdade, o que amolece o coração ou se é o Evangelho que o faz. Ele é consistente, no entanto, ao enfatizar que "sem humilhação nenhum homem obterá misericórdia",[845] e afirma que a humilhação é "passiva e ativa".[846] Essa parece ser outra maneira de declarar a doutrina de Perkins sobre duas obras da graça. A primeira abre o caminho para a segunda, enquanto "nenhuma promessa é feita" à primeira, que ele chama de "essa humilhação legal passiva".[847] Preston afirma ainda que o espírito de servidão é o mesmo que a humilhação "ativa",[848] que ele também chama de "um fruto da santificação".[849] E é a humilhação "ativa à qual a promessa é feita".[850]

Deve ser lembrado, além disso, que uma doutrina de fé temporária está latente no uso de Cotton quanto ao Espírito de servidão, mas que ele não deduz tal a partir deste quadro de referência. Preston é mais claro neste ponto, pois diz que o espírito de servidão é eficaz, uma vez que é para a humilhação "ativa" – um fruto da santificação – que a promessa é feita. Além disso, tacitamente deixa a porta entreaberta em relação a uma doutrina de fé temporária. Ele afirma que a "humilhação" passiva "pode ser encontrada em

---

[842] *Idem*

[843] *Golden Scepter*, p. 254.

[844] *Idem*

[845] *Ibid.*, p. 66. Que a humilhação deve preceder a justificação é "uma regra em Teologia". *Qualfication*, p. 6.

[846] *Golden Scepter*, p. 77.

[847] *Ibid.*, p. 77-8.

[848] *Ibid.*, p. 80.

[849] *Ibid.*, p. 78.

[850] *Idem*

um homem não regenerado". Tal homem tem "uma sensação de pecado" e é " temeroso de seu estado".[851] Essa humilhação passiva, portanto, está longe de uma humilhação ou santificação "ativa".[852] Preston lembra um pouco Perkins quando diz que um "crente temporário" pode ir "longe nestas condições"; mas ao contrário de Perkins, Preston reserva a santificação para os regenerados. Ele quer mostrar "quão longe" os não regenerados "ficam aquém daqueles que são verdadeiramente santificados".[853] Enquanto Perkins mostra até onde os réprobos podem ir, mas não até onde eles estão aquém, Preston mostra até onde os não regenerados podem ir "e ainda como estão aquém"[854].

A diferença entre o crente temporário e o regenerado é assim resumida por Preston:

> Esta regra não falhará, eles [os não regenerados] não são gerais em sua obediência, não há uma mudança completa: ora, o efeito não pode ir além da causa, mas isto é verdadeiro do regenerado. São novas criaturas em cada aspecto e, portanto, há uma observação completa da Lei de Deus... digo, que eles honram todos os mandamentos.[855]

Além disso, esses homens não regenerados têm a luz "encerrada dentro do compasso de uma só faculdade"[856] – a mente, que é capaz de uma "fé generalizada", que é "um ato do entendimento, assentindo a algo".[857] A fé "generalizada" está somente no entendimento, a fé salvadora deve afetar a vontade: "há um ato também da

---

[851] *Ibid.*, p. 78.
[852] *New Creature*, p.47.
[853] *New Creature*, p. 153s.
[854] *Ibid.*, p. 163.
[855] *Ibid.*, p. 159.
[856] *Idem*
[857] *Breast-Plate*, i, p. 47.

vontade requerida, que é tomar e receber a Cristo: pois esta tomada é um ato da vontade". Deve haver "um consentimento, bem como uma concordância".[858]

Ademais, pode ser mais claramente observado por que Preston diz que o pacto da graça é projetado para mudar nossa disposição; quando nossa disposição é mudada, "então" Deus será nosso Deus. Mas Preston faz, com efeito, o pacto da graça um pacto de obras, já que a graça não é prometida sem a humilhação "ativa" de nossa parte, ou seja, a santificação. Não é de surpreender, além disso, que Preston use o termo de Cotton: "vocês devem trabalhar para fazerem seus corações se adequarem a serem humildes",[859] inclusive insistindo que devemos "trabalhar para obter algum sentido de santidade".[860] Uma vez que "existe uma época em que Deus oferece graça a um homem", de modo que "recusar" significa miséria "eterna", devemos nos apressar em tornar a nossa eleição "rica em boas obras".[861] Se o coração é "mudado e santificado", isto é suficiente; "então conclua, tu estás em Cristo".[862] Na medida em que a santidade é um efeito da eleição, nós devemos "estabelecer nossa elevada estima pela santificação como justificação".[863]

Preston reconhece "fraquezas" nos cristãos, que surgem "por causa de algum impedimento".[864] Assim, nenhum cristão é perfeito em santidade. Na ausência dessa perfeição, Preston enfatiza a "sinceridade"[865] e o "desejo" pela santidade. De fato, "interiormente desejar a santidade por si mesmo é um sinal infalível" do verdadeiro arrependimento[866] – que, como será lembrado, é a condição da aliança da graça. No entanto, "menos sinceridade, menos luto pelo pecado,

---

[858] *Idem*
[859] *Remaines*, p. 210.
[860] *Ibid.*, p. 216.
[861] *New Covenant*, p. 603–4.
[862] *New Creature*, p. 58.
[863] *Ibid.*, p. 36.
[864] *Infirmities*, p. 33.
[865] *Qvalfication*, p. 159. Cf. New Covenant, p. 1.
[866] *Remaines*, p. 25.

e quanto menos humilhação, menos segurança". Assim, "quanto mais tu podes" se "humilhar", mais "tu adicionas à tua segurança".[867] Esta afirmação é outra indicação de que estar preparado é simultaneamente estar seguro.

Preston pensa que a própria segurança é o segundo de "dois atos de fé": (1) o "ato direto" – tomar Cristo – e (2) o "ato reflexo" pelo qual "sabemos que tomamos Cristo".[868] Estes dois atos são "muito diferentes" um do outro; podemos ter o ato direto da fé sem o ato reflexo – o "ato de segurança". O ato direto, além disso, "não admite graus", mas há graus do segundo ato, que "se baseia em nossa própria experiência".[869]

A segurança é, portanto, aumentada em proporção à nossa sinceridade, humilhação e santificação. Além disso, a pessoa pode checar seu pulso espiritual pelo quanto ela detesta o pecado. Se alguém deseja saber "se ele está em estado de graça ou não, se ele mente no pecado menos conhecido, ele é apenas um falsificado".[870] Preston diferencia o real do falsificado em termos de ter o "poder" da piedade contra uma "fôrma" de piedade. "Aqueles, portanto, que são capazes de resistir a algumas concupiscências", mas "não contra todas", declara Preston, "não têm esse poder nelas".[871] Portanto, "se queres saber se tens fé ou não, reflita sobre teu próprio coração, considere quais ações passaram por lá."[872]

A tradição experimental predestinarista alcançou em John Preston um estágio que torna a própria doutrina da predestinação virtualmente sem sentido; tornou-se uma mera teoria.[873] Os decretos de predestinação, sem dúvida, estão por trás da motivação para estar

---

[867] *Qualfication*, p. 31.
[868] *Breast-Plate*, i, p. 63.
[869] *Ibid.*, p. 63-4.
[870] *The Law ovt Lavved*, não paginado.
[871] *The Deformed Forme*, p. 18.
[872] *Breast-Plate*, ii, p. 91.
[873] A doutrina de predestinação de Preston não contribui para este estudo. Cf. *Remaines*, 170; *New Covenant*, p. 507 *New Creature*, p. 150.

no pacto, mas o efeito prático na *ordo salutis* é aquele que parece divorciado da doutrina da eleição e do chamado eficaz.

Enquanto Perkins faz da santificação o fundamento alternativo de segurança, se falta plena certeza, Preston mostra até onde essa opção pode ser levada, especialmente quando santificação, arrependimento ou disposição piedosa é considerada como aquilo a que a promessa de graça é feita. O resultado é que a preparação para a fé se torna *arrependimento*, o que, por sua vez, assegura. A consequência é um interesse na piedade mais do que em Deus.[874]

---

[874] Sou grato ao Dr. J. I. Packer por essa expressão.

CAPÍTULO 9

THOMAS HOOKER (1586-1647)

Na teologia de Thomas Hooker deve ser encontrado um ensino totalmente desenvolvido de preparação para a fé antes da regeneração. Enquanto muitos dos escritores examinados até aqui defendem uma forte doutrina de preparação para a fé, mas geralmente conseguem dizer que tal preparação está no contexto de todo o processo de regeneração, Hooker ensina claramente que a preparação pode ser anterior à regeneração na *ordo salutis*, e, em certo sentido, está nas mãos do homem. Isso é mais facilmente ilustrado pelo título do seu tratado, *The Unbeleevers Preparing for Christ* - Os incrédulos se preparando para

Cristo. Miller chama Hooker de "o mais sofisticado diagnosticador das fases de regeneração e, acima de tudo, o expoente mais explícito da doutrina da preparação".[875] Pettit observa corretamente que Hooker "aplicou-se às necessidades dos não regenerados com extraordinário vigor";[876] se Hooker "desenvolveu uma doutrina da segurança" que representa "um afastamento considerável do que veio antes"[877] deve ser questionado. Pois seu apelo ao silogismo prático para provar a fé salvadora é meramente uma continuação do pensamento experimental predestinarista.

Giles Firman (+ 1692) relata um incidente interessante:

> Quando o Sr. Hooker pregou esses sermões sobre a preparação das almas para Cristo, e humilhação, meu sogro, o Sr. Nath. Ward, disse a ele; Sr. Hooker, você faz bons cristãos antes que os homens estejam em Cristo, como sempre estão depois; e desejava eu, que fossem tão bons cristãos agora, como você faz os homens enquanto estão apenas se preparando para Cristo.[878]

Thomas Hooker nasceu em Markfield, em Tilton, Leicestershire. Em 1604 matriculou-se no Queens College, em Cambridge, mas foi transferido para o Emmanuel College de Chaderton. Recebeu o bacharelado em 1608, o mestrado em 1611, e foi um docente de 1609 a 1618. Em 1618 ele foi nomeado reitor de St. George em Esher, Surrey.

Houve dois eventos na vida de Hooker que parecem tê-lo afetado profundamente, estabelecendo as bases para o seu bem conhecido ministério "preparacionista". O primeiro foi a natureza de sua própria conversão. Em vez de experimentar uma conversão súbita e inesperada, Hooker passou por um processo longo e

---

[875] Perry Miller, "Preparation for Salvation" in Seventeenth-Century New England', *Journal of the History of Ideas* (1943), p. 253.

[876] Pettit, *The Heart Prepared*, p. 101.

[877] Norman Pettit, 'Hooker's Doctrine of Assurance: A Critical Phase in New England Spiritual Thought', *New England Quarterly* (1974), p. 519.

[878] Giles Firman, *The Real Christian* (1670), p. 19.

agonizante, gritando: "Enquanto sofro teus terrores, ó Senhor, estou enlouquecido!".[879] O homem que era supostamente de "ajuda singular" foi o futuro teólogo de Westminster, Simeon Ashe (+ 1662), então bolsista no Emmanuel College. Após sua conversão, Hooker teve uma inclinação para perseguir "a aplicação da redenção" na "teologia experimental".[880]

O segundo evento a afetar profundamente Hooker foi o papel que desempenhou na extraordinária conversão da Sra. Joan Drake (+ 1625), esposa de Francis Drake. Esta história em si é ilustrativa do próprio dilema que este estudo procura investigar.[881] Além de ter uma série de doenças, incluindo "enxaqueca, azia perpétua e insônia", a Sra. Drake tornou-se "melancólica, destemperada e errática" e confidenciou que não tinha tido um casamento feliz. O Sr. Drake foi solícito por seu bem-estar, mas foi incapaz de amenizar seu estado emocional. A Sra. Drake convencera-se de que suas doenças se deviam ao fato de ela ter cometido o pecado imperdoável e de estar entre o número dos réprobos, incapaz de mudar o estado que lhe fora designado.[882]

Nos anos seguintes (cerca de 1620-25), vários eminentes teólogos foram chamados para ajudar a Sra. Drake. O primeiro era John Dod, "o homem mais apto que se conhecia" para ajudá-la.[883] Quando Dod chegou, "de repente ela subiu pelas escadas" e "se calou". Ela saiu só depois que o Sr. Drake ameaçou "derrubar a porta".[884] Mas

---

[879] Mather, *Magnalia*, i, p. 333.

[880] George H. Williams, 'The Life of Thomas Hooker in England and Holland, 1586-1633', *Thomas Hooker* (Cambridge, Mass., 1975), p. 3.

[881] Veja George H. Williams, "Called by Thy Name, Leave us Not: The Case of Mrs. Joan Drake", *Harvard Library Bulletin* (1968), p. 111-28; 278-300. O relato original da conversão da Sra. Drake é encontrado no anônimo *Trodden Down Strength, by the God of Strength, ou, Mrs. Drake Revived* (1647). Isto foi republicado como *The Firebrand taken out of the Fire*. Williams sugere que Hooker, que se casou com a governanta da Sra. Drake, promoveu a publicação do tratado de 1647. *Op. cit.*, p. 114

[882] Williams, 'Called by Thy Name', p. 117.

[883] *Trodden Down Strength*, p. 18s.

[884] *Ibid.*, p. 19s.

as orações e os conselhos de Dod, que duraram um mês, não foram suficientes. Ele retornou várias vezes nos meses seguintes, mas a Sra. Drake permaneceu convencida de que "ela era uma maldita reprovada, devia viver para sempre no inferno", que era "em vão, e tarde demais para ela usar quaisquer meios".[885]

Ela desejou que o Sr. Dod "a deixasse em paz", pois "o Decreto de sua rejeição e condenação" era "irrevogável";[886] além disso, Dod, que tentou mostrar a ela que seu caso não se ajustava a Hebreus 6.4-6 era um "intruso indesejável".[887] Nos meses que se seguiram, o futuro arcebispo de Armagh, James Ussher, John Forbes (+ 1634), um certo Dr. Gibson, John Rogers de Dedham (+ 1636), um Sr. (Ezequiel?) Culverwell e Robert Bruce (+ 1631) tentaram, em um momento ou outro, em vão, curar a Sra. Drake.[888]

John Dod a recomendou a Thomas Hooker, "sendo recém-chegado da universidade" e que tinha "um novo método de atendimento".[889] Hooker parece ter ocupado seu posto em Esher, mas mudou-se para a mansão Drake para ficar perto da Sra. Drake.[890] Ele era muito assiduamente diligente em observar sua disposição e várias inclinações de suas mudanças e tentativas.[891] Ela melhorou gradualmente. Se tornou disposta ao "uso dos meios: orar, catequizar, expor e ler a palavra e cantar os salmos "[892]. Ela "ainda se alegrou muito em ver" o velho Sr. Dod.[893]

Dod visitou-a cerca de dez dias antes de sua morte, e enquanto orava com ela, ela exclamou: "Eu tenho certeza que nunca foi ouvido ou lido antes: que linguagem rústica - em um êxtase de outro mundo - algumas palavras das quais relato pode mostrar

---

[885] *Ibid.*, p. 23.

[886] *Ibid.*, p. 24.

[887] *Ibid.*, p. 32.

[888] *Ibid.*, p. 68-108.

[889] *Idem.*

[890] Williams, 'Called by Thy Name', p. 124.

[891] *Trodden Down Strength*, p. 126s.

[892] *Ibid.*, p. 127.

[893] *Ibid.*, p. 128.

ou expressar".⁸⁹⁴ Durante os últimos dez dias de sua vida, Hooker, Dod e John Preston estavam sempre com ela. John Preston pregou o sermão no funeral depois de sua morte em 18 de abril de 1625.⁸⁹⁵

Nesse meio tempo, Hooker se casara com a governanta da Sra. Drake. No final de 1625 ele tornou-se professor em St. Mary's em Chelmsford, e foi principalmente em Chelmsford que os sermões publicados de Hooker sobre a preparação para a fé foram pregados. Com exceção do imensamente popular *Poor Doubting Christian Drawne vnto Christ* (1629)⁸⁹⁶ e *The Sovles Preparation for Christ* (1632),⁸⁹⁷ os sermões de Hooker foram publicados depois que ele partiu para a América no *Griffin* em 1633.⁸⁹⁸

---

⁸⁹⁴ *Ibid.*, p. 139.

⁸⁹⁵ Williams, 'Life of Thomas Hooker', p. 5.

⁸⁹⁶ Originalmente incluído em uma coleção de sermões de Sibbes, *The saints cordials* (1629), este sermão foi publicado em nada menos que dezesseis edições até 1700, e várias outras em 1904. Este estudo irá atrair a partir de sua reimpressão (cuidadosamente reconstruída de várias edições) em *Thomas Hooker*, p. 152-86.

⁸⁹⁷ Ver *infra*, n. 916

⁸⁹⁸ É crucial entender que os sermões de Hooker sobre a preparação são cuidadosamente entrelaçados em um ciclo – "uma longa série de sermões conhecidos por terem sido repetidos pelo menos três vezes em sua vida como ministro". Sargent Bush, Jr., 'Establishing the Hooker Canon', *Thomas Hooker*, p. 379. A ordem cronológica de composição (não necessariamente coincidindo com datas de publicação) pode ser geralmente determinada, não apenas por uma familiaridade com o pensamento de Hooker como um todo, mas também observando sua maneira ocasional de se referir a qual sermão ou assunto imediatamente precedeu e (às vezes) que sermão seguirá. A ordem abaixo, além disso, não é apenas o que parece ser a ordem cronológica da composição, mas também a *ordo salutis* de Hooker – do papel atribuído aos incrédulos à contrição, humilhação, criação, chamado eficaz, posse de Cristo e ser exaltado com ele. Hooker segue um plano doutrinário e é igualmente importante notar que ele prega aos seus ouvintes como se eles próprios não estivessem mais adiante (ou atrás) espiritualmente do que o sujeito imediato (por exemplo, "contrição") que ele está discutindo. Ele, portanto, não retorna à fase original (a preparação do incrédulo) uma vez que tenha seguido em frente, e assim não parece levar em conta que novas pessoas poderiam começar a ouvi-lo e não necessariamente estarem conscientes de sua premissa original. Este ponto não deve ser esquecido, uma vez que é apenas no primeiro trabalho que Hooker explicitamente imputa uma

Williams julga que a "prolongada conversão" da Sra. Drake permaneceu para Hooker "o modelo subjacente para sua teologia de preparação para a graça dentro das estruturas do puritanismo predestinarista"[899]. Em *Poor Doubting Christian*, alguém pode ouvir "muitos dos argumentos que ele deve ter apresentado pela primeira vez à pobre duvidosa Joan Drake em *Ester*". Quase se ouve "seu recorrente argumento repetido por ele e colocado na boca de algum cristão genérico em dúvida : "Eu não sou eleito, e Deus não me fará bem, visto que não sou eleito e, portanto, é inútil para mim usar meios".[900] É seguro dizer que toda a pregação soteriológica de Hooker pode ser resumida em uma palavra: o preparacionismo.

Há ainda mais uma influência a ser levada em conta, a saber, de seu amigo John Rogers, de Dedham. A primeira obra publicada de Hooker foi sua Epístola ao Leitor, na segunda edição (1627) de

---

enorme responsabilidade ao homem natural antes da regeneração. A ordem aparente é: (1) *The Unbeleevers Preparing for Christ* (1638). (2) *The Soules Preparation for Christ*. Ou, *A Treatise of Contrition* (dez edições de 1632 a 1658), doravante denominado *Soules Preparation* (1632). (3) *The Soules Hvmiliation* (quatro edições de 1637 a 1640), doravante denominada *Humiliation*. (4) Há um corpus de edições que apontam para a mesma fase, seguindo a "humilhação" mas precedendo o "chamado eficaz": *The Soules Ingrafting into Christ* (1637); *The Soules Implantation* (1637), daqui em diante chamado de *Implantation*; e *The Soules Implantation into the Natural Olive* (1640). (5) *The Soules Vocation or Effectual Calling to Christ* (1637, 1638), daqui em diante chamado *Effectual Calling* (1638). (6) *The Soules Possession of Christ* (1638), doravante denominado *Possession*. (7) *The Soules Exaltation* (1638), daqui em diante chamado de *Exaltation*. Este ciclo é complementado pelo seguinte, todos pregados na Inglaterra e lidando com a preparação: *Foure Learned and Godly Treatises* (1638), daqui em diante chamado *Foure Learned*; *The Saints Guide* (1645); *The Christians Two Chiefe Lessons* (1640), a seguir denominado *Chiefe Lessons*; *The Covenant of Grace Opened* (1649); *The Faithful Covenanter* (1644); *The Pattern of Perfection* (1640); *The Sinners Salvation* (1638); *Spirituall Thirst* (1638); *The Stay of the Faithfull* (1638); e *The Properties of An honest Heart* (1638).

[899] Williams, "Life of Thomas Hooker", p. 5. Cf. Williams, "Called by Thy Name", p. 290ss. Mather, *op. cit.*, i, p. 334, também sugere isso.

[900] Williams, 'Life of Thomas Hooker', p. 16. Cf. *Poor Doubting Christian*, p. 165.

The Doctrine of Faith, de Rogers.⁹⁰¹ Hooker elogia a maneira pela qual Rogers faz "uma contrição salvadora antes da fé".⁹⁰² Outro ponto que Hooker enfatiza – que é repetido frequentemente em seus próprios tratados – é que a vocação (chamado eficaz) é "uma obra salvadora", mas não "uma obra santificadora".

> Portanto, toda obra salvadora não é uma obra santificadora. Não obstante, devemos ter fé antes de podermos estar em Cristo, e a alma deve estar contrita antes de poder ter fé, essa obra salvadora pode existir e, ainda assim, isso não é obra de santificação.⁹⁰³

A discussão de Hooker, como visto muitas vezes anteriormente, é outra maneira de declarar as duas obras da graça de Perkins. Há uma "tristeza de preparação", a outra uma "tristeza de santificação e, no entanto, ambas [são] salvadoras". Além disso, o ódio e a detestação do pecado em uma pessoa contrita "não podem ser reprovados". A diferença entre a tristeza da preparação e a tristeza da santificação é que a primeira é feita "sobre" nós, a última "por nós através do Espírito dado a nós e habitando em nós quando recebemos Cristo".⁹⁰⁴

Quanto à "vinda da fé" em si, Hooker sugere que o leitor vá para a página 175 do tratado de Rogers, que diz:

> É difícil dizer em que momento a fé é gerada, se até que um homem tome posse de Cristo e da promessa, ou até em seus desejos mais profundos, faminto e sedento, pois mesmo estes são declarados abençoados. Alguns tendo

---

⁹⁰¹ Williams, "Life of Thomas Hooker", p. 6. Este tratado teve oito edições em 1640. O prefácio de Hooker está em Thomas Hooker, p. 140-6, e será usado adiante. O estudo também será extraído da *The Doctrine of Faith* (1633). Rogers foi vigário de Dedham, Essex, de 1605 a 1635.

⁹⁰² *Thomas Hooker*, p. 144.

⁹⁰³ Ibid., p. 145.

⁹⁰⁴ Idem

tomado posse, a retém muito mais do que os outros, mas ninguém deixa de ter dúvidas ocasionais; contudo, alguns são muito mais privilegiados nisso, especialmente aqueles que vieram de forma mais dificultosa.[905]

Hooker pode ter ficado especialmente impressionado com o argumento de Rogers de que alguns são "muito privilegiados" quem "veio de forma mais difícil para ela", pois em *The Sinner's Salvation* Hooker diz que "a fé é algo difícil de se obter";[906] de fato, "crer é a coisa mais difícil que um homem é levado a fazer sob o céu".[907] É "uma questão fácil dar a resposta literal" à pergunta: "O que devo fazer para ser salvo?", a saber, crer em Cristo; mas trazer a alma para a salvação é realmente "muito difícil".[908] É como dizer: "Como devo subir pelos ares como um pássaro?"[909] Por essa razão Hooker pensa que "a fé não pode ser repentina[910] porque "Cristo não entra com violência, onde quer que ele esteja".[911]

No entanto, Hooker observa que Deus "pode fazer o que quiser" para salvar os homens, mas o longo processo "é o curso de Deus em geral".[912]

É digno de nota que no tratado de Rogers o espinhoso problema da fé temporária é abordado no começo. Como se prestasse homenagem a isso em Perkins, ele aceita e corrige o que precisa, Rogers diz:

> A verdadeira fé vai além disso [o que Perkins diz, mas não esclarece], pois o crente particularmente aplicou Cristo a si [o ponto principal de Perkins em sua definição

---

[905] John Rogers, *The Doctrine of Faith*, p. 175.
[906] *The Sinners Salvation*, p. 7.
[907] Ibid., p. 59.
[908] Ibid., p. 13.
[909] Ibid., p. 14.
[910] *The Sinners Salvation*, p. 70.
[911] Ibid., p. 48.
[912] Ibid., p. 71.

de fé] verdadeiramente, e assim vive por ele uma verdadeira vida santificada, para qual esta Fé Temporária fica aquém [mas que difere das representações de fé temporária de Perkins].[913]

A doutrina da fé temporária de Hooker é essencialmente semelhante à de Rogers. Além disso, considerando a quantidade de tratados de Hooker (mais de 4.000 páginas), seu tratamento da fé temporária é mínimo – cerca de quarenta páginas. Ao tratar deste assunto, ele aponta a diferença crítica a ser encontrada na fé salvadora, sendo o sinal do ódio ao pecado. A fé verdadeira deve ser contrastada com aquela no (1) "homem civil", (2) no "formalista", e (3) no "professante temporário".[914] A justiça civil é "a prática de alguns deveres externos da segunda Tábua dos Mandamentos, associada a um pequeno desempenho, ou então negligente omissão dos deveres da primeira Tábua,[915] pelos quais ele se refere aos cinco primeiros dos Dez Mandamentos. Os "fundamentos da justiça civil" são (1) graça restrittiva – "uma atividade comum do Espírito, pela qual a corrupção da natureza do homem é limitada"; e (2) "corrupção prevalecente", quando um pecado "obtém a vitória de outro em razão de sua natureza oposta".[916] Em qualquer caso, "o coração não é alterado ou renovado, seja na vontade da mente ou nas afeições".[917]

"Justiça formal" Hooker chama de "a prática dos deveres externos da primeira Tábua, associada a uma negligência dos deveres da segunda Tábua, e isso dando lugar a alguma corrupção grosseira" – por exemplo, roubar, assassinar, adulterar.[918] Judas, bem como Ananias e Safira (At 5.1-11), estão nesta categoria.[919]

---

[913] Rogers, *The Doctrine of Faith*, p. 10.
[914] *Chiefe Lessons*, p. 213.
[915] Idem
[916] Ibid. p. 214. Cf. *Soules Preparation*, p. 142.
[917] *Chiefe Lessons*, p. 213.
[918] Ibid., p. 224.
[919] Ibid., p. 231.

"Justiça temporária" é uma obra comum do Espírito "pela qual um homem que está sendo iluminado para ver os privilégios que estão em Cristo por um tempo, se alegra neles, e lhes rende alguma obediência; mas depois disso ele se afasta completamente".[920] Tal justiça é comparada ao "orvalho da manhã, que desaparece com o sol".[921]

O fato é que Hooker não se preocupa profundamente com a questão da fé temporária.[922] Como Sibbes, ele aparentemente prefere ignorá-la. Toda a teologia de Hooker pode ser resumida nestas palavras:

> Antes que a alma de um homem possa participar dos benefícios de Cristo, duas coisas são necessárias: Primeiro, que a alma seja preparada para Cristo. Em segundo lugar, que a alma seja implantada em Cristo.[923]

Essa preparação é "a adequação de um pecador por ele estar em Cristo".[924] A teologia de Hooker e a do "primeiro" Cotton são muito semelhantes:

> Você deve aceitar esta verdade: pois não há justificação, nem aceitação dentro disto; não há fé que possa ser infundida na alma, antes que o coração seja assim ajustado e preparado: sem preparação, sem perfeição. Nunca humilhado, nunca exaltado.[925]

---

[920] *Ibid.*, p. 233.
[921] *Ibid.*
[922] Hooker levanta a questão de saber se a "pesada tristeza" pode estar em um réprobo; a resposta é não. *Soules Preparation*, p. 165ss.
[923] *Unbeleevers Preparing*, p. 1.
[924] *Implantation*, p. 26.
[925] *Soules Preparation*, p. 165.

Além disso, esta obra de preparação não deve ser confundida com a regeneração: "o coração nesta obra [de preparação] ainda não está concebido para estar em Cristo, mas apenas para ser ajustado e preparado para Cristo".[926]

O desenvolvimento mais significativo na teologia de Hooker, no entanto, é o poder e a liberdade que ele imputa ao homem natural. Hooker elaborou cuidadosamente uma lógica que está por trás de suas notáveis afirmações a respeito disso. Embora esse esquema também seja semelhante ao de Cotton[927], o de Hooker é mais sofisticado. Hooker faz uma exortação ousada aos homens em seu estado natural: "trabalhem para sair dessa corrupção natural". Esse processo deve ser iniciado por uma perseverança rápida e constante "nos meios" designados por Deus.[928] Hooker está plenamente consciente, além disso, das implicações de longo alcance daquilo que ele está dizendo.

> Mas você dirá, um homem natural não pode receber nenhum bem, por que deveria então ser aconselhado a receber as coisas de Deus, como graça e salvação; isto é um cavill de Bellarmino[929] e assim eu respondo, nós não temos habilidades espirituais em nós mesmos para realizar qualquer dever espiritual, mas ainda assim temos habilidade de realizar algumas ações morais.[930]

Embora essa última frase não esteja em conflito com qualquer coisa que Perkins, Beza ou mesmo Calvino sustentem, Hooker, muito sutilmente, leva a doutrina da graça comum a dar um passo – na verdade, um grande passo – mais adiante. Um homem tem

---

[926] *Soules Preparation*, p. 165.
[927] Cf. Cotton and man's Natural' *knowledge of God. Supra*, p. 113 n. 7.
[928] *Unbeleevers Preparing*, p. 104.
[929] 'cavill de Bellarmino' ou sofisma de Berlarmino. O autor se refere ao Tratado sobre a justificação, de George Dowham (1560-1634), que responde aos argumentos do cardeal (1542-1621) **(N.E.)**
[930] *Unbeleevers Preparing*, p. 120 (não 220, como numerado).

"restringido e prevenido a graça por meio da qual ele é capaz de esperar em Deus nos meios, para que ele seja habilitado a receber a graça".[931]

O que Hooker faz, então, é atribuir ao homem natural a capacidade de atender aos meios da graça em virtude da graça comum. Embora Hooker nunca diga que o homem natural é capaz de obter diretamente a graça salvadora, ele diz que o homem pode, no entanto, pela graça comum, elevar-se, por assim dizer, ao planalto dos *meios*. Dali em diante é trabalho de Deus; mas o homem inicia o processo de preparação colocando-se sob os meios: se o homem quiser alcançar os meios, ele pode ser "habilitado" a receber a graça. Assim sendo,

> enquanto as partes e os membros de seus corpos e as faculdades de suas almas continuarem, enquanto seus entendimentos e lembranças durarem, por que vocês não podem conceder a seus corpos para irem à Igreja, assim como irem para a taverna? Por que você não pode aplicar seus olhos também em leitura, como em jogar cartas e dados? Deus lhe deu liberdade para usar os meios, para que você possa receber graça...[932]

Além disso, "Deus não pune um homem porque ele não pode obter fé, mas porque não usa os meios pelos quais ele pode obter fé".[933] Visto que "essas coisas você pode fazer e aquelas coisas você tem poder para fazer". Portanto, "você deve usar os meios que Deus ordenou para a operação da graça em suas almas", pois "você pode se converter". Assim, "você deve vir, para que a graça possa ser trabalhada em seu coração e possa ser convertido"[934].

Para que não se pense neste ponto que Hooker esteja simplesmente dizendo que o homem natural pode "chegar à Igreja" nestes

---

[931] *Idem*
[932] *Ibid.*, p. 120–21.
[933] *Ibid.*, p. 121.
[934] *Idem*.

termos, deve-se notar "três coisas que estão em poder do homem natural para realizar". O primeiro é, que 'cada homem natural' deve ser "deveras convencido da miséria que está nele".[935] Hooker exorta: "sofram por serem exaustivamente informados e convencidos de sua própria miséria e fraqueza".[936] Ele conduz o homem natural a tomar o rumo do Apóstolo, e dizer: "em mim não habita bem algum" (Rm 7.18).[937] O homem natural, então, tem o "poder" de "sofrer" para dizer: "Eu confesso que sou um homem natural e carnal e, portanto, em minha carne não há nada bom".[938]

Nenhum escritor examinado até agora faz uma declaração como essa. Em Hooker, a doutrina preparacionista atinge a maré cheia na tradição experimental predestinacionista. Embora a linguagem de Perkins nunca se aproxime do que é visto em Hooker, este último não violou a doutrina da fé de Perkins. Hooker simplesmente leva o voluntarismo de Perkins à sua conclusão lógica. Por outro lado, Armínio, examinado abaixo, não faz comentários como Hooker faz a esse respeito.

Porém há mais; a segunda coisa que o homem natural pode fazer é evoluir para o estágio em que ele diz: "Senhor, que coração forte tenho eu, quantas promessas gentis e conselhos piedosos tive". Mas, percebendo que ele não cedeu "a qualquer uma delas" o homem natural diz: "portanto não há nada de bom em mim". A terceira coisa que o homem natural pode fazer é retratada por Hooker no imperativo: "quando vocês tiverem feito isso, então *convençam seus próprios corações* de que existe plena suficiência na promessa para suas almas".[939]

Agora nos voltamos para mais detalhes da intricada doutrina de preparação de Hooker. Recorde-se que Hooker diferencia entre o trabalho "salvador" e o trabalho "santificador", embora ambos sejam

---

[935] Idem
[936] Ibid., p. 122.
[937] Idem
[938] Idem
[939] Idem (itálicos meus)

"salvadores". O primeiro é uma "tristeza de preparação" - forjada "em nós" -, o último é uma "tristeza de santificação" - forjada "por nós através do Espírito".⁹⁴⁰ Deve-se ter em mente que, enquanto a tristeza da preparação é forjada "em" nós - pelo que Hooker aparentemente significa que isto é passivo -, podemos primeiro nos elevar ao uso dos meios antes que essa tristeza de preparação comece. Sua palavra é "sofrer"; devemos sofrer ou permitir que Deus comece a tristeza da preparação. Enquanto esta tristeza de preparação é realizada em nós, realmente podemos tomar a iniciativa, ainda que em nosso estado natural, de que podemos "receber graça". Nós podemos fazer o primeiro movimento, então, e Deus começa a trabalhar "em" nós. No entanto, as três coisas que Hooker afirma que temos o "poder de fazer" – nos convencer de (1) nossa miséria, (2) nossa ingratidão, e (3) que Deus prometeu nos mudar – então coincidem com o próprio "pesar" ele também alega que é obra de Deus "em" nós, que há pouca diferença descritiva entre o que está em nossas mãos e o que é a obra de Deus. Com relação a este último, depois de tudo dito e feito, Hooker tem sua doutrina da eleição de volta; ele sem dúvida acha que somente os eleitos no final seguirão seu conselho.

De qualquer maneira, Hooker divide a obra de preparação em (1) contrição e (2) humilhação.⁹⁴¹ Embora se diga que a preparação é obra de Deus – "Ele puxa um pecador do pecado para si mesmo"⁹⁴² – sabemos que já está em nosso poder atender aos meios, a fim de deixar Deus nos tirar do pecado. Além disso, Hooker define a contrição como "quando um pecador, pela visão do pecado, sua vileza, e a punição devida a ele se torna sensível ao, e é passa a odiá-lo, e tem seu coração separado dele.⁹⁴³ Hooker não diz quando exatamente, a obra de *Deus* começa na morfologia da preparação, isto é, quando nosso "poder de fazer" se torna sua obra "em nós".

---

⁹⁴⁰ *Soules Preparation*, p. 146.
⁹⁴¹ *Soules Preparation*, p. 1s. Cf. *Humiliation*, p. 131.
⁹⁴² *Soules Preparation*, p. 1s.
⁹⁴³ *Ibid.*, p. 2.

O cerne do problema em qualquer doutrina de preparação é distinguir quando a regeneração se estabelece. Contudo Hooker tem um dilema mais sério que nunca enfrenta diretamente. Seu "novo método de resposta" deve estar em seu ensinamento de que a preparação em si é "salvadora" ou o poder surpreendente que ele imputa ao homem natural. Ele acredita que a preparação está salvando uma vez que a "tristeza sadia" emerge. Pois "pela tristeza sadia, a alma está verdadeiramente preparada e equipada para o Senhor Jesus Cristo"[944].

Os "princípios de preparação" e "princípios de composição" de Perkins são basicamente o que Hooker entende por "tristeza de preparação" e "tristeza pela santificação". A primeira é a consciência de pecado, a última, o ódio em razão dele.[945] Mas é a obra santificadora que "justifica um pobre pecador",[946] assim Hooker é encontrado na curiosa posição de sustentar que a obra "salvadora" não está justificando; tal obra está somente "santificando". A preparação é salvadora, mas não justificadora, pois a preparação é anterior à fé - que justifica.

O método de Hooker é reconfortante para a alma que quer assegurar, o quanto antes, que, por mais longo que seja o processo, não há perigo de o processo ser abortado ao longo do caminho. Enquanto sentir tristeza pelo pecado, vendo que ele é "miserável", sua tristeza é sadia. O pensamento consolador é que a contrição é garantida para levar a um ódio ao pecado que "não se encontra em um réprobo". Hooker eliminou pela raiz o desagradável problema da fé temporária. Deixe o homem natural cuidar imediatamente dos meios: ele tem o poder de descobrir o pecado, e essa descoberta leva ao ódio dele. Uma vez que a contrição se estabeleça, a fé seguirá. Assim, Hooker não apenas acredita na perseverança da fé, mas também em perseverança na preparação; ambas estão "salvando".[947]

---

[944] *Ibid.*, p. 160.
[945] *Ibid.*, p. 248s.
[946] *Ibid.*, p. 169.
[947] *Supra*, p. 129 n. 4.

Pettit sente falta desse ponto crucial quando diz "não poder haver certeza de sucesso" no processo preparatório de Hooker.[948] A perspectiva de incerteza está ligada à fé temporária, que era a raiz do horror da Sra. Drake.

O que Hooker fez, então, é tomar a doutrina de perseverança de Calvino e empurrá-la de volta, por assim dizer, ao estágio preparatório. Para Hooker, a doutrina não é apenas uma vez salvo, sempre salvo, mas uma vez *preparado*, sempre salvo. A preparação está salvando, mesmo que não justifique. Mas como a justificação é inevitável, a discussão é, em certo sentido, meramente semântica. Todavia Hooker acredita que "se o coração estiver preparado, Cristo entra imediatamente em seu templo".[949]

A ironia do ensinamento de Hooker é que, embora se espere que o processo seja longo e difícil, existe um sentido muito real no qual a vinda de Cristo ao seu templo está a um passo de distância. No momento em que se leva a sério os meios e descobre o pecado, a garantia instantânea é teoricamente possível. Não é necessário se preocupar, portanto, onde ele realmente está nesta peregrinação preparatória; ele pode saber o resultado desde o início, e isso é bom o suficiente: seu destino é a fé. Sua preocupação imediata é sentir a miséria do pecado; então torna-se fácil o caminho à fé. Ao tornar a preparação "salvadora", há também uma diferença semântica entre a fé débil de Perkins - que ele sugere é o "início da preparação" - e a "tristeza de preparação" de Hooker. Hooker chama isso de "salvar", mas estranhamente evita chamar isso de fé. Ele reserva este último (fé) para um ódio consciente do pecado. Mas pastoralmente a doutrina de Hooker é muito diferente da de Perkins. A horrível doutrina de fé temporária de Perkins se agiganta se a "segunda graça" não se seguir. A solução de Hooker é muito melhor. Ele assume o papel da vontade com a maior seriedade, elimina a ameaça da fé temporária no início e sustenta que a contrição não pode se encontrar em um réprobo. Ele está tão convencido dessa teologia

---

[948] Pettit, *The Heart Prepared*, p. 96.
[949] *Humiliation*, p. 170.

que levanta a questão – que, no entanto, classifica como "ociosa" – se o homem preparado poderia ser perdido se morresse "antes que ele venha a ter fé":

> Eu digo que é uma questão ociosa, porque é impossível que ele esteja assim preparado [i.e. por uma " tristeza sadia"] para Cristo e a graça, porém ele deve tê-las antes que morra... Quando o coração é ajustado e preparado, o Senhor Jesus vem imediatamente para dentro dele: o templo é a alma e o caminho é a preparação para Cristo...[950]

A humilhação é uma parte necessária da preparação, porque a "natureza da fé" é que "sai de si mesma e busca um princípio de vida, graça e poder adicional".[951] A humilhação imediatamente segue "a Alma sendo ferida do pecado", e "a poda, e faz com que ela seja enxertada em Cristo". Humilhação é

> quando a alma sedenta desespera-se de toda ajuda de si mesma: ela não se desespera da misericórdia de Deus, mas de toda autoajuda e se submete completamente a Deus, a alma se desfaz de toda suficiência e cai sob o poder de Jesus Cristo e se contenta em estar à sua disposição.[952]

Novamente, isso ainda é apenas um estado preparatório. O pecador "concebido ainda não estar em Cristo"[953]. Sabemos, no entanto, que é uma obra salvadora. Na verdade, o trabalho de santificação é agora suposto ter ocorrido. Mas Hooker acredita que há uma lacuna a ser tratada, que se encontra cronologicamente entre o ódio ao pecado e a alma voltada para o céu: é a humilhação, na qual

---

[950] *Soules Preparation*, p. 165–66.
[951] *Humiliation*, p. 7, 130.
[952] *Ibid.*
[953] *Ibid.*, p. 11.

se aprende totalmente a se desesperar. Agora podemos ver porque Hooker pretende que esse processo preparatório para a fé seja longo.

> Falo de alguém que ainda não está enxertado em Cristo: rebelde contra o seu pecado ele deseja; mas matá-lo e subjugá-lo, o que ele não pode: e assim é que o Senhor deixa entrar na alma muitas enfermidades e um enxame de fraquezas que estão presentes na alma: e assim ele vê uma incapacidade absoluta em si mesmo para se ajudar contra o pecado.[954]

Assim, o Senhor "cansa uma alma pobre com seus próprios defeitos".[955]

Não ao contrário de Preston, que faz da fé uma disposição do coração, a convicção de Hooker é que a fé não surgirá até que a alma seja humilhada; humilhação é precedida por contrição; a contrição é precedida pela vontade do homem de atender aos meios de graça.[956] Em qualquer caso, a "porta", ou "entrada da vida, é humilhação do coração"[957]. Hooker conclui: "Agora, se o coração já foi preparado e humilhado, olhe imediatamente para Cristo."[958]

O próximo estágio na *ordo salutis* de Hooker é "o enxerto no Senhor Jesus, o coração sendo assim preparado, é implantado na videira verdadeira, o Senhor Jesus Cristo". Esse implante é "a obra do Espírito, pela qual o pecador humilhado permanece possuído por Cristo e é feito participante das boas coisas espirituais nele."[959]

---

[954] *Ibid.*, p. 14.

[955] *Ibid.*, p. 52.

[956] A doutrina do pacto de Hooker é uma suposição em toda a sua doutrina da fé. Seu tratamento, no entanto, não contribui para este estudo. Cf. *ibid.*, p. 128ss; *The Patterne of Perfection*, p. 208ss.; *Effectval Calling*, p. 40ss.; *The Faithful Covenanter*, p. 11ss

[957] *Humiliation*, p. 210.

[958] *Ibid.*, p. 213.

[959] *Ingrafting*, p. 3. A expressão "possuída de Cristo" também é exposta no tratado *Possession*. Como a contrição e a humilhação estão unidas – a primeira leva

Existe, no entanto, uma lacuna cronológica entre humilhação e implantação: o chamado eficaz. Hooker chama isso de *desfecho* com Cristo.[960] É o próprio ato de fé. Enquanto isso, "Cristo não pode ser impedido de entrar em uma alma verdadeiramente humilde, pelo contrário, vem rapidamente."[961] De fato, quando "todos os obstáculos são retirados do caminho que deve impedi-lo", Cristo "deve vir necessariamente". Afinal de contas, Hooker argumenta, "deve ser da sua parte ou da nossa parte"; e se fizermos a nossa parte "não há nada que possa impedir o Senhor de vir". Se ele não vier, "é porque amamos a nós mesmos ou nos apegamos aos nossos pecados".[962] Mas esses impedimentos foram extintos, Hooker estabelece este imperativo: "espere imediatamente nosso Salvador, pois ele virá".[963]

É óbvio que a doutrina da segurança surge nesta conjuntura. Hooker insiste que, se não existe um pecado intencional, "então já é Cristo".[964] Mas a falta de segurança, ou sentimento, não significa que o Senhor não tenha vindo. Hooker antecipa que o conhecimento que ele veio não será acompanhado por garantia: "Cristo é chegado, mas tu não o percebes", ele prevê. Mas há uma explicação para isso também: "Quando Jacó acordou de sua sonolência, certamente - ele disse - o Senhor está neste lugar, e eu não o entendi: E assim o Senhor está na tua alma, e você não percebe isso: E assim o Senhor está em tua alma, e não o percebes".[965] Nosso problema, então, Hooker diz é que "o julgamos por bom senso e por alguma doçura extraordinária".[966] Devemos simplesmente entender que quando a alma é verdadeiramente humilhada "ele toma posse dela como sua

---

à segunda –, os conceitos de "implantação" e "posse" são assim. Além disso, é a "exaltação", ou união com Cristo, que é o tema em *Exaltation*. Uma exposição adicional dessas fases, no entanto, não parece útil.

[960] *Effectual Calling*, p. 33.
[961] *Ingrafting*, p. 7.
[962] *Ibid.*, p. 14.
[963] *Ibid.*, p. 15.
[964] *Ibid.*, p.16.
[965] *Idem*
[966] *Ibid.*, p. 17.

propriedade".⁹⁶⁷ Devemos olhar para a "promessa"⁹⁶⁸ que nos diz que Cristo veio e não procurar "revelações e sonhos".⁹⁶⁹ A doutrina de Hooker nesse ponto coincide com a de Baynes; nós simplesmente sabemos se nos arrependemos ou não. Não é de surpreender, então, que, após o laborioso processo de preparação, Hooker apele, no final, a "um ato de reflexão, quando um homem examina seu entendimento e trabalha para discernir a sua atividade". Sabemos que o conhecemos, "se obedecermos seus mandamentos".⁹⁷⁰

É por essa razão que recebemos 2Pedro 1.10.⁹⁷¹ Ainda assim, no entanto, "a propriedade espiritual de um homem não é sempre discernível por ele mesmo".⁹⁷² A única maneira de conhecer nossa adoção é pela nossa regeneração; a única maneira de conhecer nossa regeneração é por "uma alteração e uma mudança" em nós.⁹⁷³ Hooker recorre a esse raciocínio circular e, no final, à questão de saber se estamos ou não suficientemente preparados.

Na teologia de Hooker, então, deve ser visto até que ponto o voluntarismo pode avançar sem violar as estruturas de Perkins. Embora a alegação de Hooker de que sua doutrina de preparação é em grande parte "passiva" deva ser seriamente questionada, ele admite que a fé é completada pelo ato da vontade. Como a vocação consiste no chamado de Deus e em nossa resposta, Hooker diz que a última está na vontade. De fato, a "raiz da fé" e o "crescimento total da fé" estão "na vontade".⁹⁷⁴

Parece então que a doutrina da fé de Hooker é voluntarista do início ao fim. Todas as suas alegações sobre um chamado "eficaz" de Deus são tornadas sem sentido por seu apelo – na verdade, seu conselho urgente e apaixonado – diretamente à vontade do homem.

---

⁹⁶⁷ *Ibid.*, p. 26.
⁹⁶⁸ *Effectual Calling*, p. 61s.
⁹⁶⁹ *Ibid.*, p. 63.
⁹⁷⁰ *Ibid.*, p. 87.
⁹⁷¹ *Chiefe Lessons*, p. 204.
⁹⁷² *Ibid.*, p. 208.
⁹⁷³ *Ibid.*, p. 295-96.
⁹⁷⁴ *Effectual Calling*, p. 284.

Hooker diz que "acreditar é a coisa mais difícil que um homem é levado a fazer debaixo do céu". Além disso, "uma vez que um homem crê, o mais difícil é feito, o pior já passou".[975] Ele teria sido igualmente fiel ao seu pensamento se dissesse que uma vez que um homem esteja preparado, o pior já passou.

---

[975] *The Sinners Salvation*, p. 59.

PARTE IV
A CONTRIBUIÇÃO DA HOLANDA

CAPÍTULO 10

JACÓ ARMÍNIO (1559-1609)

Verdadeiramente, Perkins, você lidou com esses assuntos de maneira muito negligente do que a tua erudição e seriedade de expor.[976]

Jacob Haemensz, mais conhecido posteriormente como Jacó Armínio, nasceu em Oudewater, na Holanda. Em 1575 foi para Marburg, onde estudou por cerca de um ano. Em 1576 se matriculou como estudante de teologia na Universidade de Leiden. Em 1581 veio para Genebra para estudar sob a tutela de Teodoro Beza. Armínio parece ter ficado encantado com o pensamento de Peter Ramus,

---

[976] J. Arminius, 'Examination of Perkins' Pamphlet', *The Works of Arminius* (3 vols., 1825, 1828, 1875), iii, p. 470.

mas seu entusiasmo por Ramus o levou a colidir com Beza. Ele foi forçado a deixar Genebra, mas retornou em 1584 e "conduziu-se de maneira mais branda".⁹⁷⁷ Finalmente ganhou o elogio contido de Beza como tendo "um intelecto apto tanto quanto à apreensão e discriminação das coisas".⁹⁷⁸

Em 1587, Armínio foi para Amsterdã e assumiu um pastorado. Em 1591, parece ter sido levado à controvérsia teológica ao ser solicitado a defender a doutrina da predestinação de Beza, à luz de um livreto circulando contra ela. O resultado foi que Armínio tornou-se um convertido às próprias opiniões que tinha sido solicitado a refutar.⁹⁷⁹ Ele começou a questionar a crença geral de que o homem em Romanos 7.14-21 era regenerado.⁹⁸⁰ Em 1593 tomou uma posição sobre Romanos 9 que o mostra movendo-se claramente para a posição pela qual é mais conhecido. Quando o tratado sobre predestinação de William Perkins surgiu na Holanda em 1598, Armínio adquiriu ansiosamente o livro, pois era um admirador de Perkins.⁹⁸¹ Por volta de 1602, preparou uma resposta, mas não a publicou quando soube da morte de Perkins no mesmo ano.⁹⁸²

Em 1603, Armínio foi nomeado professor de teologia em Leiden e foi graduado como doutor em teologia. Ele permaneceu ali até sua morte em 1609, mas esses seis anos foram caracterizados por intensa controvérsia, quase inteiramente sobre a predestinação.

O objetivo deste capítulo é definir a doutrina de fé de Armínio no contexto deste estudo. Embora o interesse na doutrina da predestinação de Armínio o tenha tornado bem conhecido, pouco se sabe sobre sua doutrina da fé em si, especialmente o fato de que essa doutrina da fé é notavelmente semelhante àqueles que se

---

⁹⁷⁷ Carl Bangs, *Arminius* (Nashville, 1971), p. 71-3.

⁹⁷⁸ *Ibid.*, p. 74.

⁹⁷⁹ *Ibid.*, p. 138. Bangs supõe, no entanto, que Armínio nunca foi convencido da posição de Beza em primeiro lugar, mas não fornece provas conclusivas para isso.

⁹⁸⁰ *Ibid.*, p. 40.

⁹⁸¹ *Ibid.*, p. 209.

⁹⁸² A resposta de Armínio foi publicada postumamente (1612).

opuseram a ele.⁹⁸³ É curioso que os teólogos reformados do século XVII tornaram-se exercitados sobre as abstrações da predestinação, mas não viram que sua doutrina da fé dificilmente era diferente da de Armínio. De fato, muitos se opuseram à afirmação de Armínio de que ele também acreditava na fé como dom de Deus, mas se recusaram a levá-lo a sério, já que mudou as estruturas da predestinação. É interessante, de fato, que os predestinários experimentais não tenham sido questionados por praticamente o mesmo tipo de voluntarismo que Armínio suspeitava em razão de sua modificação na predestinação.⁹⁸⁴ Este capítulo argumentará que a doutrina da fé de Armínio não é diferente daquela vista na tradição experimental predestinarista.

A doutrina de predestinação de Armínio pode ser resumida brevemente. De maneira simples, sua alegação é que Deus predestina "crentes". Sua doutrina é estabelecida em quatro decretos: (1) Deus designou Jesus Cristo para ser nosso Mediador e Redentor; (2) Deus decretou "receber em favor '*aqueles que se arrependem, creem*' e 'deixar em pecado' todos os incrédulos; (3) Deus decretou "administrar de *uma maneira suficiente e eficaz* todos os meios necessários para o arrependimento e a fé"; e (4) Deus "decretou salvar" aqueles conhecidos por ele que, desde toda a eternidade" creriam e perseverariam e, condenar aqueles que "ele também conhecia" "*não creriam e persevarariam*".⁹⁸⁵

Armínio é consistente em sua tese de que "a eleição da graça é somente de crentes",⁹⁸⁶ pois a predestinação "é o decreto do be-

---

⁹⁸³ F. E. Stoeffler, *The Rise of Evangelical Pietism* (Leiden, 1971), p. 136, parece ser o único estudioso que percebeu uma semelhança. Ele observa que a teologia da regeneração de Ames "diferia pouco do que os Remonstrantes disseram, embora Amesius lutasse vigorosamente".

⁹⁸⁴ *Works of Arminius*, ii. 51s. Por volta de 1608, Arminius foi atacado por seus oponentes por manter um número de heresias, uma das quais ele ensinou que a fé não é um dom de Deus. Arminius negou isso e insistiu que realmente acreditava que a fé é o dom de Deus.

⁹⁸⁵ *Ibid*. i, p. 589s.

⁹⁸⁶ *Ibid*. iii, p. 583.

neplácito de Deus em Cristo, pelo qual ele determinou em si desde toda a eternidade justificar os que creem".[987] Se alguém crê, é eleito; se não crê, não é eleito.[988]

Quanto à acusação de que Armínio não faz da fé o dom de Deus, ele desenvolveu uma ilustração para mostrar que, afinal de contas, acredita que a fé é um dom divino: "Um homem rico dá a um pobre e faminto mendigo, esmolas pelas quais possa ser capaz de manter a si mesmo e sua família. Será que simplesmente deixa de ser um presente, apenas porque o mendigo estende a mão para recebê-lo?"[989]

O cerne da questão, no entanto, é o ensino de Armínio de que a graça pode ser resistida. Pois "a graça é então experimentada e misturada com a natureza do homem, a fim de não destruir dentro de si a liberdade de sua vontade".[990] Pois as "representações de graça que as Escrituras contêm, são tais, que a descrevem capaz de 'ser resistida'... e recebida em vão". De fato, é possível ao homem evitar o consentimento dela; e recusar toda a cooperação com ela. Armínio deixa bem claro o que está rejeitando: "que a graça é uma certa força e operação irresistível".[991]

A diferença entre Armínio e a posição reformada não deve ser subestimada, nem o contraste é semântico, já que Armínio modificou radicalmente a doutrina reformada da predestinação; na ordem dos decretos, as duas escolas estão separadas por polos. Armínio vincula a eleição - embora baseada na fé prevista - à vontade do homem de acreditar; os predestinaristas experimentais fazem da vontade de acreditar a prova que se é eleito. A semelhança entre as duas escolas de pensamento está na natureza da fé salvífica; embora não seja intencional, as duas maneiras de pensar se sobrepõem aqui. Elas se encontram vindo de direções opostas.

---

[987] *Ibid.* ii, p. 392.
[988] *Ibid.*, p. 67.
[989] *Ibid.*, p. 52.
[990] *Ibid.* i, p. 564s.
[991] *Ibid.*, p. 565.

O melhor ponto de observação para analisar a semelhança das duas escolas é contrastar a doutrina da perseverança de Armínio com a doutrina dos predestinaristas experimentais da fé temporária. Por mais que os últimos tenham evitado esse ensinamento em seus sermões, ele sempre esteve por perto, e eles poderiam usar este ensino prontamente quando precisassem para explicar uma apostasia.

Armínio sugere que a graça pode ser perdida. Seu argumento é sutil. Ele pode afirmar dogmaticamente que é impossível para os crentes decair da salvação. Mas o que ele quer dizer é que é "impossível para os crentes, enquanto permanecerem *crentes*, decaírem da salvação".[992] Pois "se os crentes se afastarem da fé e se tornarem incrédulos, é impossível que eles façam outra coisa senão decair" da salvação – isto é, desde que continuem a ser descrentes.[993] Se um crente pode, de fato, deixar ou não de acreditar, Armínio quer deixar em suspenso, e pede "uma diligente indagação das Escrituras" se alguém "por negligência" abandonar o início da graça e a tornar ineficaz.[994] Mas ele pensa francamente ao afirmar que "há passagens da Escritura que parecem usar esse aspecto".[995]

A solução pronta dos predestinaristas experimentais para esta e outras passagens similares é a fé temporária dos não eleitos. Não apenas a rejeição do Evangelho prova a reprovação de alguém, mas também o afastamento da profissão de fé. Armínio concorda; incrédulos são pré-ordenados à condenação pelo decreto de Deus. De fato, há concordância substancial entre as duas escolas de que aqueles que rejeitam o evangelho ou apostatam, são reprovados. A diferença é a lógica teológica que está por trás daqueles que aceitam e daqueles que resistem, e daqueles que perseveram e daqueles que se afastam. Os predestinaristas experimentais explicam que os crentes perseveram porque foram eleitos; Armínio diz que Deus elege os crentes que ele prevê que perseverarão. Os predestinaristas

---

[992] Ibid., p. 677s.
[993] Ibid., p. 678.
[994] *Works of Arminius*, i., p. 602.
[995] Ibid., p. 603.

experimentais recorrem à sua doutrina pura da fé temporária para explicar as apostasias.

Armínio sabe disso. Este assunto é crucial em seu debate com Perkins. Deve ser lembrado que Perkins mantém duas obras de graça; que a segunda (perseverança) autentica a primeira. Mas se o fracasso da segunda acontecer significa que a primeira foi falsificada - daí a fé temporária. Armínio aproveita essa posição de Perkins - e Beza. Seus argumentos demonstram que sua própria doutrina não é efetivamente diferente da de Perkins, e que este, para ser consistente, deveria admitir isso. Pois desde que Perkins sustenta que a "primeira graça" é "o favor gratuito de Deus, abraçando os seus em Cristo para a vida eterna",[996] mas que a segunda graça deve ser alcançada para validar a primeira, o que acontece se a primeira não for estendida à segunda? Armínio ressalta que isso significa que o crente realmente "cai daquela mesma graça com a qual Deus o abraça para a vida eterna".[997] Assim, Armínio demonstra que sua posição de que um crente pode cair é consistente. De fato, se Perkins sustentar que o recebedor da primeira graça precisa obter a segunda (perseverança) ou a primeira é invalidada, não há diferença prática em qualquer das duas posições. Se o crente não perseverar - seja Armínio ou Perkins -, tal pessoa se mostra não eleita.

Além disso, Armínio lembra da afirmação de Perkins de que se um crente cair gravemente depois de receber a primeira graça, mas não se arrepender, tal pessoa não obterá a remissão dos pecados.[998] "Concluo que eles podem perder a graça da remissão de pecados", Armínio responde.[999] O exemplo da restauração de Davi depois de seu adultério e assassinato "não prova nada", continua Armínio; não há prova de que Davi não poderia ter se perdido se não se arrependesse; nós simplesmente sabemos que Davi se arrependeu.[1000]

---

[996] *Ibid.*, iii, p. 459.

[997] *Ibid.*, p. 460.

[998] *Ibid.*, p. 462–3.

[999] *Ibid.*, p. 463.

[1000] *Idem*

Armínio difere dos predestinaristas experimentais, então, na posição teórica por trás dos eventos práticos, mas não no fato indubitável de que os homens às vezes caem. Eles diferem meramente em sua explicação dessa apostasia. Ambas as partes concordam que a eleição, a fé e a perseverança devem estar ligadas na cadeia da salvação: o fracasso em perseverar significa uma cessação da fé; a cessação da fé significa reprovação. Os predestinaristas experimentais têm sua doutrina de fé temporária para se apoiar. Mas Armínio também tem uma doutrina de fé temporária, igual de fato a qualquer uma mantida na tradição dos predestinaristas experimentais. Ele não apela a isso, nem precisa. Está apenas argumentando que Perkins deveria ver a inconsistência de sua própria posição. Armínio resume a doutrina da fé de Perkins em geral e depois o repreende:

> No início da fé em Cristo e conversão a Deus, o crente se torna um membro vivo de Cristo; e, se perseverar na fé em Cristo e mantiver uma consciência sem ofensa, permanece um membro vivo. Mas se acontecer de que esse membro se torne preguiçoso, não tome cuidado sobre si mesmo, dê lugar ao pecado, pouco a pouco ficará meio morto; e assim por fim, prosseguindo ainda mais, morre completamente e deixa de ser um membro. Esses pontos são o que deveria ter sido refutado por você; você está tão longe de confundir que prefere confirmá-los por suas distinções. Verdadeiramente, Perkins, você lidou com esses assuntos de maneira muito negligente do que a sua erudição e seriedade de expor.[1001]

Se Perkins tivesse sobrevivido para responder a Armínio, ele teria enfrentado graves dificuldades. Parece que Perkins poderia (1) ter repetido o que ele já havia declarado - expondo sua teoria, mas sem provas convincentes de que sua doutrina da fé é diferente em resultado-, (2) admitir que Armínio estava certo, mas preso aos

---

[1001] *Ibid.*, p. 470.

mesmos pontos de vista predestinaristas, [1002] (3) tornar-se totalmente arminiano ou (4) assumir a posição de Calvino.

A doutrina de Calvino nessa época havia passado por trás de uma nuvem, embora o predestinarismo reformado estivesse sendo chamado de Calvinismo. O que Armínio está refutando e Perkins defende é realmente a teologia de Beza.[1003] Armínio não ataca diretamente a doutrina da fé de Calvino. Se ele percebeu uma diferença substancial entre Calvino e Beza permanece desconhecido.

Em todo caso, Armínio inverte a ordem de Calvino em relação à fé e ao arrependimento, o que foi feito efetivamente pelos predestinarista experimentais. Deus decretou "receber em graça aqueles que se arrependem e creem".[1004] Ele declara que fé é obediência e que há três partes nessa obediência.

> A primeira é o arrependimento, pois é o chamado dos pecadores para a justiça. A segunda é a fé em Cristo e em Deus através de Cristo; porque o chamado é realizado pelo Evangelho, que é a palavra da fé. A terceira é a observância dos mandamentos de Deus, em que consiste a santidade da vida, à qual os crentes são chamados e sem a qual nenhum homem verá a Deus.[1005]

O debate entre Perkins e Armínio é um caso de duas formas de voluntarismo em oposição uma à outra. Deve ser lembrado que Perkins sustenta que a vontade cooperará com a graça uma vez que

---

[1002] Isso é o que Ames praticamente faz. Ver o Capítulo 11.
[1003] Bangs, *op. cit.*, p. 68, parece concordar: "A doutrina da predestinação de Beza é a fonte do que é frequentemente chamado de "hipercalvinismo". Foi a insistência nos detalhes de seu sistema como essencial para a ortodoxia reformada que teve muito a ver com a precipitação da controvérsia arminiana.
[1004] *Works of Arminius*, i, p. 589.
[1005] *Ibid.* ii, p. 398. "O arrependimento é anterior à fé em Cristo; mas é posterior a essa fé pela qual acreditamos que Deus está disposto a receber em seu favor o pecador penitente". *Ibid.*, p. 723

a primeira graça tenha sido concedida.[1006] Assim, a falha em obter a segunda graça é realmente devida à vontade do homem, embora Perkins dissesse que o homem que não perseverasse era reprovado desde o começo. Armínio vê plenamente as estruturas do sistema de Perkins e percebe que, por mais que esteja sendo acusado de heresia, ele é consistente, mesmo dentro das estruturas predominantes da doutrina reformada da fé. Além disso, Armínio parece ter reconhecido o voluntarismo implícito na teologia reformada a partir de Beza.

De fato, Armínio cita o Catecismo de Heidelberg: "A salvação por meio de Cristo não é dada a todos os que pereceram em Adão, mas àqueles que são enxertados em Cristo pela fé verdadeira e que aceitam seus benefícios".[1007] Armínio responde: "Desta frase deduzo que Deus não predestinou absolutamente qualquer homem à salvação; mas que tem em seu decreto considerado - ou visto - como crentes."[1008] Um crente para Armínio é aquele que não resiste à graça. Ele também lembra que Perkins chama de "crentes" os destinatários da primeira graça. "Na distinção dos crentes, aqueles a quem você nomeia em primeiro lugar não merecem ser chamados de 'crentes': pois ouvir e entender a palavra não faz ninguém um crente, a menos que seja acrescentada a aprovação deles".[1009] Por "aprovação", Armínio quer dizer um ato da vontade. Armínio não está rejeitando as estruturas básicas da doutrina da fé de Perkins. Na verdade, ele as leva tão a sério quanto o próprio Perkins. O que Perkins chama de primeira e segunda graça - a última sendo trazida à fruição pela cooperação da vontade -, Armínio chama a dupla obra do Espírito: "uma suficiente, a outra eficaz". A primeira é vista quando o homem a quem é aplicada "*pode* querer, crer e ser convertido"; a segunda - não diferente virtualmente da "segunda graça" de Perkins - é aquela pela qual a pessoa "em quem é empregada

---

[1006] Cf. *supra*, p. 65 n. 2.
[1007] *Works of Arminius*, i, p. 558s.
[1008] *Ibid.*, p. 559.
[1009] *Ibid.* iii, p. 459.

deseja, crê e é convertida".[1010] Assim, Armínio afirma que um crente é aquele que adicionou sua "aprovação", e que, se Perkins fosse consistente, ele também reservaria o título de "crente" para aquele que experimenta a segunda graça. É precisamente isso que Ames irá incorporar em sua teologia. O erro de Perkins, pensa Armínio, é chamar o destinatário da primeira graça de um crente na medida em que o assunto está realmente em suspensão até que a segunda graça tenha sido obtida.

Sobre a natureza da fé salvadora, então, as visões de Armínio e Perkins são recíprocas. Ambos são voluntaristas; Armínio percebe isso. William Ames vai complementar Perkins, provavelmente lucrando com a correção feita por Armínio a Perkins. Entretanto, para os predestinaristas experimentais, a ordem dos decretos parece preciosa demais para ser abandonada, e o calor da batalha está acima desses decretos. A luta de Armínio para fazer com que os homens vissem que ele está, de fato, mantendo a mesma doutrina de fé que a dos "ortodoxos" parece não ter sido levado em conta. Seu "pecado" foi trazer os decretos em linha com sua visão voluntarista da fé.

Armínio pergunta se o termo "instrumento" é o termo correto a ser usado em relação à natureza da fé justificadora. Ele é acusado por seus oponentes de dizer que a fé não é o instrumento da justificação.[1011] Ele diz que, embora não negue que a fé, em certo sentido, possa ser chamada de instrumento, fé "não como *um instrumento*, mas como *um ato* é imputada para justiça, embora tal imputação seja lançada na conta daquele que apreende isto".[1012] Isto é verdade porque a fé é "a exigência de Deus, e o ato do crente quando responde a exigência".[1013] Então "a aceitação ou apreensão em si é *um ato* e, na verdade, de obediência cedida ao evangelho".[1014]

[1010] *Ibid.* (itálicos meus). A graça eficaz é aquela pela qual eles não somente podem acreditar e ser convertidos se escolherem, mas também irão desejar, acreditarão e serão convertidos. *Ibid.*, p. 316

[1011] *Ibid.* ii, p. 49.

[1012] *Ibid.*, p. 50s.

[1013] *Works of Arminius*, ii, p. 49s.

[1014] *Ibid.*, p. 50.

Também pode ser observado que a doutrina da fé de Armínio é facilmente coerente com a teologia da aliança dos predestinaristas experimentais. A fé que Armínio nomeia de ato correlaciona-se com a condição do pacto da graça, como visto por eles. Os opositores de Armínio parecem não ter percebido que fazer da fé um ato era apenas dar o termo correto à natureza da fé que se tornara uma suposição no pensamento reformado. Armínio vê que a manutenção do termo "instrumento", que parece ser apenas um resquício da teologia de Calvino, não tem razão sadia. Armínio, então, está apenas ajustando sua doutrina da justificação à sua doutrina da fé. Enquanto somos justificados "unicamente pela obediência de Cristo", e "visto que Deus imputa a justiça de Cristo a ninguém, exceto a crentes, concluo" que para o "homem que crê, a fé é imputada por justiça".[1015]

A semelhança entre Armínio e os predestinaristas experimentais sobre a natureza da fé salvadora é ainda mais ampliada ao se examinar a sua doutrina da segurança. Ele acha que alguém pode estar "certo e convencido" de sua salvação "se seu coração não o condenar". Tal certeza é "forjada na mente" pelo Espírito "e pelos frutos da fé, – como por sua própria consciência, e o testemunho do Espírito de Deus testemunhando junto com sua consciência".[1016] Assim, o silogismo prático que é crucial para a doutrina da segurança de Perkins é o apelo final de Armínio também. Pois a certeza da salvação "depende deste decreto, – 'os que crerem serão salvos': eu creio, portanto serei salvo".[1017] Embora Armínio não empregue o termo "ato reflexo" para explicar essa segurança mental, é isso que ele quer dizer. Seus termos reais são "mediadores" - a capacidade da fé em apreender - e "imediatos" - a apreensão em si -, sendo o último "derivado" do primeiro.[1018] É a mesma ideia que o ato direto (a vontade) e o ato reflexo (a mente), que foi visto muitas vezes em páginas anteriores. A doutrina de segurança de Armínio, portanto,

---

[1015] *Ibid.* i, p. 636.
[1016] *Ibid.*, p. 603.
[1017] *Ibid.*, p. 555.
[1018] *Ibid.* ii, p. 51.

também não é essencialmente diferente daquela vista na tradição experimental predestinarista. A segurança vem dos "frutos da fé", como de sua própria consciência, uma frase que poderia ter sido proferida por qualquer teólogo examinado anteriormente na tradição de Beza-Perkins. O motivo é por causa do voluntarismo implícito de Beza em diante. Armínio leva isso mais a sério do que qualquer teólogo examinado anteriormente.

Armínio tem pouco a dizer sobre a preparação para a graça. Isto é possivelmente porque a necessidade de tal conceito pastoral é consideravelmente diminuída por sua decisão de tomar os decretos da eternidade, por assim dizer, e colocá-los no aqui e agora, e pode muito bem ser chamado de um predestinarista existencial. Ele conseguiu relaxar a tensão se o destino é imutável ou não. Sua teologia claramente traz a possibilidade de salvação ao alcance de qualquer pessoa.[1019] Embora os predestinaristas experimentais também tentem fazer isso, sua necessidade de postular uma doutrina de preparação é fortalecida, se não causada, por tornar o número dos eleitos igual ao número das pessoas por quem Cristo morreu.

Armínio e Calvino têm em comum a crença de que Cristo morreu por todos. Eles também concordam que a morte de Cristo não tem valor até que creiamos.[1020] Mas a semelhança termina aí no que diz respeito à doutrina da fé. Armínio insiste que Cristo ora "também pelos não eleitos".[1021] Quando Cristo disse: "Eu não oro pelo mundo, mas por aqueles que tu me deste", Cristo simplesmente quis dizer que orou por aqueles que creram e por aqueles que estavam prestes a crer".[1022] Assim, Armínio entende as orações de intercessão de Cristo de acordo com sua doutrina da expiação; os

---

[1019] Como os predestinaristas experimentais, Armínio acredita que Deus predestinou os meios para os fins. *Ibid.* ii, p. 394. Ele fala vagamente sobre "preparação para a regeneração", que vem do "movimento do Espírito regenerador". *Ibid.*, p. 17. Em qualquer caso, Armínio é mais cauteloso que Thomas Hooker, senão mais também que Cotton e Preston.

[1020] *Ibid.*, p. 325-32, 9-10.

[1021] *Ibid.* iii, p. 326.

[1022] *Ibid.*, p. 326s.

predestinaristas experimentais limitam o escopo tanto da morte de Cristo quanto de sua intercessão, todavia para eles nenhum dos dois pode ser desfrutado a não ser por uma obediência ativa aos mandamentos de Deus. Somente Calvino sustenta que a eleição pode ser apreciada olhando diretamente para Cristo. Sua visão da relação da intercessão de Cristo com sua morte parece nunca ter sido considerada; tal posição teria estado em oposição à tese de Armínio, por um lado, e a dos predestinaristas experimentais, por outro.

No ano seguinte à morte de Armínio, os Remonstrantes mantiveram viva a visão de seu mestre. A Remonstrância de 1610 é um resumo da posição básica de Armínio. Em resumo, os Cinco Artigos são: (1) Deus decretou Jesus Cristo como o Redentor dos homens e decretou salvar todos os que creem nele; (2) Cristo morreu por todos, mas somente os crentes desfrutam do perdão dos pecados; (3) o homem deve ser regenerado pelo Espírito; (4) graça "não é irresistível"; e (5) perseverança é concedida "através da assistência da graça do Espírito Santo", mas se alguém pode se afastar da "vida em Cristo" é deixado em aberto.[1023]

Em 29 de maio de 1619, o Sínodo Internacional de Dordrecht (Dort) pôs fim a uma série de 163 sessões - começando em 13 de novembro de 1618 -, resultando na condenação dos Cinco Artigos dos Remonstrantes. Além de sustentar o Catecismo de Heidelberg, o Sínodo emitiu Cinco Cânones para combater os Cinco Artigos dos Remonstrantes. Em resumo, os Cânones de Dort são: (1) que o eterno decreto de predestinação de Deus é a causa da eleição e reprovação, e que este decreto não é baseado na fé prevista; (2) que Cristo morreu apenas pelos eleitos; (3) e (4) que os homens, por natureza, são incapazes de buscar a Deus à parte do Espírito e que a graça é irresistível; e (5) os eleitos certamente perseverarão na fé até o fim.[1024]

[1023] O texto completo dos Cinco Artigos dos Remonstrantes (também os Cânones de Dort) é fornecido em Peter Y. DeJong (ed.), *Crisis in the Reformed Churches: Essays in commencement of the great Synod of Dort, 1618-1619* (Grand Rapids, 1968), p. 207ss.

[1024] *Ibid.*, p. 229-62. Estas cinco declarações ficaram conhecidas como os Cinco Pontos do Calvinismo.

Três coisas devem ser notadas sobre os Cânones de Dort: eles (1) abraçam o silogismo prático; (2) assumiram uma visão voluntarista da fé; e (3) inverteram a ordem que Calvino pretendia em relação à fé e ao arrependimento na *ordo salutis*. O Artigo 12 da *First Head of Doctrine of Predestination* (Primeiro Cabeçalho da Doutrina da Predestinação) declara que os homens podem ter certeza da eleição "não por curiosamente intrometer-se nas coisas secretas e profundas de Deus, mas observando em si mesmos" com uma alegria espiritual e santo prazer os "frutos infalíveis da eleição apontados na Palavra de Deus".[1025] Além disso, aqueles que carecem essa "confiança assegurada" não devem "se classificar entre os réprobos" se eles "desejam seriamente" agradar a Deus, pois Deus é misericordioso e "não extinguirá o pavio fumegante, nem quebrará a cana quebrada".[1026]

O Sínodo de Dort representa um afastamento substancial da doutrina da fé de Calvino. Além disso, a ideia de Perkins sobre a menor medida de fé, a vontade de acreditar, é sancionada em Dort. Todavia há mais; Armínio obteve da teologia reformada a convicção de Calvino de que Cristo morreu por todos os homens.

[1025] *Ibid.*, p. 233.
[1026] *Ibid.*, p. 234-35.

CAPÍTULO 11

WILLIAM AMES (1576-1633)

Trago de bom grado à memória, que quando jovem ouvi o digno Mestre Perkins pregar em uma grande assembleia de estudantes, que ele os instruiu profundamente na Verdade, instigou-os eficazmente a buscar a Piedade...[1027]

Enquanto o aluno mais famoso de Perkins, sem dúvida, manteve uma profunda admiração por seu mentor ao longo de seus dias, William Ames não apenas adotou a teologia de Perkins, porém, ao fazê-lo, foi forçado a romper com seu mestre em pontos significativos. Deve-se

---

[1027] W. Ames, *Conscience with the power and Cases thereof* (1639), Ao Leitor. Doravante denominada *Conscience*, esta foi traduzida de *Consciencia et Eius lure vel Casibus* (1622 e 1630).

ver na soteriologia de Ames um elaborado sistema que gira quase inteiramente em torno do papel da vontade humana. Ames possuía o maior intelecto na tradição experimental predestinarista desde Perkins. *The Marrow of Sacred Divinity* (*A Essência da Sagrada Teologia*) (1643)[1028] foi a primeira teologia sistemática a surgir dentro dessa tradição desde *A Golden Chaine*.

Ames parece perceber que se a santificação é o fundamento da segurança, então (1) a fé é um ato da vontade e (2) a fé temporária não tem lugar conveniente em tal esquema teológico. Enquanto os teólogos que seguiram Perkins avançaram gradualmente em direção a um voluntarismo explícito e distante da fé temporária, William Ames deu a essa tendência sua pesada sanção. A doutrina de fé de Calvino para todos os propósitos práticos estava agora morta e enterrada. Ames adotou uma "doutrina de fé" voluntarista dentro de uma tradição que já vinha de qualquer maneira abalando a influência de Calvino.

Não há como saber com certeza como Ames chegou a essa posição. Pode ter sido simplesmente a sua própria percepção de que Perkins errou o ponto ao colocar o lugar da fé no entendimento – que Perkins deveria tê-lo colocado na vontade, já que é na verdade a vontade em torno da qual seu sistema gira implicitamente. Se Perkins não viu isso, ele deveria ter visto, como Ames praticamente diz.

Entretanto, a possível influência de Armínio e os Remonstrantes sobre Ames deve ser notada. Parece provável que ele tenha lido o *Examination of Perkins' Pamphlet on the Order and Mode of Predestination* (*A Verificação do Panfleto de Perkins sobre a Ordem e o Modo de Predestinação*) de Armínio (1612). Em 1613, quando Ames é encontrado debatendo com o Remonstrante Nicholaas Grevinchovius – uma briga "grave para ambos"[1029] – Ames não discorda de seu oponente que a fé é um ato da vontade. Grevinchovius diz:

[1028] Doravante denominada *Marrow*, a edição de 1643 (usada adiante) é a tradução de *Medulla Theologiae* (1623, 1627).

[1029] Keith L. Sprunger, *The Learned Doctor William Ames* (1972), p. 47. Esta é a biografia definitiva de Ames. Trata a sua doutrina de fé de maneira marginal. Um volume muito útil é *William Ames* (Harvard, 1965), que inclui a biografia de 1668

Pois visto que esta mesma fé, ou reconhecimento, e confiança é um ato da vontade, é necessário que a causa desse ato seja julgada como sendo a vontade, fé sendo assim o efeito da vontade da qual depende, exatamente da mesma maneira como qualquer evento [tem uma causa].[1030]

Ames concorda que "o primeiro resultado da graça eficaz é efetivamente fluir para a vontade".[1031] Mas essa "cooperação da vontade é o efeito dessa eficácia", ele insiste.[1032] Enquanto Ames quer tornar graça eficaz a causa da vontade escolhendo o bem, há concordância de que é a vontade, no mínimo, que imediatamente produz fé. Assim, Ames parece ter chegado a uma posição voluntarista pelo menos dez anos antes de *The Marrow* ter sido escrita. Se ele é atraído pela opção de que a fé é uma persuasão no entendimento em virtude da graça eficaz, ele não dá nenhuma indicação disso. Quando ele reconhece que a fé "comumente" é tomada para significar um ato do entendimento", isso é provavelmente uma alusão a Perkins:

> Mas, porque a vontade está acostumada a ser movida por ela, e a estender-se para abraçar o bem assim permitido, portanto, a fé faz o suficiente para estabelecer este ato da vontade... Pois é um recebimento... um ato de eleição, um ato do homem inteiro, coisas que não concordam de maneira alguma com um ato do entendimento.[1033]

---

de Ames, de Matthew Nethenus, um tratamento de 1894 de J. M. Stap (Holanda) e uma tese de 1940 de Karl Reuter (Alemanha). Estes tratam a natureza da fé marginalmente, no entanto.

[1030] W. Ames, *De Arminii Sententia* (1613), p. 28.
[1031] *Ibid.*, p. 31.
[1032] *Idem*
[1033] *The Marrow*, I, i. p. 8-9.

Enquanto a lógica aperfeiçoa o intelecto, a teologia aperfeiçoa a vontade.[1034] A teologia é "a doutrina de viver para Deus".[1035] Um contemporâneo de Ames, Gisbertus Voetius (1588-1676),[1036] observou que, embora alguns teólogos acreditem a fé residir no entendimento - ele cita Perkins e outros -, e alguns digam que a fé reside no intelecto e na vontade, ele só conhecia Ames para "atribuí-la apenas à vontade".[1037]

William Ames nasceu em Ipswich. Por volta de 1593, quando a fama de Perkins estava alcançando seu apogeu, Ames foi para Cambridge, matriculando-se como pensionista no Christ's College, onde esteve sob a influência direta de Perkins. A conversão de Ames, no entanto, parece ter ocorrido depois que Perkins deixou sua fraternidade em 1595, mas enquanto ele ainda dava aulas em St. Andrews. Agradou a Deus "que o jovem Ames fosse chamado para fora de seu estado natural de pecado e miséria, como Lázaro fora de sua sepultura, pela voz alta do poderoso ministério de [Perkins]".[1038] Ames recebeu o bacharelado em 1597-8, e o mestrado em 1601 quando foi eleito docente. Ele permaneceu no Christ's College por outros nove anos.

Parece que Ames frequentemente se opunha ao uso da sobrepeliz (veste eclesiástica anglicana). Mas foi um sermão pregado na igreja da universidade em 1609 que acabou sendo demais para as autoridades. O vice-chanceler suspendeu Ames de todos os deveres eclesiásticos e acadêmicos. Ele tentou se estabelecer em Colchester como pastor de uma congregação lá, mas foi proibido de pregar pelo bispo de Londres, George Abbott. "Que homem Ames seria se

---

[1034] Ames, *Technometria* (1631), p. 34.

[1035] *The Marrow*, I.i.1.

[1036] Voetius foi um teólogo holandês que estudou em Leiden durante a controvérsia arminiana. Ele defendeu o partido calvinista e foi um delegado no Sínodo de Dort. Tornou-se professor em Utrecht em 1634 e foi amplamente conhecido na Europa como um defensor do Calvinismo escolástico.

[1037] Voetius, *Selectarum Disputationum* (Utrecht, 1648-69), v, p. 289.

[1038] Citado em Sprunger, *op. cit.*, p. 11.

fosse um filho da Igreja", disseram seus críticos.[1039] Ames procurou o exílio na Holanda. Antes de sair, seu amigo Paul Baynes avisou: "Cuidado com uma cabeça forte e um coração frio".[1040]

Na Holanda, Ames logo começou a debater com os Remonstrantes, principalmente com Grevinchovius, o ministro de uma igreja em Roterdã. De 1611 a 1619, encontrou emprego em Haia como capelão de Sir Horace Vere. Em 1618 foi contratado pelo partido holandês calvinista para assistir aos procedimentos do Sínodo de Dort, dando suas opiniões e conselhos quando necessário. Ames supostamente exerceu enorme poder nos bastidores, e foi conselheiro do presidente do Sínodo. Ele parece ter se destacado nos procedimentos, sendo este reconhecido por George Abbott, agora arcebispo de Canterbury, que, no entanto, recusou a Ames um cargo na Inglaterra, já que ele não era um "filho obediente de sua mãe, a Igreja da Inglaterra, mas um rebelde".[1041]

Em 1622 Ames aceitou a cadeira teológica em Franeker e tornou-se depois reitor desta universidade. Durante os anos 1622-32 atraiu estudantes de toda a Europa. Seu discípulo mais famoso foi Johannes Cocceius (+ 1669), estando com ele de 1626 a 1629.[1042] Em 1632, uma asma o obrigou a ir a Roterdã, onde ocupou o cargo de pastor na Igreja inglesa. Durante esse período, ele se encontrou com Thomas Hooker, que havia fugido para a Holanda em 1629. Hooker alegou que um homem absorvido pelo pensamento de Ames seria "um bom teólogo, embora não tivesse outros livros no mundo". Ames também ficou impressionado com Hooker e disse que "nunca se encontrou com o equivalente de Hooker, seja para pregar ou para disputar".[1043] Hooker escreveu o longo prefácio de *A Fresh Svit against Human Ceremonies in Gods Worship* (1633) pouco antes de sua

---

[1039] Nethenus, em *William Ames*, p. 4.
[1040] Mather, *Magnalia*, i, p. 245.
[1041] Nethenus, em *William Ames*, p. 13.
[1042] Cocceius embelezou a teologia do pacto de Ames e às vezes é considerado o pai da teologia federal.
[1043] Mather, *op. cit*. i, p. 339-40.

própria partida para a América via Inglaterra. Ames morreu em novembro de 1633.

Os interesses teológicos de Ames eram vastos. Seus escritos eclesiológicos, considerando seu impacto posterior, justamente o tornam "o pai da política eclesiástica da Nova Inglaterra".[1044] Ele é considerado um divulgador da lógica de Peter Ramus,[1045] enquanto *The Marrow* se tornou o principal livro de Harvard e - mais tarde - Yale por muitos anos.[1046] Ele continuou a teologia casuística essencial de Perkins, tratando sistematicamente quase todos os "casos de consciência" imagináveis. Tanto sua eclesiologia como sua soteriologia se tornaram ortodoxia, por assim dizer, na Baía de Massachusetts. De qualquer forma, o voluntarismo de Ames parece ser a chave para tudo o que ele crê. [1047]

Ames mantém as estruturas do supralapsarianismo de Perkins,[1048] mas vê a incompatibilidade de fazer das boas obras o fundamento da segurança, ao mesmo tempo em que adota uma doutrina explícita da fé temporária. A evidência para isso não é apenas o quase total eclipse da fé temporária nos seus escritos,[1049] mas a sua notável

---

[1044] Perry Miller, 'The Marrow of Puritan Divinity', *Publications of the Colonial Society of Massachusetts* (Boston, 1937), p. 256.

[1045] K. L. Sprunger, 'Ames, Ramus, e Method of Puritan Theology', *Harvard Theological Review* (1966), p. 133ss.

[1046] Samuel Eliot Morison, *Harvard College in the Seventeenth Century* (Cambridge, Mass., 1936), I, p. 267; Edwin Oviatt, *The Beginnings of Yale* (1701-1726) (New Haven, 1916), p. 196-200.

[1047] Além dos citados alhures, os escritos de Ames, sobre os quais este estudo será extraído, são *The Substance of Christian Religion: Or, a plain and easie Draught of the Christian Catechisme, in LII Lectures* (1659), daqui em diante chamado *Substance*; e *An Analyticall Exposition of Both the Epistles of the Apostle Peter, Illustrated by Doctrines out of Every Text* (1641), daqui em diante chamada de *Peter*.

[1048] Ames escreveu o prefácio de *Vindiciae Gratiae*, de William Twisse (1632), uma defesa do supralapsarianismo.

[1049] Em *Peter*, p. 14, ele diz que aqueles que têm uma fé temporária "costumam cair no meio de aflições", e que, no não regenerado, pode haver "um movimento súbito *da mente*", mas isso não é "um afeto enraizado". *Ibid.*, p. 41. Ele parece forçado a explicar a aparente apostasia em 2Pedro 2.20-22: "Eles tinham aquela

ausência em *The Marrow*. Aparentemente, a sistemática *The Marrow* é largamente padronizada depois de *A Golden Chaine* de Perkins – desde os decretos de Deus até a Queda, a doação de um mediador e a *ordo salutis* - da predestinação à glorificação; mas a doutrina da reprovação não inclui uma palavra sobre um chamado ineficaz.[1050] De fato, enquanto a *magnum opus* de Perkins prossegue da discussão sobre a glorificação à elaborada doutrina da reprovação - com referência particular ao chamado ineficaz dos réprobos -, a discussão de Ames sobre glorificação (Cap. 30) é seguidA não pela doutrina da reprovação, mas por "Da Igreja misticamente considerada" (Cap. 31). Embora o tratamento da própria reprovação de Ames seja tão lúcido - e severo - quanto o de Perkins, não pode haver dúvida de que Ames deliberadamente contorna o problema da fé temporária. Além disso, em *The Marrow* ele não se refere a um chamado eficaz; é meramente "chamado".[1051] Com isso, ele quer dizer um chamado eficaz. Mas, simplesmente referindo-se ao "chamado", ele insinuou que não há outro tipo de chamado, mas um chamado eficaz. Ele não está apenas se afastando de Perkins por sair do sistema de Perkins no ponto crucial da fé temporária, mas usou um termo que não pode ser facilmente colocado em oposição ao próprio conceito que não deseja engrandecer. Qualquer leitor cuidadoso de Perkins é obrigado a perceber o que Ames fez. Ames evidentemente deseja um sistema, por mais que respeite Perkins, que será logicamente consistente durante todo o processo. Ele não está preparado para abandonar seu predestinarismo, mas está determinado a não ter nada a ver com um sistema que sugere que o réprobo pode ter santificação.

---

fé que usamos para chamar de fé temporária, mas nunca foram profundamente enraizados na fé". *Ibid.*, p. 229

[1050] *The Marrow*, I. xxv. Reprovação é a predestinação de alguns determinados homens, para que a glória da justiça de Deus se manifeste neles... [isto] não pode propriamente ser chamado de eleição: porque não é por amor, *nem traz a concessão de qualquer bem, mas a privação dele* "(itálico meu). Isto sugere uma razão adicional para ele não tratar a fé temporária sob esta categoria; não pode haver "a concessão de qualquer bem" aos réprobos.

[1051] *Ibid.* I. xxvi.

Há duas situações mencionadas em *The Marrow*, no entanto, em que a doutrina da fé temporária pode estar implícita. Sob o título de "chamados" existe a declaração de Ames - em uma linha - , que talvez seja possível haver uma iluminação "algum dia, e de uma certa maneira, concedida aos não eleitos".[1052] O segundo exemplo é que ele está dizendo que um "assentimento generalizado", que o os papistas fazem ser fé, não é fé, pois pode ser "sem vida".[1053] Mas, em qualquer caso, não há a mais remota insinuação nos escritos de Ames de que um crente temporário possa parecer um verdadeiro cristão. No caso de sua menção de uma iluminação "em algum momento, e de certa maneira" no não eleito, Ames não nos diz mais. É o mais próximo que ele chega até de um reconhecimento tácito do mérito teológico da ideia de fé temporária. Ele conseguiu manter o tom, por assim dizer, sem ter que enfrentar os sérios problemas que o ensino pode precipitar. Ames não pode ter evitado saber da proeminência do tema nos escritos de Perkins. Contudo, o mais importante é sua consistência teológica. Ele está convencido de que a vontade de ser piedoso só pode existir nos eleitos. De fato, omitindo qualquer ensinamento ameaçador de fé temporária em seu sistema, Ames deixou a estrada livre de qualquer fragmento que pudesse inibir a disposição sincera do buscador em obedecer ao Senhor. No sistema de Ames, não há indício de que uma pessoa possa imaginar que sua santificação seja apenas o florescimento temporário dos réprobos.

Ademais, Ames nos mostra claramente que pensou no assunto, ou seja, a santificação e a fé temporária não devem se misturar. Se a santificação é a prova certa de eleição, então o réprobo nunca pode

---

[1052] *Ibid.* I. xxv. p. 15. O pecado imperdoável nasce da "malícia" em direção a essa iluminação. Cf. *Conscience*, iv. p. 13, onde ele discute brevemente a natureza da apostasia; enquanto alguém pode cair "da verdade do evangelho ao papismo", não há indício de qualquer piedade antes da apostasia.

[1053] *The Marrow*, II. v. A doutrina de fé temporária de Ames está amplamente confinada ao que ele chama de fé dos papistas. Um conhecimento sem "afinidade" é encontrado em demônios e "neles" [por exemplo, papistas] que não fazem parte da vida espiritual". *Svbstance*, p. 53.

ter santificação. Tudo o mais caracteriza os réprobos, a santificação não. Pois "a santificação é um certo efeito e sinal de nossa eleição".[1054]

> Porque a santificação é, por assim dizer, a eleição efetiva: pois, como pela eleição de Deus, os herdeiros da salvação são distinguidos dos outros no próprio Deus, ou em Sua intenção e conselho; assim também pela regeneração e santificação são distinguidos dos outros em si mesmos. Santificar... é separar para algum uso.[1055]

Ames mostra aqui que está convencido de duas coisas: (1) Deus nunca pretendeu que alguém, exceto seus eleitos, fosse santificado, e (2) nós podemos saber em nós mesmos que a santificação é o que nos diferencia dos outros. E para que ninguém duvide do que está por trás da afirmação de Ames, ele caminha para três "usos" dessa doutrina. O primeiro é, com toda a probabilidade, uma alusão ao seu mentor:

> *Uso 1:* Isso pode servir para refutar aqueles homens que fazem da santificação uma possessão comum daqueles que não são eleitos.
>
> *Uso 2:* Para confortar todos aqueles que são participantes da verdadeira santificação: porque lá eles podem [ser] mais seguros de sua eleição.
>
> *Uso 3:* Exortar-nos a ter muito cuidado para aumentar nossa santificação.[1056]

Agora pode ser visto mais claramente porque Ames enfatiza consideravelmente o papel da vontade humana. É sua convicção de que somente a graça eficaz moverá a vontade de escolher o bem;

[1054] *Peter*, p. 4.
[1055] *Idem*
[1056] *Ibid.*, p. 4-5.

daí ele concentra sua atenção na vontade. De fato, em *The Marrow*, Ames não espera até a discussão da fé (cap. 3) para revelar quão fortemente ele pretende enfatizar a vontade. Na discussão da "Natureza da Teologia" (cap. 1), ele chega rapidamente ao ponto: "Além disso, ver essa vida [de "viver para Deus"] é um ato espiritual do homem inteiro, pelo qual ele é levado a gozar Deus, e viver de acordo com a sua vontade, e é manifesto que essas coisas são próprias da vontade, segue-se que o principal e apropriado assunto da Teologia é a vontade.[1057]

Ames acredita, então, que se ele pode levar uma alma a uma disposição para servir a Deus, ele cumpriu a tarefa central da Teologia. A vontade humana é a chave. Não pode escolher o bem sem a graça, contudo se escolher o bem é porque a graça o causou. Ames não tem medo de fazer com que um réprobo manifeste a santificação, pois essa consagração está fora da vontade de um réprobo. Assim, se a santificação existe, tal pessoa é obrigada a ser eleita.

A contribuição de Ames é seu argumento consistente de que a fé não pode ser outra coisa senão um ato da vontade, e ele constrói essa teologia sobre a estrutura herdada de Perkins. Ele simplesmente chama de pá aquilo que é pá. Sua teologia é o produto final da tradição de Beza-Perkins; isto é "arminiano" em todos os sentidos, exceto na explicação teórica que está por trás da prática real do crente - ou incrédulo.

Ames, no entanto, insiste que a fé sempre pressupõe "um conhecimento do Evangelho". Mas "ali não existe conhecimento salvador para ninguém... exceto o que segue este ato da vontade". De fato, o conhecimento salvador "depende disso".[1058] Ames define a fé como "um descanso do coração em Deus",[1059] ou "aquele ato da vontade ou do coração, que adequadamente é chamado de eleição ou escolha"; pelo qual confiamos em Cristo, repousamos e descansamos

---

[1057] *The Marrow*, I. i. 3.
[1058] *Ibid.*, I. iii. 4.
[1059] *Ibid.*, I. iii. 1.

nele.[1060] Ele está muito preocupado, além disso, com a fé que está assentada no entendimento.

> Mas o ato do entendimento própria e imediatamente não transfere todo o homem, mas o ato da vontade, o qual sozinho, portanto, é chamado de ato do homem todo: nem pode ser mais simples responder que a fé é uma coisa agregada, consistindo em parte de conhecimento e parcialmente de afeto; porque, para tais coisas agregadas, operações únicas e distintas não podem ser atribuídas, como são atribuídas à fé.[1061]

Deve ser lembrado que Perkins acha que a fé está assentada na mente, porque a fé deve residir em uma faculdade.[1062] Ames concorda, mas acha que a única faculdade é a vontade. Ames é, portanto, também diferente de seu amigo Paul Baynes[1063] quando Baynes afirma que a fé reside tanto na mente quanto na vontade:

> Agora, enquanto a fé verdadeira é para alguns colocada parcialmente no entendimento e parcialmente na vontade, isto não é totalmente correto porque é uma única virtude, e produz atos do mesmo tipo, não em parte do conhecimento e em parte dos afetos".[1064]

Ames reconhece que na Escritura a fé é muitas vezes equiparada ao conhecimento, particularmente quando há um "consentimento especial" de que Deus é nosso. Mas ele afirma que este "não é o primeiro ato da fé, mas um ato que flui da fé"[1065]. Ames está descontente com a ideia de que fé é conhecimento. A verdadeira

---

[1060] *Svbstance*, p. 50.
[1061] *Ibid.*, p. 53.
[1062] Cf. *supra*, p. 62, n. 3.
[1063] Cf. *supra*, p. 102, n. 3.
[1064] *The Marrow*, I. iii. 22.
[1065] *Ibid.*, p. 8.

fé é o ato da vontade; o conhecimento da fé é apenas "aquele ato reflexo, que é próprio do homem, pelo qual ele tem um poder, como para entrar, e perceber o que ele é em si mesmo".[1066] A fé em si não é chamada "γνῶσις" (Gr. *gnosis*), mas "ἐπίγνωσις" (Gr. *epignosis*), isto é, um reconhecimento ".[1067]

> Agora, a fé é significada [na Escritura] pelo nome de conhecimento, porque pelo ouvir e pelo conhecimento da palavra é usualmente gerada em nós. E a fé é chamada de instrumento da graça, não como é em Deus..., mas como o sentido, fruto e conhecimento desta graça nos comunicaram.[1068]

Ames é, portanto, coerente dentro do quadro de referência voluntarista que ele adotou. Fé não é conhecimento, mas um reconhecimento; o conhecimento da fé em si está no entendimento pelo ato reflexo.

Enquanto Ames inverte o significado que Calvino pretendia fazendo da fé um "instrumento", ele rejeitou inteiramente o ensino de Calvino sobre a fé implícita. Deve ser lembrado que Perkins acha que segue Calvino defendendo uma fé implícita como débil, mas ainda assim salvadora.[1069] Ames afirma que "a fé implícita é boa e necessária, mas não é, por si só, suficiente para a salvação". Enquanto Perkins afirma que a fé implícita é a vontade de acreditar, Ames argumenta que "não pode ser que a vontade seja efetivamente afetada, e compreenda como útil, uma coisa que não conhece distintivamente, de forma alguma".[1070] Ames não está meramente rejeitando a visão papista da fé implícita; ele também rejeita uma fé implícita que é

[1066] *Conscience*, II. 3.
[1067] *Peter*, p. 134.
[1068] *Idem*
[1069] Cf. *supra*, p. 65, n. 6.
[1070] *The Marrow*, II. v. 35.

mencionada indistintamente para compreender o conteúdo das Escrituras,[1071] o princípio que Calvino apoia como válido.[1072]

A fé salvadora, então, é "Fé Explícita", aquela em que "as verdades da Fé são acreditadas particularmente, e não apenas em comum".[1073]

> A fé explícita deve necessariamente ser obtida daquelas coisas que são propostas à nossa fé como significados necessários da salvação... arrependimento de obras mortas e de fé em Deus [...]. O ato externo da fé é a confissão, profissão ou manifestação dela, que em sua ordem, e é necessário para a salvação (Rm 10.9-10). A saber, quanto à preparação e disposição de todas as alternativas necessárias.[1074]

Ames não só está criando preparativos e um tipo certo de disposição como pré-requisitos para a fé salvadora, mas deixa claro que o conceito que está rejeitando é precisamente o que ele pensa que produz "Infidelidade, Dúvida, Erro, Heresia, Apostasia".[1075] Estes ele pensa que flui de uma fé implícita que reside no entendimento, e manifesta que eles não nasceram daquela fé "que está na vontade".[1076] Ames, portanto, parte não apenas de Calvino, mas também de Perkins. No entanto, Ames demonstra o que o sistema de Perkins deveria ser, dadas as estruturas que este escolheu para edificar.

[1071] *Ibid.* Ibid.
[1072] Um exemplo de fé implícita, diz Calvino, é quando "em nossa leitura diária das Escrituras encontramos muitas passagens obscuras que nos condenam à ignorância". Os discípulos de Cristo, além disso, "tinham fé nas palavras d'Aquele que eles sabiam ser verdadeiro". *Institutas* III ii. 4.
[1073] *The Marrow*, II. v. 36.
[1074] *Ibid.* II. v. 37, 39.
[1075] *Ibid.* II. v. 41.
[1076] *Ibid.* II. v. 48.

Devemos agora examinar a maneira pela qual Ames parece ter lucrado com a correção de Armínio da doutrina da fé de Perkins. O que Perkins chama de duas obras de graça Ames chama dois tipos de recebimento de Cristo: um passivo e ativo. Ames entende a fé *implícita* como sendo uma recepção "passiva" de Cristo, uma iluminação da mente.[1077] Mas Ames evita o erro que Armínio expôs em Perkins; ele é cuidadoso em não atribuir qualquer mérito salvífico ao recebimento passivo de Cristo, que é a mesma coisa que a primeira obra de graça de Perkins. Uma vez que "a vontade é o mais adequado e principal assunto desta graça": deve haver um recebimento "ativo" de Cristo.[1078] O recebimento passivo pode ser obtido sem arrependimento. Mas,

> com esta fé com a qual a vontade está voltada para a existência do verdadeiro bem, sempre há o arrependimento, pelo qual a mesma vontade é voltada também para o fazer do verdadeiro bem, com uma aversão, e ódio pelo mal contrário, ou pecados.[1079]

Porque não encontramos arrependimento unido com o recebimento passivo de Cristo pode-se ver também porque um ensinamento de fé temporária é remoto no sistema de Ames. Tal pode ser inferido, pois presumivelmente se o recebimento passivo não der origem a um recebimento ativo, os motivos para uma fé temporária estão presentes. Mas Ames é cuidadoso para não se envolver com isso. O importante é que a fé salvadora está assentada apenas na vontade; o recebimento *ativo* corresponde à fé *explícita*, ou a segunda obra da graça de Perkins. A fé não está salvando até que seja um ato da vontade.

Mas Ames criou um novo problema a ser considerado. Ele faz da fé e do arrependimento efetivamente a mesma coisa. Isso por colocar

---

[1077] *Ibid.* II. v.
[1078] *Ibid.* I. xxvi.
[1079] *Ibid.* I. xxvi. 29.

o arrependimento antes da fé em sua *ordo salutis*. Ames é mais claro do que qualquer teólogo na tradição experimental predestinarista examinada aqui, ao fazer o arrependimento preceder a fé. Embora o arrependimento seja de fato um "efeito" da fé, "o arrependimento em relação a esse cuidado, e a ansiedade e o terror decorrentes da Lei com a qual se juntou, vem antes da fé, por ordem da natureza, como uma causa de preparação e disposição".[1080]

No entanto, enquanto Ames é notavelmente consistente dentro das estruturas de seu sistema voluntarista, falha em mostrar que há qualquer diferença real entre fé e arrependimento. Ele efetivamente iguala os dois, e é estranho que não venha a lidar com isso. Ele parece implicitamente perceber, no entanto, quando diz que o arrependimento tem as mesmas causas e princípios da fé, na medida em que "ambos têm seu assento no coração ou vontade do homem".[1081] Ames teria sido mais claro se dissesse que a distinção - que ele conclui - entre o arrependimento e a fé é realmente entre fé/arrependimento e segurança. Ele cria o termo fé redundante, mas explica, no entanto, que a fé e o arrependimento têm diferentes "objetos": o arrependimento é para com Deus e a fé é para com Cristo (At 20.21); foi Deus, além disso, quem primeiro foi ofendido pelo pecado. Ele também afirma que a fé e o arrependimento têm diferentes "fins": a fé busca a reconciliação com Deus, o arrependimento, "uma sutileza à vontade de Deus".[1082]

No entanto, essa distinção teórica não explica o fato óbvio de que, no que diz respeito ao papel do crente, eles são efetivamente a mesma coisa. Mas Ames não quer chamar a segurança de fé, pois isso colidiria com tudo o que ele defende. No entanto, diz: "O arrependimento não costuma ser percebido antes da fé: porque um pecador não pode facilmente persuadir-se de que ele está reconciliado com Deus em Cristo, antes de sentir ter abandonado aqueles pecados

---

[1080] *Ibid*. I. xxvi. 31.
[1081] *Ibid*. I. xxvi. 30.
[1082] *Ibid*.

que o separaram de Deus".[1083] O que Ames quer dizer aqui é que o arrependimento é compreendido antes que haja certeza de fé. A fé é um ato da vontade e o arrependimento é um ato da vontade, mas só sabemos que temos fé quando podemos refletir sobre o fato de que nos arrependemos.

No sistema de Ames, então, a fé é um termo impróprio. Pela fé, ele só pode significar arrependimento. A segurança não é da essência da fé, mas do arrependimento. Pois se o arrependimento como disposição precede a fé e se o arrependimento como abandonar o pecado segue a fé - e mostra que temos fé -, quando é que esta por si mesma realmente entra na morfologia da conversão?

Parece então que só podemos saber se a fé ocorreu, e isso pelas nossas obras. Nós só podemos conhecer nossa eleição tendo fé; nós só podemos conhecer nossa fé tendo obras. Parece que Ames torna a fé tão secreta quanto a própria eleição; ambos permanecem ocultos até que existam obras que se possa ver:

> Toda a ordem, portanto, desta consolação, pela qual podemos estar certos da salvação, é a seguinte: em tal Silogismo - em que tanto a vontade como o entendimento têm suas partes -, a proposição se baseia no assentimento do entendimento, e compõe uma fé dogmática. A hipótese não está principalmente na compreensão combinada, mas na única apreensão e vontade, de modo a torná-la verdadeira e de força para inferir a certeza na conclusão; que o coração faz por este ato de confiança, que é a propriedade da fé justificadora, e esta existente no coração. A conclusão está principalmente também e, em última análise, na única apreensão e vontade, ou no coração, pela graça da esperança; e ambos, juntamente com a reflexão experimental - que está no entendimento, e a outra também, por essa reflexão - são os efeitos do

---

[1083] *Ibid*. I. xxvi. 34.

conhecimento experimental e a reflexão de nosso entendimento, no pressuposto da verdadeira existência do único fim no coração ou vontade, que carrega toda a carga da segurança.[1084]

A "carga total da segurança" baseia-se em nossas obras. De fato, "um esforço para abundar em verdades e fazer boas obras é o único meio de tornar nossa vocação e eleição seguras".[1085] Pois as boas obras são "as causas desse conhecimento que temos de nosso chamado e eleição".[1086]

Pois o conhecimento e a segurança dessas coisas dependem do ato reflexivo de nosso entendimento, por meio do qual vemos em nós mesmos os sinais e marcas do chamado eficaz e, consequentemente, da eleição eterna. Por isso, essa segurança aumenta e diminui em nós, de acordo com nosso esforço para abundar em virtudes, e assim as boas obras são maiores ou menores.[1087]

No entanto, Ames, como Hooker, não pretende que essa segurança seja fácil. "O que um homem deve fazer", pergunta Ames, "para que seja levado de um estado de pecado, para o estado de graça?"[1088] Ele responde em sete proposições: (1) um homem deve "olhar seriamente a Lei de Deus, e fazer um exame de sua vida". (2) Deve haver uma "convicção de consciência", (3) um desespero de salvar a nós mesmos e (4) uma verdadeira humilhação de coração. Mas o último vem apenas por (5) "uma consideração distinta de alguns pecados particulares", se não (6) "pela visão de algum pecado". Esta humilhação (7) é "ajudada muitas vezes por uma forte aflição".[1089]

[1084] *Substance*, p. 55s.
[1085] *Peter*, p. 164.
[1086] *Ibid.*, p. 165.
[1087] *Idem*
[1088] *Conscience*, ii., p. 8.
[1089] *Conscience*, ii., p. 8-9.

Essa doutrina de preparação está em concordância essencial com o esquema mais detalhado de Hooker. Os escritos de Ames não são sermões, como os de Hooker, mas vêm diretamente de sua caneta. Ele, portanto, não leva meses e meses para passar de "contrição" para "humilhação", como Hooker faz. Ames está resumindo sua doutrina de preparação como um todo. Mas pode, no entanto, ser colhido que ele não espera que a garantia venha prontamente. Para ele vem ao lado da pergunta, "o que um homem deve fazer para que possa ser participante da graça?". Ames dá uma resposta quádrupla para mostrar que há "diversos deveres sobre um homem a respeito de sua vocação, e que ambos devem, e normalmente não serão realizados, antes que se possa obter a certeza desta graça".[1090] (1) A pessoa deve ter uma estimativa pela Palavra de Deus "acima de todas as riquezas". (2) É preciso "implorar seu trabalho de maior cuidado e atividade, sobre este negócio". (3) Ele deve "com toda diligência, cuidado e constância, aplicar-se ao uso de todos esses meios" que Deus providenciou. E (4) é preciso "vender tudo o que ele tem para comprar esta pérola".[1091]

Obviamente, esta quarta declaração sugere que barganhemos com Deus para obter a graça. Ames percebe o que está implícito nessas linhas e comenta:

> Pois, embora Deus conceda livremente a vida em nós, e não receba nada de nossas mãos em vista dela... No entanto, devemos abandonar todas as coisas ilícitas, na verdade, e todos os bens externos e naturais também, no propósito e disposição de nossas mentes, senão não podemos obter a graça de Deus.[1092]

[1090] *Ibid.*, p. 11.

[1091] *Idem*

[1092] *Ibid.* Ames faz uso extensivo do assunto do pacto das obras e pacto da graça. Sua exposição, no entanto, não é relevante para este estudo. Cf. *Marrow*, I. xxxviii, xxxix.

Pode-se, assim, ver até que ponto a tradição experimental predestinarista chegou a uma doutrina antropocêntrica da fé. William Ames tomou o voluntarismo que foi iniciado na teologia de Beza e popularizado por Perkins, e levou a uma conclusão lógica. O homem é assim visto ganhando a graça de Deus pela disposição de consagrar-se a uma vida piedosa. A ironia é que esta teologia pretende repousar em um sistema completamente predestinarista.

Ames até levanta a questão "por quais motivos um homem pode ser estimulado a aceitar o chamado de Deus".[1093] Ele tem uma resposta em sete aspectos: é preciso considerar (1) "quem é que o chama" - Deus; (2) "o que para o qual Deus o chama" - felicidade eterna; (3) "do que ele é chamado" - pecado e morte; (4) "qual é a causa que move Deus a chamá-lo" - misericórdia; (5) deve-se "humildemente comparar-se com os outros, a quem esta graça da vocação é negada"; (6) reconhecer "quão ofensivo é negligenciar este chamado de Deus"; e (7) considerar "aquela miséria, que pela Lei da equidade, ele traz sobre si mesmo por esse pecado" - o castigo de Deus.[1094] Ao apelar para a vontade do homem dessa maneira, Ames realmente vai além de qualquer coisa publicada por Armínio. Ames não afirma explicitamente que está se dirigindo ao homem natural, mas isso está implícito. Caso contrário, seu conselho, instando os homens a se colocarem sob a Lei de Deus como o primeiro passo para a preparação, parece supérfluo. Por outro lado, assim é o seu predestinarismo como um todo à luz dessas alegações à vontade do homem; mas não deve ser esquecido que Ames acha que apenas os eleitos atenderão às suas advertências.

Ames dedica um capítulo em *Consciência* para "adiar a conversão de alguém".[1095] Ele argumenta que "não é lícito cometer o menor atraso em nossa conversão a Deus". Pois o "atraso do

---

[1093] *Conscience*, ii. 11

[1094] *Ibid.*, p. 11-12.

[1095] *Ibid.*, p. 6.

arrependimento aumenta a dureza de coração" e "o número de pecados, nossa culpa". Além disso, "a duração de nossa vida é totalmente incerta" e "o arrependimento tardio é raramente verdadeiro, e quase sempre é suspeito"[1096].

Se alguém aceita a visão da fé de Ames, cuja essência é o arrependimento, a única maneira de alguém se tornar certo de sua própria eleição é checar seu pulso religioso. Todavia, tal método é subjetivo e introspectivo. Além disso, uma consciência "admite graus" e pode ser fraca ou forte. Mas uma "boa consciência é mantida" por estas quatro coisas: (1) que o temor a Deus seja vivo e renovado em nossos corações; (2) que meditemos na Lei de Deus dia e noite; (3) que examinemos nossas maneiras com "rápido e aguçado julgamento"; e (4) "pelo arrependimento e pela renovação da fé, lavamos a sujeira que nós contratamos... Pois aí está a força da conclusão ou julgamento da Consciência".[1097] Assim, no final, estamos de volta ao arrependimento para julgar se temos fé ou não. Com Perkins, o teste é se temos uma fé temporária ou uma fé salvífica; com Ames, o teste é se temos, ou não, fé.

O voluntarismo de Ames, embora elimine a preocupação com a fé temporária, parece levá-lo a um quase perfeccionismo. Enquanto admite que ninguém é sem pecado nesta vida, ele ainda afirma que "todos os que verdadeiramente são santificados tendem à perfeição".[1098] Por meio de sua exposição Pedro Ames emprega os termos "devoção" e "piedade" para denotar (1) o que deve caracterizar os cristãos professos e (2) o que nos torna certos de que temos fé. Ele também faz uso repetido da palavra "condenar" quando chega aos "usos" da doutrina, por exemplo, "Isso pode servir para condenar

---

[1096] *Ibid.*, p. 6-7. É no que diz respeito à natureza da consciência que Ames reconhece mais explicitamente sua necessidade de corrigir Perkins. Seu tratamento da consciência é subserviente à vontade. Em qualquer caso, Ames mantém o silogismo prático. *Ibid.* i. p. 1ss.

[1097] *Conscience*, i., p. 38.

[1098] *The Marrow*, I. xxix, p. 29.

aqueles que adiam continuadamente o tempo de emendar suas vidas, como se ainda não tivessem pecado o suficiente".[1099]

Se alguma vez um homem mereceu o nome de "puritano", este homem é William Ames. Além de seu grande interesse em questões eclesiológicas, sua soteriologia, que enfatiza a pureza da vida, confirma tudo o que esta palavra significou. De fato, considerando a estatura que ele tinha na Baía de Massachusetts, cujos primeiros residentes deram à América sua alma, muito do que se identificou com o legalismo e rigor do antigo caminho da Nova Inglaterra deve ser atribuído em grande parte a William Ames.

Em *Conscience*, Ames analisa os pontos que caracterizam um grupo como herético, e se papistas, anabatistas, luteranos e arminianos se enquadram neles. Embora alguns dos debates mais intensos de Ames tenham sido com os arminianos, ele diz que o arminianismo "não é propriamente uma heresia, mas um erro perigoso à fé", uma vez que nega o chamado eficaz.[1100] Se Ames está consciente de ter muito em comum com os arminianos, ele não diz.

Os amigos de Ames relataram que ele morreu como havia vivido, firme em sua fé e triunfante em sua esperança.[1101]

[1099] *Peter*, p. 91.
[1100] *Conscience*, iii., p. 12.
[1101] Sprunger, *The Learned Doctor William Ames*, p. 247.

PARTE V
A ASSEMBLEIA DE WESTMINSTER

CAPÍTULO 12

JOHN COTTON E A CONTROVÉRSIA ANTINOMIANA NA AMÉRICA (1636-1638)

[Isto] pode dar luz tocando uma controvérsia, se está mexendo no País, eu não sei se está, temo que esteja, e ainda espero que se os assuntos fossem corretamente compreendidos, não haveria diferença material: pois se a questão não é sobre a graça, mas sobre o discernimento da graça... [a diferença em relação a isto] será de consequência muito menos perigosa [que a anterior]... Até onde há divergência no país, não posso dar conta; mas desejo que todos vocês entendam o que eu digo.[1102]

[1102] J. Cotton, *A Treatise of the Covenant of Grace* (1659), p. 146. Este apareceu

Em 12 de junho de 1643, o Parlamento solicitou "uma assembleia de teólogos instruídos, piedosos e sensatos" a ser consultada pelo Parlamento para a resolução do governo e da liturgia da Igreja, e "para reivindicar e esclarecer a Doutrina da Igreja da Inglaterra de todas as falsas calúnias e difamações."[1103] A histórica Assembleia dos Teólogos reuniu-se pela primeira vez em 1º de julho de 1643. Estiveram presentes[1104] sessenta e nove.[1105] O moderador, Dr. William Twisse, pregou um sermão em João 14.18: "Não vos deixarei órfãos, voltarei para vós outros".[1106]

Em 1º de julho de 1643 os clérigos enviaram uma petição ao Parlamento, solicitando urgentemente "que a ousada liberação de doutrinas corruptas, diretamente contrárias à sagrada Lei de Deus,

---

como *The New Covenant* (1654) e *The Covenant of Gods Free Grace* (1655). Todos são endossados pelo teólogo de Westminster, Joseph Caryl. (Estes não devem ser confundidos com The *Covenant of Gods Free Grace* (1645). A edição de 1659 (reeditada em 1671) baseia-se em "uma cópia muito maior que a anterior; e corrigida pela mão do próprio autor ". O prefácio afirma que esta edição foi "corrigida também em alguns lugares pelos próprios autores antes de sua morte". Larzer Ziff, Career *of John Cotton*, p. 265, e E.H. Emerson, *John Cotton*, p. 164, concordam que este trabalho contém os sermões pregados por Cotton em 1636.

[1103] *Journals of the House of Lords* (n.d.), vi, p. 93. Já em 19 de abril de 1642, a Câmara dos Comuns ordenou que "os nomes dos sacerdotes achados como adequados para serem consultados, referentes à matéria da Igreja, sejam trazidos amanhã". The *Journals of the House of Commons* (1803), ii, p. 534. Cento e vinte e um sacerdotes foram escolhidos para essa tarefa. Cada membro recomendou dois sacerdotes: dois foram designados para cada condado na Inglaterra, dois para cada universidade, dois para as Ilhas do Canal, um para cada condado do País de Gales e quatro para a cidade de Londres. A. F. Mitchell, The *Westminster Assembly* (1883), p. 108.

[1104] O primeiro encontro foi na Capela de Henrique VII, na Abadia de Westminster. Depois de 2 de outubro de 1643, eles começaram a se reunir na Câmara de Jerusalém da Abadia de Westminster. O trabalho principal da Assembleia continuou até 22 de fevereiro de 1649, período durante o qual se encontrou 1.163 vezes. B. B. Warfield, *The Westminster Assembly and its Work* (1931), p. 3.

[1105] Um quórum de quarenta foi exigido. Robert Baillie, um delegado escocês, diz que "ordinariamente haverá presença acima de três pontos de seus teólogos". The *Letters and Journals of Robert Baillie* (1841-2), ii, p. 108

[1106] Mitchell, *op. cit.*, p. 131.

e a humilhação religiosa pelo pecado, a qual abre uma ampla porta para todo libertinismo e desobediência a Deus e ao homem, possa ser rapidamente reprimida em todo lugar...".[1107] Robert Baillie, comentando as controvérsias teológicas prevalecentes durante esse período, escreve: "O partido Independente[1108] cresce mais do que os Anabatistas; e os antinomianos mais."[1109]

O único "antinomiano" que aparentemente foi convidado para a Assembleia de Westminster foi John Cotton, que, agora na América, é encontrado defendendo pontos de vista radicalmente diferentes daqueles que ele possuía na Inglaterra. O convite veio em 1642 - altura em que Cotton se encantara com os Independentes -, não por causa da sua doutrina da fé, mas por causa das suas opiniões congregacionais.[1110] Apesar da estatura de Cotton em ambos os lados do Atlântico, é altamente improvável que ele foi convidado para a Assembleia de Westminster com base em sua soteriologia da Nova Inglaterra.[1111] Sua doutrina da fé lhe colocou um estigma por alguns anos, mas sua popularidade foi de certa forma restaurada por suas visões eclesiológicas.

[1107] *A Copy of the Petition of the Divines of the Assembly, Delivered to both Houses of Parliament, July 19, 1643* (1643), p. 3.

[1108] Os congregacionais na época eram conhecidos como Independentes" **[N.E.]**

[1109] Baillie, *op. cit.* ii, p. 117.

[1110] Ziff, *op. cit.*, p. 178s.; Emerson, *op. cit.*, p. 68. Em 1642, Cotton publicou *The True Constitution Of A particular visible Church proved by Scripture*. A Assembleia de Westminster era basicamente composta de três partidos eclesiológicos: os presbiterianos (a maioria), os independentes e os erastianos. Thomas Hooker também foi convidado.

[1111] O presente escritor examinou a maioria dos escritos existentes (até 1649) que quase todos os teólogos de Westminster publicaram (isso inclui 112 tratados de cinquenta e três teólogos). Não há variação entre eles sobre a natureza da fé salvífica. Em uma palavra: cada um que trata do assunto aceita o silogismo prático. Isso inclui Joseph Caryl, que endossou A *Treatise of the Covenant of Grace*. Cf. J. Caryl, *An Exposition with Practicall Observations Continued Vpon the Eighth, Ninth, and Tenth Chapters of the Book of Job de Cotton*(1647), p. 479s: "A excelência de nossa condição consiste em ser piedoso... nossa justificação pode ter uma luz ou evidência em nossa santificação... e aqueles que refletem sobre suas almas, veem a imagem de Cristo ali, podem ter certeza de que Cristo é deles".

John Cotton chegou aos Estados Unidos em 4 de setembro de 1633 e tornou-se professor da igreja de Boston em 10 de outubro. Embora a igreja pareça ter crescido rapidamente após a chegada de Cotton,[1112] em 1636 estava em meio a uma intensa controvérsia. O problema que Cotton temia estar "mexendo no País" de fato culminou no que ficou conhecido como a Controvérsia Antinomiana. Este evento histórico foi o resultado da teologia posterior de Cotton somado ao papel de sua admiradora, a Sra. Anne Hutchinson, que realçou seus pontos de vista. Cotton em qualquer caso era bastante suscetível à causa imediata do assunto como um todo. Com respeito às posições que defendeu em Massachusetts, mesmo para além das opiniões da Sra. Hutchinson, provou ser demais para seus contemporâneos.

Cotton é a primeira figura importante a se afastar da ortodoxia predominante da tradição experimental predestinarista, à qual pertencia. A crescente preocupação com a consciência à luz da Lei continuou até que a tensão se mostrou muito grande e o antinomianismo se instalou.[1113] Se a doutrina de Cotton merece ser chamada de antinomiana é discutível,[1114] mas foi ele quem, em grande parte

---

[1112] "Mais foram convertidos e adicionados àquela igreja, do que a todas as outras igrejas na Baía". John Winthrop, *Journal* (Nova York, 1908), i, p. 116. Nos seis meses após a admissão de Cotton na igreja, sessenta e três pessoas (ou quase a metade do número de membros adquiridos durante os três anos anteriores) se uniram a ela. Alexander Young, Chronicles *of the First Planters of the Colony of Massachusetts Bay* (Boston, 1846), p. 354-55. Cf. Boston Church Records, *Collections of the Colonial Society of Massachusetts*, xxxix, p. 12–18.

[1113] G. F. Nuttall, *The Holy Spirit in Puritan Faith and Experience* (Oxford, 1947), p. 36.

[1114] "Antinomiano" significa simplesmente "contra a lei". O termo surgiu como uma consequência das visões do teólogo luterano Johann Agricola (+ 1566). Seu uso se refere ao grau em que a lei se aplica ao cristão. Agricola rejeitou sua relevância. O termo gradualmente passou a ser usado pejorativamente, e isso parece ser verdade no que diz respeito a Cotton e os "Antinomianos" tratados no Capítulo 13. Esses clérigos foram assim apelidados principalmente devido à insistência de que a garantia da salvação deve ser obtida à parte do conhecimento experimental. Este estudo usará cautelosamente o termo antinomiano para descrever esses homens, mas, como será visto a seguir, o termo "predestinarista experiencial" talvez descreva sua teologia com mais precisão.

sozinho, levantou-se na esperança de inverter a maré. Seus esforços, em sua maior parte, falharam.

As opiniões de Cotton de 1636 em diante podem ser brevemente resumidas. (1) Somente a fé é a evidência da justificação. Cotton garante a essência da fé salvadora; (2) Não há preparo salvífico para a graça antes da união com Cristo, nem há algo que o homem possa fazer para apressar ou assegurar a fé; (3) Santificação não é prova de justificação. Por trás dessa convicção está o reavivamento da doutrina da fé temporária. Cotton sustenta que o réprobo, em virtude da fé temporária, pode produzir uma santificação "real", e que inversamente, a santificação pode ser menos discernível nos verdadeiros santos do que em alguns hipócritas.

Não se sabe precisamente quando Cotton veio para defender essa opinião[1115], mas pregá-la na Baía de Massachusetts causou problemas em seus pares, entre os quais estavam Thomas Hooker, Thomas Shepard (1605-1649) e Peter Bulkeley (1583-1659).

[1115] Cotton afirma ter pregado essas opiniões na Inglaterra. Em uma carta a Thomas Shepard (1636), ele se refere a "essa maneira de preservar Cristo, a qual apliquei meu ministério a esses muitos anos na velha Boston e na Nova". David D. Hall (ed.), *The Antinomian Controversy, 1636-1638: A Documentary History* (Middletown, Conn., 1968), p. 33. A carta está impressa na íntegra aqui (29-33). A seguir denominado Antinomian *Controversy*, este trabalho inclui todos os principais tratados de Cotton necessários para construir suas visões soteriológicas na América, exceto por *A Treatise of the Covenant of Grace*. A declaração de Cotton para Shepard é confusa, no entanto, já que seus trabalhos anteriores não dão nenhuma pista sobre "Esta maneira de preservar Cristo". Mas desde que Cotton começou a pregar em St. Boltolph em 1612, isso permite muito espaço para uma mudança de pontos de vista, apesar de muitos trabalhos publicados refletirem (aparentemente) seu primitivo ministério. Além disso, a Sra. Hutchinson, que admirava Cotton na velha Boston, aparentemente "não podia ficar sossegada" até que seguisse seu estimado ministro do outro lado do mar, em 1634. *Antinomian Controversy*, p. 5. Desde que a Sra. Hutchinson quase que imediatamente começou a espalhar suas opiniões "antinomianas", é provável que ela tenha se apegado às ideias antes de vir para a América.

Em um grau notável, Cotton ressuscitou Calvino. De fato, Mather escreve: "Que calvinista era nosso Cotton!"[1116] Mas o Calvinismo de Cotton não era palatável para aqueles ministros ao seu redor que não estavam preparados para descartar a dieta na qual haviam sido nutridos. Hooker e seus seguidores estavam comprometidos com um sistema que acreditavam ser provado e provado. O Calvinismo de Cotton estava ameaçando aqueles que haviam construído sua soteriologia com a suposição de que o homem deveria se preparar para a graça salvadora e que a santificação era prova da eleição. Além disso, a doutrina da fé temporária havia sido posta de lado; William Ames enterrou isso. Cotton aceitou essa doutrina, no entanto, e se recusou a ensinar por mais tempo que a santificação prova a eleição de alguém.

Todavia, supor que Cotton capta toda a soteriologia de Calvino seria completamente errado. Ele parece não ter compreendido a opinião de Calvino de que Cristo morreu por todos e que Cristo é, portanto, o penhor de nossa eleição. Além disso, como será visto mais adiante, Cotton está tão enredado no sistema da Aliança das Obras e da Aliança da Graça que parece não ver que a doutrina de Calvino não pode ser perfeitamente sobreposta a esse tema.

Como uma consequência desse aparente fracasso em apreender completamente Calvino, Cotton permanece bastante subjetivo em sua abordagem como um todo. Ele tende a tornar a fé uma experiência – um sentimento emocional subjetivo, por assim dizer. Enquanto Cotton concorda com Calvino em argumentar que a fé é apenas compreender a promessa do Evangelho, sua falta de cristocentrismo parece fazer com que a pessoa lute dolorosamente para compreender essa promessa. De qualquer forma, Cotton admiravelmente consegue sair do molde experimental predestinarista em relação às questões de preparação para a graça e o fundamento da segurança. Sobre

---

[1116] Mather, *op. cit.* i, p. 274. "Disse ele", eu li os pais e os escolásticos, e Calvino também, mas acho que aquele que tem Calvino, tem todos eles". E sendo perguntado, porque em seus últimos dias ele se entregou a estudos noturnos mais do que antigamente, ele respondeu agradavelmente: "Porque eu amo adoçar minha boca com uma porção de Calvino antes de ir dormir."

estes pontos, dada a sua aceitação da teologia federal, dificilmente poderia ter chegado mais próximo de Calvino.[1117]

A tese de Cotton em *A Treatise of the Covenant of Grace* (Um Tratado da Aliança da Graça) é que Cristo deve ser dado à alma "antes que a fé possa estar presente".[1118] Ele estabelece esse ponto ao abordar a questão da "ordem que o Senhor concede a Aliança e as bênçãos dela: se a fé é antes delas, ou se aquelas bênçãos vêm antes da fé ser capaz de aplicá-las?"[1119] Cotton responde: "Ele se entrega para trabalhar fé, antes que a fé possa estar lá; pois é fruto do Espírito que a fé é operada na alma". Pois é impossível "aplicar Cristo antes de estarmos em Cristo", uma vez que "o homem é tão passivo em sua regeneração, como em sua primeira geração".[1120] Além disso, visto que o "primeiro dom" que o Senhor dá aos eleitos é Ele mesmo,[1121] segue para Cotton que Cristo não é dado sob uma condição, mas apenas uma "promessa absoluta".[1122] Pois não há "nenhuma condição antes da fé". Assim, "nossa primeira vinda a Cristo, não pode ser uma condição, mas uma promessa absoluta".[1123]

Cotton está manifestamente consciente de que esse ensinamento contradiz o conceito predominante de preparação para a graça. "Reservando a devida honra a tais santos graciosos e preciosos, como pode ser de outra maneira, confesso que não discuto, que o Senhor opera e dá preparações para salvar o coração, até que ele dê união com Cristo...".[1124] Cotton argumenta que se o Senhor der "alguma qualificação de salvação" antes de Cristo ser dado à alma, "então a alma pode estar no estado de salvação antes de Cristo" ser

---

[1117] Mas é difícil dizer que Cotton é "o primeiro calvinista consistente e autêntico da Nova Inglaterra". John S. Coolidge, *The Pauline Renaissance in England* (Oxford, 1970), p. 138.

[1118] *A Treatise of the Covenant of Grace*, p. 41.

[1119] *Ibid.*, p. 40-1.

[1120] *Ibid.*, p. 41.

[1121] *Ibid.*, p. 39.

[1122] *Ibid.*, p. 42.

[1123] *Ibid.*

[1124] *Ibid.*, p. 39.

dado. Noção que ele acredita ser "prejudicial à Graça e à Verdade de Jesus Cristo".[1125] Segue-se que "qualquer trabalho que haja na alma, não está lá antes de Cristo estar lá".[1126]

Sem chamá-la assim, Cotton assume uma posição que parece ser semelhante à doutrina de fé implícita de Calvino, que, como será lembrado, Calvino também chama de "preparação da fé". Cotton acha que há "uma preparação para a salvação" antes de nosso consolo, ou "manifestação de nossa graciosa união com Cristo".[1127] Mas em relação à própria união, "não há degraus naquele Altar".[1128] Por "manifestação" Cotton denota mais consciência explícita de que Cristo *foi dado* a uma alma. Sua preocupação é que a união com Cristo, que parece ser inconsciente para o crente, seja antes da fé. Qualquer preparação é posterior a essa união, mas precede nossa consciência da fé. Como será visto a seguir, Cotton também chama isso de recepção passiva de Cristo e, obviamente, é semelhante à visão de Calvino da fé implícita. Recorde-se que Ames concede um recebimento passivo, ou fé implícita, mas não permite que ela seja salvífica.

Cotton trabalha para mostrar a futilidade da vontade humana antes da união com Cristo. Enquanto a palavra de Calvino é "apagada", a de Cotton é "subjugada".

> Tenha em mente; nenhuma *promessa* de vida foi feita para esses que esperam e buscam dependendo de suas próprias forças, que sendo dirigidos a ela, tomem-na por suas próprias decisões... mas se alguma vez o Senhor quiser salvar você... ele arrancará toda a confiança que você construiu... Ora, quando a vontade de um homem é assim subjugada, em que ele não tem vontade própria pela qual se guiar, senão a vontade de Deus, isso é um verdadeiro quebrantamento de coração, quando não

---

[1125] *Ibid.*, p. 39s.
[1126] *Ibid.*, p. 40.
[1127] *A Treatise of the Covenant of Grace* (itálicos meus).
[1128] *Idem*

apenas o discernimento, mas o coração e a vontade estão quebrados.[1129]

Por "subjugado" Cotton quer dizer que nem o homem "trabalhando, nem acreditando, nem esperando, nem buscando como por si mesmo lhe fará bem".[1130] De fato, o mesmo Cotton que uma vez falou da alma estar "apta para Cristo" no mundo, no sentido de ser um vaso digno, agora argumenta que o homem deve ser trazido para o lugar que "não há misericórdia que ele possa contestar por causa de qualquer bondade própria".[1131] Até que alguém seja levado a este ponto, "a alma sempre pensará que pode fazer algo".[1132] Ao invés de postular uma aptidão no sentido de ser digno de Cristo, Cotton diz agora que a alma antes da fé deve ser "totalmente vazia".[1133] Por ser "vazio" Cotton não imagina o tipo de contrição ou humilhação que Hooker ou Ames falam, mas um vazio para que o homem não tenha nada que possa apontar, ou mesmo refletir, incluindo sua preparação.

Ao enfatizar ainda mais essa convicção, Cotton lida com o assunto da preparação usando o familiar "Espírito de escravidão". Pode-se dizer, porém, que sua doutrina de fé não se constitui de duas, mas de três obras do Espírito – nesta ordem: o Espírito de escravidão, abrasador e de adoção. O Espírito de escravidão é a obra de Deus para domesticar as consciências dos homens "o peso e perigo de seus pecados, e vincular sob o senso de sua ira ao medo da condenação".[1134] É neste momento que Cotton deixa abundantemente claro que o Espírito de escravidão pode ser abortado. Assim, é aqui que sua doutrina da fé temporária também emerge. Pois o Espírito de escravidão pode estar em ação no réprobo. Consequentemente,

---

[1129] *Ibid.*, p. 144-45.
[1130] *Ibid.*, p. 145.
[1131] *Idem*
[1132] *Ibid.*, p. 137.
[1133] *Idem*
[1134] *Ibid.*, p. 16.

não há garantias no esquema de Cotton, ao contrário de Hooker, de que tudo ficará bem no final, mesmo que o homem sinta a mudança operando nele por meio do terror da Lei. Cotton admite que o Espírito de escravidão pode produzir uma mudança que fará com que os homens tenham esperança. Mas ele acha que essa esperança é de fato prematura. O Espírito de escravidão "maravilhosamente prevalecerá com os filhos dos homens, para atraí-los para as obras intensas de correção, de onde eles não colherão pequena consolação".[1135] Mas tais reformas podem brotar de uma "fé temporária".[1136] Assim, Cotton faz o Espírito de escravidão, se não fizer progresso, recíproco com a fé temporária.

O Espírito de escravidão deve ser seguido pelo "Espírito ardente". Este Cotton compara ao ministério de João Batista. E é possível ficar sob o Espírito da escravidão e nunca evoluir para o Espírito abrasador.

> Agora há muitos sob um espírito de escravidão, que nunca estiveram sob o espírito abrasador; e eles estão convencidos do pecado, e do perigo disso, ainda assim esperam lutar, e operar isto por suas próprias atuações, até que o espírito abrasador venha e consuma toda aquela falsa confiança.[1137]

O espírito abrasador "queima tudo o que um homem fez, ou pode operar".[1138] Esse comentário é muito provavelmente direcionado àqueles que pensam que podem se preparar lutando pela piedade. O Espírito abrasador, Cotton pensa, destina-se a detonar o sentimento de qualquer progresso espiritual em direção à fé: "quando isto vem para a bondade da carne, que é consumida pelo espírito

---

[1135] *Ibid.*, p. 46.
[1136] *Idem*
[1137] *Ibid.*, p. 17-8.
[1138] *Ibid.*, p. 18.

ardente".[1139] "O Senhor, por esse espírito ardente, queima também todos os nossos ramos, quão justos e verdes eles foram; todos os nossos jejuns e humilhações e ofertas e orações... estas coisas estão todas queimadas.[1140]

Sua afirmação, no entanto, que encabeça todas as outras, é a de que o Espírito abrasador deve golpear "sua fé também" se esta fé for apenas uma "resolução própria sua".[1141] Essa parece ser uma clara negação do voluntarismo. Enquanto a alma diz para si mesma: "embora eu não possa trabalhar, vou acreditar; e se eu não posso acreditar, vou esperar para que eu possa acreditar", Cotton pensa que "ainda a raiz de Adão [é] deixada viva em nós, pelo que os homens procuram estabelecer a sua própria justiça". Assim, o que Perkins chama de menor medida de fé – a vontade de acreditar – Cotton atribui ao esforço do homem para estabelecer sua própria justiça. "Pois a natureza é plenamente persuadida, que o que Deus ordena, eu sou capaz de fazê-lo: ela não será persuadida do contrário: Se eu ouço de Deus qualquer coisa, eu farei isto - diz um coração carnal - e se eu não posso acreditar, esperarei para poder acreditar: isso ainda é tão somente natureza".[1142]

Cotton está preparado para usar o termo "apto" para Cristo, mas com duas mudanças significativas – em comparação com seus escritos anteriores. Primeiro, que a aptidão referida não é sentir-se merecedor, mas compreender que *não* estamos "aptos": "até chegar a isso, a alma não é adequada para Jesus Cristo".[1143] A segunda diferença é que, de acordo com a sua negação da vontade do homem na conversão, estar "apto" mesmo pelo Espírito ardente não é garantia de que o Espírito de adoção se seguirá. Assim, da mesma maneira que estar sob o espírito de servidão é garantia de que a fé salvífica acabará por emergir, estar sob o espírito abrasador não implica em

---

[1139] *Ibid.*, p. 19.
[1140] *Ibid.*, p. 131.
[1141] *A Treatise of the Covenant of Grace*, p. 132.
[1142] *Idem*
[1143] *Ibid.*, p. 134.

uma certeza de estar prestes a receber fé. Pois este espírito não é regeneração, e também pode desaparecer antes que o Espírito de adoção venha.

> Assim, o Espírito de Deus pode operar poderosamente no coração dos homens, e queimar sua raiz e seu ramo: isto pode ser operado por um espírito abrasador, e ainda assim deixar a alma em uma condição condenável, pelo que sei; e semelhantemente como muitas almas talvez estejam, e nunca cheguem a desfrutar da comunhão salvadora com Jesus Cristo.[1144]

O que Cotton procura é uma experiência subjetiva, embora passiva, da fé isolada. Os espíritos de escravidão e fogo, embora sejam pré-requisitos para a fé salvadora, não são estados pelos quais se passa ter a certeza consciente de que tudo estará bem no final. Como Cotton eliminou totalmente qualquer papel da vontade do homem tanto na preparação quanto na fé, a alma poderia estar mais ansiosa do que nunca sob seu ministério, especialmente à luz de sua doutrina da fé temporária.[1145]

Cotton não nos diz como obter fé; ele meramente conclui que, se tivermos fé, saberemos disso. Isso porque ele acredita que o Espírito testemunha imediatamente ao coração. Não há indício de qualquer testemunho mediato, ou ato reflexo, como ele havia adotado antes. De fato, Cotton é o primeiro em sua tradição a permitir o testemunho imediato do Espírito, pelo qual ele também parece denotar uma revelação direta de Deus – mesmo "para todos os cristãos comuns", não apenas "cristãos gloriosos e transcendentes,

---

[1144] *Idem*
[1145] Cf. John Winthrop, *A History of New England* (Boston, 1825), i, p. 236. "Uma mulher da congregação de Boston, tendo estado muito preocupada com seu estado espiritual, por fim se transformou em desespero absoluto, e não suportou ouvir qualquer consolo, etc., de modo que um dia levou seu bebê e jogou dentro de um poço, e depois entrou em casa e disse: agora ela tinha certeza de que deveria ser amaldiçoada, pois afogara seu filho". A criança foi resgatada, no entanto.

homens de renome".[1146] Enquanto cristãos, não devemos ter medo da palavra revelação.[1147] Cotton reconhece que "muitos têm dado ouvidos a revelações que foram enganosas: é verdade; pois o próprio diabo transformar-se-á num anjo de luz".[1148] Mas esse perigo potencial de ilusões satânicas não impede que Cotton mantenha uma revelação imediata, como se, à parte da Palavra:

> Mas ainda por outro lado, que os homens não tenham medo, e digam: Que não temos revelação senão a Palavra: pois creio, ouso confiantemente afirmar; que se não houvesse revelação senão a Palavra, não haveria graça espiritual revelada à alma; pois é mais do que a letra da Palavra que é necessário para isso. Não que eu procure por qualquer outro assunto além da Palavra, mas há necessidade de luz maior, do que a Palavra de si mesma é capaz de dar.[1149]

Cotton afirma que as "promessas nas Escrituras" por si mesmas não "produziram nenhuma mudança de graça em nenhuma alma, ou [são] capazes de gerar a fé dos eleitos de Deus".[1150] Porque "sem a obra do Espírito, não há fé gerada por qualquer promessa".[1151] Ele argumenta que "nem Palavra, nem obra [ou seja, da santificação] pode estabelecer uma promessa" até que "o Espírito Santo a confirme; este é o seu trabalho imediato".[1152] O Espírito "imprime um poder acima da Palavra, e nesse sentido eu o chamo de imediato".[1153] Este "testemunho é "por uma confirmação de si mesmo, a qual ele

---

[1146] *A Treatise of the Covenant of Grace*, p. 186.
[1147] *Ibid.*, p. 199.
[1148] *Idem*
[1149] *Idem*
[1150] *Idem*
[1151] *Ibid.*, p. 199-200.
[1152] *Ibid.*, p. 214.
[1153] *Idem*

apresenta mais claramente, do que em quaisquer confirmações anteriores".[1154] Quando o Espírito vem, então, "ele vem com poder, e fala com a paz mais abundantemente para a alma".[1155] Assim, Cotton afirma que a fé carrega seu próprio testemunho, ou garantia. Ele rejeita tornar a santificação o fundamento da segurança; o único fundamento válido é o testemunho direto do Espírito. "O Espírito declara seu testemunho com mais clareza, poder e certeza para a alma; portanto, ele é chamado de a unção pela qual os santos sabem todas as coisas... por seu testemunho, temos a mais plena certeza de todas as coisas concernentes ao nosso estado espiritual".[1156] Cotton garante que o testemunho de fé é mediado pela Palavra, mas "a palavra de Deus, não testemunha" a menos que "o Espírito a acompanhe".[1157]

Cotton acredita que os homens podem pensar que estão sob um pacto da graça quando, na verdade, estão sob um pacto de obras, no qual "há uma aparência de justificação e adoção, e um grau de santificação, mas duram apenas por um temporada"... Cristo é apenas um "redentor condicional" para estes.[1158]

Embora a santificação que é derivada de estar sob um pacto de obras seja temporária, ela é "real", no entanto,

> É de se pensar não haver realidade na santificação hipócrita; mas certamente é um trabalho real, os dons são reais, através de graças comuns; e não mais fingimentos falsificados... Eles são iluminados... e são feitos do Espírito Santo, e essas coisas são reais, não imaginárias.[1159]

[1154] *Ibid.*, p. 190-91.

[1155] *Ibid.*, p. 191.

[1156] *A Treatise of the Covenant of Grace*, p. 191.

[1157] *Ibid.*, p. 192. A palavra da promessa é "mediar"; o "poder acima da palavra" é "imediato".

[1158] *Ibid.*, p. 33.

[1159] *Ibid.*, p. 54.

De fato, "tão gloriosa esta santificação comum pode ser, que ela pode ofuscar os olhos do melhor dos filhos de Deus, e especialmente dos cristãos fracos, e quase desencorajá-los, quando eles virem tal coisa cair". Em qualquer caso, "a Escritura chama isto de santificação" (Hb 10.29).[1160]

Cotton reconhece que "é muito fácil para os cristãos confundirem suas evidências" ao fazer da santificação o fundamento da segurança.[1161] Mas isso é esperar apenas uma promessa condicional e, portanto, estar sob um pacto de obras, apesar do fato de que pode haver um florescimento da santificação. Falar da diferença entre os eleitos e os réprobos com a fé temporária é "uma obra mais apta para os anjos" do que para os "ministros do Evangelho".[1162] Em todo caso, Cotton insiste que a santificação não deve ser discernida até que alguém primeiro seja convencido de sua justificação.[1163]

Ele argumenta que, se a justificação "não for inteiramente posta em dúvida", então - tão somente então é "útil testemunhar".[1164] De qualquer modo, "não pode haver santificação verdadeira, a menos que haja fé pela qual a pessoa seja aceita".[1165] Assim, neste aspecto, Cotton é o primeiro em sua tradição a levar a sério o ponto que Calvino enfatiza, isto é, essa fé deve preceder o arrependimento na *ordo salutis*. Cotton cita Calvino em defesa de sua visão de que a fé se fecha sobre uma promessa incondicional e gratuita da graça, não sobre uma promessa condicional.[1166]

Cotton insiste que Cristo realizou "todas as coisas necessárias para a aplicação desta redenção às nossas almas" e isso significa que ele "cumpre todas as condições requeridas de nossa parte".[1167] A

[1160] *Ibid.* Por outro lado, "verdadeira santificação cristã" é "muitas vezes obscura para um crente sincero". *Ibid.*, p. 55

[1161] *Ibid.*, p. 43.

[1162] *Ibid.*, p. 44.

[1163] *Ibid.*, p. 40–42, 70, 194.

[1164] *Ibid.*, p. 42.

[1165] *Ibid.*, p. 56.

[1166] *Ibid.*, p. 23. Cotton cita as Inst . III . ii. 29.

[1167] *A Treatise of the Covenant of Grace*, p. 28.

própria Lei é "cumprida em mim tanto quanto Cristo está em mim".[1168] Enquanto os cristãos "em algum sentido" são "totalmente livres da Lei", eles também estão "em algum sentido" sob ela.[1169] E o Espírito é dado aos servos de Deus "capacitando-os a guardá-la".[1170] Quando transgridem a Lei, "sentem o desagrado paternal de Deus",[1171] e quando estão em obediência à Palavra, sentem a "aceitação graciosa de Deus de seus caminhos".[1172] Mas, mesmo aqui, eles não deduzem "a segurança de seu estado justificado".[1173] Talvez a afirmação mais "antinomiana" seja esta:

> Porque o cristão não atenta para a salvação pela sua obediência à Lei, nem teme a condenação pela sua desobediência; assim, não busca a sua bênção nem teme a maldição causada pela sua desobediência... ele espera todas as suas bênçãos da justificação livre e da união com o Senhor Jesus Cristo...[1174]

Quanto à acusação de que ele está propondo o antinomianismo, Cotton responde que tal noção é falsa e caluniosa".[1175] Ele não acha que qualquer um sob o pacto da graça "ouse permitir-se em qualquer pecado", mas se alguém o fizesse Deus o "educaria completamente".[1176]

Nunca houve um indício de qualquer vida licenciosa em torno de Cotton ou da igreja de Boston. Além disso, seu desenvolvimento doutrinário poderia ter passado despercebido, não fosse a Sra. Anne Hutchinson. Elan, sendo filha de um clérigo anglicano, tinha se

---

[1168] *Ibid.*, p. 75.
[1169] *Ibid.*, p. 82.
[1170] *Ibid.*, p. 84.
[1171] *Ibid.*
[1172] *Ibid.*, p. 86.
[1173] *Ibid.*
[1174] *Ibid.*, p. 92–3.
[1175] *Ibid.*, p. 97.
[1176] *Ibid.*

tornado admirável de toda a população da Baía de Massachusetts por suas obras de misericórdia, particularmente como parteira. Suas habilidades de enfermagem lhe renderam uma entrada imediata em muitos lares, e quando encontrou pessoas sofrendo de uma overdose de "pregação de obras", estava pronta para amenizar suas dúvidas e confusão sobre a questão da segurança. Além de sua influência em muitos lares, ela realizou reuniões informais em sua própria casa depois dos cultos de domingo e quinta-feira, para discutir o sermão. Entre outras coisas, a Sra. Hutchinson supostamente declarou que todos os ministros da Baía de Massachusetts, exceto o Sr. Cotton, estavam pregando um pacto de obras.[1177]

Em algum momento antes de junho de 1636, Thomas Shepard, pastor em Newtown - agora Cambridge - escreveu uma carta a Cotton solicitando que este esclarecesse seus pontos de vista – "ofereça-nos satisfação por meio de escritos e não de fala".[1178] Thomas Hooker também parece ter estado com Shepard neste momento.[1179] O peso da carta de Shepard é se o crente deve aguardar a revelação do Espírito antes de fechar com a promessa de Cristo, e se "essa revelação do Espírito, é uma coisa além e acima da Palavra".[1180] Cotton responde, defende a posição geral delineada aqui, e conclui: "Eu não desejaria que os cristãos construíssem os sinais de sua adoção sobre - qualquer - santificação, mas como o que flui da fé em Cristo Jesus."[1181]

[1177] Para os detalhes da controvérsia antinomiana, ver *Antinomian Controversy*, passim; Ziff, *op. cit.*, p. 106-49. O relato original está em John Winthrop, *A Short Story of the Rise, reign, and ruin of the Antinomians, Familists & Libertines* (1644).

[1178] *Antinomian Controversy*, p. 25. Thomas Shepard, nascido em Towcester, Northamptonshire, foi admitido no Emmanuel College, Cambridge, como pensionista, tendo seu BA em 1623 e MA em 1627. Ele foi convertido por John Preston e se tornou o genro de Hooker. Depois de um breve ministério em Earles-Colne, foi suspenso por Laud. Veio para a América em 1635 e tornou-se pastor em Newtown em fevereiro de 1636.

[1179] *Ibid.*, p. 24, 33.

[1180] *Ibid.*, p. 25ss.

[1181] *Ibid.*, p. 32.

No verão de 1636, Cotton teve uma conversa com Peter Bulkeley.[1182] A questão central foi a união com Cristo, se a fé do homem era uma causa dessa união. A posição de Bulkeley era que a fé era a causa dessa união.[1183] A visão de Cotton era que "essa união era feita antes que a Fé funcionasse, e a atividade desta fé era apenas um efeito da união, e não uma causa dela". Cotton insiste que esta união é uma recepção passiva no crente e cita a visão de William Ames da recepção passiva de Cristo.[1184] O que Cotton aparentemente não reconhece é que Ames não considera essa recepção passiva salvífica, até que o crente repouse em Cristo por meio de um ato da vontade. Cotton considera a recepção passiva, como salvífica.

No mês de dezembro seguinte, os presbíteros da Baía de Massachusetts elaboraram dezesseis perguntas que fizeram a Cotton.[1185] A maioria das dezesseis perguntas girou em torno da questão do fundamento da segurança.[1186] Cotton deu sua resposta a cada pergunta. Sua posição permaneceu essencialmente a mesma. Ele disse que o testemunho do Espírito é "tão claro, que pode testemunhar imediatamente", embora nunca seja sem santificação.[1187] Mas, se a razão está humilhada - isto está, completamente obscuro e oculto de mim - não posso provar minha autenticidade em um estado de

---

[1182] *Ibid.*, p. 34. Peter Bulkeley nasceu em Cheshire. Em 1599 foi para o St. John's College, em Cambridge. Ele fez o mestrado em 1608. Em 1620 sucedeu seu paino benefício eclesiástico em Odell - Odell é uma vila e paróquia civil no norte do condado de Bedfordshire, Inglaterra. Foi suspenso por Laud em 1635, e rumou para a América em 1636, estabeleceu-se em Concord e fundou a décima segunda igreja na colônia.

[1183] *Ibid.*, p. 34s.

[1184] *Ibid.*, p. 36-7.

[1185] *Ibid.*, p. 46-59. Isto foi publicado como *Sixteene Questions of Serious and Necessary Consequence, Propounded unto Mr. John Cotton of Boston in New-England, Together with His Answers to each Question* (1644).

[1186] É interessante que a questão da preparação seja pouco mencionada, embora isso esteja sempre implícito quando a santificação é o fundamento da segurança. Pettit, *The Heart Prepared*, p. 144, está correto ao observar "quão sensíveis os preparadores agora se tornaram à vulnerabilidade de sua doutrina".

[1187] *Antinomian Controversy*, p. 49.

Graça, por minha santificação".[1188] Cotton observa que essa questão é a que causa "maior agitação" na colônia.[1189] Ele lembra a seus colegas ministros que a figura descrita com referência ao solo pedregoso e espinhoso da Parábola do Semeador "pode encontrar conforto", mas "na verdade, ao fazê-lo, ele constrói sobre tal santificação que é de fato uma fundação arenosa".[1190]

Assim, por essa afirmação, Cotton trouxe à luz o que muitos teólogos em sua tradição procuraram varrer para debaixo do tapete: a doutrina da fé temporária. Mas não se debruça sobre o tópico. Isto para ele não é a única razão para rejeitar a santificação como o fundamento da segurança. Ele acredita que somente o testemunho do Espírito deve ser buscado e que, por si só, é suficiente para dar plena segurança. Ele permite que o silogismo prático seja aceitável – se "a Razão não for carnal, mas espiritual".[1191] Mas com isso ele quer dizer que a pessoa primeiro recebeu o testemunho do Espírito; a "observação experimental de uma boa consciência" isto deve ser admitido se a consciência tiver sido "estabelecida pelo testemunho do Espírito".[1192] Aqui há consistência com seu ponto visto anteriormente exposto, de que a santificação é "de uso para testemunho" se a promessa absoluta foi compreendida primeiro.

Os presbíteros deram uma resposta às dezesseis respostas de Cotton. Eles ficaram bastante infelizes com a maior parte de sua defesa. Uma questão interessante na resposta dos presbíteros é que eles acusam Cotton de responsabilizar ninguém menos que o apóstolo Pedro de "tomar parte num pacto de obras".[1193] A bandeira bíblica para a tradição experimental predestinarista, 2Pedro 1.10, emerge na controvérsia antinomiana. Pois Pedro, dizem eles, nos

---

[1188] *Ibid.*, p. 52.

[1189] Cotton oscila em uma questão: se um crente fraco não pode esperar em Deus e obter algum conforto disto, isto é o "que ele espera". Cotton admite que alguém pode. *Ibid.*, p. 50

[1190] *Ibid.*, p. 54.

[1191] *Ibid.*, p. 58.

[1192] *Idem*

[1193] *Ibid.*, p. 60-7.

exorta a "usar toda a diligência, acrescentando uma graça a outra, para fazer com que o nosso chamado e a eleição sejam certos".[1194]

Cotton escreveu uma réplica à resposta dos presbíteros, uma defesa muito longa.[1195] Sua posição permanece a mesma: a união com Cristo deve preceder a fé. Pois "todas as condições antes da união com Cristo são corruptas e repugnantes" e todas as condições depois dessa união "são efeitos e frutos dessa união, e a fé que flui dessa união". Caso contrário, podemos produzir "bons frutos antes da união com Cristo, o que o evangelho considera impossível".[1196]

Quanto a 2Pedro 1.10, Cotton afirma que tornar-se assegurado por boas obras não passa de uma posição papista.[1197] Ele se apoia em João Calvino, que "faz da livre promessa a base da fé ou da certeza". Pois Calvino diz que "uma promessa condicional pela qual somos enviados às obras não promete vida, mas como vemos a condição encontrada em nós mesmos".[1198] Além disso, em sua alegação de que a santificação não deve ser a base da segurança, ele deixa este comentário: "Eu espero que não seja ofensa a você, não mais do que a mim mesmo, se emprestarmos luz de Calvino para esclarecer o significado do Espírito Santo".[1199]

> Parece, portanto, bastante evidente pelo julgamento de Calvino, que esses marcos sinalizadores de nosso bom estado de santificação, não foram de maneira alguma dados aos cristãos que estão duvidosos de sua condição, para a partir deles inferir a segurança inicial de seu bom estado: mas apenas para aqueles que já foram anteriormente assegurados de seu bom estado..." [1200]

[1194] *Ibid.*, p. 72.

[1195] *Antinomian Controversy*, p. 78-151.

[1196] *Ibid.*, p. 92.

[1197] *Ibid.*, p. 93.

[1198] *Idem*

[1199] *Ibid.*, p. 105.

[1200] *Ibid.*, p. 106.

Cotton repetidamente apela a Calvino nesta controvérsia,[1201] e assume o mesmo argumento em relação a 2Pedro 1.10. Cotton afirma que Pedro exorta os homens a serem frutíferos, mas "não por meio deles, dos Meios Eficazes", nem como se pelo objetivo final deles, torna o chamado e eleição, certos".[1202] Quanto à visão de Calvino sobre 2Pedro 1.10 Cotton segue-o inteiramente e aponta que Calvino não remete este assunto à consciência; além disso, "tão repugnante é permitir que a segurança da fé de nosso bom estado surja de nossa santificação".[1203] Mas Cotton não parece compreender totalmente *por que* Calvino toma esta posição, isto é, por que somente Cristo é a nossa garantia.

Finalmente, ao dar mais detalhes sobre o silogismo prático, Cotton lida com o que é visto com frequência em Perkins:

> Aquele que se arrepende e crê no Evangelho será salvo.
>
> Eu me arrependo e creio no Evangelho
>
> Portanto, serei salvo - e, consequentemente, serei justificado.[1204]

Cotton pensa que a conclusão é "segura" se a "proposição menor for verdadeira". Mas a proposição menor só é verdadeira se o Evangelho foi "aplicado àquela alma, não apenas pelo ministério exterior da Palavra, mas pelo próprio Espírito de Deus, revelando a graça de Cristo".[1205] Por isso, o silogismo prático não deve ser aplicado pelo incrédulo.

A réplica de Cotton aos presbíteros parece ter terminado a troca de escritos. Entretanto, em algum momento entre maio e

---

[1201] Ver *ibid.*, p. 117, 121, 125, 129–30, 140, 145. A questão é a mesma: a santificação não deve ser o fundamento da segurança.

[1202] *Ibid.*, p. 124.

[1203] *Ibid.*, p. 125.

[1204] *Ibid.*, p. 148.

[1205] *Idem*

agosto de 1637 houve uma conferência entre Cotton e os presbíteros.[1206] Nesta conferência 2Pedro 1.10 surge novamente, e nesta controversa passagem, Cotton cede a seu venerável herói: "Deixe Calvino responder por mim." Cotton, portanto, lembra seus adversários novamente do ponto de vista de Calvino: 2Pedro 1.10 "não é em minha opinião para ser aplicado à consciência".[1207]

Houve um singular pequeno encontro de mentes entre Cotton e seus colegas pastores. Isso não surpreende à luz da longa tradição que começou com Perkins; a maior surpresa é a mudança do próprio Cotton. A diferença entre Calvino e Beza é amplamente repetida na controvérsia antinomiana quando Cotton encontra os herdeiros da tradição de Beza-Perkins.

Thomas Shepard sugeriu que a única maneira de lidar com o assunto era confrontar Anne Hutchinson. O encontro dos prsbíteros no final do verão de 1637 é agora chamado de Sínodo Hutchinson. Os detalhes deste julgamento são interessantes, mas não podem ser tratados aqui. Cotton ficou ao lado dela até o amargo fim, quando ela alegou revelações diretas de Deus como o fator determinante na conduta. Sua posição ao lado dela por tanto tempo sugere que Cotton sabia que sua própria pregação era, de certa forma, responsável por sua reivindicação. Mas agora Cotton recuou de defendê-la na presença de seus colegas pastores. O julgamento em si foi realizado na igreja de Shepard. Thomas Hooker costumava ser moderado e Peter Bulkeley também estava presente. Aqui está uma parte dos procedimentos do julgamento:

> Mr. Nowell: *Como você sabe que esse era o Espírito?*
>
> Sra. H.: *Como Abraão sabia que foi Deus quem lhe deu seu filho, sendo uma violação do sexto mandamento?*
>
> Dep. Gov.: *Por uma voz imediata.*

[1206] Ibid., p. 175-98. Este foi publicado como *A Conference Mr. John Cotton held at Boston With the Elders of New-England* (1646), e reeditado no mesmo ano como *A Gospel Conversion*.

[1207] *Antinomian Controversy*, p. 18.

Sra. H.: *Então para mim por uma revelação imediata.*

Dep. Gov.: *Como uma revelação imediata?!*

Sra. H.: *Pela voz de seu próprio Espírito para minha alma...*[1208]

A sra. Hutchinson foi condenada pelo tribunal e sua sentença foi a de ser banida da Baía de Massachusetts.[1209] Quatro anos depois, em Rhode Island, ela foi morta por índios.

Uma vez que a controvérsia diminuiu, Cotton pensou em se mudar para New Haven. Ele queria "pregar como bem entender a quem ele quisesse"[1210]. Além disso, "era difícil para ele permanecer em uma situação em que o respeito por sua doutrina havia sido consideravelmente diminuído".[1211] De fato, Shepard suspeitava que a controvérsia tinha pouco efeito na alteração das visões de Cotton; ele escreveu em seu diário: Cotton "não se arrependeu; está apenas recolhido".[1212] Winthrop queria que Cotton ficasse em Boston, achando que sua partida seria um sinal para a Inglaterra de que tudo não estava bem.[1213] Cotton permaneceu em Boston até sua morte.

A estatura de Cotton aumentou, no entanto, em poucos anos. Em 1644, *The Keyes of the Kingdom of Heaven* (*As Chaves do Reino do Céu*), sua mais forte defesa da eclesiologia congregacional, foi publicada com o endosso dos teólogos congregacionais que participaram de Westminster, Thomas Goodwin e Phillip Nye. Nem Cotton nem Hooker aceitaram convites para participar da Assembleia de Westminster.

Hooker morreu em 1647 e Cotton escreveu um poema em sua homenagem. Shepard morreu em 1649 e Bulkeley em 1659. O próprio Cotton morreu em 23 de dezembro de 1652. John Wilson († 1667), pastor da igreja de Boston, esteve ao lado de Cotton em seus últimos

---

[1208] *Antinomian Controversy*, p. 337.

[1209] *Ibid.*, p. 348.

[1210] Ziff, *op. cit.*, p. 109.

[1211] Pettit, *The Heart Prepared*, p. 155s.

[1212] T. Shepard, *Autobiography* (Boston, 1832), p. 386.

[1213] Ziff, *op. cit.*, p. 146.

momentos e orou para que Deus levantasse a luz de seu semblante sobre o moribundo e derramasse amor em sua alma. As últimas palavras de Cotton foram: "Ele já fez isso, irmão".[1214]

John Cotton foi a única figura importante em sua tradição a romper com seu molde e o fez na direção de Calvino. Calvino foi claramente seu guia, e não há dúvida de que Cotton conseguiu, em grande medida, trazer a doutrina da fé de Calvino ao seu esquema. Em vez de um predestinarista experimental, Cotton poderia ser melhor chamado de predestinarista experiencial.

Aqui vale citar uma interessante nota de rodapé. Curiosamente Cotton não parece usar o termo "persuasão", próprio de Calvino com relação a sua descrição ou definição de fé,[1215] embora esse seja aparentemente o significado. A explicação, em parte, pode estar no raciocínio de Thomas Shepard. "Alguns correm para o outro extremo", escreve Shepard, "e não fazem da fé mais nada, exceto uma persuasão ou garantia de que Cristo morreu por mim em particular, ou que ele é meu." Shepard julga: "O que move alguns a pensar assim é a redenção universal pela morte de Cristo, já que eles não conhecem nenhum motivo ou fundamento para a fé, a não ser esta proposição: Cristo morreu por ti e, portanto, tornou universal a Redenção." Shepard também acha que a fé como uma persuasão se encaixa melhor com o Arminianismo.[1216]

A declaração de Shepard sugere ainda que Armínio obteve da teologia reformada a convicção de Calvino de que Cristo morreu por todos os homens. Se a leitura adicional que Cotton fez de Calvino o levou a ver que esse era o ponto de vista deste, não se pode dizer.

[1214] *Ibid.*, p. 255.

[1215] Cotton não define a fé em *A Treatise of the Covenant of Grace*. Em 1634, ele definiu a fé como "uma obra do vivo Poder do Onipotente Deus, operado pelo Ministério da Palavra e do Espírito de Deus, pelo qual o coração é desmamado de toda a confiança na carne e crê em Deus e no Senhor Jesus Cristo para justificação." *A Treatise of Faith* (1713), p. 3. Em seu Catecismo ele define a fé como "uma graça do Espírito; por meio da qual eu nego a mim mesmo: e creio em Cristo para justiça e salvação". *Milk for Babes* (1646), p. 11.

[1216] T. Shepard, *The Sound Beleever* (1645), p. 161.

Se ele observasse isto, a necessidade de uma experiência subjetiva do Espírito poderia ter sido evitada. Mas se Cotton pregasse isso, ele provavelmente estaria mais encrencado do que nunca. Afirmar que Cristo morreu por todos teria trazido mais controvérsia do que nunca à Baía de Massachusetts, uma comunidade que parece não ter percebido que suas próprias opiniões eram muito próximas, afinal, das de Armínio.

CAPÍTULO 13

OS TEÓLOGOS DE WESTMINSTER E SUA UNIDADE SOTERIOLÓGICA

Em um sermão diante da Câmara dos Comuns em 1641, Edmund Calamy (+ 1666) exortou o Parlamento não apenas a "erradicar o Arminianismo", mas a estabelecer a doutrina da Igreja de forma que "não haja sombra para um arminiano".[1217]

Quando os teólogos de Westminster foram escolhidos em 1642, havia um consenso soteriológico entre eles; isto foi garantido pela seleção cuidadosa do Parlamento. A ameaça arminiana de dentro foi, portanto,

---
[1217] E. Calamy, *Gods free Mercy to England* (1642), p. 20.

considerada como tendo sido eliminada antes que os teólogos iniciassem suas deliberações iniciais. Embora houvesse diversidade eclesiológica, havia unidade soteriológica. Questões eclesiológicas dominaram o processo; "as questões doutrinais estavam inteiramente em segundo plano", pois os teólogos estavam em "completa harmonia fundamental" em relação às convicções soteriológicas.[1218] Não há indício, seja das atas dos procedimentos da Assembleia ou dos vários escritos dos próprios clérigos, de que algum membro adotou uma doutrina arminiana da predestinação. Além disso, não há indicação de divergência de opinião entre qualquer um deles sobre a natureza da fé salvífica.[1219]

A AMEAÇA "ANTINOMIANA"

A maior ameaça que parece ter emergido de dentro da família predestinarista geralmente vem de alguns "antinomianos". Logo depóis

---

[1218] B. B. Warfield, *The Westminster Assembly and its Work*, p. 12, 55. Duas exceções a isso devem ser notadas. Primeiro, parece ter havido "longos e duros debates sobre os decretos da eleição". Baillie, *Letters*, ii, p. 326. A questão era sobre a ordem dos decretos. No entanto, a Assembleia parece ter seguido o conselho de Edward Reynolds: "Não vamos colocar em disputas e questões escolásticas em uma Confissão de Fé." *Minutes of the Sessions of the Westminster Assembly of Divines* (1874), p. 151. A redação final na Confissão evita uma precisão supralapsariana e pode ser endossada por um supra ou infralapsariano. Cf. Warfield, *Westminster Assembly*, p. 6. Em segundo lugar, parece que os pontos de vista do teólogo francês Moise Amyraut (+ 1664) foram trazidos para o debate. Amyraut afirma ter seguido Calvino ao afirmar que Cristo morreu por todos os homens. Brian G. Armstrong, *Calvinism and the Amyraut Heresy. Protestant Scholasticism and Humanism in Seventeenth-Century France* (Madison, 1969), p. 130-60: "Infelizmente as questões de Amiraut são trazidas para nossa Assembleia. Muitos amam mais essas fantasias aqui do que eu esperava". Baillie, *op. cit.*, p. 324. Edmund Calamy sustenta uma redenção universal, mas não "no sentido arminiano". *Atas*, p. 152. Três juntaram-se no debate ao lado de Calamy: Lazarus Seaman, Stephen Marshall e Richard Vines. *Ibid.* p. 152ss. Cf. Warfield, *Westminster Assembly*, p. 56. Em todo caso, a doutrina da expiação limitada venceu. Cf. *infra*, p. 199, nota 3

[1219] Cf. *supra*, p. 168, nota 6.

que os teólogos enviaram uma petição em 19 de julho de 1643[1220], veio deles uma outra mais específica contra os antinomianos em 10 de agosto de 1643. Essa petição cita três tratados como exemplo de antinomianismo: *The Honey-combe of Free Justification by Christ Alone* (*O Favo de Mel da Livre Justificação por Cristo Somente*) (1642), de John Eaton; (2) *Christ Alone Exalted* (*Apenas Cristo Exaltado*) (1643), de Tobias Crisp; e *The Doctrine and Conversation of John Baptist* (*A Doutrina e Discurso de João Batista*) (1643), de Henry Denne.[1221]

Embora as questões levantadas por esses escritores frequentemente se sobreponham àquelas da controvérsia antinomiana na América, não há evidência de que esses teólogos, ou aqueles tratados adiante, tenham sido influenciados por John Cotton. Mas é quase certo que os teólogos de Westminster temiam que homens da estatura de Cotton pudessem emergir a qualquer momento durante os perturbados anos da década de 1640. Em qualquer caso, a teologia de Westminster deve ser vista não apenas à luz da tradição predestinarista experimental que a precede, mas também em vista da ameaça antinomiana. Essa ameaça estava se aproximando do auge, enquanto os teólogos estavam redigindo seus documentos. Como será visto a seguir, algumas afirmações nos documentos falam diretamente a homens como Tobias Crisp. Mas também será visto que várias respostas ao "antinomianismo" são apenas uma repetição da teologia predestinarista experimental.

JOHN EATON (1575-1641)

Eaton nasceu em Kent, e estudou no Trinity College, Oxford, recebendo o BA em 1595, e o mestrado em 1603. Em 1635 ele se tornou

---

[1220] Cf. *supra*, p. 168, nota 3.
[1221] *The Journal of the Proceedings of the Assembly of Divines* (1824; este é o volume xiii de *The Whole Works of the Rev. John Lightfoot*, D.D.), p. 9, 12.

pároco em Wickham Market, Suffolk, onde permaneceu até o fim de seus dias.[1222]

A "essência própria" da fé verdadeira, diz Eaton, é "acreditar na pureza contrária a nossa percepção e sentimento" - isto é, sentimento de que somos pecadores - e preferivelmente crer "que não temos pecado aos olhos de Deus: isto é fé verdadeira".[1223] Mas "onde há raciocínio de sentido e sentimento, não há fé".[1224] Nesta última afirmação, Eaton quer dizer, deduzir a segurança pela santificação e também sentir uma sensação de desespero por causa da falta de santificação. Nós devemos crer "que Deus é capaz acima da nossa razão, sentido e sentimento, pelo sangue e justiça de seu Filho, de abolir completamente de sua própria vista todos os nossos pecados".[1225]

Eaton ataca o voluntarismo que é característico da tradição predestinarista experimental:

> Tais pregadores ensinam apenas à luz da natureza, o orgulho das obras e a vaidosa figura do homem; e assim retiram as pessoas de Cristo para se apegarem às suas próprias obras e feitos, repousando sobre o podre pilar papista que Deus aceita a vontade para a ação, e afogam a glória de Cristo, a justificação gratuita, destroem a fé, desperdiçam e consomem a Igreja de Cristo, ensinam uma falsa santificação bastarda...[1226]

De fato, Eaton chama esses pregadores de "os lobos de que Paulo avisou" que clamam mais "por obras e uma boa vida"

[1222] Além de *The Honey-combe of Free Justification* (doravante denominado *Honey-combe*), este estudo se baseará em *The Discovery of the most dangerous Dead Faith* (1641), de Eaton, doravante denominado *Dead Faith*.

[1223] *Honey-combe*, p. 48, 50.

[1224] *Ibid*. p. 50.

[1225] *Idem*

[1226] *Dead Faith*, p. 62-3.

do que "a segurança da fé sadia de sua justificação gratuita" em Cristo somente.[1227]

Em *Honey-combe*, Eaton trabalha sua doutrina da justificação de maneira erudita, alinhando-se com a corrente principal dos pensadores protestantes. Enquanto cita Perkins duas vezes, Beza três, Zanchi doze vezes,[1228] ele cita Calvino quarenta e uma, e Lutero cento e seis vezes![1229] Seu tema é que nossas consciências são "preparadas para Deus pela justificação" e "para o homem pela santificação".[1230] Justificação é percebida "pela fé somente; a santificação é percebida pelos sentidos e sentimentos".[1231] E enquanto a justificação é "meritória de todos os favores e bênçãos de Deus: a santificação não merece absolutamente nada". Deus deixa a nossa santificação tão imperfeita nesta vida, que "todo o nosso prazer e alegria indescritíveis e gloriosos podem estar na justificação".[1232]

TOBIAS CRISP (1600-43)

Crisp nasceu em uma rica família de Londres. Ele estudou em Eton, depois em Cambridge, onde recebeu o bacharelado, e mudou-se para o Balliol College, em Oxford, em 1626, graduando-se mestre. Anos depois, recebeu o grau de doutor em Teologia. De 1627 a 1642 ele foi reitor de Brinkworth, Wiltshire. Em Brinkworth era suspeito de antinomianismo, e depois que se mudou para Londres em 1642, ele amargamente atacado por cerca de cinquenta e dois adversários. Crisp foi outrora um arminiano e era dado ao "modo legalista de pregar", mas, "mudando de opinião, se deparou com o extremo

---

[1227] *Ibid.*, p. 66-7.

[1228] Essas citações são referentes à imputação da justiça de Cristo pela fé.

[1229] O Comentário de Gálatas de Lutero e as Institutas de Calvino são citados com mais frequência para apoiar a alegação de Eaton de que a justificação é dada sem condições.

[1230] *Honey-combe*, p. 91.

[1231] *Ibid.*, p. 459.

[1232] *Idem*

contrário do antinomianismo". Ficou chocado com suas opiniões anteriores, "ele parece ter imaginado que nunca poderia ir longe o suficiente delas". No entanto, ele era "indomável em sua vida e discurso".[1233]

Dos dezessete sermões em *Christ Alone Exalted*, catorze são baseados em Isaías 53.6: "O SENHOR fez cair sobre ele a iniquidade de nós todos." O argumento principal de Crisp é que a fé salvífica é a realização no tempo do que já aconteceu na eternidade, isto é, a justificação havia sido cumprida em Cristo: "O Senhor já o fez."[1234] Crisp, na verdade, sustenta uma justificação de três níveis: (1) justificação eterna - os eleitos já estavam justificados na eternidade, uma vez que Deus se comprometeu a pôr as iniquidades dos eleitos no Filho; (2) justificação virtual - quando Cristo morreu e ressuscitou; e (3) justificação real - quando temporalmente os eleitos descobrem que já foram justificados.[1235]

A descoberta de que já fomos justificados é o que Crisp quer dizer com fé salvífica. Como Cotton, Crisp tende a tornar a fé uma experiência emocional. Além disso, a insistência de Cotton na união com Cristo antes da fé é paralela à ideia de eterna justificação de Crisp. Quando Cristo aplica às nossas almas o que ele já fez, "apresenta apenas o conhecimento daquilo que o Senhor fez antes".[1236]

A fé é "o fio condutor através do qual o Senhor se agrada" para transmitir o conhecimento da justificação.[1237] Esse conhecimento é segurança total. De fato, "o Apóstolo não apenas aprova a segurança, mas até mesmo a plenitude da segurança da fé somente".[1238] Portanto, "a fé é suficiente para esclarecer uma alma de seu interesse em Cristo".[1239]

[1233] Benjamin Brook, *The Lives of the Puritans* (1813), ii, p. 472ss; Daniel Neal, *The History of the Puritans* (1822), iii, p.16s.

[1234] *Christ Alone Exalted* (1643; com dezessete sermões), p. 262.

[1235] *Ibid.*, p. 264ss.

[1236] *Ibid.*, p. 240.

[1237] *Ibid.*, p. 509.

[1238] *Ibid.*, p. 510.

[1239] *Ibid.*, p. 513.

Em todo caso, Crisp rejeita vigorosamente a santificação como fundamento de segurança:

> Quero dizer breve e claramente assim; o caminho comum das pessoas é julgarem-se por sinais e marcas, e conforme sinais e marcas tirados de sua santificação e performances, criarão a conclusão que desejam; então eles se assentam satisfeitos com sua condição.[1240]

De fato, "esclarecer os espíritos dos homens", mantendo a santificação como o sinal da justificação é um curso "litigioso e duvidoso".[1241]

Crisp também observa que é comum dizer que a sinceridade toma o lugar da exatidão do desempenho. "Mas eu respondo que, se sinceridade e singeleza de coração se tornarem uma marca e sinal do interesse em Cristo, por fim falhará a pessoa, assim como a obediência universal... [e] todo aquele edificar sobre isto, pode enganar a si mesmo...".[1242] Pois não há "um só fruto de santificação, se é que fala como o Senhor havia dito para falar, que pode declarar paz para a alma"[1243].

HENRY DENNE (+ 1660?)

Denne estudou em Cambridge e foi ordenado em 1630. Ele também foi nomeado curador de Pirton, Hertfordshire, e esteve lá cerca de dez anos. Denne convenceu-se de que o batismo infantil não era bíblico e foi batizado por imersão em 1643, juntando-se a uma congregação

---

[1240] *Ibid.*, p. 431.
[1241] *Christ Alone Exalted* (1643; com dezessete sermões), p. 431.
[1242] *Ibid.*, p. 444.
[1243] *Ibid.*, p. 460–61.

em Bell Alley. Ele era considerado um antinomiano, e parece ter sido perseguido inúmeras vezes por suas opiniões sobre o batismo.[1244]

Denne segue a linha de que "a justiça de Cristo torna-se nossa" por imputação "antes do ato de nossa fé e, portanto, necessariamente sem ela".[1245] Não ter esta visão, Denne acha que é estabelecer Cristo "sob certas condições", e aqueles que colocam Cristo desta forma não "merece o nome de protestantes".[1246] Não é a fé, mas Cristo que verdadeiramente justifica; somos, no entanto, justificados pela fé "de forma declaratória em nossas consciências".[1247]

Tal ato, então, "é consequente de nossa justificação, e não intermediário", já que nós "devemos ser enxertados em Cristo Jesus antes que possamos crer, portanto, devemos ser justificados antes que possamos crer".[1248] A própria fé é "contemplando o objeto glorioso [Cristo], e assim estamos seguros de nossa justificação".[1249]

O que Denne está particularmente se opondo é à ideia de que "o desejo de acreditar é a fé".[1250] Como "todos os que desejam ser ricos, não são ricos; assim, todos que desejam acreditar, não acreditam".[1251] Além disso, ter "o cuidado de guardar a Lei de Deus, fazer todas as coisas ordenadas e evitar todas as coisas proibidas" não é a evidência da fé, pois certa vez um homem não justificado disse: "Todas estas coisas tenho guardado desde a minha mocidade" (Mc 10.20-21).[1252] Assim, se a pessoa não é primeiramente aceita, "a vontade não pode ser aceita pela ação: antes que você possa assegurar-se por

---

[1244] Este estudo irá usar *The Doctrine and Conversation of John Baptist* (1643; daqui em diante chamado *John Baptist*); e *A Conference Between a sick man and a Minister, shewing the nature of Presumption, Despair, and the true living Faith* (1643; doravante denominada *Conference*).

[1245] *John Baptist*, p. 25.

[1246] *Idem*

[1247] *Ibid.*, p. 26.

[1248] *Conference*, p. 14-15.

[1249] *Ibid.*, p. 18.

[1250] *Ibid.*, p. 2. Cf. *John Baptist*, p. 51s.

[1251] *Conference*, p. 2.

[1252] *Ibid.*, p. 3.

esta vontade; você deve perceber que sua pessoa é aceita".[1253] Além disso, o arrependimento não é prova de fé salvífica; um réprobo pode "sofrer sinceramente" por seus pecados.[1254]

ALGUMAS REAÇÕES AO "ANTINOMIANISMO"

No início dos procedimentos da assembleia dos teólogos, a ameaça antinomiana estava sendo tratada. Além das petições mencionadas anteriormente, alguns teólogos publicaram tratados; alguns tratados endossados por outros teólogos que atacaram os "antinomianos".

Em 1643, John Sedgwick publicou *Antinomianisme Anatomized*, ou *A Glasse for The Lawlesse: who deny the Ruling use of the Moral! Law unto Christians under the Gospel*. Isso foi endossado pelo teólogo de Westminster, Edmund Calamy, como "muito necessário para estes tempos".[1255] O tratado ataca os dois livros de Eaton, *Honey-combe* e *Dead Faith*. *Antinomianisme Anatomized* é baseado em três personagens: o "Nomista" e o "Antinomista" em lados opostos, com o "Evangelista" - supostamente a posição correta - entre eles. Essa obra enfatiza a Lei Moral na vida cristã, incluindo a "obediência universal".[1256] Sedgwick evoca 2Pedro 1.10 e afirma que, embora as

---

[1253] *Ibid*., p. 4.

[1254] *Ibid*., p. 5s. Dois outros "antinomianos" proeminentes são John Saltmarsh (+ 1647) e William Dell (+ 1664). Esses homens tornaram-se capelães no New Model Army de Oliver Cromwell. Veja Saltmarsh, *Sparkles of Glory* (1647) e *Free-Grace* (1646); e *Select Works of William Dell* (1773). Para um estudo mais aprofundado das controvérsias antinomianas na Inglaterra, ver Gertrude Huehns, *Antinomianism in English History* (1951), p. 37–88; Leo F. Solt, *Saints in Arms* (1959), p. 6-42, 68-9. Cf. Ernest F. Kevan, *The Grace of Law* (1964), *passim*.

[1255] *Antinomianisme Anatomized*, (1643), folha rosto, p. 1. Calamy foi nomeado presidente de um comitê sobre "Antinomianismo" na Assembleia de 14 de setembro de 1643. C. A. Briggs, "The Documentary History of the Westminster Assembly", *Presbyterian Review* (Nova York, 1880), p. 142.

[1256] *Antinomianisme Anatomized*, p. 44.

obras não justifiquem, "ainda justificam elas a fé para a própria consciência do homem".[1257]

The Marrow of Modern Divinity (1645)[1258] de Edward Fisher, surgiu quando a Assembleia de Westminster estava alcançando o auge de suas deliberações, e veio com um caloroso endosso de Joseph Caryl. Caryl encontra o tratado "tendendo a paz e santidade" e diz que o autor se esforça "para reconciliar e acalmar as infelizes diferenças que ultimamente irromperam de novo entre nós".[1259]

Fisher toma os personagens de *Antinomianisme Anatomized* e acrescenta um quarto: Neophytus, um jovem cristão que quer conhecer o caminho da salvação. Evangelista tem a verdade, mas nem Nomista nem Antinomista estão felizes com o "caminho do meio" de Evangelista[1260] – isto é, até o último, quando todos os quatro estão em aparente concordância. Ao longo do caminho, em qualquer caso, tanto Nomista quanto Antinomista são frequentemente repreendidos peloEvangelista. Antinomista pensa que foi justificado pela rejeição de Evangelista da afirmação de Nomista de que a falta de justiça perfeita "será compensada" por Cristo.[1261] Evangelista, ao contrário, afirma que Deus aceita apenas a justiça de Cristo.[1262] Portanto, Antinomista se alegra:

> Ó senhor, você me agrada maravilhosamente em assim atribuir tudo a Cristo, eu vejo que você é o mesmo que era quando eu costumava lhe ouvir... Eu agradeço a Deus, continuo crendo até hoje, sendo confiante de que estou tão vestido com a perfeita justiça de Jesus Cristo,

---

[1257] *Ibid*. p. 24.

[1258] Escrito por Edward Fisher, um barbeiro londrino iletrado, mas dificilmente analfabeto. Veja J. M. Hagans, " The Marrow of Modern Divinity and the Controversy Concerning it in Scotland" (BD tese, Trinity College, Dublin, 1966), p. 12ss.

[1259] *The Marrow of Modern Divinity* (1645), folha de rosto.

[1260] *Ibid*., p. 188.

[1261] *Ibid*., p. 85.

[1262] *Ibid*., p. 86s.

que Deus não pode ver pecado em mim, mas me vê sem mácula ou defeito.[1263]

Mas a alegria de Antinomista é prematura:

> *Evangelista:* Há nesta cidade, neste dia, muita conversa sobre os antinomianos; E embora eu espere que haja pouquíssimos que mereçam justamente esse título, ainda assim tenho medo... Certamente tu és um deles, pois a tua fala te denuncia. E, portanto, para falar francamente com você, questiono se você ainda é verdadeiramente crente no nome de Jesus Cristo, pois todos vocês estão tão confiantes.[1264]

Assim, Fisher, ou Evangelista, procura manter uma posição que não seja nem legalista nem "antinomiana". Ele mostra familiaridade com muitos escritores. Cita Lutero, Calvino, Beza, Ursino, Greenham, Perkins, Sibbes, Preston, Ames, Hooker e muitos mais. Mas é altamente seletivo com suas fontes e só as usa quando elas dizem algo para apoiar seu caso.

O Evangelista adverte o Nomista contra fazer "a mudança de sua vida a base de sua fé", visto que a fé deve preceder a santidade de vida.[1265] Entretanto, se alguém olha para essas evidências "com referência a Jesus Cristo, então elas não são enganosas, mas seguramente evidências e demonstrações de fé em Cristo".[1266] É aqui que Fisher revela que suas simpatias estão do lado de Nomista, fornecendo um olhar para os sinais com referência a Cristo. Sua visão da fé, além disso, é essencialmente voluntarista. Evangelista diz a Nomista: "Você está decidido a colocar o máximo de seu poder para

---

[1263] *Ibid.*, p. 88-9.
[1264] *Ibid.*, p. 90.
[1265] *Ibid.*, p. 135.
[1266] *Ibid.*, p. 155.

crer e, assim, para tomar a Cristo?" Então "você pode, sem dúvida, concluir que a correspondência é garantida".[1267]

Fisher explica claramente que está rejeitando o "antinomianismo" de Crisp e Eaton.[1268] Em 1646, apareceu uma segunda edição de The Marrow of Modern Divinity, desta vez com uma nova recomendação do teólogo Jeremiah Burroughes, de Westminster. Nesta edição, Fisher também atribui a Thomas Hooker sua própria conversão de alguns anos antes.[1269]

Em junho de 1645, o teólogo de Westminster, Simeon Ashe, publicou um tratado de John Ball (d. 1640), A Treatise of the Covenant Grace. Além do prefácio de Ashe, um endosso separado veio de outros cinco teólogos de Westminster: Edward Reynolds, Daniel Cawdrey, Thomas Hill, Anthony Burgess e Edmund Calamy.[1270]

A teologia de Ball não é essencialmente diferente da ortodoxia predominante da tradição experimental predestinarista. De fato, ele afirma que "nenhuma remissão é prometida para ser desfrutada, senão sob a condição de arrependimento", de modo que "o arrependimento acontece antes do perdão".[1271] Consequentemente, o arrependimento "deve acontecer antes da fé justificadora". A fé, diz Ball, é "como acreditamos que, se um homem cumprir a condição, ele terá a promessa".[1272]

Três teólogos de Westminster tiveram atenções para lidar com a crescente ameaça do antinomianismo: Samuel Rutherford, Samuel Bolton e Thomas Gataker.

[1267] *Ibid*. III.

[1268] *Ibid*., p. 166, 168.

[1269] *The Marrow of Modern Divinity* (1646), Prefácio.

[1270] J. Ball, *A Treatise of the Covenant of Grace* (1645), Para o leitor. Os teólogos também se referem a *Treatise of Faith de Ball* (1631), que Sibbes havia recomendado. Eles acreditam que as obras de Ball tendem a "reconciliar as diferenças desses tempos". Tais obras podem ter influenciado a formação final da teologia de Westminster. Mitchell, *The Westminster Assembly*, p. 377. Cf. Warfield, *the Westminster Assembly*, p. 57.

[1271] Ball, *A Treatise of the Covenant of Grace*, p. 349.

[1272] *Idem*

SAMUEL RUTHERFORD (+ 1662)

Rutherford, um poderoso delegado escocês, formou-se na Universidade de Edimburgo. Em 1638 foi nomeado professor de teologia no St. Mary's College, St. Andrew's.[1273]

Rutherford ataca a ideia de que a fé deve ser uma persuasão. "Pode ser uma persuasão em algum sentido", mas "nenhum teólogo" poderia negar que "um ato direto de fé" sem um "ato reflexo" pode por si só ser conhecido como "verdadeiro, não falsificado".[1274] Em uma palavra essa foi a posição de Ames. Mas a "guarda dos mandamentos e a Palavra de Jesus", que é o ato reflexo, "é infalível por si só".[1275] Essa guarda da Palavra e o "andar santo" são "sinais infalíveis".[1276]

Além do mais, "não vejo razão para chamar as obras de Santificação auxílios inferiores na Manifestação, mais que a voz do Amado". Pois ambas juntamente com o Espírito persuadem infalivelmente".[1277] Rutherford insiste que muitos cristãos fracos, no entanto, "não podem chegar a uma segurança de persuasão 'embora' sejam escolhidos para a vida e tenham fé".[1278] Por trás dessa afirmação está a crença de Rutherford de que "um desejo da graça" é a graça,[1279] exatamente a visão rejeitada por Eaton e Crisp.

[1273] Damos os títulos mais completos dos seguintes trabalhos para mostrar os motivos mais profundos de Rutherford ao escrevê-los: *The Tryall & Trivmpth of Faith:... Some speciall Grounds and Principle of Libertinisme and Antinomian Errors, discovered* (1645); *A Survey of the Spirituall Antichrist. Opening The secrets of Familisme and Antinomianisme in the Antichristian Doctrine of John Salzmarsh, and Will. Del, the present Preachers of the Army now in England, and of Robert Town, Tob. Crisp, H. Denne, Eaton, and others* (1648) (em duas partes, daqui em diante chamado *A Survey*); e *Christ Dying and Drawing Sinners to Himself... Where also are interjected some necessary Digressions for the times, touching divers Errors of Antinomians* (1647), doravante denominados de *Christ Dying*.

[1274] *Christ Dying*, p. 98.

[1275] *Idem*

[1276] *Ibid.*, p. 98-9.

[1277] *Idem*

[1278] *A Survey*, ii, p. 235.

[1279] *Ibid.*, p. 4.

No entanto, Rutherford quer que se entenda que esse desejo pressupõe que alguém já tenha se convertido.[1280] Ele parece sensível à acusação de arminianismo e declara a esse respeito: "Não mantemos preparativos morais com pelagianos, papistas e arminianos antes da conversão."[1281]

> Nós não ensinamos, o que Saltmarsh[1282] falsamente nos impõe, que votos e compromissos nunca ascendem a Cristo, nos adequam a conversão... nós negamos, contra antinomianos e arminianos, qualquer promessa do evangelho; aquele que faz isto e aquilo, é assim, tão adequado por tais condições, qualificações, como dinheiro e contrato na mão, serão convertidos como recompensa de sua obra.[1283]

Pois "ninguém, a não ser pelagianos, arminianos, e semelhantes, ensinam que se alguém melhorar ao máximo suas habilidades naturais", será salvo.[1284] Pois todas as preparações "antes da conversão" não são "parte integrante da conversão" e não podem agradar a Deus.[1285] As implicações de ter sido acusado de arminianismo são evidentes na réplica de Rutherford, e isso pode explicar em parte a ausência do tipo de preparacionismo visto em alguns dos escritores citados anteriormente.

Rutherford também rejeita a ideia de que "desde a eternidade fomos justificados".[1286] Nesse caso, ele cita Crisp e argumenta que "justificação no decreto e propósito de Deus desde a eternidade

---

[1280] *Idem*

[1281] *Ibid.*, p. 2.

[1282] O autor se refere ao escritor e pregador inglês John Saltmarsh de Yorkshire († 1647). Ensinava a teologia da livre graça, e escreveu sobre os temas da Paz, Amor e Unidade. Rutherford o acusava de ser antinomiano [N.E].

[1283] *Ibid.*, p. 3.

[1284] *Christ Dying*, p. 239s.

[1285] *Ibid.*, p. 240.

[1286] *A Survey*, ii, p. 19.

não é mais justificação do que a Criação, santificação, glorificação, a crucificação de Cristo" e todas as coisas que descem ao tempo; porque tudo isto estava no propósito eterno de Deus.[1287]

Rutherford toma nota da Sra. Anne Hutchinson, "a Jezabel americana", que ele diz ter acatado muitos dos pontos de vista que rejeita.[1288] Ele também observa sua morte, em que os índios "mataram ela e sua filha e, alguns dizem, queimaram sua casa e tudo o que tinha".[1289]

SAMUEL BOLTON (1606-1654)

Bolton estudou no Christ's College, em Cambridge. Ele ministrou em Londres por vários anos, se tornou mestre na mesma instituição em 1645, e publicou *The True Bounds de Christian Freedom* neste ano. Enquanto deseja responder a Crisp,[1290] sua preocupação era principalmente defender a validade da Lei Moral na vida cristã. Ele fala sobre a questão da preparação para a graça e defende a visão de que esta preparação é necessária na medida em que os meios são necessários.[1291]

Sua doutrina de justificação pode ser resumida assim: (1) somos justificados "em decreto, e assim somos justificados desde a eternidade"; (2) somos justificados "meritoriamente" pela morte de Cristo; (3) somos justificados "na verdade" apenas quando acreditamos; (4) somos justificados no "tribunal da consciência" quando estamos seguros; e (5) somos justificados "perfeitamente" quando formos glorificados.[1292]

[1287] *Idem*

[1288] *Ibid.* i, p. 176.

[1289] *Ibid.*, p. 182. Em *An Antidote against Antinomianisme* (1643), 39, um D.H. refere-se a um livro "de nossos irmãos da Nova Inglaterra, tocando os efeitos trágicos dessas doutrinas [antinomianas]".

[1290] *True Bounds*, p. 293.

[1291] *Ibid.*, p. 291.

[1292] *Ibid.*, p. 289.

THOMAS GATAKER (1574-1654)

Gataker nasceu em Londres e em 1590 chegou ao St. John's College, em Cambridge, graduando-se com um mestrado em artes e, finalmente, fez o bacharelado em teologia. Em 1611 foi feito reitor de Rotherhithe, Surrey.[1293]

Gataker foi aparentemente atraído para as controvérsias antinomianas porque John Saltmarsh supostamente o citou como "dando alguns testemunhos aos representantes do partido antinomiano".[1294] Gataker não apenas rejeita a afirmação, mas parece ter sido levado a dizer algumas coisas ainda mais explicitamente do que alguns de seus colegas.

Gataker defende não apenas a posição de que existem "condições" pelas quais alguém é salvo, mas afirma que o arrependimento precede a fé na ordem. Existem "condições requeridas, você vê; e estas que não são somente de fé, mas de arrependimento, e humilhação, autonegação, conversão, renúncia de tudo, em disposição e propósito, pelo menos".[1295]

Assim, quando Cristo disse que a salvação é dada àquele que "crê", era "não como se ele exigisse nada mais do que a fé de seus seguidores".[1296] Pois a fé "tem um ofício peculiar naquela obra que nenhuma outra graça tem; ainda assim há mais do que fé requerido para a salvação". Além disso, João Batista pregou o perdão do pecado "sob a condição de fé, arrependimento e novidade de vida".[1297] Além disso, Paulo pregava "arrependimento para com Deus e fé em Cristo",

---

[1293] Este estudo irá usar *Shadowes Without Substance* (1646), um trabalho que responde a Saltmarsh e *A Mistake or Misconstrvction, Removed. Whereby little difference is pretended to have been acknowledged between the Antinomians and Us* (1646) (daqui em diante chamado de *A Mistake*), também uma resposta para Saltmarsh.

[1294] *A Mistake*, para o leitor. Em *Free-Grace*, p. 224, Saltmarsh cita Gataker em apoio ao seu tema geral, embora a citação em si seja bastante ambígua.

[1295] *A Mistake*, p. 10.

[1296] *Ibid.*, p. 11.

[1297] *Ibid.* Cf. *Shadowes without Substance*, p. 42.

colocando o arrependimento "na frente".[1298] E em Mateus 4.17, pergunta Gataker, não é Cristo quem primeiro "manda se arrepender e depois acreditar? pois, nessa ordem, suas palavras se desenvolvem".[1299] A razão é que "o mandamento de arrependimento, caridade, conversão e humilhação [é] da mesma natureza com a fé e a crença".[1300]

Gataker é, portanto, encontrado na posição de William Ames, que, como será lembrado, não distingue claramente entre fé e arrependimento. Eles são, diz Gataker, "da mesma natureza". O que Gataker se opõe é a segurança de uma "voz imediata".[1301] Ele acredita que as marcas da fé – "arrependimento, autorenúncia e obediência" – são os "fundamentos da segurança" que a obra de Deus permite.[1302]

"FÉ" E "SEGURANÇA"

Em 20 de agosto de 1644, a Assembleia nomeou uma comissão para se unir aos comissários escoceses e redigir uma Confissão de Fé.[1303] Os originalmente designados para redigir a Confissão eram nove teólogos: William Gouge, Thomas Gataker, John Arrowsmith, Thomas Temple e Jeremiah Burroughes. Anthony Burgess, Richard Vines, Thomas Goodwin e Joshua Hoyle.[1304] Em 4 de setembro de 1644, o Dr. Temple, presidente do Comitê, solicitou que o mesmo fosse ampliado, e outros dez foram acrescentados: Herbert Palmer, Matthew Newcomen, Charles Herle, Edmond Reynolds, Thomas Wilson, Antony Tuckney, Brocket Smith, Thomas Young, John Ley e Obadiah Sedgwick.[1305] Porém, em 12 de maio de 1645, a minuta da ata declara:

[1298] *A Mistake*, p. 14.

[1299] *Ibid.*, p. 20.

[1300] *Ibid.*, p. 21.

[1301] *Shadowes without Substance*, p. 86.

[1302] *Idem*

[1303] *Minutes*, lxxxvii.

[1304] *Idem*

[1305] *Idem*

Relatório da Confissão de Fé lido e debatido. O primeiro votado. Debate sobre o Comitê para redigir a Confissão. O primeiro esboço da Confissão de Fé será elaborado por um Comitê de poucos.[1306]

Este "Comitê de poucos" era composto por sete: Reynolds, Hoyle, Herle, Gataker, Robert Harris, Temple e Burgess.[1307]

Em 11 de julho de 1645 foi ordenado "dividir o corpo da Confissão de Fé em três grupos".[1308] Isso aparentemente significa que o material preparado pelo "Comitê de poucos" anterior deveria ser entregue a comissões maiores, e ser mais discutido antes de ser levado à Assembleia.[1309]

De qualquer forma, esses procedimentos mostram claramente que nenhum teólogo, ou mesmo uma minoria, ditou a teologia ou a redação da Confissão. Mas a revelação mais reveladora da Ata da Assembleia como um todo é a aceitação aparentemente inquestionável de uma distinção entre fé e segurança; que "Fé" deveria ter um cabeçalho na Confissão e "Certeza de Salvação" outro.[1310] Essa

---

[1306] *Ibid.*, p. 91.

[1307] *Idem*

[1308] *Ibid.*, p. 112.

[1309] Mitchell, *op. cit.*, p. 358s. Estes três comitês maiores são provavelmente três comitês que foram originalmente escolhidos para realizar a revisão dos Trinta e nove Artigos. Noventa teólogos compunham os três comitês originais. Eles estão listados em Mitchell, *op. cit.*, p. 145. Em 16 de julho de 1645, foi ordenado que "o primeiro Comitê" preparasse a Confissão "sobre esses títulos: Deus e a Santíssima Trindade; Os decretos de Deus, Predestinação, Eleição, etc.; as obras da Criação e da Providência; Queda do homem. *Ordenado* – O segundo Comitê: Pecado e punição; Cristo nosso Mediador. *Ordenado* – o terceiro Comitê: Vocação Eficaz; Justificação; Adoção; Santificação." *Atas*, p. 114.

[1310] Em 23 de fevereiro de 1645, o título "Segurança da Salvação" foi dado à Segunda Comissão. Em 19 de agosto de 1646, ficou decidido que "Esses títulos Fé, Arrependimento e Boas Obras serão encaminhados aos três Comitês em sua ordem para preparar algo sobre eles para a Confissão de Fé". *Ibid.*, p. 270. Isto parece significar que aqueles que elaboraram "Segurança da Salvação" não estavam no mesmo Comitê que elaborou "Fé", uma vez que o Segundo Comitê aparentemente recebeu "Arrependimento". Em 21 de setembro de 1646, ficou

divisão entre fé e segurança parece ter sido aceita implicitamente desde o início da Assembleia. Não há indicação de qualquer questionamento dessa divisão significativa. A visão de Calvino de que a fé é segurança foi, assim, tornada incapaz de compor os documentos de Westminster desde o início.[1311] Beza ganhara o dia.

---

decidido que "Os vários títulos da Confissão de Fé serão chamados pelo nome de Capítulos". *Ibid.*, p. 286.

[1311] Em 14 de janeiro de 1646, foi decidido que o "Comitê para o Catecismo prepararia um esboço de dois catecismos, um mais amplo e outro mais breve, e que eles devem olhar para a Confissão de Fé". *Ibid.*, p. 321.

CAPÍTULO 14

A NATUREZA DA FÉ SALVÍFICA NOS DOCUMENTOS DA ASSEMBLEIA DE WESTMINSTER

Essa segurança infalível não pertence à essência da fé, mas um verdadeiro crente pode esperar muito tempo e lutar com muitas dificuldades antes de ser participante dela... portanto, é dever de todo homem prover toda diligência para tornar segura sua vocação e eleição...[1312]

[1312] *The humble Advice of the Assembly of Divines, Now by Authority of Parliament sitting at Westminster, Concerning a Confession of Faith, with the Quotations and Texts of Scripture annexed* (1647) (XVIII. iii), p. 31-32. De agora em diante chamada *Confession of Faith*; as citações

A natureza da fé salvífica nos documentos da Assembleia de Westminster deve ser vista como o ponto culminante da tradição predestinarista experimental.[1313] O texto bíblico 2Pedro 1.10, passagem à qual William Perkins recorreu primariamente em *Whether a Man*, e que é entendido por ele e seus seguidores como a fórmula para obter uma segurança pessoal da eleição, encontra seu caminho na Confissão de Fé no ponto mais crucial em relação à natureza da fé salvífica.[1314]

Enquanto Perkins tinha colocado 2Pedro 1.10 diante dos olhos dos homens à luz imediata de seu incrível ensinamento de fé temporária, esta Escritura não foi menos retida por todos os predestinários experimentais como a fórmula para alcançar a segurança, o eventual fim virtual da doutrina da fé temporária, não obstante.

---

referem-se a capítulos e versículos entre parênteses, além da paginação desta edição original de 1647. O leitor é advertido de que nem todas as edições subsequentes da Confissão de Fé de Westminster seguem o original consistentemente.

[1313] Além de *Confession of Faith*, este estudo baseia-se nas primeiras edições de cada um dos catecismos: The humble *Advice of the Assembly of Divines, Now by Authority of Parliament sitting at Westminster, Concerning a Larger Catechisme* (1647) e The humble *Advice of the Assembly of Divines, Now by Authority of Parliament sitting at Westminster, Concerning a Shorter Catechisme* (1647). O primeiro a seguir será chamado de *Larger Catechism*, o último *Shorter Catechism*. Infelizmente as perguntas e respostas destas não são numeradas, assim somente a paginação pode ser dada.

[1314] 2Pedro 1.10 é citado sete vezes na Confissão. Além de estar na margem do XVIII. iii é dado duas vezes na margem relativa à predestinação em III. viii, que diz, "que os homens que atenderem à vontade de Deus revelada em sua Palavra, e obedecerem a ela, possam, pela certeza de sua efetiva vocação, ter a certeza de sua eterna eleição [2Pe 1.10]. Assim, esta doutrina proporcionará uma matéria de louvor, reverência e admiração a Deus e de humildade, diligência e consolação abundante a todos os que obedecem sinceramente ao Evangelho [2Pe 1.10]". É citado duas vezes em xvi ('Das Boas Obras'): (ii) "Estas boas obras, feitas em obediência aos mandamentos de Deus, são os frutos e evidências de uma verdadeira e viva fé: e, por eles, os crentes manifestam sua gratidão, fortalecem sua segurança [2Pe 1. 5–10]"; e (iii) "eles devem ser diligentes em estimular a graça de Deus que está neles" [2Pe 1. 3, 5, 10–11]. É citado em xvii. i, a respeito da perseverança dos santos e em xviii. ii, sobre a certeza da graça: essa certeza é fundamentada na "evidência interna das graças pelas quais essas promessas são feitas" [2Pe 1. 4–5, 10–11] ". *Confession of Faith*, p. 10, 28, 30, 31.

Mesmo se os seguidores de Perkins preferissem tratar a doutrina da fé temporária dos réprobos com uma negligência benigna, a doutrina de fé de Perkins como um todo foi levada a sério. Poucas modificações relativas à natureza da fé salvadora viriam depois de Perkins; ele colocou as bases e seus seguidores construíram sua teologia sobre elas. Perkins precisava corrigir em dois pontos; Ames afirmou isto melhor: (1) o lugar da fé é a vontade, não o entendimento; e (2) o recebimento ativo de Cristo - que Perkins, seguindo Beza, chamou a segunda obra da graça - é salvador, não o recebimento passivo - que Perkins chamou de primeira graça.

Havia, no entanto, um embelezamento dos ensinamentos de Perkins que surgiram depois dele, mas que os teólogos de Westminster deixaram praticamente intocado, a saber, um ensino explícito de preparação para a fé. Tal ensinamento atingiu seu auge na teologia de Thomas Hooker; mas os teólogos de Westminster modificaram esse conceito de tal forma que, a princípio, ele tem pouca semelhança com o modo como Hooker e outros o expuseram. A omissão mais interessante na teologia de Westminster é uma doutrina clara de preparação para a graça. É possível que a consciência dos argumentos "antinomianos" tenha servido para tornar esse ensinamento insatisfatório para um credo, no caso a Confissão, que consistisse em afirmar a total incapacidade do homem de se salvar. Entretanto, como será visto a seguir, há linhas nos documentos, não obstante, para as quais um "preparacionista" possa apelar prontamente.

A teologia de Westminster pode ser brevemente resumida: é predestinarista, voluntarista e experimental.

PREDESTINAÇÃO E LIVRE-ARBÍTRIO

Pelo decreto de Deus, alguns são "predestinados para a vida eterna, e outros pré-ordenados para a morte eterna".[1315] O número de eleitos

---

[1315] *Confession of Faith* (III. Iii), p. 9. Aqueles que não foram eleitos para a vida eterna Deus ficou satisfeito "não contemplar; e ordená-los a desonra e ira, por seus pecados, para o louvor de sua gloriosa justiça". Uma afirmação similar é

e reprovados "é tão certo e definido que não pode ser aumentado ou diminuído".[1316] Outra afirmação, provavelmente dirigida aos arminianos, é que o decreto de Deus é "sem qualquer previsão de fé, boas obras ou perseverança".[1317] Além disso, a teologia de Westminster abrange uma expiação limitada:

> A todos aqueles para quem Cristo comprou a Redenção, ele certamente aplicará e comunicará a mesma, fazendo intercessão por eles e revelando-lhes, na e pela Palavra, os mistérios da salvação, persuadindo-os eficazmente por seu Espírito, para crer e obedecer...[1318]

Este forte predestinarismo é acompanhado por uma enfática afirmação da incapacidade total do homem. Devido à "corrupção original" do homem, todos são "totalmente indispostos, incapacitados e opostos a todo bem, e totalmente inclinados a todo mal."[1319] Como resultado da Queda, o homem "perdeu totalmente toda a habilidade da vontade para qualquer bem espiritual que acompanhe a salvação" e assim "não é capaz, por sua própria força, de se converter, ou de se preparar para isso".[1320] Essa afirmação foge de uma teologia como a de Thomas Hooker, que declarou explicitamente que o homem natural pode em virtude da graça comum, colocar-se sob os meios que, por sua vez, são eficazes. A teologia de Westminster é clara contra tal ensinamento.

No entanto, o mesmo Deus que designou os eleitos para a glória também "pré-ordenou todos os meios para isso".[1321] Embora

---

encontrada no *Larger Catechism*, p. 4. A frase "não contemplar" provavelmente satisfazia os infralapsarianos, enquanto os supralapsarianos não seriam propensos a se opor.

[1316] *Confession of Faith* (III. iv), p. 9.

[1317] *Ibid.* (III. v), p. 9.

[1318] *Ibid.* (VIII. viii), p. 18.

[1319] *Ibid.* (VI. iv), p. 14. Cf. *Larger Catechism*, p. 3.

[1320] *Confession of Faith* (IX. iii), p. 20.

[1321] *Ibid.* (III. Vi), p. 9. 1Pedro 1. 2, Efésios 1. 4-5; 2.10 são citados na margem.

Deus tenha decretado "todas as coisas [que] venham acontecer",[1322] na "providência comum [ele] faz uso de meios" embora seja livre para trabalhar sem eles.[1323] Deus efetivamente chama por "sua Palavra e Espírito",[1324] e a Lei de Deus é "de grande utilidade" para os não regenerados, pois descobre "as poluições pecaminosas de sua natureza, corações, e vidas", reforçando "mais humilhação e ódio contra o pecado".[1325] Isso fornece "uma visão mais clara da necessidade que eles têm de Cristo".[1326] O *Catecismo Maior* faz uma pergunta:

> *Pergunta:* O que exige Deus de nós para que possamos escapar à sua ira e maldição, em que incorremos pela transgressão da Lei?
>
> *Resposta:* Para escaparmos à ira e maldição de Deus, em que incorremos pela transgressão da Lei, ele exige de nós o arrependimento para com Deus, a fé em nosso Senhor Jesus Cristo e o uso diligente de todos os meios exteriores pelos quais Cristo nos comunica os benefícios de sua mediação.[1327]

Por causa da afirmação anterior sobre a incapacidade do homem de se preparar para a conversão, essas declarações devem ser tomadas para supor que o questionador já está regenerado, embora isso não esteja claro. No entanto, parece que os teólogos têm o cuidado de não descartar o processo de preparação de ser uma

---

[1322] *Ibid.* (V. ii), p. 12. "Ele tem por sua única glória, imutável, pré-ordenado, o que quer que venha a passar no tempo."

[1323] *Larger Catechism*, p. 3.

[1324] *Ibid.* (X. i), p. 21.

[1325] *Ibid.* (XIX. vi), p. 34. "A Lei Moral é útil a todos os homens, para informá-los da natureza santa e da vontade de Deus, e do seu dever [...] e assim ajudá-los a uma visão mais clara da necessidade que eles têm de Cristo". *Larger Catechism*, p. 24.

[1326] *Confession of Faith* (XIX. vi), p. 34.

[1327] *Larger Catechism*, p. 44s. "É exigido daqueles que ouvem a Palavra pregada, que atendam a ela com diligência, preparação e oração". *Ibid.*, p. 46. Cf. *Shorter Catechism*, p. 15.

parte vital da *ordo salutis*. Pois para aqueles que perguntam sobre a preparação de seus destinos em algum sentido, é aparentemente suposto. De fato, a Lei precede o Evangelho neste processo, assim como o arrependimento precede a fé.

FÉ SALVÍFICA

As diferenças entre a teologia de Westminster e João Calvino são implicitamente manifestadas acima: a Lei vem antes do Evangelho como o arrependimento precede a fé. Mas, sobre a fé salvífica, as diferenças são mais óbvias. Embora a ideia da segurança da eleição em si possa ter vindo de Calvino, sua teologia a respeito dela parece nunca ter sido considerada pelos teólogos de Westminster. Como a ameaça arminiana foi cortada pela raiz pela cuidadosa seleção daqueles teólogos, também a possibilidade de que o calvinismo puro fosse sancionado foi extinta, uma vez tomada a decisão de separar a fé e a segurança na Confissão.

Nem uma vez pode ser encontrado os sinônimos para a fé salvífica, vistos com tanta frequência em Calvino, como segurança - ou segurança total - persuasão, conhecimento, apreensão, percepção ou convicção. Em vez disso, a teologia de Westminster consegue consistentemente usar palavras voluntaristas: aceitar, receber, concordar, descansar, ceder, responder e abraçar. Não há indício de que a vontade do homem seja apagada; é bastante renovada.

A descrição de Westminster da vocação eficaz engloba o que Ames chamou de recebimento ativo e passivo de Cristo. Deve ser lembrado que Ames insistiu que ambos são parte do chamado de Deus, mas que a fé não está salvando até que a *vontade* abrace o Evangelho; o recebimento passivo está na mente, o recebimento ativo está na vontade.[1328] A Confissão afirma que os eleitos são chamados quando o Espírito e a Palavra trabalham, "iluminando suas mentes, espiritualmente e de forma salvadora, para entender as coisas de

---

[1328] *Supra*, p. 159, n. 6.

Deus; tirando o seu coração de pedra, e dando-lhes um coração de carne; renovando suas vontades, atraindo-os eficazmente a Jesus Cristo: contudo, de maneira que eles vêm muito livremente, sendo dispostos por sua graça.[1329] O homem é assim habilitado a "responder" ao chamado, e "abraçar" a graça.[1330]

"Fé Salvífica" em si não é apenas acreditar que a Palavra de Deus é verdadeira, mas "obedecer aos mandamentos, tremer diante das ameaças e abraçar as promessas de Deus para esta vida, e a que está por vir. Mas os atos principiais da fé salvífica são aceitos, recebidos e repousam somente em Cristo..."[1331] O Catecismo Maior descreve a fé justificadora como quando alguém "não apenas concorda com a verdade da promessa do Evangelho, mas recebe e descansa em Cristo e em sua justiça".[1332] O Catecismo Menor diz que "fé em Jesus Cristo é uma graça salvadora, pela qual recebemos e descansamos somente sobre ele para a salvação, como nos é oferecida no Evangelho".[1333]

A Confissão diz que a fé é o "instrumento da justificação",[1334] termo usado por Calvino. Mas, para Calvino, a fé como instrumento é o ato *de Deus*, abrindo os olhos cegos; para os teólogos de Westminster, embora no contexto da graça preveniente de Deus, a fé é o ato *do homem*: "A fé, assim recebendo e assim repousando em Cristo, é o único instrumento da justificação."[1335]

Os teólogos de Westminster concluem o capítulo "Da Justificação" contrariando os "antinomianos". Não pode haver dúvidas de que eles tinham homens como Crisp em mente quando inseriram estas linhas:

[1329] *Confissão de Fé* (X. i).

[1330] *Ibid.* (X. ii), p. 21. O *Catecismo Maior* acrescenta que os homens são habilitados a "responder a seu chamado e a aceitar e abraçar a graça oferecida" (15). Cf. *Breve Catecismo*, p.5s

[1331] *Confissão de Fé* (XIV. Ii). "Recebimento" e "repouso" são usados duas vezes também em XI. i, ii ("Da Justificação").

[1332] *Catecismo Maior*, p. 17.

[1333] *Breve Catecismo*, p. 14.

[1334] *Confissão de Fé* (XI. ii).

[1335] *Idem*

Deus, desde toda a eternidade, decretou justificar todos os eleitos, e Cristo, na plenitude dos tempos, morreu por seus pecados, e ressuscitou para sua justificação: no entanto, eles não são justificados, até que o Espírito Santo, no devido tempo, aplique-lhes Cristo.[1336]

A fé salvífica, de qualquer forma, é "diferente em graus, fraca ou forte"; mas "obtém a vitória; crescendo em muitos para a obtenção de uma plena segurança por meio de Cristo.[1337] A inserção de "muitos" parece permitir que alguns nunca atinjam tal segurança.

FÉ TEMPORÁRIA

A escandalosa doutrina da fé temporária é dada, todavia, sem um reconhecimento relevante nos documentos de Westminster. Não é chamada fé temporária nem são os seus possuidores chamados de crentes temporários. É nesse ponto também que a teologia de Westminster concorda com *The Marrow of Theology,* de Ames. Recorde-se que Ames manteve uma postura "ortodoxa" sobre a questão da fé temporária, mas disse singularmente pouco sobre ela.[1338] Os teólogos de Westminster colocaram essa doutrina como se tivessem *The Marrow* na ponta dos dedos: "Outros, não eleitos, embora possam ser chamados pelo ministério da Palavra, e podem ter algumas operações comuns do Espírito, todavia nunca vêm verdadeiramente a Cristo e, portanto,

---

[1336] *Ibid.* (XI. iv), p. 23. O parágrafo seguinte (XI. v) também visa os "antinomianos", que, como Eaton, alegam que Deus não viu os pecados dos justificados: "Deus continua a perdoar os pecados daqueles que são justificados: e, embora nunca possam cair do estado de justificação, todavia, podem, por seus pecados, ficar sob o desprezo paternal de Deus e não ter a luz de seu semblante restaurada a eles, até que se humilhem, confessem seus pecados, peçam perdão e renovem sua fé e arrependimento".

[1337] *Confissão de Fé* (XIV. iii).

[1338] Cf. *Supra*, p. 154s.

não podem ser salvos..."¹³³⁹ O Catecismo Maior declara: "embora outros possam ser, e frequentemente são, exteriormente chamados pela Palavra, e tenham algumas operações comuns do Espírito, eles são "justamente deixados em sua incredulidade" devido a "suas vontades", negligência e desprezo da graça que lhes é oferecida". Em uma palavra: "nunca vêm verdadeiramente a Jesus Cristo".¹³⁴⁰

Não há um indício explícito nem implícito de que essas "operações comuns do Espírito Santo" afetam a vontade e muito menos produzem santificação. Os teólogos de Westminster, conscientemente ou não, concordam com William Ames, que viu que um ensinamento robusto de fé temporária não se misturaria com uma doutrina voluntarista da fé, ou seja, uma fé que é tida para ser salvífica somente se também houver graças discerníveis do Espírito.

A POSSIBILIDADE DE SEGURANÇA

> Embora os hipócritas e outros homens não regenerados possam em vão enganar-se com falsas esperanças e presunções carnais de estar no favor de Deus, e estado de salvação; a esperança deles perecerá; todavia, os que verdadeiramente creem no Senhor Jesus, e o amam com sinceridade, procurando andar em toda boa consciência diante dele, possam, nesta vida, estar certamente seguros de que estão no estado de graça, e podem se alegrar na esperança da glória de Deus, cuja esperança nunca os envergonhará.¹³⁴¹

Separando fé e segurança, a teologia de Westminster reafirmou, embora não use a linguagem expressa, o que os predestinários

---

¹³³⁹ *Confissão de Fé* (X. iv). Isso é tratado em "Da Vocação Eficaz". Ames tratou esse assunto de uma maneira muito semelhante, também sob "Chamado", em *The Marrow*. Ver *supra*, p. 155, n. 3.

¹³⁴⁰ *Catecismo Maior*, p. 16.

¹³⁴¹ *Confissão de Fé* (XVIII. i).

experimentais chamaram de ato direto - fé salvífica - e ato indireto - ou reflexo, segurança. Deve ser lembrado que John Dod fez a distinção em termos de segurança de "brilho da lua" e "brilho do sol", e alegou que poucos alcançam o último. A declaração exposta diz que aqueles que se esforçam para andar em toda boa consciência "podem" ser assegurados. Além disso, "um verdadeiro crente pode esperar muito tempo e entrar em conflito com muitas dificuldades antes de participar dela".[1342]

Parece então que um crente poderia morrer sem segurança. Embora a Confissão afirme que "segurança infalível" não pertence à essência da fé, o Catecismo Maior afirma meramente que "segurança" não é da essência da fé.

> *Pergunta:* Têm todos os crentes sempre a segurança de que estão no estado da graça e de que serão salvos?
>
> *Resposta:* A segurança da graça e salvação, não sendo da essência da fé, crentes verdadeiros podem esperar muito tempo antes do obtê-la [...].[1343]

Embora a teologia de Westminster, tendo sido escrita quase inteiramente por pastores, seja sem dúvida destinada a encorajar cristãos fracos que temem não ser eleitos para a salvação, essa linguagem é desigual com a ideia de Calvino de que "a menor gota de fé" assegura firmemente. Calvino afirmou que, vendo a Cristo, embora longe, assegura; Cristo é o espelho da nossa eleição. Mas manter Cristo como o fundamento da segurança como um ato direto parece não ter sido considerado uma opção pelos teólogos de Westminster. Se tal ideia estava em suas mentes, não há vestígios disso nos documentos. Como visto anteriormente no caso de Beza e Perkins, uma expiação limitada proíbe fazer de Cristo o único fundamento de segurança – pelo menos por um ato direto de fé.

[1342] *Idem*

[1343] *Catecismo Maior*, p. 19.

No entanto, os teólogos de Westminster afirmam que "pode" ser obtida "não uma simples conjectura e uma provável persuasão, fundamentada em uma falsa esperança; mas, uma segurança infalível da fé".[1344] Essa garantia infalível, então, baseia-se no que parecem ser três proposições: (1) "a verdade divina das promessas de salvação"; (2) "a evidência interior daquelas graças às quais estas promessas são feitas"; e (3) "o testemunho do Espírito de adoção testemunhando com nossos espíritos que somos filhos de Deus".[1345] A primeira proposição deve ser entendida em termos do pacto da graça, uma suposição comum no pensamento experimental predestinarista e tomada em consideração pelos teólogos de Westminster, a ser tratada abaixo.

A segunda proposição é surpreendente; embora seja paralela a algumas das mais fortes afirmações encontradas na tradição experimental predestinarista. Deve ser lembrado que John Preston fez uma afirmação semelhante.[1346] Se a Confissão tivesse simplesmente declarado que a promessa de segurança é feita à evidência das graças – ou até mesmo essa certeza é fundamentada nas evidências às quais as promessas de salvação são *anexadas* - como a Assembleia havia concordado uma vez - tal teologia não teria sido surpreendente. Mas essa afirmação faz com que as evidências internas sejam praticamente a base não apenas da segurança, mas de *salvação*.[1347]

Se essa afirmação tivesse sido um único pronunciamento em um sermão, ela poderia ser descartada como um comentário descuidado. Mas esta posição, tendo sido colocada na histórica Confissão de Westminster, é evidência convincente de que, afinal de contas, os teólogos tinham se afastado de Calvino tanto quanto

---

[1344] *Confissão de Fé* (XVIII. ii).

[1345] *Ibid.* (itálicos meus). Mas veja *Atas*, p. 260. Havia uma etapa definida nos procedimentos da Assembleia, na qual estava decidido que essas evidências eram consideradas "anexadas" às promessas. Ao longo do caminho, esta palavra foi curiosamente alterada para "feita".

[1346] Cf. *supra*, p. 121, nota 11.

[1347] Uma vez que esta posição está sob o capítulo "Sobre Segurança", pode-se pensar que a afirmação significa apenas promessas de segurança; mas "essas promessas" referem-se às "promessas de salvação" na primeira proposição.

certos preparacionistas, que faziam "adequação" ser equivalente à entrada de Cristo no coração. A ausência de uma doutrina explícita de preparação na teologia de Westminster é virtualmente compensada por essa notável declaração que sustenta a promessa de salvação para aqueles que podem descobrir graças internas em si. Além disso, essa afirmação sela a sepultura na qual a doutrina da fé temporária de Perkins foi estabelecida; a promessa de salvação é feita para a "evidência interna" das graças; o medo de ser reprovado é respondido se encontrarmos essas evidências.

Quanto à proposição três, ela não é explicada. Deve ser lembrado que Paul Baynes e Richard Sibbes enfatizaram o testemunho do Espírito de adoção, mas ambos, usando o raciocínio circular, finalmente se voltaram para os vários "efeitos" a fim de provar que alguém tinha esse testemunho do Espírito. Não há indicação de que os clérigos quisessem dar a entender o que, digamos, John Cotton quis dizer – um testemunho imediato – embora pudessem ter permitido essa possibilidade. O que os teólogos afirmam é que alguém "pode" conhecer sua eleição "sem revelação extraordinária" e isso pelo "uso correto dos meios ordinários".[1348] Portanto, é "dever de todo homem usar toda a diligência para fazerem seguras a sua vocação e eleição".[1349] Tanto a Confissão quanto o Catecismo Maior enfatizam uma boa consciência em relação à obtenção da segurança.[1350] A teologia de Westminster concorda com a afirmação de Sibbes de que a segurança é a recompensa do "andar correto".

[1348] *Confissão de Fé* (XVIII. iii).

[1349] *Ibid.*, p. 32.

[1350] *Ibid.* (XVIII. I), p. 31; *Catecismo Maior*, p. 19: "Tal como verdadeiramente acreditar em Cristo, e se esforçar para andar em toda a boa consciência diante dele, pode, sem revelação extraordinária... ser infalivelmente assegurado."

ARREPENDIMENTO: A CONDIÇÃO DA NOVA ALIANÇA

Os teólogos de Westminster não afirmam explicitamente que o arrependimento é a condição da Nova Aliança. Mas eles deveriam ter feito; porque isso é praticamente o que dizem afinal. Enquanto nunca pretenderam fazer das obras o solo da salvação, dificilmente poderiam ter chegado mais perto. Como a fé salvífica é definida como "obediência dócil" aos mandamentos de Deus, os "atos principais" de fé sendo da *vontade*, isso parece tornar suspeitas as alegações de "graça livre".[1351] Isso é melhor ilustrado olhando a teologia federal desses documentos.[1352]

Enquanto a Antiga Aliança - das obras - foi prometida "sob a condição de perfeita e individual obediência",[1353] a "Aliança da Graça" é prometida aos pecadores, "exigindo deles a fé".[1354] Na "segunda Aliança", Deus "livremente provê e oferece aos pecadores um mediador"; o único requisito: "Fé como condição".[1355] Deus não exige "nada deles para sua justificação, senão fé".[1356] Mas enquanto essa fé é dita como um dom de Deus,[1357] também sabemos que é um ato da vontade. E já que podemos crer – na verdade, esperar muito – sem segurança de que nossa fé é salvadora, ainda precisamos nos voltar para outro lugar antes de sabermos que realmente encontramos a "condição". Assim, a justificação "livre" tem um preço, afinal, antes

---

[1351] Todos os três documentos fazem questão de usar "graça livre" com referência à justificação. "A justificação é apenas da graça livre". *Confissão de Fé* (XI. iii), p. 23. "A justificação é um ato da graça livre de Deus para os pecadores." *Catecismo Maior*, p. 16. Cf. *Breve Catecismo*, p. 6.

[1352] A descrição do pacto das obras e aliança da graça é substancialmente repetição do que pode ser encontrado em Perkins, Preston e Ames. *Confissão de Fé* (VII. i-iv), p. 15.

[1353] *Ibid.* (VII. ii), p. 15

[1354] *Ibid.* (VII. iii), p. 16.

[1355] *Catecismo Maior*, p. 7.

[1356] *Ibid.*, p. 16.

[1357] *Catecismo Maior*, p. 16.

de poder ser desfrutada: nossa perseverança no arrependimento e boas obras. A Antiga Aliança foi prometida sob a condição de "perfeita e individual obediência"; a Nova é prometida sob a condição da fé – "obedecer aos Mandamentos".[1358] A diferença parece ser que a obediência perfeita era exigida sob o Antigo Pacto e fazer o nosso melhor é necessário sob o Novo.

De fato, embora o arrependimento não seja a causa de sermos perdoados, "ninguém pode esperar perdão sem ele".[1359] Ser arrependido significa que alguém "sofre por isso e odeia seus pecados a ponto de se converter deles para Deus, propondo-se e tentando andar com ele em todos os caminhos de seus mandamentos."[1360] Os homens não devem se contentar "com um arrependimento generalizado, mas é dever de todos os homens esforçarem-se para arrepender-se de seus pecados específicos, particularmente".[1361] A santificação é descrita em grande parte da mesma forma, enfatizando a mortificação das luxúrias e a universalidade da santificação "no homem todo; ainda imperfeito nesta vida".[1362] Além disso, "boas obras" feitas em obediência aos mandamentos de Deus "são os frutos e as evidências de uma fé verdadeira e viva", e por elas os crentes "fortalecem sua segurança".[1363]

Embora a teologia de Westminster afirme simplesmente que "fé" é a condição da Nova Aliança, descrevendo-a como um ato da vontade, chega muito perto de estabelecer a justificação, ou pelo menos o conhecimento dela, como recompensa por fazer nosso melhor possível para sermos santos e bons. Embora as estruturas predestinaristas da teologia de Westminster sejam inegáveis – tornando a salvação totalmente o dom de Deus – sua doutrina da

---

[1358] *Confissão de Fé* (XIV. ii).

[1359] *Ibid.* (XV. iii). Cf. *Catecismo Maior*, p. 18, onde a frase "nova obediência" é adicionada. Cf. *Breve Catecismo*, p. 14.

[1360] *Confissão de Fé* (XV. ii).

[1361] *Ibid.* (XV. v).

[1362] *Ibid.* (XIII. ii).

[1363] *Ibid.* (XVI. ii).

fé, no entanto, tende a colocar a responsabilidade pela salvação diretamente no homem.[1364]

Além disso, uma vez obtida a segurança, o crente pode perdê-la:

> Os verdadeiros crentes podem ter a segurança de sua salvação, por diversos modos, abalada, diminuída e interrompida; por negligência em preservá-la, caindo em algum pecado especial que fira a consciência e entristeça o Espírito; por alguma súbita ou veemente tentação, por Deus retirando a luz de seu semblante e sofrendo até mesmo por medo de andar em trevas e não ter luz [...].[1365]

Enquanto tais "nunca são desprovidos daquela semente de Deus",[1366] porque os crentes "não podem totalmente, nem finalmente, cair do estado de Graça",[1367] eles parecem perder a sua segurança porque foi fundamentada em uma boa consciência em primeiro lugar. Assim, a perda de segurança é possível porque o fundamento da segurança não é uma rocha sólida, mas areia movediça; pode flutuar na proporção de como a consciência de uma pessoa testemunha pela reflexão.

Dizem-nos, além disso, que nossas "boas obras são aceitas nele",[1368] não porque são perfeitas, mas porque Deus "se apraz em

---

[1364] A retenção de uma boa consciência está, em última instância, ligada à manutenção da Lei Moral. A Lei tem promessas anexadas a ela para os regenerados, mostrando-lhes "a aprovação da obediência por Deus, e que bênçãos eles podem esperar do seu desempenho". Tais usos da Lei "obedece docemente" ao Evangelho. *Ibid.* (XIX vi, vii). O *Catecismo Maior* tem uma extensa exposição da Lei Moral (23-44). Cf. *Breve Catecismo*, p. 7-14.

[1365] *Confissão de Fé* (XVIII. iv), p. 32. Cf. *Ibid.* (XI. v), p. 23. Cf. Também Thomas Goodwin, *A Child of Light Walking in Darkness* (1643), p. 10, 17ss, 29ss, 43ss. A "luz imediata de seu semblante", que testifica que somos dele, pode ser "totalmente retirada", devido à própria retirada do Espírito, nossa própria fraqueza ou à tentação de Satanás.

[1366] *Confissão de Fé* (XVIII. iv).

[1367] *Ibid.* (XVII. i), p. 30. Cf. *ibid.* (xii).

[1368] *Ibid.* (XVI. vi).

aceitar e recompensar aquilo que é sincero" por amor a Cristo.[1369] Isso parece trazer de volta à ideia de Perkins de que Deus aceita a vontade pelo ato.[1370] A segurança, então, está fundamentada no reflexo de nossa sinceridade. Esta é a linha tantas vezes vista na tradição experimental predestinarista. Tal conclusão parece ser uma consequência inevitável da imposição de uma doutrina voluntarista da fé sobre uma teologia da dupla predestinação. Por outro lado, a dita doutrina está provavelmente muito longe de "inclinar homens ao relaxamento".[1371] Um dos ofícios de Cristo Rei não é apenas conferir graça salvadora aos eleitos, mas "recompensar sua obediência, e corrigi-los por seus pecados".[1372]

Uma boa consciência, que deve ser mantida por boas obras, arrependimento e perseverança, não parece ser motivada por pura gratidão a Deus pela salvação gratuita, mas pelo grande interesse na própria salvação. Enquanto a doutrina de santificação de Calvino pode ser vista como gratidão, a teologia de Westminster se presta a tornar a santificação o pagamento pela promessa de salvação. Presumivelmente, a perda de segurança significa que o sujeito desventurado em tal momento não sabe, mas que ele é reprovado depois de tudo. A única maneira de recuperar a segurança é cultivar o solo – consciência – comparando-se em relação à Lei.

Não pode haver dúvida de que a teologia de Westminster e seu fracasso em fazer de Cristo o fundamento da segurança, foi escrita por homens sérios que desejavam supremamente glorificar a Deus. Esses teólogos acreditavam firmemente que a Igreja deveria ser constituída de um povo santo, e sua doutrina da fé deveria assegurar tal santidade.

Não obstante esse seguro para proteger a Igreja do antinomianismo e preservar os custos da piedade, o custo que Calvino

---

[1369] *Ibid.* (XVIII. iii).

[1370] Cf. *Catecismo Maior*, p. 50: aquele que não tem segurança, mas que "sem hipocrisia deseja ser encontrado em Cristo, e se afastar da iniquidade" deve vir direto para a Mesa do Senhor.

[1371] *Confissão de Fé* (XVIII. iii).

[1372] *Catecismo Maior*, p. 10.

advertiu contra – introspecção interminável, a verificação constante do pulso espiritual para os "efeitos" certos e, possivelmente, o legalismo. A ameaça antinomiana pode ter impedido os teólogos de inserir uma declaração explícita em favor da preparação para a fé, mas isso fez pouco mais; de fato, fazer das evidências internas da graça aquilo para o qual as promessas de salvação são "feitas" é o mesmo que uma doutrina robusta da preparação. Seja o que for que se diga sobre a teologia de Westminster, um fato é simples: é invulnerável à acusação de antinomianismo. 2Pedro 1.10 é visto não apenas como um encorajamento para encontrar segurança por uma boa consciência, mas advertir contra uma vida que não prove experimentalmente a vocação e a eleição.

A teologia de Westminster, então, é predestinarista experimental. Sua doutrina da fé é retroativa a Perkins e Beza, mas não a Calvino. Sua teologia atual é mais parecida com a de William Ames, que viu a necessidade de corrigir Perkins, mantendo quase todas as estruturas básicas de seu mentor. O pensamento de Calvino, salvo os decretos da predestinação, dificilmente pode ser encontrado na teologia de Westminster; apenas a noção de segurança em si parece rastreável a Calvino. Os teólogos de Westminster mantiveram o modo de pensar experimental, que é mais complicado que o de Calvino; a simples ideia que "Cristo é melhor do que mil testemunhos para mim".

CONCLUSÃO

Em 1647, pouco depois de concluída a Confissão de Fé, o teólogo de Westminster, John Arrowsmith, disse ao Parlamento que "a Coroa e a glória da Inglaterra é que ela manteve a verdade de Cristo" e que a questão da Confissão "manifestará abundantemente para o mundo, que esta coroa não está totalmente decaída da Inglaterra".[1373] Parece provável, além disso, que a esperança de Edmund Calamy de que a doutrina da Igreja seja resolvida "para que não haja sombra nela para um arminiano"[1374] foi considerada cumprida pelo surgimento desta Confissão.

Mas isso deve ser questionado, não porque os arminianos depois - supostamente - detiveram "todos os melhores bispados

---

[1373] J. Arrowsmith, *A Great Wonder in Heaven* (1647), p. 30.

[1374] Cf. *supra*, p. 184, n. 1.

e decanatos" na Inglaterra¹³⁷⁵, mas por causa da oculta doutrina arminiana da fé que permeia a teologia de Westminster.

Não foi outro senão o próprio Armínio que expôs as fraquezas da teologia de Perkins. William Ames fez algumas correções necessárias e poderia ter seguido Armínio completamente, mas ele reteve as estruturas predestinaristas de Perkins. Além disso, corrigir a doutrina da fé de Perkins em direção a Calvino teria exigido uma alteração radical da doutrina da expiação; mas corrigir Perkins dentro de suas próprias estruturas soteriológicas - que também eram as de Ames - exigiu uma pequena operação.

Quando Ames fez da fé salvífica um ato da vontade, ele resolveu o problema; mas também efetivamente matou duas noções calvinistas: (1) fé como uma persuasão, e (2) a doutrina da fé temporária. Perkins nunca deveria ter feito da fé uma persuasão em primeiro lugar, pois ele era realmente um voluntarista. Ele traiu seu voluntarismo não apenas mantendo que alguém deve "aplicar" Cristo a si mesmo, mas fazendo da fé uma "condição" da aliança da graça; Armínio fez da fé um ato da vontade porque ele sustentava que a eleição em si estava fundamentada em uma "condição" – fé. Além disso, Perkins nunca deveria ter adotado a doutrina de fé temporária de Calvino, deveria saber que isso não se misturaria com a visão de que a santificação deve ser o fundamento da segurança.

O principal problema de Perkins aparentemente era que ele não conseguia ver que Calvino e Beza não eram parecidos. Ele pode ter assumido que Beza era apenas uma extensão de Calvino, e simplesmente declarou melhor sua teologia. A incorporação de Perkins dos teólogos da Heidelberg ao esquema de Beza foi um bom movimento; Ursino e esses homens adotaram um ensinamento que se encaixava bem com o pensamento de Beza, mas não com o de Calvino. Que esses homens mantiveram a fé como uma persuasão - assim como a doutrina da fé temporária - parece ser simplesmente devido à sua incapacidade de serem completamente emancipados do venerável

---

¹³⁷⁵ Uma velha piada arminiana diz que, quando se perguntou ao bispo George Morley (+ 1684): "O que os arminianos sustentam?", Ele respondeu: "todos os melhores bispados e decanatos". Citado em Carl Bangs, "'All the Best Bishoprics and Deaneries': The Enigma of Arminian Politics', *Church History* (1973), p. 5.

Calvino a quem tanto deviam. Eles estavam muito próximos de sua própria iniciativa teológica para ter objetividade suficiente que os levasse a ver que estavam realmente colocando vinho novo em um odre velho. Este odre não arrebentou, no entanto, até que Armínio colocasse o dedo na doutrina da fé de Perkins. Ames forneceu um novo odre para a teologia de Beza-Perkins, e os teólogos de Westminster adotaram uma doutrina de fé e segurança que era tudo o que Ames teria endossado.

A mente arquitetônica da teologia de Westminster, no entanto, é Beza. Limitar a morte de Cristo aos eleitos excluiu a teologia reformada da ideia simples de que somente Cristo é o espelho da eleição, daí a base da segurança. Beza, além disso, foi o primeiro a usar uma linguagem que virtualmente fez da fé uma condição que liga Deus à promessa;[1376] o voluntarismo da teologia reformada centrou-se nesse conceito, e as coisas nunca mais foram as mesmas. Essa semente voluntarista cresceu para o que hoje conhecemos como teologia federal. O voluntarismo em torno do qual este esquema gira começou com Beza.

A fé para Calvino nunca foi uma "condição". Em suas palavras: a fé é uma obra passiva "à qual nenhuma recompensa pode ser paga".[1377] Concomitante a esta foi sua opinião de que a vontade é "apagada" na conversão.[1378] Quando Calvino se propôs a tornar a salvação absolutamente livre, ele conseguiu – mesmo fazendo o dom da segurança tão rapidamente atingível quanto o dom do próprio Cristo; para Calvino eles são os mesmos. Calvino não podia conceber Deus dando seu Filho na "condição" da fé; para ele, a própria visão de que Deus deu seu Filho *é* fé. No entanto, o predestinarismo de Calvino é tão inflexível quanto o de Beza ou Perkins, exceto que ele consistentemente manteve seu ocultamento. O fato de Cristo ter passado aos céus para executar o decreto secreto foi para Calvino a explicação para o modo como o testemunho secreto do Espírito surge no coração dos eleitos; mas ele não apontou os homens para

---

[1376] Cf. *supra*, p. 34, n. 3.

[1377] Cf. *supra*, p. 20, n. 3.

[1378] Cf. *supra*, p. 21, n. 1.

o Espírito - erro de Cotton - mas para a morte de Cristo – a "promessa" do Pai de que somos de fato escolhidos. Por isso, Calvino acreditava que a promessa de salvação foi "feita" - usando a frase de Westminster - para nossa *persuasão* de que Cristo morreu por nós.

John Cotton é a única figura importante neste estudo a levar Calvino a sério; ele leu Calvino para entender o que ele estava realmente dizendo, algo que os predestinaristas experimentais aparentemente não faziam. Cotton sabia bem onde Calvino estava na maioria das questões, e pensou que, se ele estivesse na Nova Inglaterra em 1637, teria ficado ao lado dele. E teria tido a falha de Cotton em entender a doutrina da expiação de Calvino, não obstante.

A teologia de Westminster desacreditou um pensamento como o de Cotton. Os teólogos da Assembleia pareciam determinados a produzir um credo que não deixasse espaço para o antinomianismo ou o arminianismo. E eles quase conseguiram. Mas não é bem assim; a doutrina da fé e segurança de Armínio é tão parecida com a deles que é notável que não tenham se dado conta. A questão da ordem dos decretos parece ter sido mais importante para eles. Enquanto os teólogos ali estavam bastante ansiosos para manter o predestinarismo endurecido dos Artigos irlandeses de Fé (*Irish Articles of Faith*)[1379] como combate da visão arminiana da predestinação, eles parecem não ter notado que a doutrina da fé de Armínio foi deixada intocada. Se eles tivessem reavaliado seu pensamento, teriam percebido que isto é interessante, mas uma especulação desvantajosa.

Em qualquer caso, a fé como um ato da vontade requer certas conclusões teológicas, todas as quais são as de Armínio: (1) o fim da fé como uma persuasão; (2) a separação entre fé e segurança; (3) a necessidade de dois atos de fé: os atos diretos e reflexos; e (4) segurança pelo emprego do silogismo prático.

A questão da perseverança permanece. À primeira vista, a teologia de Westminster parece ter se polarizado contra a hipótese arminiana de que o regenerado pode cair. Mas não é assim; tomando de volta a segurança daqueles que caem gravemente em pecado, o sujeito torna-se suspeito – tanto aos seus próprios olhos quanto aos

---

[1379] Documento elaborado por James Ussher. [N.E.].

olhos dos outros – no fato que está de volta ao zero, por assim dizer, em seu relacionamento com Deus. Se morrer em uma condição de queda, nem a teologia de Westminster nem Armínio garantem que seja eleito. A teologia de Westminster teoriza que o santo caído nunca é desprovido da semente de Deus; mas, como seu predestinarismo como um todo, isso é abstrato e formal, e tem pouca conexão com o fato concreto de que o fundamento de segurança é a piedade, e que aquele terreno sendo removido remove a esperança.

Aparentemente, portanto, parece que a teologia de Westminster e Armínio concordam que é apenas o crente perseverante, afinal de contas, pode ser considerado como certamente eleito. Se pudesse acrescentar qualquer coisa, Armínio pode tomar a doutrina da fé temporária mais a sério do que a teologia de Westminster. Pois será lembrado que a Confissão afirma que as promessas da salvação são feitas às evidências da graça, tornando infundado qualquer medo de ser reprovado; mas a possibilidade de o terreno da segurança ser removido efetivamente coloca a pessoa de volta no que Perkins chamaria de fé temporária. No entanto, os teólogos de Westminster não dizem isso. A solução deles provavelmente teria sido a de Perkins, mas não ousam levantar essa opção abertamente em vista de declararem que as promessas da salvação são feitas para as evidências da graça; esse tipo de teologia os obrigou a abandonar a questão da fé temporária.

A teologia de Westminster é assim assombrada por inconsistências. Isso poderia ter sido em grande parte resolvido se eles simplesmente fizessem da morte de Cristo o fundamento da segurança.[1380] Mas postular isso acabaria por forçá-los à desvalorização da morte de Cristo, e Armínio havia obtido aquele ensino do calvinismo há muito tempo. Eles mantiveram a teologia de Beza-Perkins com as

---

[1380] Veja Karl Barth, *Church Dogmatics* (1957) (ii. 2), p. 338, que pensa que, se a teologia reformada seguiu Calvino ou simplesmente seguiu este sentido, "foi uma escolha ruim e desagradável"; pois "como pode [alguém] ser assegurado de sua eleição desta maneira quando ele é realmente escolhido por um decreto absoluto?" Mas Barth parece subestimar a convicção de Calvino de que Jesus Cristo é a "promessa" de nossa eleição.

correções de Ames. Mas a doutrina da fé deles não é essencialmente diferente da do homem cujo sistema queriam enterrar.

A teologia de Westminster, então, representa um afastamento substancial do pensamento de João Calvino. A mudança fundamental, que deve sua origem ao fato de Beza comparar o número dos eleitos com aqueles por quem Cristo morreu, centra-se principalmente na questão da fé e do arrependimento na *ordo salutis*. A teologia de Westminster em si não diz explicitamente que o arrependimento precede a fé, mas obviamente coloca o arrependimento antes da segurança, e isso para Calvino inverte a ordem. Porque a promessa de salvação, para Calvino, é feita visando a persuasão, ou segurança, ou fé, ou conhecimento, de que Cristo morreu por nós. O arrependimento, ou regeneração, é a consequência inevitável, mas nunca aquilo para o qual a promessa é feita.

A teologia de Westminster dificilmente merece ser chamada de calvinista – especialmente se esse termo implicar o pensamento do próprio Calvino. Perkins pode não ter sido o primeiro a assumir que sustentava "a doutrina calvinista", e Warfield certamente não foi o último a pensar que a teologia de Westminster era a de Calvino,[1381] mas sem dúvida é tempo que certamente a teologia histórica apresente uma imagem mais precisa do que realmente aconteceu entre a era de Calvino e aquela que testemunhou o surgimento da teologia de Westminster. Na pintura desse quadro, este estudo espera ser um começo.

[1381] B.B. Warfield, *Studies in Theology*, p. 148, erra quando diz que não há "nada" na Confissão de Westminster, "que não seja encontrada expressamente nos escritos de Calvino". William Cunningham, *The Reformers e Theology of the Reformation*, p. 125s., é mais cauteloso. Enquanto ele acha que os autores dos documentos de Westminster mantiveram a opinião dos reformadores (ele inclui outros ao lado de Calvino) sobre fé e segurança, os teólogos "não as incorporaram claramente" nos próprios documentos. Quanto à declaração de Cunningham (p. 397) de que "nenhuma evidência suficiente foi apresentada de que Calvino afirmou que Cristo morreu por todos os homens, ou pelo mundo inteiro", este estudo tem procurado produzir as evidências.

APÊNDICE 1

COMENTÁRIOS BÍBLICOS DE JOÃO CALVINO

ISAÍAS

Isaías 53.12 – *Ele levou o pecado de muitos.* Eu aprovo a leitura comum, que ele sozinho suportou o castigo de muitos, porque nele foi colocada a culpa do mundo inteiro. É evidente a partir de outras passagens, e especialmente a partir do quinto capítulo da Epístola aos Romanos, que "muitos" às vezes denota "todos".

E orou pelos transgressores. Porque a ratificação da expiação, com a qual Cristo nos lavou por sua morte, implica que ele implorou ao Pai em nosso favor, era apropriado que isto fosse acrescentado. Visto que, como na antiga lei, o sacerdote, que "nunca entrava sem sangue", intercedia pelo povo; então o que estava como sombra é cumprido em Cristo (Êx 30.10; Hb 9.7). Primeiro, ele ofereceu o sacrifício de seu corpo e derramou seu sangue, para que pudesse suportar a punição que nos era devida; e em segundo lugar, para que a expiação pudesse produzir efeito, ele desempenhou a função de advogado e intercedeu por todos os que abraçaram esse sacrifício pela fé; como é evidente a partir daquela oração que deixou para nós, escrita pela mão de João: "Não rogo somente por estes, mas também por aqueles que vierem a crer em mim, por intermédio da sua palavra" (Jo 17.20). Se pertencemos ao seu número, sejamos plenamente persuadidos de que Cristo sofreu por nós, para que possamos agora desfrutar do benefício da sua morte.

Ele menciona expressamente as "transgressões", para que possamos saber que devemos recorrer com confiança certa à cruz de Cristo, quando estamos horrorizados pelo pavor do pecado. Sim, por esta razão, ele é apresentado como nosso intercessor e defensor; pois sem a sua intercessão, nossos pecados nos impediriam de nos aproximar de Deus.

MATEUS

Mateus 11.27 – Para muitos, quando ouvem que ninguém é herdeiro da vida eterna, salvo aqueles a quem Deus escolheu antes da fundação do mundo, perguntam ansiosamente como podem saber sobre o secreto conselho de Deus. E assim eles entram em um labirinto e não conseguem encontrar saída. Mas Cristo lhes diz que venham diretamente a ele e busquem segurança de salvação nele. O significado, portanto, é que a vida se abre para nós em Cristo, de modo que ninguém seja participante dela, a não ser aquele que entra pela porta da fé. E assim vemos que ele une a fé e a eterna predestinação de Deus. Pessoas tolas contrastam esses dois como se fossem antagônicos. Embora a nossa salvação esteja sempre escondida em Deus, ainda assim Cristo é o canal por meio do qual ela flui para nós e é recebida pela nossa fé, de modo que seja firme e certa em nossos corações. Portanto, não devemos nos desviar de Cristo, se não queremos rejeitar a salvação que nos é oferecida.

Mateus 20.28 – *E dar a sua vida um resgate.* Como dissemos, Cristo falou de sua morte para afastar os discípulos da ideia perversa de um reino terreno. Contudo, ele apropriadamente e bem expressa o poder e o fruto de sua morte quando declara que sua vida foi o preço de nossa redenção. Daí resulta que nossa reconciliação com Deus é livre, pois o único preço pago por ela é a morte de Cristo. E assim, esta única palavra derruba tudo que os papistas balbuciam sobre suas satisfações repugnantes. Além disso, visto que Cristo nos conquistou como seus pela sua morte, a submissão da qual ele fala está tão longe de derrogar sua glória infinita que de fato a torna mais gloriosa. "Muitos" é usado, não para um número definido, mas para um grande número, no sentido em que ele estabelece a si mesmo como contraste a todos os outros. E este é o seu significado também em Romanos 5.15, onde Paulo não está falando de uma parte da humanidade, mas de toda a raça humana.

Mateus 26.24 – Os frutos da morte de Cristo só nos causam uma impressão duradoura quando sabemos que ele não foi rudemente arrebatado para a cruz pelos homens, mas que o sacrifício foi ordenado pelo eterno decreto de Deus, para expiar os pecados do mundo. De onde obtemos a reconciliação se não é que Cristo aplacou o Pai por sua obediência? Por isso, pensemos sempre na providência de Deus, que o próprio Judas e todos os ímpios - embora não a queiram, e ajam contra ela - devem obedecer. Sempre retenha isso, que Cristo sofreu porque, por esse tipo de expiação, Deus estava satisfeito. Cristo diz que Judas não é absolvido da culpa, alegando que ele não fez nada além do que foi divinamente ordenado. Embora Deus em seu julgamento justo tenha fixado o preço da redenção para nós como a morte de seu próprio Filho, todavia Judas, ao trair a Cristo, sendo cheio de deslealdade e ganância, atraiu para si uma condenação correta. A vontade de Deus para a redenção do mundo não impede de modo algum que Judas seja um traidor perverso.

MARCOS

Marcos 14.24 – *Este é meu sangue.* Eu já avisei, quando se diz que o sangue é derramado - como em Mateus - *para a remissão dos pecados*, como nestas palavras, somos direcionados para o sacrifício da morte de Cristo, e negligenciar esse pensamento faz qualquer celebração da Ceia impossível. De nenhum outro modo as almas fiéis podem ser satisfeitas, se não puderem acreditar que Deus está satisfeito com elas. A palavra *muitos* não significa apenas uma parte do mundo, mas toda a raça humana: ele contrasta muitos com *um*, como se dissesse que ele não seria o Redentor de um homem, mas encontraria a morte para libertar muitos da sua maldita culpa.

JOÃO

João 1.28 – E quando ele diz *o pecado do mundo*, ele estende essa bondade indiscriminadamente a toda a raça humana, para que os judeus não pensem que o Redentor foi enviado somente para eles. Disso inferimos que o mundo inteiro está preso na mesma condenação; e, visto que todos os homens, sem exceção, são culpados de injustiça diante de Deus, eles precisam de reconciliação. João, portanto, falando do pecado do mundo em geral, queria nos fazer sentir a nossa própria miséria e exortar-nos a procurar o remédio. Agora, é para nós abraçarmos as bênçãos oferecidas a todos, para que cada um possa decidir que não há nada que o impeça de encontrar reconciliação em Cristo, se ao menos, guiado pela fé, vier a ele.

João 3.16 – Pois, uma vez que ele necessariamente odeia o pecado, como estaremos convencidos de que nos ama até que os pecados pelos quais está justamente irado conosco tenham sido expiados? Assim, antes de termos qualquer sentimento de bondade paternal, o sangue de Cristo deve interceder para nos reconciliar com Deus. Mas porque ouvimos primeiro que Deus deu seu Filho para morrer por nós porque ele nos amou, é imediatamente acrescentado que é somente a Cristo para quem, propriamente falando, a fé deve olhar.

Ele deu o seu Filho unigênito, para que todo aquele que nele crê não pereça. O verdadeiro olhar de fé, eu digo, é colocar Cristo diante dos olhos e contemplar nele o coração de Deus derramado em amor. Nosso apoio firme e substancial é descansar na morte de Cristo como sua única promessa.

Para que todo aquele que nele crê não pereça. A coisa mais importante sobre a fé é que ela nos liberta da destruição eterna. Ele queria especialmente dizer que, embora pareçamos ter nascido para a morte, certamente a libertação nos é oferecida pela fé em Cristo, para que não tenhamos medo da morte que de outra forma nos ameaça. E ele usou um termo geral, tanto para convidar indiscriminadamente todos a compartilhar a vida quanto para remover toda desculpa dos incrédulos. Tal é também o significado do termo "mundo" que ele usou antes. Pois embora não haja nada no mundo que mereça o favor de Deus, ele mostra que é favorável ao mundo inteiro quando chama todos, sem exceção, à fé em Cristo, que é de fato a entrada na vida.

Além disso, lembremo-nos de que, embora a vida seja prometida geralmente a todos os que creem em Cristo, a fé não é comum a todos. Cristo está aberto a todos e exibido a todos, mas Deus abre os olhos somente dos eleitos para que possam buscá-lo pela fé. O maravilhoso efeito da fé é mostrado aqui também. Por ela recebemos a Cristo como ele nos é dado pelo Pai – aquele que nos libertou da condenação da morte eterna e nos tornou herdeiros da vida eterna, expiando nossos pecados por meio do sacrifício de sua morte, para que nada nos impeça de ser reconhecidos por Deus como seus filhos. Portanto, uma vez que a fé abraça a Cristo com a eficácia de sua morte e o fruto de sua ressurreição, não há nada de surpreendente em nós também obtermos a vida de Cristo.

João 3.17 – *Porquanto Deus enviou*. Esta é a confirmação da declaração anterior. Porque Deus está enviando seu Filho para nós não foi infrutífero. No entanto, ele não veio para destruir; portanto, segue-se que a função apropriada do Filho de Deus é que todo aquele que crer pode obter a salvação por meio dele. Ninguém precisa agora se perguntar ou se preocupar em como pode escapar da morte, já que acreditamos que era o propósito de Deus que Cristo nos livrasse dela. A palavra mundo vem de novo para que ninguém pense que está excluído, se continuar no caminho da fé.

João 4.42 – Mais uma vez, quando eles proclamam que Jesus é o Salvador do mundo e o Cristo, sem dúvida, aprenderam isto ao ouvi-lo. A partir disso, inferimos que, em dois dias, Cristo ensinou a soma do Evangelho mais claramente do que havia feito até agora em Jerusalém. E declarou que a salvação que havia trazido era comum a todo o mundo, de modo a entenderem mais facilmente que ela também pertencia a eles. Ele não os chamou de herdeiros legítimos, mas ensinou-lhes que ele tinha vindo admitir estrangeiros na família de Deus e trazer paz aos que estavam distantes.

João 11.25 – Fora com aqueles que tagarelam sobre os homens estarem preparados para a recepção da graça de Deus pelo movimento da natureza! Eles podem também dizer que os mortos andam.

João 12.47 – Pois ele demorou para pronunciar o julgamento sobre eles, porque Cristo veio antes para a salvação de todos. Devemos entender que ele não estava falando aqui de incrédulos em geral, mas daqueles que, consciente e voluntariamente, rejeitam a pregação do Evangelho exibida. Por que então Cristo não queria condená-los? Porque ele temporariamente deixou de lado o ofício de juiz, oferece salvação a todos indiscriminadamente e estende seus braços para abraçar a todos, para que sejam mais encorajados a se arrepender. E, no entanto, ele aumenta com um importante item o crime de rejeitar um convite tão gentil e gracioso; pois é como se tivesse dito: "Veja, eu vim chamar todos; e esquecendo o papel de juiz, meu único objetivo é atrair e resgatar da destruição aqueles que já parecem duplamente arruinados". Portanto, nenhum homem é condenado por desprezar o Evangelho, a não ser aquele que rejeita a adorável notícia da salvação e deliberadamente decide trazer destruição sobre si.

João 14.16 – A obra de Cristo era aplacar a ira de Deus, expiando os pecados do mundo, redimir os homens da morte e obter justiça e vida. A do Espírito é nos tornar participantes não apenas do próprio Cristo, mas de todas as suas bênçãos.

João 14.30 – Pois na palavra *mundo* está aqui abraçada toda a raça humana. E há apenas um Salvador que resgata e nos salva desta terrível escravidão [...].

Pois foi Deus quem designou o seu Filho para ser o Reconciliador e determinou que os pecados do mundo fossem expiados pela sua morte.

João 15.9 – Pois aquele que procura ser amado por Deus sem o Mediador fica emaranhado em um labirinto no qual ele não encontrará nem o caminho certo nem o caminho de saída. Devemos, portanto, direcionar nosso olhar para Cristo, em quem será encontrado o penhor do amor divino [...]. Assim, n'Ele, como num espelho, podemos contemplar o amor paternal de Deus em relação a todos nós, visto que ele não é amado separadamente, ou para sua própria vantagem pessoal, mas para nos unir a si junto ao Pai.

João 15.15 – Não precisamos nos elevar acima das nuvens ou penetrar nas profundezas para buscar a certeza de nossa salvação. Vamos nos contentar com o testemunho do seu amor para conosco, que está contido no Evangelho, pois nunca nos enganará.

João 16.8 – Eu penso que sob a palavra *mundo* estão incluídos tanto aqueles que deveriam ser verdadeiramente convertidos a Cristo e os hipócritas e os réprobos.

João 17.1 – Pois sabemos que pela expiação dos pecados o mundo foi reconciliado com Deus, a maldição foi apagada e Satanás derrotado.

João 17.2 – Agora, Cristo não diz que foi colocado no comando do mundo inteiro para conceder a vida indiscriminadamente. Mas ele restringe essa graça aos que são dados a ele. Mas como eles foram dados? Pois o Pai também sujeitou a ele os réprobos. Eu respondo: somente os eleitos pertencem ao seu rebanho, que ele guarda como pastor. Assim, o reino de Cristo se estende a todos os homens, mas é salvador apenas para os eleitos que seguem a voz do Pastor com obediência voluntária.

João 17.3 – Valerá a pena agora resumir estes três cabeçalhos. Primeiro, o reino de Cristo traz vida e salvação. Em segundo lugar, nem todos recebem vida dele, nem mesmo é o ofício de Cristo dar vida a todos, mas apenas aos eleitos, que o Pai determinou aos seus cuidados. Em terceiro lugar, esta vida consiste na fé e Cristo a concede àqueles a quem ele ilumina na fé do Evangelho. Por isso, sabemos que o dom da iluminação e da sabedoria celestial não é comum a todos, exceto aos peculiares. É sem dúvida verdade que o Evangelho é oferecido a todos, mas aqui Cristo fala do modo secreto e eficaz de ensinar pelo qual os filhos de Deus são atraídos à fé.

João 17.9 – Ele declara abertamente que não ora pelo mundo, pois é solícito apenas por seu próprio rebanho que recebeu da mão do Pai [...]. Cristo não está orando simplesmente desde uma atitude de fé e amor, mas entra no santuário celestial e mantém diante de seus olhos os juízos secretos do Pai, que estão ocultos de nós enquanto andamos pela fé.

Agora, uma vez que Cristo orou apenas pelos eleitos, a crença na eleição é necessária para nós, se quisermos que ele recomende a nossa salvação ao Pai.

João 17.20 – Mas a forma do discurso deve ser notada. Cristo ora por *todos* os que nele crerem. Ele nos lembra, com essas palavras, que nossa fé deve ser dirigida a ele, como já dissemos mais de uma vez.

ROMANOS

Romanos 4.13 – *Coube a promessa de ser herdeiro do mundo.* Já que ele está lidando agora com a salvação eterna, o apóstolo parece ter levado seus leitores ao mundo de maneira um tanto inoportuna, mas ele inclui na palavra *mundo* geralmente a restauração que se esperava de Cristo. Embora a restauração da vida dos crentes fosse de fato o objeto principal, era necessário, no entanto, que o estado decaído do mundo inteiro fosse reparado. Em Hebreus 1.2 o apóstolo chama a Cristo herdeiro de toda a bênção de Deus, porque a adoção que obtivemos por sua graça nos restituiu a possessão da herança da qual caímos em Adão. Mas desde que sob o tipo da terra de Canaã, não somente a esperança de uma vida celestial foi mostrada a Abraão, mas também a completa e perfeita bênção de Deus, o apóstolo corretamente nos ensina que o domínio do mundo foi prometido a ele.

Romanos 5.10 – *Porque, se nós, quando inimigos, fomos reconciliados com Deus mediante a morte do seu Filho, muito mais, estando já reconciliados, seremos salvos pela sua vida.*

Esta é uma explicação do verso anterior ampliada fazendo uma comparação entre a vida de Cristo e sua morte. Nós éramos inimigos, diz ele, quando Cristo se apresentou ao Pai como um meio de propiciação. Agora somos feitos amigos por sua reconciliação, e se isto foi realizado por sua morte, sua vida terá muito maior poder e eficácia. Temos, portanto, ampla prova para fortalecer nossa mente com confiança em nossa salvação. Fomos reconciliados com Deus pela morte de Cristo, sustenta Paulo, porque ele foi um sacrifício expiatório pelo qual o mundo foi reconciliado com Deus, como mostrei no capítulo 4.

O apóstolo, no entanto, parece estar contradizendo a si mesmo. Se a morte de Cristo foi um penhor do amor divino para conosco, segue-se que fomos até então aceitáveis para ele. Mas agora ele diz que nós éramos *inimigos*. Minha resposta para isso é que, porque Deus odeia o pecado, também somos odiados por ele, na medida em que somos pecadores. Mas, na medida em que ele nos recebe no corpo de Cristo por seu conselho secreto, ele deixa de nos odiar. Nosso retorno à graça, no entanto, é desconhecido para nós, até que possamos alcançá-lo pela fé. Com relação a nós mesmos, portanto, somos sempre inimigos, até que a morte de Cristo seja interposta para propiciar a Deus. Este duplo aspecto deve ser notado. De nenhuma outra maneira nós reconhecemos a livre misericórdia de Deus do que se estamos convencidos de sua recusa em poupar seu único Filho, porque ele nos amou quando havia discórdia entre nós e Deus. Mais uma vez, não compreendemos suficientemente o benefício que nos foi conferido pela morte de Cristo, a menos que este seja o começo de nossa reconciliação com Deus, de modo que estamos convencidos de que é pela expiação que Deus, que antes era justamente hostil para conosco, é agora propício a nós. Assim, uma vez que nossa recepção em favor é atribuída à morte de Cristo, o significado é que a culpa, pela qual fomos puníveis, foi removida.

Romanos 5.11 – Pelo benefício, portanto, de nossa fé, alcançamos a posição de não precisar de nada que seja necessário para nossa felicidade. A defesa repetida de Paulo da reconciliação não é sem efeito. Primeiro, devemos aprender a fixar nossos olhos na morte de Cristo, sempre que nossa salvação estiver envolvida. Segundo, saber que devemos colocar nossa confiança em nada mais que a expiação de nossos pecados.

Romanos 5.15 – *Todavia, não é assim o dom gratuito como a ofensa; porque, se, pela ofensa de um só, morreram muitos, muito mais a graça de Deus e o dom pela graça de um só homem, Jesus Cristo, foram abundantes sobre muitos.*

Devemos notar, no entanto, que Paulo não compara aqui o maior número com os muitos, pois ele não está falando do grande número da humanidade, mas ele argumenta que, uma vez que o pecado de Adão destruiu muitos, a justiça de Cristo não será menos eficaz para a salvação de muitos.

Romanos 5.17 – Vale a pena notar aqui também as duas diferenças entre Cristo e Adão que o apóstolo omitiu, não porque ele pensasse não terem importância, mas porque não tinha nenhuma conexão com seu presente argumento ou enumerá-las.

A primeira diferença é que somos condenados pelo pecado de Adão não apenas por imputação, como se estivéssemos sendo punidos pelo pecado de outra pessoa; mas nós sofremos sua punição porque nós também somos culpados, uma vez que Deus mantém nossa natureza, que foi corrompida em Adão, culpada de iniquidade. Mas a justiça de Cristo nos restaura por meios diferentes de salvação. Não somos considerados justos porque temos justiça em nós, mas porque possuímos o próprio Cristo com todas as suas bênçãos dadas a nós pela generosidade do Pai. O dom da justiça, portanto, não significa uma qualidade a qual Deus nos concede, pois isso é uma má interpretação, mas é a livre imputação da justiça. O apóstolo está expondo sua interpretação da palavra *graça*.

A segunda diferença é que o benefício de Cristo não chega a todos os homens da maneira em que Adão envolveu toda a sua raça em condenação. A razão para isso é óbvia. Uma vez que a maldição, que derivamos de Adão, é transmitida a nós por natureza, não precisamos nos surpreender que inclua toda a humanidade. No entanto, para que possamos participar da graça de Cristo, devemos ser enxertados nele pela fé.

Romanos 5.18 – Paulo torna a graça comum a todos os homens, não porque de fato se estenda a todos, mas porque é oferecida a todos. Embora Cristo tenha sofrido pelos pecados do mundo, e seja oferecido pela bondade de Deus sem distinção a todos os homens, ainda assim nem todos o recebem.

Romanos 8.38-39 – Esta passagem contradiz claramente os escolásticos, que tolamente afirmam que ninguém tem certeza da perseverança final, exceto pelo favor de uma revelação especial, e isso, dizem eles, é muito raro. Tal dogma destrói totalmente a fé, e a fé certamente não é nada se não se estender à morte e além dela. Ao contrário, porém, devemos ter confiança de que Aquele que começou uma boa obra em nós, a cumprirá até o Dia do Senhor Jesus.

Romanos 10.16 – Assim, o chamado interior, que sozinho é eficaz e peculiar aos eleitos, distingue-se da voz externa dos homens. Isto prova claramente a estupidez do argumento de certos intérpretes que sustentam que todos são eleitos sem distinção, porque a doutrina da salvação é universal, e porque Deus convida todos os homens a si sem distinção - *promiscue*. A natureza geral das promessas não faz sozinha e por si mesma a salvação comum a todos. Antes, a revelação peculiar que o profeta mencionou limita-o aos eleitos.

GÁLATAS

Gálatas 5.12 – Porque Deus nos recomenda a salvação de todos os homens sem exceção, assim como Cristo sofreu pelos pecados do mundo inteiro.

COLOSSENSES

Colossenses 1.14 – Primeiro, ele diz que temos a redenção e imediatamente a explica como *a remissão dos pecados*; porque estas duas coisas estão juntas por aposição. Pois, sem dúvida, quando Deus nos redime, ele nos isenta da condenação para a morte eterna. Esta é nossa liberdade, esta é nossa glória contra a morte, que nossos pecados não nos são imputados. Ele diz que esta redenção foi obtida pelo *sangue de Cristo*, pois pelo sacrifício de sua morte todos os pecados do mundo foram expiados. Lembremo-nos, portanto, que este é o único preço da reconciliação e que toda a insignificância dos papistas sobre a satisfação é uma blasfêmia.

HEBREUS

Hebreus 2.9 – Quando ele diz *para cada homem*, não significa apenas que deveria ser um exemplo para os outros, da mesma forma que Crisóstomo aduz a metáfora de um médico que toma o primeiro gole de um remédio amargo, para que o doente não se recuse a beber. Ele quer dizer que Cristo morreu por nós, porque ele tomou sobre si a nossa sorte e nos resgatou da maldição da morte. Assim, acrescenta-se que isso foi feito pela graça de Deus, porque o fundamento de nossa redenção é aquele imenso amor de Deus para conosco, pelo qual aconteceu que ele nem mesmo poupou o próprio Filho (Rm 8.32).

Hebreus 8.4 – Devemos sempre nos apegar à verdade de que, quando o apóstolo está descrevendo a morte de Cristo, ele não está fazendo isso em referência à sua ação externa, mas ao seu fruto espiritual. Ele sofreu a morte do modo comum dos homens, mas fez expiação divina pelos pecados do mundo como um sacerdote. Externamente, ele derramou seu sangue, mas interna e espiritualmente trouxe limpeza. Em resumo, ele morreu na terra, mas o poder e a eficácia de sua morte vieram do céu.

Hebreus 9.14 – *Pelo Espírito eterno*. Ele agora mostra claramente como a morte de Cristo deve ser considerada; não a partir de seu ato externo, mas a partir do poder do Espírito. Cristo sofreu como homem, mas para que sua morte pudesse efetuar nossa salvação, ela surgiu do poder do Espírito.

Hebreus 9.28 – *Tirar os pecados* significa libertar aqueles que pecaram de sua culpa pela sua satisfação. Ele diz que muitos significam tudo, como em Romanos 5.15.

2PEDRO

2Pedro 1.10 – Essa certeza da qual Pedro fala não deve, em minha opinião, ser encaminhada à consciência, como se os fiéis se reconhecessem diante de Deus para serem eleitos e chamados. Eu entendo simplesmente do fato em si, que o chamado é mostrado para ser confirmado por uma vida santa.

1JOÃO

1João 2.1 – Pois ele aparece diante de Deus com o propósito de exercer em relação a nós o poder e a eficácia do seu sacrifício. Para tornar isso mais fácil de entender, falarei de maneira mais franca. A intercessão de Cristo é a aplicação contínua de sua morte para nossa salvação. A razão pela qual Deus não imputa nossos pecados a nós é porque ele vê em Cristo o intercessor.

1João 2.2 – Ele colocou isso em amplificação, que os crentes podem estar convencidos de que a expiação feita por Cristo se estende a todos os que pela fé abraçam o Evangelho. Mas aqui a pergunta pode ser feita sobre como os pecados do mundo inteiro foram expiados. Eu transmito os sonhos dos fanáticos, que fazem disso uma razão para estender a salvação a todos os réprobos e até mesmo ao próprio Satanás. Uma ideia tão monstruosa não vale a pena refutar. Aqueles que querem evitar esse absurdo disseram que Cristo sofreu o suficiente por todo o mundo, mas efetivamente apenas pelos eleitos. Esta solução prevaleceu comumente nas escolas. Embora eu permita a verdade disso, eu nego que se encaixa nessa passagem. Pois o propósito de João era apenas tornar essa bênção comum a toda a Igreja. Portanto, sob a palavra "todos" ele não inclui o réprobo, mas refere-se a todos que acreditam e àqueles que foram espalhados por várias regiões da terra. Pois, como é conhecido, a graça de Cristo é realmente esclarecida quando é declarada a única salvação do mundo.

SERMÕES EM ISAÍAS

Isso, então, é como nosso Senhor Jesus levou os pecados e iniquidades de muitos. Mas, na verdade, essa palavra "muitos" é geralmente tão boa quanto equivalente a "todos". E, de fato, nosso Senhor Jesus foi oferecido a todo o mundo. Pois não se trata de três ou quatro quando se diz: "Deus amou o mundo de tal maneira que não poupou seu único Filho". Mas, ainda assim, devemos notar o que o evangelista[1382] acrescenta nesta passagem: "Aquele que nele crer não pereça, mas tenha a vida eterna".[1383] Nosso Senhor Jesus sofreu por todos[1384] e não há nem grande nem pequeno que não seja indesculpável hoje, pois podemos obter a salvação nele. Incrédulos que se afastam e se privam dele por sua malícia são hoje duplamente culpados. Pois como eles vão desculpar sua ingratidão em não receber a bênção a qual poderiam compartilhar pela fé?

Depois de tudo isso, ele acrescenta: *pelos transgressores intercedeu*. Isto é especialmente adicionado para mostrar que em sua morte e paixão Jesus Cristo assumiu o ofício sacerdotal. Sem isso, não devemos ter tudo o que é necessário para a certeza da nossa salvação. É verdade, visto que a morte e paixão de nosso Senhor Jesus Cristo é o sacrifício pelo qual nossos pecados são eliminados, Seu

---

[1382] *1558: l'Evangeliste. C.R.: l'Evangile.*
[1383] 2João 3. 16.
[1384] *1558: pour tous. C.R.: pour nous tous.*

sangue é nossa purificação, o propósito de sua obediência é abolir todas as nossas rebeliões e ganhar justiça para nós. Temos algo para nos alegrar nisso. Mas não é tudo; pois nos é dito que, quando invocarmos o nome de Deus, seremos salvos.[1385] Mas como podemos ter acesso a Deus? Que ousadia é vir orar a ele! Sim, para chamá-lo clara e abertamente de nosso Pai. Não é uma presunção muito grande para nós chegarmos tão familiarmente a Deus, e nos orgulharmos de que somos seus filhos, a menos que tenhamos alguém que seja nosso porta-voz? E onde encontraremos um advogado ou advogada que possa fazer tanto por nós até chegarmos a Jesus Cristo? Isso, então, é o que o Profeta queria acrescentar para terminar o que ele está dizendo: Jesus Cristo *pelos transgressores intercedeu*.

Agora é verdade que na cruz ele pediu perdão e graça de Deus, seu Pai, mesmo para aqueles que o perseguiam. "Pai, perdoa-lhes", disse ele, "pois eles não sabem o que fazem".[1386] Esta é uma oração que nosso Senhor Jesus Cristo fez pelos ímpios e por seus inimigos, que o haviam tratado tão cruelmente e por cujas mãos Ele foi crucificado. Mas o Profeta não estava falando apenas desta oração em particular, mas de proclamar o ofício sacerdotal de nosso Senhor Jesus Cristo. Além disso, vamos observar cuidadosamente que não é sem motivo que ele fala aqui dos ímpios. Anteriormente dissera que ele levou o pecado do povo de Deus e sofreu pelas iniquidades de muitos; mas agora o Profeta dá outro nome àqueles por quem Jesus Cristo orou e os chama de "transgressores". Quando ele falou do povo de Deus; foi para mostrar que aqueles que são considerados os mais justos e excelentes precisam do perdão dos seus pecados; e que eles não podem encontrá-lo, exceto porque Jesus Cristo derramou seu sangue para purificá-los e lavá-los. Tanto por um ponto: se queremos ser da Igreja e sermos reconhecidos como rebanho de Deus, devemos entender que é porque Jesus Cristo é nosso Redentor. Não tenhamos medo de chegar a ele em grande número, e cada um

---

[1385] Joel 2.32.

[1386] Lucas 23.24.

de nós traga seu próximo, vendo que ele é suficiente para salvar a todos nós.

Vemos como nosso Senhor Jesus Cristo confirmou isso orando pelos seus, como está narrado no décimo sétimo capítulo de São João: "Santo Pai, olha aqueles que me deste; e agora eu deixo o mundo. Guardei-os, e nenhum deles pereceu, exceto o filho da perdição; mas guardei aqueles que tu me destes. Agora eu oro por eles, e não somente por eles, mas por todos aqueles que acreditarem em mim através da sua palavra. Não rogo pelo mundo, mas por aqueles que me deste, que os abençoe e santifique, para que sejam um conosco."[1387] Quando vemos o Filho de Deus orando, sim, o Deus eterno, humilhando-se para tornar-se um suplicante e fazer intercessão diante de Deus, seu Pai, em nosso nome, não deveríamos perceber nela uma bondade infinita? E, em primeiro lugar, devemos sempre lembrar o que foi dito – que só profanaremos o Nome de Deus quando o invocarmos, a menos que seja o Nome de Jesus Cristo. E por quê? Nossas bocas são impuras e poluídas; estamos cheios de corrupção; não há nada além de podridão em nós. Mas desde que nosso Senhor Jesus se rebaixou até a posição de suplicante e em nosso nome pediu algo de Deus Pai, nós devemos ser estabelecidos e edificados quando queremos formular[1388] nossas orações hoje em dia. É verdade que, embora Isaías diga que Jesus Cristo orou e intercedeu pelos transgressores, declara que ele não ora por todo o mundo, por aqueles que têm razão em suas iniquidades e estão enraizados obstinadamente nelas; porque estão separados desta bênção e privilégio, que é mantido apenas para os filhos de Deus. Se então permanecermos no mundo e formos separados de nosso Senhor Jesus Cristo, é certo que quando ele orou a Deus, seu Pai, não nos diz respeito e não pode nos beneficiar de forma alguma.

Mas agora vamos ouvir o que ele diz: "Eis que eu proclamei a tua Palavra e eles creram. Eu oro por eles; e não somente por eles" - isto é, pelos discípulos - "mas por aqueles que crerem em seus

---

[1387] João 17.6ss.

[1388] *1558: former C.R.: fonder.*

ensinamentos". Então, vamos saber hoje que estamos conectados com os discípulos e apóstolos de nosso Senhor Jesus Cristo, e que a oração que ele fez uma vez por todas nos servirá hoje e abrirá o caminho para todas as nossas orações, se recebermos o ensino do Evangelho na obediência da fé. Portanto, não devemos duvidar da maneira pela qual devemos fazer nossas orações; pois, como sabemos que Jesus Cristo orou, não devemos mais dizer: "Como poderemos ter certeza de que o poder dessa oração chegará até nós?" Vamos crer no evangelho e seguir os apóstolos e discípulos e juntar-nos a eles. Nós queremos pagar com mentira ao Filho de Deus, que é a verdade eterna e imutável? Com a sua própria boca, ele disse que todos os que recebem a pregação do Evangelho serão unidos a esta oração e que ele os incluiu nela. Visto que é assim, embora, por um lado, possamos ser pobres malfeitores e, consequentemente, indignos de nos aproximar de Deus, no entanto, por meio do Evangelho, quando abraçamos com fé as promessas contidas nele, seremos apresentados a Deus, para que não sejamos apenas agradáveis a ele – em que seu único Filho intercedeu por nós –, mas também hoje podemos invocá-lo e nisso podem estar os seguidores de Jesus Cristo – como Ele diz: "Aqui estou eu, eu e o os servos me deste".[1389] Ele se apresenta em primeiro lugar - como já foi declarado no oitavo capítulo de Isaías - e então leva adiante todo o seu rebanho – "e aqueles que tu me deste", ele diz. Agora, diz que está pronto para o serviço a Deus seu Pai, junto com todos aqueles que foram dados a ele. Portanto, não há dúvida de que estamos unidos nesta oração e em todos os louvores de Deus, e que Jesus nos dá a nota, por assim dizer, e age como quem facilita nossa adoração, que nos guia em nossas orações, e que por meio dele significa que ouvimos apenas uma voz, unida cantando a melodia em sintonia. Se, orando a Deus, estivéssemos em uníssono com os anjos do Paraíso, seria em si um privilégio muito grande; mas quando o Filho de Deus condescende em ter tal familiaridade conosco a ponto de dizer: "Vem! Eu vou levar

---

[1389] Isaías 8.18; Hebreus 2.13.

você. Eu serei seu porta-voz", não deveríamos ser completamente arrebatados por isso?

Aliás, isso foi prefigurado na Lei quando o Sumo Sacerdote não apenas oferecia sacrifícios a Deus, mas também acrescentava orações. Assim, sob as antigas sombras, o sacerdote não podia interceder diante de Deus e ser recebido como agradável sem o derramamento de sangue; mas ao sangue ele acrescentava orações para que os pecados do povo fossem perdoados e que Deus, em sua misericórdia, recebesse aqueles que mereciam apenas ser rejeitados. Jesus Cristo pôs fim a todas as figuras da Lei e de bom grado a cumpriu em si mesmo. Assim, ele apresentou sangue para lavar nossos pecados – não o sangue de um bezerro ou de um cordeiro como na Lei, mas seu próprio sangue santo, que foi consagrado pelo Espírito Santo, para que possamos ter completa santidade nele.[1390] Mas ao derramamento de sangue ele acrescentou orações. E é por isso que hoje é chamado nosso Mediador, e é dito que intercede por nós. Quando São Paulo fala sobre orações, ele acrescenta que há um só Deus e um único Mediador, que é o homem, o Senhor Jesus.[1391] Ele também poderia dizer: "Há um só Deus; existe Jesus Cristo que é a Palavra eterna de Deus e da mesma essência, glória e majestade." Ele não fala assim, porém, diz: "Existe um só Deus", e então, "Existe um Mediador entre Deus e os homens, o homem Jesus Cristo". É como se ele estivesse dizendo: "Eis o Filho de Deus, que, tendo tomado nossa natureza e se feito homem semelhante a nós, exceto o pecado, agora intercede por nós".

PREDESTINAÇÃO ETERNA DE DEUS

Georgius pensa que ele argumenta muito agudamente quando diz: Cristo é a propiciação pelos pecados do mundo inteiro; e, portanto, aqueles que desejam excluir os reprovados da participação em Cristo

---

[1390] Hebreus 9.13-14.
[1391] 1Timóteo 2.5.

devem colocá-los fora do mundo. Para isso, a solução comum não faz sentido, que Cristo sofreu o suficiente para todos, mas eficazmente apenas para os eleitos. Por esse grande absurdo, esse monge buscou aplausos em sua própria fraternidade, mas não tem peso para mim.[1392] Onde quer que os fiéis estejam dispersos pelo mundo, João estende a eles a expiação operada pela morte de Cristo. Mas isso não altera o fato de que os réprobos estão misturados com os eleitos no mundo. É incontestável que Cristo veio para a expiação dos pecados do mundo inteiro. Mas a solução está à mão, para que todo aquele que nele crê não pereça, mas tenha a vida eterna (Jo 3.15). Pois a questão presente não é quão grande é o poder de Cristo ou que eficácia ele tem em si, mas a quem ele se dá para ser desfrutado. Se a posse reside na fé e a fé emana do Espírito de adoção, segue-se que somente ela é contada no número dos filhos de Deus que serão participantes de Cristo. O evangelista João expõe o ofício de Cristo como outra coisa senão que por sua morte reunir os filhos de Deus como se fossem um (Jo 11.5-23). Portanto, concluímos que, embora a reconciliação seja oferecida a todos por meio dele, ainda assim, o benefício é peculiar aos eleitos, para que possam ser reunidos na sociedade da vida. No entanto, embora eu diga que é oferecido a todos, não quero dizer que esta representação, pela qual no testemunho de Paulo Deus reconcilia o mundo consigo mesmo (2Co 5.18), atinge a todos, mas que não é selada indiscriminadamente nos corações de todos a quem chega para ser eficaz.

[1392] Esta sentença é omitida no francês.

APÊNDICE 2

RESUMO DE CURT DANIEL

TESE DE PHD, NEW COLLEGE, EDIMBURGO 1983

Agora chegamos a outra citação importante de Calvino. Essa é a "negação muito explícita da universalidade da expiação" à qual Cunningham apela como o único exemplo que pôde encontrar.[1393]

[1393] *Reformers*, p. 396. Esta é provavelmente uma das "declarações explícitas" a que Engeisma se refere sem citar (p. 75). Depois de afirmar que "esta é uma negação muito explícita da universalidade da expiação", Cunningham acrescenta: "Mas ela está sozinha – até onde sabemos – nos escritos de Calvino e, por essa razão, não encontramos muita coisa sobre isto" (*Reformers*, p. 396). Isto parece contradizer o que ele disse anteriormente na mesma página: "Nós não encontramos nos escritos de Calvino declarações explícitas

Em uma refutação ao escritor luterano Heshusius sobre a verdadeira participação do corpo do Senhor na Ceia, Calvino oferece este argumento:

> Mas as primeiras coisas a serem explicadas é como Cristo está presente com os incrédulos, como sendo o alimento espiritual das almas e, em resumo, a vida e a salvação do mundo. E como ele adere tão obstinadamente às palavras, eu gostaria de saber como os ímpios podem comer a carne que não foi crucificada por eles? E como eles podem beber o sangue que não foi derramado para expiar seus pecados? Eu concordo com ele, que Cristo está presente como um juiz estrito quando a sua ceia é profanada. Mas uma coisa é ser digerido e outra a ser um juiz [...]. Cristo, considerado o pão vivo e a vítima imolada na cruz, não pode entrar em nenhum corpo humano que seja desprovido de seu Espírito.[1394]

---

sobre qualquer limitação na expiação, ou o número daqueles pelos quais Cristo morreu". E mais tarde na mesma página: "Ele não costuma dar qualquer indicação distinta se acreditava em qualquer limitação quanto aos objetos da expiação". Alguns críticos podem ser perdoados por supor que é Cunningham e não Calvino, que falha em dar uma afirmação distinta e consistente sobre o assunto em questão. Observe ainda que, ao descartar as evidências de Daille, ele o julga severamente com relação à "consistência" (p. 401). A citação é mencionada em Lane, p. 30; A . A. Hodge, *The Atonement*, p. 360; Helm, *Calvin*, p. 21; Letham, vol. I, p. 126; Bell, p. 15-17; e outros. Parece-nos muito estranho que pessoas como Cunningham pudessem pesquisar tão amplamente entre os muitos escritos de Calvino – como presumimos que têm – e só podem produzir essa citação solitária que, do seu ponto de vista, é na melhor das hipóteses obscura. Cunningham pode sentir o constrangimento desta situação difícil ao confessar que está sozinha e que não deve pesar muito. Seria ainda mais forte se, na verdade, esta é a única sugestão em que Calvino toca toda a questão da extensão. É por isso que novamente enfatizamos a importância absoluta de citações repetidas e explícitas. Seguramente, argumentar com base nesta única citação, não importa o que isso signifique, contra a inundação do resto dos testemunhos é precário na melhor das hipóteses.

[1394] Citamos os *Tracts and Treatises* (edição CTS), vol. II, p. 527. Esta foi a tradução disponível para Cunningham e Hodge, embora o primeiro cite o latim e o

Não podemos ignorar este exemplo, como Davenant, Morison, Douty e Kendall fazem.[1395] Várias opções estão abertas para nós no início. Primeiro, este parágrafo poderia ensinar expiação limitada. Se assim for, então ou Calvino contradiz suas outras declarações defendendo a expiação universal - talvez sem saber - ou mudou suas visões sobre o assunto.[1396] Afinal de contas, diferenças e mudanças não são inteiramente sem exemplo em Calvino. O tratado foi escrito em 1561, um trabalho tardio. A segunda opção é aquela afirmada por Cunningham e A. A. Hodge; eles acham que isso prova que Calvino não ensinou a expiação universal. As "declarações vagas e indefinidas" sobre a expiação escritas de maneira "mais descuidada"[1397] devem ser interpretadas à luz dessa única declaração explícita. As outras declarações de Calvino são então interpretadas como particularistas. A terceira opção é que a citação mencionada acima não ensina Particularismo, embora Calvino a ensine em outro lugar. A quarta opção é que nem neste, nem em qualquer outro lugar, Calvino declare expiação limitada. Procuramos provar que a última opção é a correta.

Não precisamos aprofundar a visão de Calvino sobre a Ceia, pois isso foi feito por outros em considerável tamanho.[1398] Não temos

---

última ofereça o que parece ser sua própria tradução. Lane e Helm referem-se à tradução mais recente em J.K.S. Reid, *Theological Treatises*, p. 285

[1395] Kendall se refere brevemente ao artigo de Cunningham, mas foi criticado por não ter discutido essa citação. Cunningham: "Nós não nos lembramos de termos visto isto advertido exceto por um único escritor papista" (*Reformers*, p. 396).

[1396] Lane parece concluir isso (p. 30), assim como Strong (p. 778) – apenas o último faz isso de forma inversa, que Calvino mudou do particularismo para o universalismo. Nisto, Strong é seguido por aqueles como Baker, que confiam em sua evidência, a qual tem sido mostrada como defeituosa.

[1397] Hodge, *The Atonement*, p. 359-360. Cf. Helm, *Calvin*, p. 13. É possível que a "maqneira não protegida" de Calvino *seja* devido à sua abordagem menos Escolástica? Kendall e outros afirmam que os calvinistas particularistas confiam em uma lógica escolástica. O estilo arrojado de Crisp certamente não é da Escolástica; nós sentimos que tem mais em comum com a de Lutero e a de Calvino. Veja o Capítulo II neste livro.

[1398] Três estudos notáveis devem ser consultados; McDonnell, *John Calvin, the Church and The Eucharist*; Wallace, *Calvin's Doctrine of the Word and Sacrament*; e Barclay,

acesso às proposições originais de Heshusius, mas elas podem ser deduzidas do que Calvino diz em resposta.

Sendo um luterano, Heshusius ensinou a consubstanciação. Isso significa que todos os que comem o pão e bebem o vinho na mesa realmente comem e bebem a Cristo, pois Cristo está realmente presente, com e sob os elementos. Calvino, é claro, não aceita a presença de Cristo na Mesa dessa maneira. Cristo está espiritualmente presente, diz Calvino, e, portanto, ligado à Palavra e não aos elementos. É isso que Calvino está procurando provar no tratado. Visto que Cristo está presente apenas em um sentido espiritual, ele é comido apenas em um sentido espiritual. E esse comer espiritual é feito somente pela fé. Nenhum homem verdadeiramente come (recebe) a Cristo a não ser pela fé.[1399] Os incrédulos, portanto, não comem a Cristo de modo algum. Eles são, no entanto, julgados por Cristo na Mesa por sua falta de fé. Seu julgamento pela falta diária de fé é agravado quando eles participam dos elementos porque o sacramento é a expressão máxima da comunhão pessoal entre um crente e seu Senhor. Um incrédulo, fingindo ser um crente, insulta o próprio Cristo. Cristo certamente está presente na Mesa, mas julga os incrédulos por causa de sua incredulidade, não porque eles comem os elementos e ele mesmo.

Outras passagens na obra de Calvino que têm especial relevância para a interpretação desta em questão está nas *Institutas*. Lá, Calvino lida com a questão dos incrédulos "comerem Cristo": "No entanto, eu gostaria de saber deles - os ímpios - quanto tempo

---

The Protestant Doctrine of the Lord's Supper. Veja também as seções relevantes nas biografias e estudos gerais de Calvino. Felizmente, o próprio Calvino escreveu longamente sobre o assunto, de modo que o pesquisador tem uma infinidade de material para estudar.

[1399] Cf. *Institutas*, IV, 17, 33; *Commentaries*, João 6, etc. Embora comemos a Cristo pela fé, a fé em si não é o comer (*Commentaries*, João 6.35), pois "comer espiritualmente a carne de Cristo é algo maior e mais excelente do que acreditar" (*Tracts and Treatises*, vol. II, p. 553) e "comer difere da fé, na medida em que é um efeito da fé" (*ibid.*, p. 283).

o retêm - o verdadeiro corpo de Cristo - quando eles o comem".[1400] Observe a mesma frase introdutória: "Eu gostaria de saber..." Na citação das *Institutas*, o que segue a frase introdutória é algo que Calvino nega – que os ímpios realmente comam e retenham a Cristo. Ele não está aceitando que os ímpios realmente comam e retenham a Cristo; a pergunta é retórica. Sentimos, portanto, que a instância com Heshusius deve ser interpretada como paralela em forma e conteúdo.[1401] Na citação das *Institutas*, a segunda cláusula - que os

---

[1400] IV, 17, 33. Em pelo menos dois outros lugares em suas obras, Calvino usa a frase "Eu gostaria de saber" com referência à Ceia. "Eu gostaria de saber para que fim Cristo nos convida a participar de sua carne e sangue na Ceia, se não for para que ele possa alimentar nossas almas" (*Tracts and Treatises* vol. II, p. 378). Note que a segunda cláusula inclui o que Calvino nega (se *não* for...). Mais tarde, ele diz o seguinte: "Eu gostaria de saber se, de acordo com eles, esta comunhão pertence indiscriminadamente aos incrédulos, bem como aos crentes" (*ibid.*, p. 415). Novamente, ele rejeita o que está na questão, pois Calvino afirma que a comunhão pertence apenas aos crentes.

[1401] Na citação de *Treatises*, Battles/Reid omitem corretamente o ponto de interrogação que a tradução CTS insere. Ambas são, de fato, sentenças que são perguntas retóricas. Reconhecer a forma da construção, sentimos, é vital. Por exemplo, Alan Clifford (em correspondência privada) faz exegese das passagens de maneira diferente de nós, negando que a passagem restrinja a expiação do modo como Cunningham e Helm pensavam. Clifford sente que a cláusula "como ele adere tão obstinadamente às palavras" significa que "a carne" na segunda cláusula se refere ao elemento literal na Ceia, em vez do que foi crucificado por eles. Ele parafraseia a passagem assim: "Se as palavras de nosso Senhor devem ser tomadas literalmente, devemos imaginar que o pão real e o vinho real sobre o qual ele falou foram crucificados? Como podem os ímpios (ou qualquer outra pessoa) comer esse "sangue", já que os próprios elementos não foram "crucificados" por seus pecados? O próprio Cristo foi crucificado por eles, não pelos elementos simbólicos. Clifford vê o debate neste momento como centralizado em torno da Consubstanciação, e não da fé, se o entendemos corretamente. Aqui algo a ser dito sobre sua interpretação, por sentirmos que não faz justiça plena à construção retórica, ao fluxo do argumento de Calvino ou às passagens paralelas. Doyle parece seguir a nossa interpretação: "Calvino está usando uma impressionante peça de hipérbole, que por sua potência depende, por sua vez, da crença em um escopo universal da expiação" (p. 277). E Doyle ainda hesita sobre isso, acrescentando que esta é uma "negação contundente" que Cristo morreu pelo ímpio e que "aqui Calvino se contradiz, talvez devido à natureza

ímpios comem e retêm a Cristo - é afirmada pelo protagonista; na citação de *Treatises*, a segunda cláusula - que os ímpios comem a carne que não foi crucificada por eles - é afirmada por Heshusius, não por Calvino.

Quando Calvino diz que Heshusius "adere" tão obstinadamente às palavras, ele se refere à exegese luterana que interpreta literalmente Escrituras como "Tomai, comei, isto é o meu corpo" (Mt 26.26) e os versos de João 6 (especialmente 35, 51, 53, 54, 55, 56). É com base nessa literalização que Heshusius afirma que até mesmo os iníquos comem Cristo. Mas Calvino não interpreta esses versos literalmente, mas espiritualmente. O que Calvino nega é que esses versículos sejam interpretados literalmente e que os iníquos comam a Cristo. Ele não está negando que a carne de Cristo foi crucificada pelos ímpios. Luteranos como Heshusius, é claro, não negaram a expiação universal. Algo mais, portanto, está sendo dito sobre a expiação e aqueles por quem Cristo morreu.

Cunningham provavelmente deseja inserir uma vírgula depois de "carne", a saber: "Eu gostaria de saber como os ímpios podem comer a carne, que não foi crucificada por eles". Isso criaria uma cláusula subordinada com uma afirmação separada, como se houvesse duas frases possíveis: "...como os ímpios podem comer a carne. A carne não foi crucificada por eles". Mas isso não é o que Calvino está dizendo. Essa pontuação tornaria mais provável que fosse Calvino quem estivesse fazendo a afirmação na segunda cláusula da pergunta. Mas nós argumentamos que esta cláusula pertence a Heshusius. O que então ele está dizendo?

Para responder a isso, nos voltamos para outro paralelo importante. Em seu comentário sobre 1Coríntios 11.24, Calvino observa:

> ... a Ceia é um espelho que representa Cristo crucificado para nós, de modo que um homem não pode receber a

---

aquecida e prolongada da controvérsia que ele está conduzindo com Heshusius" (p. 276-77). Infelizmente, Doyle não elabora seus pontos de vista. Bell também acha que isso é uma hipérbole (p. 17).

Ceia e desfrutar dos benefícios, a menos que abrace a Cristo crucificado.[1402]

Aqui, Calvino diz que o verdadeiro alimento depende de abraçar Cristo crucificado. Muitas vezes ele define isso como sendo alguém acreditar que Cristo foi crucificado por si. Por exemplo:

> Porque não é suficiente que Jesus Cristo sofreu em sua pessoa e foi feito um sacrifício por nós; mas devemos ter certeza disso pelo Evangelho; precisamos receber esse testemunho e não duvidar de que temos justiça nele, sabendo que ele satisfez nossos pecados.[1403]

Calvino diz a mesma coisa em seus comentários sobre Marcos 14.24, que descreve a última Ceia:

[1402] *Comentaries*, 1Coríntios 11.24. Cf. Kendall, p. 18. O motivo do espelho é proeminente nas obras de Calvino. Cristo é o espelho de Deus e do homem; somente por meio de Cristo o homem conhece a Deus e a si mesmo. Cristo é o espelho da eleição, portanto ele também é o penhor da salvação (*Predestination*, p. 127). Ele é também o espelho e penhor do amor e da graça divinos (*Commentaries*, João 15.9) e o Evangelho é o espelho no qual vemos a Cristo (*Letters*, Vol. III, p. 23). Consequentemente, alguém conhece a Cristo e a Deus por meio do Evangelho, mas essa fé deve incluir a persuasão "Cristo morreu por mim" porque o espelho também nos mostra a nós mesmos. A Ceia é, por assim dizer, uma imagem visível do Evangelho e, portanto, a verdadeira participação inclui a fé de que Cristo morreu por si. "Agora nosso Pai celestial, para nos socorrer nisso, nos dá a Ceia como um espelho, no qual podemos contemplar nosso Senhor Jesus Cristo, crucificado para tirar nossas faltas e ofensas" (*Tracts and Treatises*, vol. II, p. 168). E "a Ceia nos é dada como um espelho no qual podemos contemplar Jesus Cristo crucificado a fim de nos libertar da condenação" (*ibid.*, p. 169). Da mesma forma, "a Ceia é um memorial solene da redenção que foi comprada para nós" (*ibid.*, p. 210). Como a redenção é pela graça, os sacramentos são "espelhos nos quais podemos contemplar as riquezas da graça que Deus nos concede" (*Institutas*, IV, 14, 6).

[1403] *Sermons on Isaiah*, p. 117 (cf. p. 128, 131). Veja também *Commentaries*, João 3.16, "a fé abraça a Cristo com a eficácia da sua morte". Da mesma forma, *Sermons on Deuteronomy*, p. 299. Ver capítulo IX, seção C e abaixo.

> Então, quando chegamos à mesa sagrada, não apenas a ideia geral deve vir à nossa mente de que o mundo é redimido pelo sangue de Cristo, mas também cada um deve considerar para si mesmo que seus próprios pecados estão cobertos.[1404]

Calvino diz que a fé que realmente compartilha do corpo de Cristo na Mesa é a mesma que justifica.[1405] Tal fé está fundamentada no Evangelho e na expiação. Devemos renovar essa fé na Mesa pela fé na Palavra sobre a cruz. Isso significa que nós novamente acreditamos que Cristo satisfez nossos pecados e assim os cobriu. Isto está abraçando Cristo crucificado: acreditando que Cristo morreu por nós. Sem essa fé, não há participação verdadeira na mesa. Isso é contrário à teoria particularista. O particularismo nega que a fé salvífica acredita que Cristo foi crucificado por si; consequentemente, nega ainda mais que esta convicção é necessária para a participação verdadeira de Cristo na Mesa. Isso representa um afastamento radical de Calvino no sacramento da Ceia.

Nós parafrasearíamos as palavras na citação no *Treatises* da seguinte forma: "Eu gostaria de saber como os ímpios podem comer a carne de Cristo se eles não crerem que Cristo foi crucificado por

---

[1404] *Commentaries*, Marcos 14.24. Observe o universalismo explícito. O comentário paralelo em Mateus 26.26 acrescenta pouco à nossa discussão neste momento, exceto para reafirmar que a verdadeira comida é pela fé. Cf. *Sermons on Galatians*, p. 106-07.

[1405] A fé da justificação é "não duvidar, mas que nossos pecados são perdoados por nosso Senhor Jesus Cristo", com referência especial à expiação, que significa "eu creio em Cristo que morreu por mim" (*Sermons on Deuteronomy*, p. 167). O erro católico romano da justificação é refletido em sua visão errada da Ceia e suas declarações sobre a fé e a expiação. A missa re-crucifica a Cristo e, assim, rejeita a única expiação. A fé, portanto, torna-se impossível porque a Missa é substituta para a expiação. "Por meio disso a morte e a paixão de nosso Senhor Jesus Cristo foram totalmente desfiguradas, apesar da redenção que ele realizou. Na medida em que se admitir que Jesus Cristo é sacrificado diariamente; é tudo para alguém rejeitar o benefício que nos foi adquirido por sua morte e paixão" (*Sermons on Deuteronomy*, p. 311).

eles". É Heshusius, não Calvino, que afirma que uma pessoa pode realmente comer sem essa fé. Isso não é fazer com que Heshusius seja um particularista. De modo nenhum. Mas Heshusius e o Particularismo compartilham a convicção de que alguém não precisa acreditar que Cristo foi crucificado por si, a fim de participar verdadeiramente da Ceia e de Cristo.

E as palavras de Calvino aqui sobre o Espírito? Como podemos explicá-las? Calvino está simplesmente dizendo que não existe um verdadeiro comer sem o Espírito dentro de si mesmo, pela simples razão de que não há fé sem o Espírito. Isso também é mostrado no Comentário sobre 1Coríntios 11.27. Lá Calvino argumenta que sem o Espírito, ninguém verdadeiramente come do corpo de Cristo.[1406] Alguns crentes fracos comem indignamente, mas ainda comem, pois mesmo os crentes fracos têm o Espírito e estão unidos a Cristo.[1407]

[1406] Também: "De fato, a morte de Cristo foi a morte pelo o mundo inteiro, e isso é certamente sobrenatural" (*Commentaries*, Hebreus 8.2). Cristo é retratado na Ceia, portanto "nós afirmamos que no sacramento Cristo não é comido de outra maneira senão espiritualmente" (*Tracts and Treatises*, vol. II, p. 374). Para que alguém coma espiritualmente, é preciso ter o Santo Espírito. Calvino, portanto, repreende aqueles que "insistem que Cristo é recebido pelos iníquos, a quem eles não concedem uma partícula do Espírito de Cristo" (*ibid.*, p. 234). E em um paralelo quase exato com as passagens em disputa, Calvino novamente enfatiza o lugar do Espírito: "E, de fato, era totalmente absurdo sustentar que Jesus Cristo é recebido por aqueles que são totalmente estranhos a ele, e que os ímpios comem seu corpo e bebem seu sangue, enquanto destituídos de seu Espírito [...] Sua ofensa, então, é que eles rejeitaram Cristo quando ele foi apresentado a eles "no Evangelho (*ibid.*, p. 158). Eles comem indignamente não porque comem elementos que retratam o que não foi crucificado por eles, mas porque não têm o Espírito, porque não creem que Cristo foi crucificado por eles, e porque não creem no Evangelho. Cf. *Institutas*, IV, 17, 33.

[1407] A união com Cristo é vital para a participação verdadeira, pois está associada à crença de que Cristo morreu por si (cf. Gl 12.20). Calvino explica: "Nós confessamos que a Santa Ceia de nosso Senhor é um testemunho da união que temos com Jesus Cristo, na medida em que não somente ele morreu e ressuscitou dos mortos por nós, mas também verdadeiramente nos alimenta e nutre com sua carne. (*Letters*, vol. III, p. 376). Além disso, "sob os símbolos do pão e do vinho, é realizada uma exibição do corpo e sangue de Cristo; e nós não somos meramente lembrados de que Cristo foi oferecido uma vez na cruz por

Os iníquos podem ter fé histórica de que Cristo morreu, mas isso não é suficiente para realmente participar de Cristo. Todavia, isso não é contestado por Cunningham.

O único apoio de Cunningham, na verdade, ensina exatamente o oposto. Calvino ensinou que é preciso acreditar que Cristo morreu por si mesmo e que a única maneira de sabermos isso é o evangelho nos dizer. Embora o Evangelho não especifique indivíduos este ou aquele homem - ou homens particulares, diz que Cristo morreu por todos os homens. O crente sabe que ele é um homem e, portanto, que Cristo morreu por ele. A fé salvadora aceita isso. A conclusão é que sem uma expiação universal, ninguém pode saber pelo Evangelho que Cristo morreu por ele. Nesse sentido, podemos concordar com a frase introdutória de Kendall ao seu primeiro capítulo: "Fundamental para a doutrina da fé em João Calvino (1509-64) é sua crença de que Cristo morreu indiscriminadamente por todos os homens."[1408]

---

nós, mas essa união sagrada é ratificada para a qual é devido que sua morte é nossa vida" (*Tracts and Treatises*, vol. II, p. 574). Este princípio é mostrado ao contrário no exemplo de Judas. Ele estava na Ceia e comeu os elementos, mas fez isso perversamente porque nunca esteve em união com Cristo, nem creu nele verdadeiramente. Portanto, Judas não se alimentou de Cristo, como Pedro fez. A maioria dos Particularistas nega que Judas estava na Mesa (ver Capítulo IX), mas Calvino explicitamente diz que ele estava (por exemplo, *Tracts and Treatises*, vol. II, p. 93, 234, 297, 370-371, 378; *Commentaries*, Mateus 26. 21, João 6. 56). Kuiper menciona que Calvino achava que Judas estava lá, mas não em união com Cristo, mas Kuiper não consegue ver o problema (*For Whom Did Christ Die?*, p. 66). O problema para os Particularistas é que na Ceia, Cristo disse: "Este é o meu corpo, que é partido por vós". Se Judas estava lá, Cristo disse que morreu por ele. E se ele morreu por Judas, então não foi somente pelos eleitos, pois Judas não foi eleito. Mas isso não era problema para Calvino. Lutero, outro que cria na expiação universal, também afirmou que Judas estava presente. Mas Bucer questiona isso, acrescentando que, em qualquer caso, as palavras da "Forte Proclamação" não se aplicavam a Judas. Veja *Common Places*, p. 330-32; e o capítulo 9 neste livro.

[1408] Kendall, p. 13. O estudo de Kendall sobre Calvino e a expiação é muito breve, mas é o primeiro capítulo do que provou ser um livro muito controverso. No entanto, evidentemente, ele viu algumas das implicações das doutrinas de fé e segurança de Calvino, que investigamos neste artigo.

FONTES RELEVANTES DA BIBLIOGRAFIA DO DR. DANIEL

BARCLAY, Alexander. *The Protestant Doctrine of the Lord's Supper* Glasgow, 1927.

BELL, Merton Charles, Jr. *Saving Faith and Assurance of Salvation in the Teaching of John Calvin and Scottish Theology.* Tese Ph.D., Aberdeen University, 1982.

CALVIN, John. *Letters of John Calvin.* 4 vols. Editado e traduzido por Jules Bonnet. New York, 1858, 1972.

_____ . *Tracts and Treatises.* With a short life of Calvin by Theodore Beza. 3 vols. Traduzido por Henry Beveridge. Editado por Thomas F. Torrance. Grand Rapids, 1958. Ver p. 215-216 para outras obras de Calvino mencionadas.

CUNNINGHAM, William. *The Reformers and the Theology of the Reformation.* Edinburgh, 1862, 1967.

DOYLE, Robert Colin. *The Context of Moral Decision Making in the Writings of John Calvin— the Christological Ethics of Eschatological Order.* Tese Ph.D., Aberdeen University, 1981.

HELM, Paul. *Calvin and the Calvinists.* Edinburgh, 1982.

HODGE, Archibald, A. *The Atonement.* London, 1868.

KUIPER, R.B. *For Whom Did Christ Die?* Grand Rapids, 1959.

LANE, A.N.S. 'Calvin's Doctrine of Assurance', *Vox Evangelica*, vol. XI, 1979, p. 32-54.

STRONG, Augustus. Hopkins *Systematic Theology.* Philadelphia, 1907.

WALLACE, Ronald S. *Calvin's Doctrine of the Word and Sacrament.* Edinburgh, 1953.

BIBLIOGRAFIA

As publicações são de Londres, exceto quando outras são mencionadas.

FONTES PRIMÁRIAS

AMES, William. *An Analyticall Exposition of Both the Epistles of the Apostle Peter, Illustrated by Doctrines out of Every Text*, 1641.

_____. *Conscience with the power and Cases thereof*, n.p. 1639.

_____. *The Marrow of Sacred Divinity*, 1643.

_____. *The Svbstance of Christian Religion. Or, a plain and easie Draught of the Christian Catechisme, in LII Lectures*, 1659.

_____. *Technometra*, Amsterdam, 1631.

ANDREWES, Lancelot. *Two Answers to Cardinal Perron and other Miscellaneous Works of Lancelot Andrewes*, Oxford, 1854.

ARMINIUS, Jacobus. *The Works of Arminius*, 3 vols., 1875, 1828, 1875.

ARROWSMITH, John. *A Great Wonder in Heaven*, 1647.

BAILLIE, Robert. *The Letters and Journals of Robert Baillie, A.M.*, 3 vols., Edinburgh, 1841.

BALL, John. *A Treatise of the Covenant of Grace*, 1645.

_____. *A Treatise of Faith*, 1631.

BALL, Thomas. *The Life of the Renowned Doctor Preston*, 1885.

BAXTER, Richard. *Reliquiae Baxterianae*, 1696.

BAYNES, Paul. *Briefe Directions vnto a godly Life*, 1618.

_____. *A Caveat for Cold Christians*, 1618.

_____. *Christian Letters of Mr. Paul Bayne*, 1620.

_____. *Comfort and Instruction in Affliction*, 1620.

_____. *A Commentarie vpon the first and second chapters of Saint Paul to the Colossians*, 1635.

_____. *A Coungerbane against Earthly Carefvlnes*, 1618.

_____. *The Diocesans Tryall*, 1621.

_____. *An Entire Commentary vpon the Whole Epistle of the Apostle Paul to the Ephesians*, 1647.

_____. *An Epitomie of Mans Misery and Deliverie*, 1619.

_____. *A Helpe to trve Happinesse*, 1618.

_____. *Holy Soliloqvies*, 1620.

_____. *A Letter Written by Mr. Pavle Bayne, Minister of Gods word, lately deceased*, 1617.

_____. *The Mirrovr or Miracle of Gods Love vnto the world of his Elect*, 1619.

_____. *The Trial of a Christians Estate*, 1618.

_____. *Two Godly and Frvitfvll Treatises*, 1619.

BEZA, Theodore. *A Booke of Christian Questions and answeares*, 1578.

_____. *A briefe and piththie summe of the christian faith*, 1565?

_____. *A Briefe Declaration of the chiefe points of Christian religion set forth in a Table*, 1613.

_____. *A Discourse, of the true and visible Markes of the Catholique Churche*, 1582.

_____. *A Little Catechisme*, 1578.

_____. *Master Bezaes Sermons Vpon the Three First Chapters of the Canticle of Canticles*, 1887.

_____. *The Treasvre of Trueth*, 1576.

BOLTON, Samuel. *The Trve Bovnds of Christian Freedome*, 1645.

BRADFORD, John. *The Writings of John Bradford M.A.*, 2 vols., Parker Society, 1847, 1853.

BRADSHAW, William. *A Plaine and Pithy exposition of the second epistle to the Thessalonians*, 1620.

_____. *A Treatise of Ivstification*, 1615.

BUCER, Martin. *Common Places of Martin Bucer*, Abingdon, 1972.

BULKELEY, Peter. *The Gospel Covenant, or the Covenant of Grace*, 1646.

BULLINGER, Henry. *The Decades of Henry Bullinger*, 4 vols., Parker Society, 1848-51.

CALAMY, Edmund. *An Account of the Ministers, Lecturers, Masters...*, 2 vols., 1713.

_____. *Gods free Mercy to England*, 1642.

CALVIN, John. *Commentaries on the Four Last Books of Moses*, 4 vols., CTS.

Nota. CTS refere-se a *Calvin Translation Society*, Edinburgh, 1845. Os comentários não são apresentados em ordem alfabética, mas na ordem em que os livros aparecem na Bíblia.

_____. *Commentaries on the Book of Joshua*, CTS.

_____. *Commentary on the Book of Psalms*, 5 vols., CTS.

_____. *Commentary on the Book of the Prophet Isaiah*, 4 vols., CTS.

_____. *Commentaries on the Twelve Minor Prophets*, 5 vols., CTS.

_____. *Calvin's Commentaries: Matthew, Mark and Luke*, 3 vols., Edinburgh, 1972.

_____. *Calvin's Commentaries: The Gospel According to St. John*, 2 vols., Edinburgh, 1959, 1961.

_____. *Calvin's Commentaries: The Acts of the Apostles 14-28*, Edinburgh, 1966.

_____. *Calvin's Commentaries: Epistles of Paul The Apostle to the Romans and to the Thessalonians*, Edinburgh, 1972.

_____. *Calvin's Commentaries: The First Epistle of Paul to the Corinthians*, Edinburgh, 1960.

_____. *Calvin's Commentaries: The Epistles of Paul to the Galatians, Ephesians, Philippians and Colossians*, Edinburgh, 1965.

_____. *Calvin's Commentaries: The Epistle of Paul The Apostle to the Hebrews and The First and Second Epistles of St. Peter*, Edinburgh, 1963.

_____. *Concerning the Eternal Predestination of God*, 1961.

_____. *Institutes of the Christian Religion, Library of Christian Classics*, 2 vols., 1975.

_____. *Sermons on the Epistle to the Ephesians*, Edinburgh, 1975.

_____. *Sermons on Isaiah's Prophecy of the Death and Passion of Christ*, 1956.

_____. *Sermons of M. John Calvin, on the Epistles of S. Paule to Timothie and Titus*, 1579.

CAPEL, Richard. *Tentations: their Nature, Danger, Cure*, 1632.

CARYL, Joseph. *An Exposition with Practicall Observations Continued Vpon the Eighth, Ninth, and Tenth Chapters of the Book of Job*, 1647.

CHADERTON, Laurence. *A Fruitful sermon*, 1584.

_____. *An Excellent and godly sermon preached at Paules Crosse*, 1578.

CLARKE, Samuel. *General Martyrologie*, 1677.

_____. *The Lives of two and twenty English Divines*, 1660.

_____. *The Marrow of Ecclesiastical History*, 1675.

CLEAVER, Robert. *Bathshebaes Instrvctions to her Sonne Lemvel*, 1614.

_____. *A Briefe Dialogve, concerning preparation for the worthy receiuing of the Lords Svpper*, 1627.

_____. *A Briefe Explanation of the Whole Booke of the Proverbs of Salomon*, 1615.

_____. *A Declaration of the Christian Sabbath*, 1630.

_____. *Foure Sermons*, 1613.

_____. *A Plaine and Familiar Exposition of the First and Second Chapters of the Proverbes of Salomon*, 1614.

_____. *A Plaine and Familiar Exposition of the Ninth and Tenth Chapters of the Prouerbes of Salomon*, 1612.

_____. *A Plaine and Familiar Exposition of the Eleuenth and Twelfth Chapters of the Prouerbes of Salomon*, 1607.

_____. *A Plaine and Familiar Exposition of the Thirteenth and Fourteenth Chapters of the Prouerbs of Salomon*, 1609.

_____. *A Plaine and Familiar Exposition of the Fifteenth, sixteenth, and seventeenth Chapters of the Prouerbs of Salomon*, 1609.

_____. *A Plaine and Familiar Exposition: Of the Eighteenth, Nineteenth, and Twentieth Chapters of the Prouerbs of Salomon*, 1610.

_____. *A Sermon Preached by Master Cleaver: on Psalme 51. verse 1*, 1610.

_____. *Three Sermons vpon Marke, the ninth chapter. 22. 23. verses*, 1611.

Nota. O que foi colocado anteriormente deve ser correlacionado com a explicação dada no cap. 06. Alguns dos sermões de Cleaver estão listados em John Dod, veja seus livros mais adiante.

COTTON, John. *Christ the Fountaine of Life*, 1651.

_____. *Gods Mercie mixed with his Ivstice*, 1641.

_____. *Milk for Babes*, 1646.

_____. *A Practical Commentary, or An Exposition with Observations, Reasons, and Vses pon The First Epistle Generall of John*, 1656.

_____. *A Treatise of the Covenant of Grace*, 1659.

_____. *A Treatise of Mr. Cottons. Clearing certaine Doubts concerning Predestination*, 1646.

_____. *The way of life*, 1641.

CRISP, Tobias. *Christ Alone Exalted; in seventeene Sermons*, 1643.

CULVERWELL, Ezekiel. *A Treatise of Faith*, 1630.

DENNE, Henry. *A Conference Between a sick man and a Minister, shewing the nature of Presumption, Despair, and the true living Faith*, 1643.

_____. *The Doctrine and Conversation of John Baptist*, 1643.

DOD, John. *Fovre Godlie and Fruitfvl sermons*, 1611.

_____. *A Plaine and Familiar Exposition of the Tenne Commandements*, 1617.

_____. *A Plaine and Familiar Exposition on the Lords Prayer*, 1635.

_____. *A Remedy against Privat Contentions*, 1610.

_____. *Seven Godlie and Fruitfvll Sermons*, 1614.

_____. *Ten Sermons tending chiefely to the fitting of men for the worthy receiuing of the Lords Supper*, 1611.

_____. *Three Godlie and Fruitfvll Sermons*, 1610.

_____. *Two Sermons on the Third of the Lamentations*, 1610.

EATON, John. *The Discovery of the most dangerous Dead Faith*, 1641.

_____. *The Honey-combe of Free Justification by Christ Alone*, 1642.

F., E. (FISHER, EDWARD). *The Marrow of Modern Divinity*, 1645.

_____. *The Marrow of Modern Divinity*, 1646.

FENNER, Dudley. *Sacta Theologia*, 1586(?).

FIRMAN, Giles. *The Real Christian*, 1670.

FULLER, Thomas. *Abel Redevivus*, 1651.

_____. *The Church History of Britain*, 6 vols., Oxford, 1845.

_____. *A History of the University of Cambridge*, 1840.

_____. *The History of the Worthies of England*, 1811.

_____. *The Holy State*, 1848.

GATAKER, Thomas. *A Mistake, or Misconstrvction, Removed*, 1646.

_____. *Shadowes without Substance*, 1646.

GILLESPIE, George. *Notes of Debates and Proceedings of the Assembly of Divines and other Commissioners at Westminster*, Edinburgh, 1846.

GOODWIN, Thomas. *A Child of Light Walking in Darknes*, 1643.

_____. *The Works of Thomas Goodwin*, 7 vols., 1861.

GREENHAM, Richard. *The Workes of Richard Greenham*, 1612.

H., D. *An Antidote against Antinomianisme*, 1643.

HALL, David (ed.). *The Antinomian Controversy, 1636, 1638: A Documentary History*, Middletown, Conn., 1968.

HEARTWELL, Jasper(?). *Trodden down Strength, by the God of Strength, or, Mrs. Drake Revived*, 1647. (G. H. Williams, 'Called by Thy Name', *Harvard Library Bulletin* (1968), p. 278ss., argumenta que o autor é Heartwell.)

HILDERSAM, Arthur. *The Doctrine of Communicating Worthily in the Lords Svpper*, 1630.

_____. *Lectvres upon the Fovrth of John*, 1629.

HILDERSAM, Arthur. *CLII Lectvres upon Psalme LI*, 1635.

HOOKER, Thomas. *The Covenant of Grace Opened*, 1649.

_____. *The Faithful Covenanter*, 1644.

_____. *Fovre Learned and Godly Treatises*, 1638.

_____. *The Patterne of Perfection*, 1640.

_____. 'The Poor Doubting Christian Drawn to Christ', em *Thomas Hooker, Harvard Theological Studies*, xxviii, Cambridge, Mass., 1975.

_____. *The Sinners Salvation*, 1638.

_____. *The Sovles Exaltation*, 1638.

_____. *The Sovles Hvmiliation*, 1638.

_____. *The Soules Implantation*, 1637.

_____. *The Sovles Ingrafting into Christ*, 1637.

_____. *The Sovles Possession of Christ*, 1638.

_____. *The Sovles Preparation for Christ*, 1632.

_____. *The Sovles Vocation*, 1638.

_____. *The Vnbeleevers Preparing for Christ*, 1638.

The Journals of the House of Commons, vol. ii, 1803.

Journals of the House of Lords, vol. vi, n.d.

LIGHTFOOT, John. *The Journal of the Proceedings of the Assembly of Divines*. This is vol. xiii of *The Whole Works of the Rev. John Lightfoot, D.D.*, 1824.

LUTHER, Martin. *Luther: Lectures on Romans*, Library of Christian Classics, 1961.

_____. *Luther's Works*, vol. xxvi, St. Louis, 1963.

MARTYR, Peter. *The Common Places of the most famous and renowned Divine Doctor Peter Martyr*, 1583.

MATHER, Cotton. *Magnalia Christi Americana*, 2 vols., Hartford, Conn., 1853.

MITCHELL, A. F., and STRUTHERS, John (eds.). *Minutes of the Sessions of the Westminster Divines*, 1874.

MOSSE, MILES. *Justifying and Saving Faith*, 1614.

MUSCULUS, Wolfgang. *Common places of Christian Religion*, 1563.

NORTON, John. *Abel being Dead yet speaketh; or, the Life & Death of... Mr. John Cotton*, 1658.

OLEVIANUS, Gasper. *An Exposition of the Symbole of the Apostles, or rather of the Articles of Faith*, 1581.

PERKINS, William. *The Workes of that Famovs and VVorthy minister of Christ in the Vniversitie of Cambridge, Mr. William Perkins*, 3 vols., Cambridge, 1608, 1609.

PRESTON, John. *The Breast-Plate of Faith and Love*, 1630.

_____. *The Deformed Forme of a Formall Profession*, 1632.

_____. *The Doctrine of the Saints Infirmities*, 1638.

_____. *Fovre Godly and Learned Treatises*, 1636.

_____. *The Golden Scepter held forth to the Humble*, 1638.

_____. *The Law ovt Lavved, Edinburgh*, 1633.

_____. *The Nevv Covenant, or The Saints Portion*, 1630.

_____. *The New Creatvre: or a Treatise of Sanctification*, 1633.

_____. *Remaines of that Reverend and Learned Divine, John Preston*, 1637.

_____. *The Saints Qvalfication*, 1633.

_____. *Sermons preached before his Maiestie*, 1630.

ROGERS, John. *The Doctrine of Faith*, 1629.

ROGERS, Richard. *Certaine Sermons*, 1612.

_____. *A Commentary upon the whole booke of Judges*, 1615.

_____. *A Garden of Spirituall Flovvers*, 1638.

_____. *Seven Treatises leading and guiding to true happiness*, 1603.

RUTHERFORD, Samuel. *Christ Dying and Drawing Sinners to Himself*, 1647.

_____. *A Survey of the Spirituall Antichrist*, 1648.

_____. *The Tryall & Trivmpth of Faith*, 1645.

SALTMARSH, John. *Free-Grace: or, the Flowings of Christ's Blood Freely to sinners*, 1647.

SCHAFF, Philip (ed.). *The Creeds of the Evangelical Protestant Churches*, 1877.

SEDGWICK, John. *Antinomianisme Anatomized or, A Glasse for The Lawlesse*, 1643.

SHEPARD, Thomas. *Autobiography*, Boston, 1832.

_____. *The Sound Beleever*, 1645.

SIBBES, Richard. *The Complete Works of Richard Sibbes*, 7 vols., Edinburgh, 1862–4.

SMITH, Henry. *The Sermons of Mr. Henry Smith*, 2 vols., 1866.

SMITH, John. *An Exposition of the Creed*, 1632.

STAUPITZ, John. 'Eternal Predestination and Its Execution in Time', em *Forerunners of the Reformation*, ed. Heiko Augustinus Oberman, 1967.

TYNDALE, William. *Doctrinal Treatises*, Parker Society, 1847.

_____. *Expositions*, Parker Society, 1853.

URSINUS, Zacharias. *The summe of christian religion*, 1633.

USSHER, James. *The Whole Works of the Most Rev. James Ussher, D.D.*, 18 vols., 1847.

VOETIUS, Gisbertus. *Selectarum Disputationum*, vols., Utrecht, 1648–69.

WEBBE, George. *Briefe Exposition of the Principles of Christian Religion*, 1612.

_____. *A Posie of Spirituall Flowers*, 1610.

_____. *The Practice of Quietnes*, 1615.

DOCUMENTOS DA ASSEMBLEIA DE WESTMINSTER:

A Copy of the Petition of the Divines of the Assembly, Delivered to both Houses of Parliament, July 19, 1643, 1643.

The humble Advice of the Assembly of Divines, Now by Authority of Parliament sitting at Westminster, Concerning a Confession of Faith, with the Quotations and Texts of Scripture annexed, 1647.

The humble Advice of the Assembly of Divines, Now by Authority of Parliament sitting at Westminster, Concerning a Larger Catechisme, Presented by them lately to both Houses of Parliament, 1647.

The humble Advice of the Assembly of Divines, Now by Authority of Parliament sitting at Westminster, Concerning a Shorter Catechisme, Presented by them lately to both Houses of Parliament, 1647.

WINTHROP, John. *A History of New England*, 2 vols., Boston, 1825.

_____. *Journal*, 2 vols., New York, 1908.

YOUNG, Alexander. *Chronicles of the First Planters of the Colony of Massachusetts Bay*, Boston, 1846.

ZANCHIUS, Girolomo. *H. Zanchius His Confession of Christian Religion*, 1585.

FONTES SECUNDÁRIAS

ALLISON, C. F. *The Rise of Moralism*, 1966.

ARMSTRONG, Brian G. *Calvinism and the Amyraut Heresy: Protestant Scholasticism and Humanism in Seventeenth-Century France*, Madison, 1969.

BANGS, Carl. *Arminius*, Nashville, 1971.

BARTH, Karl. *Church Dogmatics* (ii. 2), 1957.

BAVINCK, Herman. 'Calvin and Common Grace', *Calvin and the Reformation*, New York, 1909.

BEVERIDGE, W. *A Short History of the Westminster Assembly*, Edinburgh, 1904.

BREWARD, Ian (ed.). *The Work of William Perkins*, Abingdon, 1970.

BRIGGS, C. A. 'The Documentary History of the Westminster Assembly', *Presbyterian Review*, New York, 1880.

BROMILEY, G. W. *Thomas Cranmer Theologian*, 1956.

BRONKEMA, Ralph. *The Essence of Puritanism*, Goes, Holland, 1929.

BROOK, Benjamin. *The Lives of the Puritans*, 3 vols., 1813.

BROWN, J. *The English Puritans*, Cambridge, 1912.

BURRAGE, Champlin. *The Earliest English Dissenters*, 2 vols., 1912.

BUSH, JR, Sargent. 'Establishing the Hooker Canon', em *Thomas Hooker, Harvard Theological Studies*, xxviii, Cambridge, Mass., 1975.

CAMPBELL, W. E. Erasmus, *Tyndale and More*, 1949.

CARRUTHERS, S. W. *The Everyday Work of the Westminster Assembly*, Philadelphia, 1943.

_____. *The Westminster Assembly: What it was & What it did*, 1943.

_____. *The Westminster Confession of Faith*, Manchester, 1937(?).

CARRUTHERS, William. *The Shorter Catechism of the Westminster Assembly of Divines*, 1897.

CLARK, G. K. *The English Inheritance*, 1950.

CLEBSCH, WILLIAM. *England's Earliest Protestants 1520-1535*, 1964.

COLLINSON, Patrick. *The Elizabethan Puritan Movement*, 1967.

COOLIDGE, John S. *The Pauline Renaissance in England*, Oxford, 1970.

CREMEANS, C. D. 'The Reception of Calvinistic Thought in England'. *Illinois Studies in the Social Sciences*, Urbana, 1949.

CROSS, F. L. (ed). *The Oxford Dictionary of the Christian Church*, 1975.

CUNNINGHAM, William. *Historical Theology*, 2 vols., 1862.

_____. *The Reformers and the Theology of the Reformation*, 1862.

DAKIN, A. *Calvinism*, 1940.

DAVIES, Horton. *The Worship of the English Puritans*, Glasgow, 1948.

_____. *Worship and Theology in England*, 1970.

DEJONG, Peter Y. (ed.). *Crisis in the Reformed Churches: Essays in commencement of the great Synod of Dort, 1618-1619*, Grand Rapids, 1968.

DICKENS, A. G. *The English Reformation*, 1964.

Dictionary of National Biography, 21 vols., Oxford, 1917.

DOUGLAS, J. D. (ed). *The New International Dictionary of the Christian Church*, 1974.

DOWEY, E. A. *The Knowledge of God in Calvin's Theology*, New York, 1965.

DUFFIELD, G. E. (ed.). *The Work of William Tyndale*, Abingdon, 1964.

EMERSON, E. H. 'Calvin and Covenant Theology', *Church History*, New York, 1953.

_____. *John Cotton*, New York, 1965.

FORSTMAN, H. J. *Word and Spirit*, Stanford, 1962.

FOSTER, H. D. 'Liberal Calvinism; The Remonstrants at the Synod of Dort in 1618', *Harvard Theological Review*, Cambridge, Mass., 1923.

FOSTER, J. *Alumni Oxonienses 1500-1714*, 4 vols., Oxford, 1891-2.

GARRETT, C. H. *The Marian Exiles*, 1938.

GEORGE, G. H. e K. The *Protestant Mind of the English Reformation*, Princeton, 1961.

GERRISH, B. A. *Grace and Reason: a Study in the Theology of Luther*, Oxford, 1962.

GIBSON, E. C. D. *The Thirty-nine Articles of the Church of England*, 1898.

GREENSLADE, S. L. *The Cambridge History of the Bible*, Cambridge, 1963.

_____. *The English Reformers and the Fathers of the Church*, Oxford, 1960.

GROSART, A. B. 'Memoir of Richard Sibbes, D.D.', em *The Complete Works of Richard Sibbes*, vol. i., Edinburgh, 1862.

GROTE, Georg E. *Aristotle*, 2 vols., 1872.

HALL, BASIL. 'Calvin against the Calvinists', em *John Calvin*, ed. G. E. Duffield, Abingdon, 1966.

_____. 'The Calvin Legend', *ibid*.

_____. 'Puritanism: the Problem of Definition', *Studies in Church History*, vol. ii, 1965.

HALL, David. 'Introduction', *The Antinomian Controversy, 1636-1638: A Documentary History*, Middletown, Conn., 1968.

HALLER, William. *The Rise of Puritanism*, New York, 1957.

HARGRAVE, O. T. 'The Freewillers in the English Reformation', *Church History*, New York, 1968.

HARRISON, A. W. *The Beginnings of Arminianism*, 1926.

HENDRY, George S. *The Westminster Confession for Today*, 1960.

HETHERINGTON, W. M. *History of the Westminster Assembly of Divines*, 1834.

HILL, Christopher. *Intellectual Origins of the English Revolution*, 1960.

_____. *Puritanism and Revolution*, 1969.

_____. *Society and Puritanism in Pre-Revolutionary England*, 1969.

HODGE, A. A. *The Atonement*, London, 1868.

_____. *A Commentary on the Confession of Faith*, 1870.

HODGE, Charles. *Systematic Theology*, 3 vols., 1873.

HOLWERDA, David E. (ed.). *Exploring the Heritage of John Calvin*, Grand Rapids, 1976.

HOOGLAND, M. P. *Calvin's Perspective on the Exaltation of Christ*, Kampden, Holland, 1966.

HORTON, Douglas (ed. and trans.). *William Ames.* Três obras sobre Ames de Matthew Nethenus, Hugo Visscher e Karl Reuter. Harvard Divinity School Library, Cambridge, Mass., 1965.

HOWELL, W. S. Logic *and Rhetoric in England, 1500-1700*, Princeton, 1956.

HUEHNS, Gertrude. *Antinomianism in English History with special reference to the period 1640-1660*, 1951.

HUNTER, A. M. *The Teaching of Calvin*, Glasgow, 1920.

JANSEN, J. F. *Calvin's Doctrine of the Work of Christ*, 1956.

KEVAN, Ernest F. *The Grace of Law*, 1964.

KNAPPEN, M. M. (ed.). *Two Elizabethan Diaries*, 1933.

_____. *Tudor Puritanism*, Chicago, 1970.

KNEALE, William e MARTHA. *The Development of Logic*, Oxford, 1962.

KNOX, D. B. *The Doctrine of Faith in the Reign of Henry VIII*, 1961.

KNOX, R. B. *James Ussher Archbishop of Armagh*, Cardiff, 1967.

KNOX, S. J. *Walter Travers: Paragon of Elizabethan Puritanism*, 1962.

LAURENCE, Richard. *An Attempt to Illustrate those Articles of the Church of England, which the Calvinists Improperly Consider as Calvinistical*, Oxford, 1805.

LÉONARD, Émile G. *A History of Protestantism*, 2 vols., 1967.

LEWIS, Peter. *The Genius of Puritanism*, Haywards Heath, 1975.

LITTLE, Franklin H. (ed.). *Reformation Studies*, Richmond, 1962.

LUPTON, Lewis. *A History of the Geneva Bible*, 5 vols., 1966.

MCADOO, H. R.*The Structure of Caroline Moral Theology*, 1949.

MCDONNELL, Killian. *John Calvin, The Church and The Eucharist*, 1974.

MCDONOUGH, T. M. *The Law and the Gospel in Luther*, 1963.

MCGRATH, Patrick. *Papists and Puritans under Elizabeth 1*, 1967.

MACKINNON, James. *Calvin and the Reformation*, 1936.

MCLELLAND, Joseph C. 'The Reformed Doctrine of Predestination', *Scottish Journal of Theology*, Edinburgh, 1955.

_____. *The Visible Words of God*, Edinburgh, 1957.

MCNEILL, J. T. *The History and Character of Calvinism*, New York, 1954.

MERRILL, T. F. *William Perkins*, Niewukoop, 1966.

MILLER, Perry. 'The Marrow of Puritan Divinity', *Publications of the Colonial Society of Massachusetts*, Boston, 1937.

_____. *The New England Mind: The Seventeenth Century*, New York, 1939.

MILLER, Perry. *Orthodoxy in Masachusetts*, New York, 1970.

_____. '"Preparation for Salvation" in Seventeenth-Century New England', *Journal of the History of Ideas*, New York, 1943.

MITCHELL, Alexander F. *Catechisms of the Second Reformation*, 1886.

_____. *The Westminster Assembly*, 1883.

_____. *The Westminster Confession of Faith*, 1867.

MØLLER, Jens G. 'The Beginnings of Puritan Covenant Theology', *Journal of Ecclesiastical History*, 1963.

MORGAN, Edmund P. *The Puritan Dilemma*, Boston, 1958.

_____. *Visible Saints: The History of a Puritan Idea*, New York, 1963.

MORGAN, Irvonwy. *The Godly Preachers of the Elizabethan Church*, 1965.

_____. *Prince Charles's Puritan Chaplain*, 1957.

_____. *Puritan Spirituality*, 1973.

MORISON, Samuel Eliot. *Harvard College in the Seventeenth Century*, Cambridge, Mass., 1936.

NEAL, Daniel. *The History of the Puritans*, 5 vols., 1822.

NEALE, John. *Elizabeth I and Her Parliaments*, 2 vols., 1953, 1957.

NEW, J. F. H. *Anglicans and Puritans*, 1964.

NIESEL, Wilhelm. *The Theology of Calvin*, 1956.

NUTTALL, G. F. *The Holy Spirit in Puritan Faith and Experience*, Oxford, 1947.

_____. *Visible Saints*, 1957.

OVIATT, Edwin. *The Beginnings of Yale (1701-1726)*, New Haven, 1916.

PACKER, J. I. 'Calvin the Theologian', em *John Calvin*, G. E. Duffield (ed), Abingdon, 1966.

PARKER, T. H. L. 'An Approach to Calvin', *Evangelical Quarterly*, 1944.

_____. 'Calvin's Doctrine of Justification', *Ibid.* 1952.

_____. *Calvin's New Testament Commentaries*, 1952.

_____. *The Doctrine of the Knowledge of God*, 1952.

_____. *John Calvin*, 1975.

PARKER, T. M. 'Arminianism and Laudianism in Seventeenth-Century England', *Studies in Church History*, 1964.

PEARSON, A. F. S. *Thomas Cartwright and Elizabethan Puritanism*, Cambridge, 1925.

PETTIT, Norman. *The Heart Prepared*, New Haven, 1966.

_____. 'Hooker's Doctrine of Assurance: A Critical Phase in New England Spiritual Thought', *New England Quarterly*, Boston, 1974.

_____. 'The Order of Salvation in Thomas Hooker's Thought', em Thomas *Hooker, Harvard Theological Studies*, xxviii, Cambridge, Mass., 1975.

PIERCE, William. *An Historical Introduction to the Marprelate Tracts*, 1908.

PORTER, H. C. (ed.). *Puritanism in Tudor England*, 1970.

_____. *Reformation and Reaction in Tudor Cambridge*, Cambridge, 1958.

REID, J. K. S. 'Editor's Introduction', *John Calvin, Concerning the Eternal Predestination of God*, 1961.

ROGERS, J. B. *Scripture in the Westminster Confession*, Kamden, 1966.

ROLSTON III, Holmes. *John Calvin versus The Westminster Confession*, Richmond, 1972.

RUPP, Gordon. *The Righteousness of God*, 1953.

SASEK, L. A. *The Literary Temperament of the English Puritans*, Louisiana, 1961.

SCHAFF, Philip. *The Creeds of the Evangelical Protestant Churches*, 1877.

SHUCKBURGH, E. S. *Emmanuel College*, 1904.

SISSON, R. A. 'William Perkins, Apologist for the Elizabethan Church of England', *Modern Language Review*, 1952.

SOLT, Leo F. *Saints in Arms*, 1959.

SPRUNGER, Keith L. 'Ames, Ramus, and the Method of Puritan Theology', *Harvard Theological Review*, Cambridge, Mass., 1966.

_____. *The Learned Doctor William Ames*, 1972.

_____. 'Technomeiria: a Prologue to Puritan Theology', *Journal of the History of Ideas*, New York, 1968.

STOEFFLER, F. E. *The Rise of Evangelical Pietism*, Leyden, 1971.

TOON, Peter. *Puritans and Calvinism*, Swengel, Pa., 1973.

TORRANCE, T. F. *Calvin's Doctrine of Man*, 1952.

_____. *The School of Faith*, 1959.

TREVELYAN, G. M. *England under the Stuarts*, 1965.

TRINTERUD, L. J. *Elizabethan Puritanism*, New York, 1971.

_____. 'The Origins of Puritanism', *Church History*, New York, 1951.

_____. 'A Reappraisal of William Tyndale's Debt to Martin Luther', *Church History*, New York, 1962.

TUTTLE, Julius H. 'Writings of John Cotton', *Biographical Essays: a Tribute to Wilberforce Eames*, Cambridge, Mass., 1924.

TYACKE, Nicholas. 'Puritanism, Arminianism, and Counter-Revolution', em *The Origins of the English Civil War*, ed. Conrad Russell, 1973.

TYLANDA, Joseph. 'Christ the Mediator: Calvin versus Stancaro', *Calvin Theological Journal*, Grand Rapids, 1973.

ULLMANN, Stephen. *Words and Their Use*, 1951.

USHER, R. G. *Reconstruction of the English Church*, 2 vols., 1900.

VAN BEEK, Martinus. An *Inquiry into Puritan Vocabulary*, Groningen, 1969.

VAN BUREN, Paul. *Christ in our Place: the Substitutionary Character of Calvin's Doctrine of Reconciliation*, Edinburgh, 1957.

VENN, J. *Alumni Cantabrigienses (1500-1751)*, 4 vols., Cambridge, 1922-7.

VON RUHR, JOHN. 'Covenant and Assurance in Early English Puritanism', Church History, New York, 1965.

WAKEFIELD, G. F. *Puritan Devotion*, 1957.

WALLACE, Ronald S. *Calvin's Doctrine of the Christian Life*, Edinburgh, 1959.

WARFIELD, B. B. *Calvin and Calvinism*, 1931.

WARFIELD, B. B. *Studies in Theology*, 1932.

_____. *The Westminster Assembly and its Work*, 1931.

WATKINS, Owen C. *The Puritan Experience*, 1972.

WELSBY, Paul A. *Lancelot Andrewes 1555-1626*, 1958.

WENDEL, François. *Calvin*, 1969.

WHITE, B. R. *The English Separatist Tradition*, Oxford, 1971.

WILLIAMS, George H. 'Called by Thy Name, Leave us Not: The Case of Mrs. Joan Drake', *Harvard Library Bulletin*, Cambridge, Mass., 1968.

_____. 'The Life of Thomas Hooker in England and Holland, 1586-1633', em *Thomas Hooker*, Harvard Theological Studies, xxviii, Cambridge, Mass., 1975.

WILLIS, E. D. *Calvin's Catholic Christology*, Leyden, 1966.

WOOD, A. A. *Athenae Oxonienses*, 4 vols., 1813-20.

_____. *Fasti Oxonienses*, 1815.

WOOD, Thomas. *English Casuistical Divinity During the Seventeenth Century*, 1952.

ZIFF, Larzer. *The Career of John Cotton*, Princeton, 1962.

TESES OU DISSERTAÇÕES

BANGS, Carl. 'Arminius and Reformed Theology', Ph.D. dissertação, University of Chicago, 1958.

BREWARD, IAN, 'The Life and Theology of William Perkins', Ph.D. tese, Manchester, 1963.

CARTER, R. B., 'The Presbyterian-Independent Controversy with Special Reference to Dr. Thomas Goodwin and the Years 1640 to ,1660', Ph.D. tese, Edinburgh, 1961.

CHALKER, WILLIAM H., 'Calvin and Some Seventeenth Century English Calvinists: A Comparison of Their Thought Through an Examination of Their Doctrines of the Knowledge of God, Faith, and Assurance', Ph.D. dissertação, Duke University, 1961.

DAY, S. R., 'A Life of Archbishop Richard Bancroft', D.Phil. tese, Oxford, 1956.

DEWAR, M. W., 'How Far is the Westminster Assembly of Divines an Expression of 17th Century Anglican Theology?', Ph.D. tese, Queen's University, Belfast, 1960.

FARRELL, FRANK E., 'Richard Sibbes: a Study in Early Seventeenth Century English Puritanism', Ph.D. tese, Edinburgh, 1955.

FULOP, R. E., 'John Frith (1503-1533) and His Relation to the Origin of the Reformation in England', Ph.D. tese, Edinburgh, 1956.

HAGANS, J. M., 'The Marrow of Modern Divinity and the Controversy Concerning it in Scotland', BD tese, Trinity College, Dublin, 1966.

HASLER, R. A., 'Thomas Shepard: Pastor-Evangelist (1605-1649): a Study in New England Ministry', Ph.D. dissertação, The Hartford Seminary Foundation, 1964.

HUELIN, GORDON, 'Peter Martyr and the English Reformation', Ph.D. tese, London, 1955.

IVES, ROBERT B., 'The Theology of Wolfgang Musculus', Ph.D. tese, Manchester, 1965.

JOHNSTON, PHILIP F., 'The Life of John Bradford, the Manchester Martyr', B.Litt. tese, Oxford, 1963.

KEEP, D. J., 'Henry Bullinger and the Elizabethan Church', Ph.D. tese, Sheffield, 1970.

KLEMPA, WILLIAM J., 'The Obedience of Christ in the Theology of Calvin', Ph.D. tese, Edinburgh, 1962.

KNOX, S. J., 'A Study of the English Genevan Exiles and Their Influence on the Rise of Nonconformity in England', B.Litt. tese, Trinity College, Dublin, 1953.

POOLE, HARRY A., 'The Unsettled Mr. Cotton', Ph.D. dissertação, University of Illinois, 1956.

SHORT, K. R. M., 'The Educational Foundations of Elizabethan Puritanism: with Special Reference to Richard Greenham (1535?-1594)', Ed.D. dissertação, University of Rochester, 1970.

STRICKLAND, WILLIAM J., 'John Goodwin as seen through his Controversies of 1640-1660', Ph.D. dissertação, Vanderbilt University, 1967.

TIPSON, LYNN BAIRD, 'The Development of a Puritan Understanding of Conversion', Ph.D. dissertação, Yale University, 1972.

TUFFT, J. R., 'William Perkins (1558-1602), his Thought and Activity', Ph.D. tese, Edinburgh, 1952.

TYACKE, N. R. N., 'Arminianism in England, in Religion and Politics, 1604-1640', D.Phil. tese, Oxford, 1968.

WELLS, JUDITH B., 'John Cotton 1584-1652 Churchman and Theologian', Ph.D. tese, Edinburgh, 1948.

Este livro foi composto em Gentium Book 11.5 pt
e impresso pela Imprensa da Fé
em papel pólen soft 80g/m²